ジョセフ・E・スティグリッツ
ブルース・C・グリ
藪下史郎〔監訳〕
岩本千晴〔訳〕

LEARNING SOCIETY

スティグリッツの
ラーニング・ソサイエティ
生産性を上昇させる社会

東洋経済新報社

故宇沢弘文教授に捧げる

Original Title:
CREATING A LEARNING SOCIETY
Reader's Edition
by
Joseph E. Stiglitz and Bruce C. Greenwald

日本語版への序文

拙著『スティグリッツのラーニング・ソサイエティ――生産性を上昇させる社会』が日本語に翻訳されることを共著者のブルース・グリーンウォルド共々とても嬉しく思っております。

明治維新以来、特に第二次世界大戦以降の日本の歴史はまさにラーニングとイノベーションの歴史でした。長い間の鎖国の後、日本は学ぶべきことがたくさんあることに気づき、先進国との知識のギャップを意識的に縮める努力をしてきました。日本は急速に産業化が進み、第二次世界大戦後は、さらに熱心に取り組み、その成果は目を見張るものでした。日本は急速に産業化が進み、世界第二位の経済大国になりました。同時に重要な貢献は、この経験が東アジアの奇跡と呼ばれるような発展のモデルを作ったことです。アジアの他の国々は、日本の成功を見て、日本の成長戦略を手本として、そのやり方を採用しました。

その成長戦略の中心は、同じように先進国に追い付きたい他の国の戦略とは非常に異なるものでした。世界銀行や国際通貨基金（ＩＭＦ）の助言で、後にワシントン・コンセンサスと呼ばれるようになるアドバイスに従った他の国は、市場をよりよく動かす、もしくは市場化するなど、静学的な効率的資源配分のみに重点を置いてきたのです。この考え方は非常に単純なイデオロギーに基づいていました。経済の成功に必要なことは、自由で制約のない市場であり、政府の最善の策は何もしないことである、というものです。

日本のやり方は成功しましたが、残念ながら、ほぼ例外なくワシントン・コンセンサス政策は失敗しました。何十年もの間、私たちの研究や執筆は、この日本の成功や日本モデルを踏襲した他の国々の成功から着想を得てきました。日本はなぜこれほど成功したのでしょうか。日本の戦略になくてはならない要素は何だったのでしょうか。今も取り残されている他の国々が真似できることは何でしょうか。ワシントン・コンセンサスの考え方の何が間違っていたのでしょうか。日本の政策の何がよかったのでしょうか。世界銀行のチーフ・エコノミストを務める間、私は考えていました。日本が行ったことの中で、発展途上国がそれを手本とし、真似をして、実際に採用できることは何なのでしょうか。

日本の経済成長の速度が遅くなってきたことで、この疑問が日本にとってさえも新たに緊急性を帯びてきました。日本の一部の人々が今頃になって、日本がワシントン・コンセンサスのやり方に従うことを提案しています。「改革」政策の中には、それを見習ったものもあります。本書の主張は別のアプローチです。世界は今、日本の高度成長期の頃とは環境が違います。そしてそれは日本でも同じです。けれども、過去の経験からの教訓の一部は21世紀にも適用できますし、今でも関連性があります。

日本の成長には2つの重要な教訓が含まれており、これが本書の中心的なメッセージにもなっています。第一は、いかなる経済、いかなる社会においても、その成功はラーニング・エコノミー、すなわちラーニング・ソサイエティを構築できるかどうかにかかっている、ということです。資源を効率的に使い資本を蓄積することは重要ですが、ラーニングやイノベーションはもっと重要です。標準的な経済学や政策はラーニングの要素をほぼ無視しています。さらに悪いことに、政策の多くが短期的な効率性を向上させるように作られていることが、実際にはラーニングを阻害しているのです。

第二の教訓は、ラーニング・ソサイエティを構築する上で政府が重要な役割を担う、ということです。市場にまかせて自然にできることではありませんし、市場経済では教育や基礎研究に十分な投資が行われません。第二次世界大戦後の日本は、政府の経済支配——共産主義の失敗——とも、制約のない市場とも、異なるやり方を考え出しました。日本は、市場を中心に置きながらも、市場に国や社会を統治させるのではなく、国が市場を統治するモデルを作ったのです。そこでは、政府と市場と社会との有効な協力関係がありました。日本モデルが成功したのです。

本書は、経済を再び活性化させるために日本は何ができるのか、今行動を起こすことが、なぜ重要なのかを理解するのに役立つでしょう。なすべきことのいくつかは、日本が過去に行ったことであり、それを21世紀の社会に応用したものです。世の中は知識社会に移行しています。そこでは、ラーニングの要素は、第二次世界大戦以降の時代よりも、いっそう重要になっています。とはいえ、20世紀半ばの産業社会におけるラーニングと21世紀の知識社会におけるラーニングには、違いだけではなく共通点もあります。社会は学び方を学ぶ必要がある、という点です。そして、技術進歩や経済構造の変化など、世の中が変わると同時に、学び方も再度学ぶ必要があるのです。

今日本が直面する重要な問題の1つは、生産性——労働時間当たりの産出量——が成長していないことです。特にサービス部門でその傾向があります。生産性の成長は、生活水準向上の核心となるものです。かつての日本の力強い経済成長に役立った政策は、日本の産業政策でした。当時、政府が技術の獲得や、日本の工業化の発展を奨励していました。しかし、ワシントン・コンセンサスのイデオロギーの影響で、このような政策は多くの国で重きを置かなくなりました。もっとも、アメリカの国防総省では内々で限定的にこのような政策は継続されていました。本書は、ラーニング・ソサイエティの構築になぜ産業政策が重要な役割を担うことができるのかを議論しています。

今日本に必要なことは、新しい産業政策です。21世紀の知識とサービスに基づいた経済のための政策です。この政策がなぜそれほど重要なのか、政策をどう形成すればいいのかを本書で説明しました。これはかつてのような、産業と政府の協働に基づいていますが、本書の提案は学会や大学・研究機関との関わりをもっと大きくしたものです。日本は、製造分野で培った優れた能力を別の分野で十分に転換できずにいます。日本の現在の比較優位を活用して、こうした転換を試みることが21世紀の産業政策となるでしょう。たとえば、将来の動学的比較優位を形成するように、工業技術に生かすのです。例として（すでに始まっていますが）、産業政策で日本の技術力を活用し、高齢者診断のための医療機器を開発することもできるでしょう。21世紀の日本の産業政策は、地球温暖化、人口の高齢化、格差拡大など、21世紀の他の中心的問題に焦点を当てる必要があります。

本書は経済の課題を取り上げる一方で、経済学の理論や原理の多くに対して批判的洞察も行っています。現在の思考は、まったく異なる世界に生きた18世紀や19世紀の古典派経済学者たちによって過度に影響されてしまっています。アダム・スミスのピン工場を例にした分業の理論は、現代のイノベーション社会には関係ありません。デヴィット・リカードは、天然資源の賦存量に基づいた比較優位にのみ依存して貿易を行う世界を想定しました。たとえば、ポルトガルは、英国よりも太陽光が強くブドウがよく育つのでワインを輸出する、という考え方です。けれども今では、国の成功を決めるものは、動学的比較優位、人や研究への投資、ラーニングです。そして、ラーニングの大半は経験からのラーニングです。つまり、はがねを生産していなければ、はがねの製法を学ぶことはできません。こういった要素が、本書でお伝えしたかった中心的な内容です。

20世紀半ばの経済学の大きな発展は、ケネス・アローとジェラール・ドブリューの貢献によるもので、市場がそれ自体で効率的になる条件を示したことでした。両氏ともこの貢献によりノーベル賞を受賞しました。この研究は、本来静学的な観点からの分析であり、そこにはラーニングとイノベーションの要素が抜け落ちていました。経済学者は、規制のない市場経済が、高い水準のイノベーションにつながると強く信じていましたし、20世紀のもう一人の偉大な経済学者であるシュンペーターは、この考えを研究の中心にしていました。しだいに、こうした考えは分析というよりも、教義のようなものに近くなりました。

本書と本書が依拠する関連した研究でこの点を再検証し、イノベーションの水準や方向性で見ると、規制のない市場が効率的であるとは言えないことを示しました。規制のない市場は、情報、イノベーション、そして知識社会という、この新しい世界での成功には決してつながらないのです。市場は重要ですが、前述のような産業政策から、イノベーションに関わる制度設計まで、政府は広範囲にわたって多様な役目を担う必要があるでしょう。

イノベーション制度は、企業利潤を上げるだけではなく、基礎研究への政府の投資と、イノベーションを奨励し社会の幸福度を上げる知的所有権制度を、バランスよく保つような制度設計が必要です。本書で説明しますが、どの政策も生産やアイデアの拡散など、ラーニングにある程度影響を及ぼします。たとえば、競争政策は「静学的なレンズ」を通して市場の影響力の効果を判断しています。

より動学的な分析は、私たちの経済の多くの側面を支配するようになる巨大企業をますます警戒するように教えてくれます。彼らの市場支配力は、価格を吊り上げるだけではなく、イノベーションを阻害するかもしれません。

最後に、動学的な観点から見た場合の明るい話をお伝えしましょう。1990年以降の日本のように、生産性の成長率に陰りが見えると、最近でいえばロバート・ゴードンのような典型的な経済学者はすぐに、技術的な可能性の限界に到達した、とする論文を発表しました。けれども、動学的ラーニング社会（すなわち、すべての先進国）では、先進的企業は、資本集約度と労働者の質が同じ水準である平均的競争相手よりも2倍から3倍の生産性水準を持っています。このような状況では、未利用の可能性が常に存在することは明らかです。時には、このような可能性を利用するのに、（サービス業の分権的経営方式か、製造業の中央集権化的な経営か、というような）これまでとは異なる状況に適用できる新しいラーニング方法が必要になってきます。しかし、やがては生産性成長率は、高い水準に戻ってきます。発展のための技術的な基礎は出尽くしたという考え方は、動学的なラーニング・ソサイエティの観点で見ると間違っていることが繰り返し証明されてきました。

本書は、世界的に偉大な経済学者である故ケネス・アローの業績を称えるレクチャー・シリーズの1つから生まれたものです。アローはまた、ブルース・グリーンウォルドと私が教鞭をとっているコロンビア大学の最も優れた卒業生の1人でもあります。最初のレクチャーは一般向けではなく、学界の研究者が聴衆でしたので、遠慮なく複雑な数式を用いました。経済学の専門分野では数学は言語として機能しているためです。その講義では、過去200年間の生活水準の目覚ましい向上を実際にもたらしたものは何か、それがラーニング・ソサイエティの構築であることを話しました。このことを深く考えれば、少なくとも発展途上国においては、聴衆が長い間大事にしてきた教えの一部は、自由貿易の美徳というものでさえ、再考の余地がある、ということを説得するために、講義を行いました。政府は、何がラーニング・ソサイエティを作るのか、ということに重点を置くべきであると私たちは主張しました。経済学者がこれまで主張してきた標準的な政策のいくつかは、実際にはこれを阻害していたのです。

長い期間、日本にいる私の多くの友人や同僚、そして日本出身の友人や同僚が日本を見て理解する手助けをしてくれました。多くの方々にお世話になりました。１９７０年、箱根で行われた会議に故宇沢弘文教授に招かれて日本を訪問したのが始まりで、あれから50年近くたちます。この間に多くの優れた研究者の方々と交流する機会に恵まれ、経済学についての考えを共有したことはもちろん、日本についての洞察を得ることもできました。

残念ながら、スペースの関係でお世話になった方々を一部しかご紹介できないのですが、私の恩師であり共著もある故宇沢弘文教授に謹んで本書を捧げます。宇沢教授から学んだことは経済学だけではありません――彼は経済学者としてのロールモデルでした。大きく、根本的な疑問を提示し、経済学的な視野を組み込んだ数学的ツールが、どのようにして答えを導きだせるのかを示せる経済学者であり、倫理と経済学は切り離せないと考える経済学者であり、また、どのようにして考えや行動が、世界をよりよい場所にする助けになるのかを示すことに人生を捧げた経済学者でした。宇沢教授は特に環境問題や、地球上に住み続ける方法を学ぶ必要がある、という点に関心をお持ちでした（訳注：宇沢教授との交流については、『宇沢弘文　傑作論文全ファイル』（東洋経済新報社）巻頭のスティグリッツ教授による講演録に掲載されている）。

早稲田大学政治経済学術院の院長も務め、日本の銀行制度の優れた研究者である藪下史郎早稲田大学名誉教授は、かつて私がイェール大学で教鞭をとっていた頃の学生でした。藪下教授は私に日本のことを教えてくれるだけではなく、私の著書の素晴らしい翻訳者でもあり、誰よりもうまく日本の皆さんに私の考えを伝えてくれる素晴らしいコミュニケーターでもあります。そして、スタンフォード大学時代の同僚であり、私が国際経済学会の会長を務めたときの前任者でもあった故青木昌彦教授にも大変お世話になりました。

本書の執筆のきっかけとなった問題提起の1つは、日本の成功の要素のうち、他の国々、とくにアフリカ諸国で採用できるものは何か、ということでした。私は、国際協力機構（JICA）との共同研究に携わってきました。これは緒方貞子氏が理事長だったときに始まったものです。JICA研究所では、細野昭雄氏と島田剛氏に特にお世話になりました。世界銀行のかつての同僚である、コロンビア大学のアクバル・ノーマン氏とは、発展途上国をラーニング・エコノミーにする産業政策の採用を一緒に研究しました。この政策を過去の産業政策と区別するため、私たちは「ラーニング・産業・技術政策」と呼ぶことにしました。[1] アフリカの開発についての会議であるアフリカ開発会議（TICAD）に日本が参加したことで、アフリカの指導者たちと本書の考えを共有する機会に恵まれました。

すでに触れましたが、日本は、過去の成功と現在直面する課題の両方の意味で本書執筆の重要なヒントとなっていました。日本の現在の経済課題の一部に関わる機会を持てて幸運でした。浜田宏一内閣官房参与、榊原英資教授、黒田東彦日本銀行総裁には長い間お世話になっています。仕事だけではなくよい友人として、日本への頻繁な訪問のたびに、多忙の中、私に会って議論を交わす時間を作ってくれました。

最後に、本書のオリジナル版と縮約版でお名前を挙げた以外でも、本書『スティグリッツのラーニング・ソサイエティ』の日本語版の準備にあたりお世話になった訳者の岩本千晴氏と東洋経済新報社の矢作知子氏に感謝します。

２０１７年７月

ジョセフ・Ｅ・スティグリッツ

注

（1） 彼との共同研究で3冊の本（と多数の論文）を出版した。すべて本書のテーマに関連するものである。*Good Growth and Governance in Africa*（Akbar Noman, Kwesi Botchwey, and Howard Stein との共同編集）, New York: Oxford University Press, 2012; *Industrial Policy and Economic Transformation in Africa*（Akbar Noman との共同編集）, New York: Columbia University Press, 2015; and *Efficiency, Finance, and Varieties of Industrial Policy: Guiding Resources, Learning, and Technology for Sustained Growth*（Akbar Noman との共同編集）, New York: Columbia University Press, 2016.

目次

第4章

ラーニングを促進する企業とラーニングを促進する環境の構築

第7章 閉鎖経済におけるラーニング　220

第8章

幼稚経済保護論：ラーニングを促進する環境での貿易政策 235

第Ⅱ部 ラーニング・ソサイエティに向けた政策

第12章 知的所有権

※ 本文中の、［ ］は著者が引用文中に補足したもの、〈 〉は訳注。

第Ⅰ部

成長・開発・社会発展の新しいアプローチ：基本概念と分析

The Learning Revolution

第1章 ラーニング革命

人びとの平均的な生活水準は、1人当たり産出量の最古のデータがあるローマ時代から1800年まで大きな変化はなく、多少進歩したとしてもほんの少しだった（Maddison 2001参照）。ほとんどの人びとにとって消費の大部分は食糧で、それも、米、麦、その他雑穀など必要最低限の食べ物に限られた。住居にプライバシーはなく、家畜小屋に近い環境で、室内の温度の調整は冬の間必要な暖を取るのみだった。服を着ることは実用のためで、同じ衣服を着続け、季節に応じて上着を重ねるだけだった。医療というものは存在しなかった。娯楽旅行はほとんどなく、移動先も限られていて、楽ではなく、快適でもなかった。娯楽は自分たちで考えるしかなく、単純なものしかなかった。今日我々が人間として標準的だと思う生活を享受できたのは、当時はごく少数の上流階級だけだった。たとえば、肉などの新鮮な食材、プライバシーが保たれた暖かい住まい、用途に応じて使い分ける衣服、基本的な身の回りの世話や医療、旅行の機会、洗練された娯楽などだ。

ところが、1800年以降は、19世紀中期もしくは後期までの間に、特権だったこのような生活水準が、ヨーロッパ全体、および北アメリカ、そしてオーストラリアにまで急速に広がりだした。この変化の影響は、その当時の批判的論評を見ても明らかである。『共産党宣言』は、様々な意味でこの新しく現れた経済的進歩の可能性への賛歌だった――ただし、経済発展の便益については、当時はまだ広く共有されてはいなかった。

20世紀には、かつての上流階級の生活水準が、ヨーロッパ、北アメリカ、オーストラリアそして、アジアの多くの国々まで浸透した。現在もこの傾向はアジアのほとんどの国々に継続している。

この生活の変革がもたらした意義は別の方法でも確認できる。たとえば、19世紀の初頭までは、ほとんどの人びとは、1日の大半を衣食住などの基本的な生活必需品を得るために費やしていた。今日では、先進国の住民や、新興国の多くの住民にとって、こういった基本的な生活必需品を得るのは週に数時間の労働で足りる。「余った」時間の使い方は、個人が選択できる。たとえば、仕事をする、より良質な「必需品」や贅沢品の消費を増やすために収入を増やす、もしくはもっと余暇を楽しむ、などである。(1)

このような社会的変容の源泉は何だろうか。資本の蓄積だろうか、もしくは技術進歩だろうか。Schumpeter (1943) など、経済学者は、このような変革的発展の主な要因は技術進歩であると認めていたが、技術進歩と資本蓄積のそれぞれの重要性を数値化する方法を提示したのは、Solow (1957) が最初だった。論文によれば、資本集約度の変化がもたらすのは労働者1人当たり産出量の変化のうち最大でも3分の1だけである。残りのほとんどは、様々な形の技術進歩によるものであった。[2]

その後の論文では、この数量化はおそらく、当初考えられていたほど頑健ではないことが示唆された。[3] それは、資本や人的資本などの主要な投入物の計測が、当初認識されていたものよりも、もっと複雑で問題点が多かったということと、収穫一定の総生産関数と完全競争を想定していた基本的モデルに疑問の余地があったためである。経済成長の要因を分解する難しさは、様々な要素が絡み合っているところにある——たとえば、新しい技術を導入するには新しい機械（投資）が必要になる。[4] しかしながら、生産性が著しく上昇したことは間違いなく、そして、技術の進歩と「よりうまく行うためのラーニング」が、生産性の大幅な上昇に重要な役割を担ってきた、という点も間違いない。この点が本書の議論における最重要点である。[5]

ラーニング（イノベーション）の速度が、生活水準の向上に寄与する最も重要な要因であるだけでなく、速度自体も、その大部分ではないとしても一部は、ほぼ間違いなく内生的と言えよう。進歩の速度は、時代や国により大きく異なり、我々がこの多様性のすべてを説明することはできないかもしれないが、政府の政策がその役割を担っていることは明白である。研究と教育への公的投資や民間投資と同じように、経済的また社会的環境、そして経済構造も、ラーニングに影響を与える。異なる産業間、異なる企業間、そして企業内の異なる部署間では生産性に高い相関があることから、体系的に影響を及ぼす共通の要因（たとえば環境的要因や公共投資）があること、そして学習者や開発者から他者へ重要なスピルオーバーがあるかもしれないことがわかる。しかし、国家間でも企業間でも大きな違いが根強くある——ミクロ経済的に見ても、最善、平均、最悪のやり方には大きな乖離がある——という事実から、知識は必ずしも国境や企業の境界を飛び越えてスムーズに移動するわけではないことがわかる。

これらすべてを総括してわかることは、経済政策に関して、ラーニングとラーニングのスピルオーバーを向上させるような経済政策および経済構造を作り出すことを、政策目的のひとつにすべきである、という点である。ラーニング・ソサイエティを構築することの方が、経済効率を上げるために1回限りの小規模な改善を行うことや、資本を増やすために現在の消費を犠牲にするやり方よりも生活水準を上げる可能性が高い[6]。

その可能性は発展途上国ではさらに高くなる。1人当たりの所得の発展途上国と先進国での違いの多くは、知識の違いによるものである。そういった国の経済や社会を「ラーニング・ソサイエティ」に転換させる政策は、所得を大きく増加させ、知識のギャップを埋めることに役立つだろう[7]。発展は、学び方を学ぶというラーニングを必然的にもたらす（Stiglitz 1987）。

ソローは、成長の経済学に関する著名な論文（Solow 1956）において、単純化のために、技術進歩率を、企業の決定によって影響を受けない固定かつ外生的なものとしてモデル化した。このことにより、生活水準を向上させる最も重要な要因が説明されないままになった――そのため、経済政策が生活水準を向上させる速度を速める、ということについてはほとんど何の示唆も与えなかった。ソローの1957年の論文は、1956年論文が焦点を当てた資本蓄積が、相対的に重要ではないと論じた。重要なことは、ソローの1956年の論文が単に所与として取り扱ったものであった。当然ながら、ソローの先駆的研究が発表された後、技術変化を「内生化」した成長理論の論文が多く発表された――すくなくとも1960年代[8]からこの研究が始まり、1980年代にはさらに発展した[9]。

もちろん、ミクロ経済的分析を基礎とした、集計的（マクロ的）行動の分析を試みた素晴らしい研究もある。これまでにも技術進歩のミクロ経済分析について膨大な研究の蓄積がある[10]。しかし、こういった論文での洞察の多くは、マクロ経済成長モデルに統合されてこなかった。マクロ経済成長モデルは通常簡単化した見方を採用する。たとえば、イノベーションの速度には部門間で差があること、様々な発展のやり方があること、それらと政策の間に関連性があること、なども無視する場合が多い。内生的成長によって生じる複雑さや、長期均斉成長率を算出するという課題に対処するために、多くの研究が非常に特定化された関数形に絞って考えている。イノベーションが内生的である場合には、市場は完全競争になっていない可能性があるということはある程度論文では認識されてきた。だが、市場構造とイノベーションが相互に影響を及ぼすという点は一般的に議論の中心にならなかった。シュンペーターが想定したようなタイプの競争はそもそも実現可能なのだろうか。実際には、一部の論文は、結論を導くための仮定を作っている。たとえば、貿易がラーニングを向上させる（そして、同量の国内生産によるラーニングよりももっと効果的である）と想定すれば、貿易障害は経済成長に負の影響を及ぼすことになる。本書でこれから示すように、イノベーション・プロセスに関する別の（そしてもっと妥当であると我々が考える）仮定をすると、ある種の貿易障害は望ましい、という結論になる。

現代の経済における成功がイノベーションとラーニングによるものであるという我々の主張が正しいとすれば、ラーニングとイノベーションのプロセスを理解すること、そして、政策がいかにラーニングとイノベーションの速度に影響を及ぼしうるかを理解することが、経済分析の中心となるべきである。[11] 経済の「イノベーション・システム」は、基礎研究から応用研究まで幅が広い。基礎研究は政府が出資して行うことが多く、ベル研究所のように、政府が認可する独占企業によるものもあるが、たいていは研究中心の大学や政府の研究所が行う。応用研究は、こういった基礎研究で生まれたアイデアを基に構築されることもあれば、「既存の技術（prior art）」を洗練させ発展させるものもある。アイデアは、普及させて実践に役立てるべきである。なぜならほとんどの場合、企業がお互いに学ぶこと、または実践を通して技術が進歩することで、生産性が向上するからである。こういったラーニングがどのように発生するかに重点をおいた経済分析がもっと増えるべきであろう。

ケネス・アローの研究を嚆矢とする、このような「ラーニング・プロセス」の経済学は、ラーニング・プロセスを促進させる要因もしくは阻害要因、それらの要因の通常の市場インセンティブへの反応、またそれらの、より広いマクロ経済的やミクロ経済的環境との関係性などを分析対象としている。特に研究開発に関する論文、経験によるラーニングに関するアローの論文（1962a, 1962b）が知られている。ある種の知識は研究開発に資源を意図的に配分した結果生まれるが、その一方で技術発展の多くは生産もしくは投資の副産物であるという事実に、アローは人びとの関心を向けさせた。人びとが学ぶプロセスの改善も、現在の経済における進歩のひとつと言える――人びとはラーニングの方法を学んできたのである。ラーニング能力の向上につながったのは、1回限りのブレイクスルーではなく、連続した組織的イノベーションだった。

Nordhaus（1969a, 1969b）など、その後の分析でも整合的な内容が指摘された。このような発展の大部分は、生産過程での小さな改善が連続的に積み重なったことから生まれたものであり、技術の劇的なブレイクスルーによるものではない。もっとも、生産過程における小さい改善の一部、いやおそらく大部分は、改革をもたらす変化の結果であるか、もしくはそれに関連したものである。たとえば、コンピューター化および電子化は大きな変化だった。しかし全体的な影響は小さな改善の蓄積によってもたらされた[12]。資本蓄積と「ラーニング」を分けることも、明確にはできない。つまり、新しいアイデアが発見され、新しい研究が「具体化」されるのは、多くの場合新しい投資によるのである[13]。仮に投資の速度がラーニングの速度を決定するとすれば、当然、生産性向上の何割が投資増加の結果であるか、また何割が技術的改善の結果であるか、をはっきりと分けることはできない。両者は密接に関連しているからである。

現代の成長理論と開発理論の中心となってきた集計的モデルには、もうひとつの重要な点が抜けている。標準的枠組では、市場の歪みがなければ（そしてほとんどの経済学者は、なんとかしてこの市場の歪みを排除したいと考えている）、企業は常に、（昔からの経済用語で言えば）生産可能性曲線上に位置すると想定されている。この標準モデルでは生産性の向上は、生産可能性曲線が上方に移動することによって起こり、この移動は、人的もしくは物的資本のさらなる蓄積か、またはR＆Dの結果として起こるのである。実際、論文の多くは、基本的には知識を「知識資本」として、別の形の資本として扱い、知識がもつ特異な性質を無視していた。この点は、この後の章、特に第6章で集中的に扱う。しかしほとんどの企業は、生産可能性曲線のかなり下でビジネスを行っているのが現実だ。「ベスト・プラクティス」と「平均的プラクティス」の間には大きなギャップがある。こうしたギャップの大きさは国によっても異なる。このギャップを埋めることは、すくなくともしばらくの間は、社会の生産性向上の原動力となる。典型的な企業にとっては、目の前のギャップを埋めたとしても、新しいギャップがまた発生する。ほとんどの企業は、永遠にこのギャップに「追いつく」努力を続けることになる。

最も成功している国は、より速くこの生産可能性曲線を外側に移動させただけではなく、「最善」と「平均」の差を小さくしてきた国である。知識の伝播がより多くあるところには、より多くのラーニングがある。このような成功した国の生活水準が向上し続ける大きな要因はラーニングの達成なのである。

要するに、はじめは1800年頃の西欧諸国で始まり、さらに最近ではアジアの国々で起きている「ラーニング・ソサイエティ」への変革は、資源配分上の効率性改善や、資源蓄積よりも、人びとの幸福度により大きな影響を与えてきたように見える。これが事実であるならば、ラーニング・ソサイエティを構築する方法を理解することを、経済学者や他の社会科学分野の学者の中心的関心事のひとつにするべきだろう。この取り組みに成功すれば、資本蓄積の増加方法や、短期的な配分上の非効率の削減方法よりも、長期的生活水準の向上にはるかに大きな影響を与えることができるだろう。

本書は、発展の速度を決める重要な要因を理解するための簡単なフレームワークの提示を試みる。そのモデルは分野ごとの政策の違いがわかる程度に分割しているが、国全体の発展速度を決定する要因に焦点を当てられる程度には集計されたものである。

市場にまかせておけば、ラーニングとイノベーションの効率的水準とそのパターンがもたらされるのだろうか、仮にそうでないとすれば、政府による望ましい介入とはどのようなものだろうか、という2つの基本的問題が我々の分析の中心となる。

1 市場の非効率性

第1の疑問に対する答えは簡単で直接的である。すなわち、知識とラーニングを生産し伝播する上で市場が効率的であるとは想定できない。現実はまったく逆であり、市場は効率的でないと想定できるのである。

市場の効率性に関する現代の認識はSmith（1776）の研究にさかのぼる。そこで彼は見えざる手という表現で、自己の利益の追求は、神の見えざる手に導かれるように、社会の厚生に寄与すると指摘した。その175年後、Arrow（1951b）とDebreu（1959）は、どのような意味でアダム・スミスの主張が正しいか、またその理論が正しくなる条件を、明らかにした。すなわち、市場が、誰かが損をしない限り、誰かが得をすることはないという「パレート効率性」を達成するという主張である。アローは市場のパレート効率性のための十分条件を提示した（Arrow 1951b; Debreu 1959参照）。その後の研究でも、その条件が必然的に必要になることも指摘された。たとえば、市場の効率性を証明するためには、情報が外生的でなければならない（つまり、完全である必要はないが、個人が何かを観察したり行ったりした後でも、結果は変わらない）。さらに、市場が不完備であるとき、もしくは情報が内生的で非対称的であるときにはいつも（つまりこれは、必然的に、常に、ということになるが）、市場は（制約つき）パレート効率的にはならない、ということが後の研究で示された[14]。

とはいえ、本書が着目していることは、市場経済の効率性を証明する上で中核となる仮定が、市場は完全競争で、技術水準は固定かつ外生的である、という点である。アローとドブリューは、市場経済の効率性を証明する際、イノベーションを想定に入れなかった。そうすることで、イノベーションにおいて市場経済が効率的であるかどうかという問いに答えないで済む。多くの市場経済信奉者が、市場の革新性が主たる長所であると考えていたことを見れば、これを無視することが重大な理論的欠陥だったことは明白だ。実のところ初期の段階でSchumpeter（1943）は、多くの経済学者が歪みのひとつとして扱ってきた独占が、実際にはイノベーションを行う経済では美徳になりうる、とさえ主張していた。なぜなら、独占は、R&Dの向上に役立つレント（利益）を生み出し、そして、市場への参入競争がある限り、市場内での競争を心配しないで済む。しかし、シュンペーターも、革新性の観点から市場の美徳を喧伝した他の経済学者も、イノベーションにおいて市場が効率的であることを示すことはできなかった。

それをしなかった理由はできなかったためである。実際、後に続いた議論でも、アローと他の経済学者の研究をベースに構築したものであり、市場はイノベーションの水準や形ではなく、それ自体で効率的であるということを示した。アローは、R&Dへの資源配分の結果なのか、ラーニングの結果なのかにかかわらず、知識の生産と伝達において市場の失敗がいたるところで散見されていることは認識していた。したがって、ラーニング・プロセスの経済学――そしてラーニング・プロセスで多く見られる市場の失敗――を理解するためには、アローの分析を継承して研究を行うことが、効果的な経済政策の構築のためには重要となる。

このような非効率性の特性――および、その経済政策への含意――を分析するためには、R&Dまたはラーニングと市場構造が共に内生的である一般均衡モデルを構築する必要がある。市場の非効率性は多様かつ複雑である。なぜ他の分野に比べて、よりラーニングに左右される分野と、より多くの外部性（他の分野へのスピルオーバー）を発生させる分野があるのか、という点を、これから説明していく。そこからわかることは、ラーニングが重要となる分野は、完全競争でない場合が多いという点である。したがって、企業は、ラーニングが他の分野に与えるスピルオーバーを考慮に入れないため、生産（とラーニング）が最適水準を下回るような制約を受けるだけでなく、生産（ラーニング）は市場の支配力の行使の結果として制約を受ける。このような市場支配力には有益な価値があり（たとえば、市場の力がなければ得られなかった研究資金を得る助けになる）、イノベーションを通して優位な企業になるという競争、すなわち「シュンペーター的」競争原理により、市場支配力の乱用は制限される、というシュンペーターの見方は再検討する必要がある。そして我々はその理由をこれから説明する。彼の独占に関する考え方は楽観的過ぎたと言える。

さらに、イノベーション・プロセスにおける非効率性は、資本市場の不完全性と、リスク市場の不完備性の帰結としてもたらされたものである。アローとドブリューが市場の効率性を示した分析には、競争とイノベーションの性質についての非現実的な仮定だけでなく、完備されたリスク市場と、完全競争的な資本市場が存在する必要があった。第6章で取り上げるが、これらの市場における不完全性は、とりわけイノベーションに関連づけて考えれば、偶然の産物にすぎないということではなく、むしろイノベーション特有の性質なのである。

2——ラーニング・ソサイエティ促進における政府の役割

ラーニング、そしてより一般的には研究開発が、経済的成功の中核をなし、そのラーニングの速度（もしくは研究開発の速度）に影響を及ぼす決定を市場が効率的に行わないとすれば、長い間政府介入に反対してきた議論も単に誤りだったことになる。金融危機をきっかけに、危機を回避する際の政府の役割に人びとの関心が集まった。広範囲にわたる環境問題でも、公害防止や、悲惨な影響を及ぼす可能性のある気候変動に対処するためにも政府の役割に注目が集まっている。これらは、負の外部性を防ぐために政府が役割を担っている例である。知識の生産には正の外部性がある。民間部門は負の外部性を発生させる財を過剰に生産する。このため政府は、公害を発生させる企業に料金を課すか、もしくは汚染につながる行為を規制しなければならない。対照的に、民間部門では通常、正の外部性をもたらす財の生産は過少になる。ここでも、市場の歪みを修正するには何らかの形の政府介入が必要となる。

正の外部性の場合の政府介入は、負の外部性を修正するために必要な介入より複雑になる。たとえば、環境への外部性は限られており、明確に認識される。そして、このような市場の失敗に取り組むための手段も確立されている。同じように、金融市場への規制が過少であることによって生じる外部性も広く認識され、特に金融危機後には、良い規制によってどうなるかについての理解も生まれてきた。しかし、ラーニングは、現代の動学的経済（ダイナミック・エコノミー）におけるすべての局面に関係しており、先進工業国を目指す新興国においてはなおさらである。ラーニングにおいても市場の失敗が存在する場合、その市場の失敗は経済全体に広がり、国全体に拡散するのである。これらを調整するためにはさらに広範囲にわたる政府介入が必要となる。

動学的経済が基盤とするこのような技術進歩の多くは、政府の資金援助による研究から生まれる。こういった支援がなければ、イノベーションの速度――そして生活水準向上の速度――は今よりもかなり遅れていただろう。そして民間部門に帰属する技術進歩の多くは、知的所有権の管理も含めた法的枠組で形成されている。この法的フレームワークが理想的とは言い難く、保守や革新の両派から批判が出ている。一方で、所有権の保護が不十分であるためにイノベーションが妨げられているという意見もあれば、他方では知的所有権の制度設計が不十分であり、人びとの生活水準の向上よりもたとえば医薬品業界の利益増大を重視しているために、発展が進まないという意見もある。こういった疑問に対してどのような意見をもとうとも、共通認識としてあるのは、公共政策が重要であり、避けられないという点である。政府には、「ラーニング・ソサイエティを構築する」責任がある。その責任とは何か、またその責任を果たす最善の方法を理解するには、なぜ市場に任せておいては「機能」しないのか、どのようにしてイノベーションが社会で実際に発生するのか、を理解しなければならない。したがってここで提示する分析は、政府介入の望ましさについての考えを変えるものとなる。ここでは、市場の失敗があることをあらかじめ想定し、その市場の失敗を修正するために政府が対処すると想定している。

本書は、ラーニング・ソサイエティの創造もしくはラーニング・ソサイエティの促進を通じて経済成長を促す上での政府の役割に特に焦点を当てることで、「ラーニング・ソサイエティ」の経済学を解明することを試みる。本書では、ラーニングのスピルオーバーが明確にされた簡単なモデルを提示する。本書のモデルでは、資源配分の効率を高めることに重点をおく標準的な政策提言とは極めて異なる政策的助言を提示する。静学的な配分効率の考えと生産性の成長が主に資源（物的資本、人的資本、そして科学的資本）の蓄積から生まれるという考え方をベースにした古典的経済政策提言と、動学的ラーニング環境の構築に向けて我々が強調する政策提言では、単に強調する対象が違う、というだけではない。我々は、古典的な政策提言は、たとえ善意によるものだとしても、実際は社会の発展速度の低下と、長期的な社会的厚生の悪化を導く可能性さえあると懸念している。経済における静学的な効率性を改善しようとすれば、ラーニングが妨げられるかもしれない。我々の分析は、新古典派モデルを固く信じる経済学者が排除してきた数々の政策を支持し、さらにより動学的なラーニング・エコノミーを構築する助けになる新しい政策を提案する。この意味では、我々の研究は、競争を過剰に強調する伝統的経済学者を批判したSchumpeter（1943）に近い。しかし、シュンペーターは、新古典派経済学批判においては正しかったが、整合的な規範的または実証的理論分析を示さなかった。その結果、彼の規範的考えの一部は誤って理解されてしまった。たとえば、彼は、「シュンペーター的競争」と呼ばれるようになった競争自体が動学的経済を保証するという、競争の潜在性について過度に楽観的であり（この点については後に議論する）、そして、（一時的）独占の利点についてもあまりにも楽観的だった。

この政策の利点を見直すことは、発展途上国と新興市場にとって特に重要な意味をもつ。すでに述べたように、先進国と発展途上国を分けるのは、資源のギャップだけではなく、知識のギャップである。このため、発展のための政策は、このギャップを埋めることに重点をおくべきである――つまり、ラーニングの向上である。これは、より大きなラーニング能力と他の部門へのより多くのスピルオーバーをもつ特定の産業や技術の推進を目指す現代の産業政策の重要な目的のひとつである（本来産業政策は工業部門の支援が目的だったが、今日ではこの用語はもっと広い意味で使用され、特定の部門や技術の推進を策定する一連の政策を含むようになった。これによって農業部門、研究部門もしくはサービス部門を推進する政策も産業政策に含まれる）[15]。どのような方法でもラーニングを妨げる政策は――産業政策の使用を制限する政策も含めて――長期的には、厚生を下げることになるかもしれない[16]。これは、ワシントン・コンセンサスによる政策など、開発政策の従来の見方が人びとを誤った方向に導いていると、我々が主張する多くの事例のほんのひとつに過ぎない。たとえば、良く計画された貿易規制、補助金、為替レートへの介入は、ラーニングの推進に重要な役割を果たす。さらに、貿易協定や投資協定によって、海外からの直接投資に対して課している国内部品調達の規制を撤廃することが、ラーニングを阻害するかもしれない点も議論していく。

我々の議論と伝統的な開発経済学との明らかな相違のひとつは制度の役割に関してである。標準的文献の多くは、所有権を保護するという制度の役割を強調してきた。情報がより重要になるにつれて、知的所有権やそれを保護する制度にますます重きがおかれるようになった。この流れとは対照的に、我々はより広い見方をする。というのも、知的所有権は、イノベーションを動機づけするひとつの制度である。しかし同じもしくはそれ以上に重要なことがある。我々は、ラーニング・ソサイエティを促進させるのはどのような制度かを問うことにする。我々が支持する知的所有権制度は、世界貿易機関（WTO）の知的所有権の貿易関連の側面に関する協定（TRIPS協定）に含まれている規制とは明確に異なる。実際に我々は、不十分に策定された「厳しい」知的所有権制度は、ラーニングとイノベーションを妨げると主張する。

実際、我々のアプローチでは、ワシントン・コンセンサスによる政策とは反対の政策提言を導きだす事例がたくさんある。我々の議論は、2カ国間協定や、WTOの金融業務協定の下で締結された合意に通常含まれる、金融市場の自由化政策とは相反するものである。我々は、貿易市場と資本市場の自由化が、期待されていたようには成長を促進させることができない理由を説明し、そしてラーニングの観点から、これらの政策をどのように修正すべきかを提案する。

本書の大部分は、ラーニングを最も推進する方法に関する問題に重点をおくが、それらは政府介入にともなう短期的（静学的）コストと、より速いラーニングから得る動学的便益を比較し最適にする方法、および政府介入を計画する最善の方法などである。しかし政府介入に関する論争は、多くが政治経済的な問題である。このような問題は無視するべきではなく、また無視することもできない。我々の考えでは、問題にすべきことは、政府の介入の是非ではなく、政府の介入の方法である。

3――比較優位理論の再定義

本書が古典的政策と異なることを示す最も重要な方向性はおそらく、幼稚経済保護論という見方を提唱している点である。これは、国の表面的な比較優位に逆らって、工業化を奨励する貿易規制を設定することで、経済成長と生活水準を向上させることが可能であるとする考え方である。加えて本書は、比較優位が意味することに対して異なる見方も示す。（エリ・ヘクシャーとベルティル・オリーンが提示した[17]）従来の比較優位理論は、知識は完全に利用できるという認識に基づいて、相対的な要素賦存量に焦点を当てていた。ポルトガルは気候がワインに適していたためワインを輸出し、同様にイングランドは布地を輸出する。未熟練労働者の多い国は、未熟練労働集約的財を輸出する。

Krugman（1979）の研究は、ディクシット＝スティグリッツの製品差別化モデルをベースに、要素賦存量以外の何かが関係することを明らかにした。彼は、今日の貿易のほとんどが、類似した要素賦存量をもつ国同士で行われていると述べている。さらに、これらの国は同様の製品を貿易しているのである。ドイツはアメリカに自動車を輸出し、アメリカもドイツや他の国々に自動車を輸出する。しかし、クルーグマン＝ディクシット＝スティグリッツのモデルでは、なぜドイツがそのような種類の車を輸出しているのかという説明はない。均衡が複数存在するのだ。たとえば、アメリカは、最終的にドイツが輸出するような車を輸出し、その逆もある。我々の分析から、おおむねこのようなパターンは、単なるめぐり合わせや、コイン・トスのような偶然の産物ではなく、知識の状態やラーニング能力のようなもっと基本的な資質に関係していることがわかっている。

Lin (2012) は、比較優位に逆らう工業政策と、比較優位に従った工業政策を区別して分析し、前者は成功しない確率が高く、後者は開発の成功の重要な要素になり得ると主張する。この区別には、深い洞察が含まれているが、重要な問いは、比較優位を決定する国の資質は何か、という点なのである。これは、現在の経済状態を表す、関連する状態変数は何か、という問いと同じである。そして、その国の資質を比較するのにふさわしい「エコロジー」は何か、たとえば、他国の関連する資質は何か、である。

静学的比較優位ではなく動学的比較優位が重要であると強調するのが、一般的な議論となってきている。韓国は、転換期の初期には半導体の製造に対して比較優位はなかった。静学的比較優位は、むしろコメの生産だったのだ。もしも韓国が（多くの新古典派経済学者が勧めるように）静学的比較優位に従っていたら、今もそれが韓国の比較優位になっていただろう。そして韓国は世界最大のコメの生産国で、依然として貧しいままだっただろう。しかし、一国の動学的比較優位は、その国が行うことの結果であるため、内生的なのである。そこには循環性が存在する。重要なことは、動学的な比較優位を作り出すために、国が現時点で何をすべきなのかということである。

国の静学的比較優位を見つけ出すことも難しいが、動学的比較優位を見つけ出すことはさらに難しい。すでに指摘したように、標準的な比較優位は、要素賦存量（資本・労働比率）に注目していた。しかし資本の移動性が高い場合には、資本賦存量は、静学的比較優位の決定にもあまり重要ではない。一方、資本、さらに正確に言えば利益に影響し、資本を効率よく使用するために必要な様々な要素に関する知識は、国境を越えて自由に移動するわけではない。同様に、製品を生産して売るために様々なインプットを使用する上で特定の企業がどれほど効率的かについての知識も、国境を越えて自由に移動するわけではない。つまり、j国の住民は、自国への投資に期待するよりも、i国への投資からより高い利益を期待できることを意味する。現実には、資本移動は完全から程遠いのである。

比較優位を決定する「状態」変数は、移動がないこのような「要素」に関係している。それには移動の程度には差があるが、知識や労働や制度が含まれる。

しかしながら多国籍企業であれば、国境を越えて知識を移動させることができる。高度熟練労働者も同様に移動する。移民は未熟練労働の移動が多かったが、多くの場合、彼らの母国、また移住国でも要素賦存を変えるほど多くはなかった。契約の当事者が、英国法にのっとってロンドンで紛争を解決させることに合意する場合など、制度でさえも実質的に国境を越えることになる。しかしながら、暗黙のうちに了解されている知識に関しては様々な側面がある。たとえば、個人と組織がどのように影響し合っているのか、経済動向に影響を及ぼす行動規範に関してである。さらに、特に我々の視点に重要なことでは、どのような方法で人びとが学習し、順応しているのか（またそうするのか）という点に関してである。普通はこのような暗黙の知識は、国境を越えて簡単には移動しない（実際、後述するように、国内での企業間、もしくは企業内でさえ、そうした知識は簡単には移動しないのである。市場の参加者の側には知識の伝達を阻害する行動をとろうとするインセンティブもあり、知識の伝達には自然の障壁がある）。

我々の観点で見た最も重要な「〈授けられた〉資質」は、社会のラーニングの能力である（これは、その国の一般的知識、ラーニングそのものに関する知識、さらには、その国のラーニング能力に関する知識によって影響される）。それらはある分野のラーニング能力に特有であるかもしれない。本書の趣旨としては国の政策は、競争相手との比較で知識とラーニング能力でのその国の比較優位を活用するように形成されるべきであるということである。このラーニング能力には、学ぶ能力と学び方を学ぶ能力が含まれ、そしてラーニングの適性とラーニング能力をさらに発展させるのに役に立つような政策が行われるべきである。仮に、ある国にコンピューターチップの作り方を学ぶ能力があっても、その国のラーニング能力が競争相手よりも劣っていれば、競争には勝てない。しかし何について学ぶかという点に関して、国が効果的に決断を下すこともできる。ラーニングには本来的に非凸性の性質があり、特化から便益が生まれる。もしも国が学習領域をチップの製造と決めれば、他の事について学習する機会は低くなる。密接に関連する技術へのスピルオーバーはいくらかあるだろう——ナノテクノロジーが、その例になるかもしれない。スピルオーバーが起きるのは、必ずしも昔からの製品分類で近い間ではないかもしれない。たとえば、ジャスト・イン・タイム生産やアセンブリーラインなど、製造技術に類似性がある場合も見られる。比較優位の発展を予測するのが大変難しくなるのはそのためである。

しかし標準的経済分析は、現在の（静学的）比較優位に関する助言を提供してくれる。たとえば現在の技術を所与とし、未熟練労働者の多い国に対して、未熟練労働集約的財は何か、といったことである。しかしこれまで述べてきた動学的ラーニング能力で定義する比較優位に関する助言ははるかに難しい。困難さを増す理由のひとつは、動学的比較優位について、またその優位性を強化するために資源を投資する意欲に関して他の国が下す判断に、この優位性が基づいているためである。たとえば、米国や、日本、もしくは韓国がチップ生産において動学的比較優位を最初からもっていたかどうかにかかわらず、ひとたび韓国がある種のチップの製造に関してのラーニングに十分投資すると、別の国がとって替わることは難しい。別の国が韓国を追い越さなければならないが、それができるかどうかは、その国の能力に依存するだけではなく、その競争に韓国がどう対抗するかにも依存するからである。[18]

リンが示すように、1人当たりの所得水準が同じ他の国が過去に何を行ったか、1人当たりの所得がわずかに上回る国が現在行っていることを見ることは、役には立つかもしれないが、限られたものである。今日の世界は、地理経済的にも地政学的にも、そして技術的にも過去とは異なる。繊維製品における現在の競争には、新しい技術や知識が必要であり、ごく最近の知識でさえも変わってしまう。市場に参入したいが後れをとっている国が、特定の製品に現在比較優位をもつ国にとって替わることができるかもしれないし、できないかもしれない。その国は、別の分野で比較優位を構築する試みの途中かもしれないし、そうでないかもしれない。

要するに、ラーニングという見方は、動学的比較優位の理論を再定義し、開発戦略の形成をより複雑に、しかしより興味深い方向へと再定義することになる。発展途上国は、今日、初期の開発者によって追求された開発のパターンを単に模倣することはできない。このことはすでに明白である。19世紀のアメリカやドイツの成功に倣い、20世紀の初頭から中期にかけて、重工業化戦略をとった国は失敗した。東アジアの輸出主導型戦略を盲目的に追従しようとするアフリカの国々は、20世紀後半の30年の間にその戦略が採用された時の東アジアの成功には程遠いことがわかるだろう。開発経済学者は、東アジアの輸出主導型経済成長を称賛しがちだが、成功に導いたのは輸出の増加そのものだけではなかった。高度なラーニングをともなう特定の分野の輸出が伸びたことによるものだった。輸出主導型戦略を取ったが、ラーニング効果があまりない財を輸出した他の国々は期待外れに終わることだろう。

本書の議論は、ラーニングの視点から比較優位、政策、経済戦略などの基本的コンセプトを再定義するという、重要なプロセスに焦点を当てている。ラーニングの視点で見ることはまた、長い間信じられてきた別の概念の再考を促すだろう。この理論が、集計的生産関数――特に、（たとえば同じ国の）すべての企業が同じ知識をもち、投入を産出に変換する能力も同じであるとする仮定が示す考え――の有効性に疑問符を投げかける。第2章では、生産可能性曲線の概念を考察する。そして第4章では、ロナルド・コースが75年前に提示した企業の範囲についての疑問を考える。どのような活動が企業の内部に含まれ、どのような財とサービスが市場で購入されるのか、という問題である。

注

（1）もちろん、余暇が増えても、標準的なGDPには反映されないので、人びとがどのような選択をするかが、測定された経済成長に大きな影響を与える（Stiglitz, Sen and Fitoussi 2010 参照）。この点は、Keynes（1930）でも指摘されている。Stiglitz（2008d）やPecchi and Piga（2008）も参照のこと。

（2）この違いは、ソローの残差と言われている。その残差の大部分は技術変化が寄与したが、生産性の低い部門から高い部門への労働の配分など、別の要因もあった（Denison 1962 参照）。

（3）資本の価値を別の方法で計算したGriliches and Jorgenson（1966, 1967）の分析では、技術進歩の寄与度はかなり小さいことが示された。さらに、経済成長での人的資本の役割を評価しようとする経済学者によって、労働のインプットの数量化についても問題が指摘された（Klenow and Rodríguez-Clare 1997; de la Fuente and Doménech 2006 参照）。

（4）いかに新しい技術が資本財に「体化されて」いるかを示す文献が多数存在する（Solow 1962b, そしてStiglitz and Uzawa 1969での議論と参考文献を参照のこと）。

（5）納得できなければ、原始的農家が所有するくわを増やしたり、灌漑用の水路を延ばしたりすることを想像してみるといいだろう。このような原始的な行為の積み重ねが、過去200年のすべてだったとすると、生活水準は現在とは比較にならないほど低かっただろう。

（6）Solow（1956）で指摘されているように、貯蓄率の上昇は、単に1人当たりの所得を上昇させるたけで、（恒常的）成長率の増加にはつながらない。この点については第2章でさらに詳しく議論する。

（7）Stiglitz（1998c）では発展は、変化が可能であると認識する社会、そして、そのような変化を実現させる方法を学習する社会への「変容」とされている。

（8）その研究には、Kaldor（1957, 1961）, Kaldor and Mirrlees（1962）, Uzawa（1965）, Nordhaus（1969a, 1969b）, Atkinson and Stiglitz（1969）, Inada（1963）および Shell（1967）とそれに収録された論文などがある。以下の初期の研究は技術進歩の速度だけではなく、その方向性にも疑問を呈した（Kennedy 1964; Samuelson 1965; Fellner 1961; Drandakis and Phelps 1966; Ahmad 1966 他参照）。

（9）もちろん、長い間、経済史学者はイノベーションの速度と方向性を説明しようとしてきた（たとえば、David 1975; Salter 1966参照）。この分野における初期の研究にはHicks（1932）がある。この観点での最近の研究にはStiglitz（2006b）がある。たとえば、初期の研究としてはDasgupta and Stiglitz（1980a, 1980b）があり、市場構造と技術発展の速度の両方を内生的に扱い、シュンペーターの推論を詳細に分析している。他には、Gilbert and Newbery（1982）がある。Romer（1986, 1990）は、その後のこの分野の研究の多くに示唆を与えた。サーベイ研究は、Aghion and Howitt（1998）, Romer（1994）を参照。

（10）古典的研究としては、Arrow（1962a, 1962b）がある。知識とその生産の主要な特徴（公共財としての知識、知識の生産にともなう非凸性、資本市場とリスク市場の本質的な非完全性）を、参考文献と共に詳細に議論している。Stiglitz（1987b, 1978の研究に基づくもの）も参照のこと。

（11）何が世界を急に変えたのだろうか、「ラーニング・ソサイエティ」になるプロセスが始まったのは何がきっかけだったのだろうか。なぜ、その場所とその時期にこのプロセスが始まったのだろうか。残念ながら、これらの重要な歴史的問いに答えるために、本書で我々が展開しているフレームワークを使っているのではない。ただし、このような疑問に関する簡単な考察は後半の章で行う。

（12）Gordon（2012: 2）は、「イノベーション・プロセスとは、逐次的改善が続く独立した発見からなる一連のプロセスであり、究極的には最初のイノベーションの可能性を十分に活用したプロセスと考えるといい」と示唆している。

（13）Solow（1959, 1969b）, Solow et al.（1966）, Cass and Stiglitz（1969）参照。そして、Stiglitz and Uzawa（1969）での議論と参考文献を参照。

（14）すなわち、市場を構築するコストと情報を得るコストを考慮に入れた場合（Greenwald and Stiglitz 1986, 1988）。

（15）新古典派経済学の教義が優勢だった時代には、産業政策は非難の目で見られていたため、一部の政治家は、「積極的なビジネス政策」などのように、こういった政策を表現する別の言葉を探した。別の方法としては、このような政策の中でも、輪出促進政策などのように、より多くの賛同が得られる特定の分野に焦点を当てた。我々は、本書ではより標準的な名称を使用する。

(16) この考え方は、世界銀行のチーフエコノミストとしての任期中にスティグリッツがまとめた最初の世界開発報告書である、『開発における知識と情報』に反映されている（World Bank 1999; Stiglitz 1998c, 1999b も参照）。

(17) Samuelson（1948）が最も明確に示している。Ohlin（1933）も参照のこと。

(18)（特許レースとの関連での）リープフロッギング（追い抜き競争）についてのより一般的議論は、Fudenberg et al.（1983）参照。

On the Importance of Learning

第2章 ラーニングの重要性について

第1章では、過去200年間の近代がそれ以前の何千年もの期間と異なるのは、ラーニングである、という点を中心的テーマとして論じた。ここでのラーニングとは、どのようにして生産性（任意の投入量から生産できる量）を向上させるかに関する学習である。ラーニングが持つ2つの側面を区別しよう。ひとつは、ベスト・プラクティスの改善であり、これは、企業が利用できるすべての知識と技術を集結させた生産性の向上という形で現れる。もうひとつは、ベスト・プラクティスに追いつこうとする企業の生産性改善である。実際には、この区別は多少理論上のことかもしれない。生産のどの過程においてもベスト・プラクティスを実践する企業はないかもしれない。ある面においては、他の企業に後れをとるが、別の面においては、その逆になることもあるだろう。発展途上国においては、世界的なベスト・プラクティスに追いつこうとしている企業がほとんどかもしれない。しかし、発展途上国と先進国との本当の違いは、国際的なベスト・プラクティスの水準を著しく下回る企業の割合が、発展途上国の方が大きく、そしてその国の平均的生産性と、最も効率のいい企業の生産性とのギャップも大きいという点である。

本書はラーニングの両方の観点を議論するが、特に、追いつくためのラーニングに着目する。それは、経済学の文献では注目されてこなかったと思われ、また特に発展途上国においては、この点が生活水準の向上への鍵となるためである。第1章で述べたように、2つの改善は密接に関連している。ベスト・プラクティスを改善させる最も革新的な企業のおかげで、ほとんどの他の企業は、常にそれに追いつくことに専念することになる。

ソローとその後の文献が示したエビデンスは、(多くの人にとっては自明なことであるが) 生活水準の向上におけるラーニングの重要性をすでに示唆している。ラーニングの役割をさらに明らかにするために、本章のはじめの3節では、他のマクロ経済学およびミクロ経済学的エビデンスを集めて整理する。特に、ベスト・プラクティスを実践する企業と、その他多くの企業との生産性ギャップは広く存在していることを強調する。これまでほとんどの経済学理論が重視してきた配分の非効率性に比べて、このギャップの方がはるかに重要であり、このギャップがラーニング――もっと正確に言えば、ラーニングの欠如――に関係していることを本書で議論していく。

最後の節では、生産可能性曲線の移動と生産可能性曲線に向かう移動について、いままで議論されてきた区別を採用しながら、生活水準の持続的な向上をもたらす源泉について理論的側面から議論する。そして、このフレームワークを使用して、その重要性がラーニングに関係するという理由を説明する。

1——マクロ経済的視点

ラーニングの重要性に関して我々の結論の裏付けとなりうる実証的な議論がいくつかある。まず、簡単な議論から紹介しよう。理論上、最先端技術は世界のどこでも利用可能である。このため、十分な資本があり訓練された労働者がいれば（言い換えると、資本と訓練された労働者の移動が十分であれば）、すべての国が同等の生活水準を達成するはずである。唯一の違いは、知的所有権と要素供給の所有に発生するレントだけである。にもかかわらず、世界の国々を比べると、経済的な動向と生活水準には、要素供給の違いで説明できないほど大きな乖離が存在している。[1] これには、非常に資本集約的（特に、旧社会主義国）で高熟練労働者がいるが非効率な経済となっている国が多く含まれている。表2・1は、国家統制経済活動モデルの崩壊の直後の旧社会主義国と、その近隣の非社会主義国の比較を表にしたものである。

これらほとんどの場合で、第二次世界大戦後の共産主義が強制されたときには、その後社会主義国となった経済の方が、「比較対象である同地域の他国」より高い水準の経済発展を遂げていた。チェコスロバキアはオーストリアより産業化が進んでいた。当時フィンランドはおそらくバルト諸国の中で最も貧しい国だった。カトリック教の農業大国であるスペインは、ポーランドよりも貧しかった。台湾は、長年日本に占領されており、中国大陸では比較的遅れた地域だった。ベトナムとカンボジアはすくなくともタイと同じぐらいは発達していた。そして北朝鮮は韓国よりも産業化が進んでいた。１９４０

表2.1　生活の質　国際比較（1992〜1994年）

（単位：USドル）

地域	旧中央集権国（旧社会主義国）			非中央集権国（非社会主義国）		
	国	1人当たりGDP	平均余命	国	1人当たりGDP	平均余命
バルト諸国	リトアニア ラトビア エストニア	7,800	70.4	フィンランド	16,150	76.2
中央ヨーロッパ	チェコ共和国	7,350	73.5	オーストリア	17,500	76.9
ヨーロッパ農業地域	ポーランド	4,920	73.1	スペイン	13,125	77.9
中国大陸	中国	2,500	68.1	台湾	12,070	75.5
東南アジア		870	55.3	タイ	5,970	68.4
朝鮮半島	北朝鮮	920	70.1	韓国	11,270	70.9
（非加重平均）		4,060	68.4		12,681	74.3

（出所）Greenwald and Khan (2009), p.30.

年代後半から1980年代後半までの40年間、社会主義国は資本蓄積と教育に関して伝統的な成長理論に忠実に従っていた。これらの国々は、西洋の多くの国々よりもはるかに高貯蓄率と高投資率を誇り、教育にも多く投資し、特に生産（そしてある種のイノベーション）に直接的に関連する技術教育に力を入れていた。それでも80年代後半までには、これらの経済の産出量は他の国々の半分以下であり、多くの場合半分を大きく下回っていた。

非社会主義国側では、経済は年月の経過と共に着実に改善され発展していた。一方社会主義国側では、生産要素がより多く蓄積されており、さらに、スプートニクのような高度技術製品の開発に優れた国があったにもかかわらず、経済は「学習すること」にほぼ失敗していたのである。こういった国々（そしてその国の企業）は生産性を上げるイノベーションを行わなかっただけではなく、世界中の様々な場所で行われていたイノベーションとベスト・プラクティスから学んでいなかった。

この表面に現れた違いは、静学的な非効率性（たとえば歪んだインセンティブ制度や資源配分の失敗にともなうもの）で簡単に説明できるものではないことは明らかである。仮に非効率性が重大な問題だったのなら、共産主義から市場経済へ移行することで、すぐに差が埋まっただろうし、市場価格とインセンティブ構造への移行が、静学的な非効率性を取り除いたであろう。ところが、旧ソビエト連邦から独立したほとんどの国々の産出量は実際には減少したのである（Stiglitz 2000c 参照）。たとえば、歪んだインセンティブ構造が何の役割も果たさなかった、と言っているのではない。中国が、集団農業から個人が責任をもつ体制に移行したとき、生産性が大きく向上はしたが、その時でさえ、他国よりはるかに劣っていた。ギャップの大きさと、年月の経過にともなう進化（共産主義の終焉の前と後でも）を見ると、低い生産性は、静学的な非効率性だけを原因とすることはできないことがわかる。

もちろん、時と共に起きる変化に対しても同じ議論が成立する。特に、テクノロジーに関する多くの側面が知的所有権で守られていなかったため、世界中で同じ変化が起きることは可能だった。それでも、生産性の変化は、国によって大きな違いがあり、それは他の要素投入の変化の違いでは説明できないほどだった。[2] このことは移行経済でも見られている。実際、移行以後のこういった国々の（そして他国の）経済の変化ほど、ラーニングとラーニング能力の重要性を最もよく表すものはない。しかし移行後の経済的パフォーマンスの向上は一様ではなかった。迅速に、そしてうまく適応した国もある。記録によれば、1975年から1980年にかけての中国の1人当たり年間所得の成長率は4・1％だった。企業が経営を行い、また学習する条件が変わってからは、1980年から1985年にかけて成長率は8・4％まで上昇し、さらに1985年以降は年率10％の成長を達成した。

この急速な〈中国の〉好転は、教育や資本蓄積を要因にはできない。[3]（年配労働者は改革前の不適切な訓練しか受けていないため）改革された教育制度でも高度な訓練を受けた学生を卒業させるまでは、すくなくとも8年はかかるだろう。そして、こうした教育を受けた卒業生は、全労働力をゆっくりと時間をかけて変えることになる。(4) 資本蓄積に関しても、GDPに占める投資の比率がたとえ25％上昇しても、実質利益率が5％の場合には、成長率の上昇は1・25％にしかならない。仮に実質利益率が10％の場合でも、成長率の上昇は2・5％にすぎない。明らかに変化したことは、世界ですでに存在し利用可能になっている技術を用いて有効に資本と労働を使用していることである。

もちろん、インセンティブの改善(5)——たとえば、農業など——と産業間での資源の不適切な配分の削減が、中国の経済成長においてある程度の役割を果たした。静学的非効率性を除くことで生じる生産性向上は、後に詳細に述べるが、1回だけ（もしくは短期間）の生産性向上となるという点が重要である。これは、農業においては（多くの場合）正しいのだが、(6) 驚くべきことは、経済成長の最も重要な源泉は製造業にあり、その製造業では生産性や品質、そして業務の改善を明らかに見ることができ、そうした改善が継続してきたことである。

他の旧社会主義国では、1人当たり所得が高水準に達するのがはるかに遅かった。(7) 一般的には、バルト諸国および東欧の多くの国々は、アジアの国々、中国、ベトナムよりもはるかに「ラーニング」の速度が遅かった（すくなくとも、総生産の上昇率に反映された数字では）(8)。東欧の国々が、最終的に急速に成長し始めた時は、多くの場合、不動産バブルに起因していた。つまり、世界的な金融手法は、良くも悪くも最も容易に国境を越えて移動するようである。

インドは、1980年代に商業改革後同様に経済成長の加速化を経験した。インド経済成長における急速な変化の始まりはこの一連の改革であり、この後の貿易自由化ではなかった（Rodrik and

Subramanian 2005 参照)。

旧社会主義国、南アメリカ、アフリカ、アジアの一部の国々も含め他の国々は、まだ、高い成長率を経験するにはいたっていない。それらの国々は、市場原理の受容を尊重し、グローバル・テクノロジーへのアクセス、高い貯蓄率、健全なマクロ経済政策、高度な教育制度があるにもかかわらず、このことは事実である。これらの国々の失敗の原因は大部分、すでにあるグローバル・テクノロジーを採用する能力の欠如と、それぞれの部門内で資源を効果的に配分する能力の欠如である。これらの国は、理論的な生産可能性曲線の内側から抜け出せないのである。

2——ミクロ経済的視点

アメリカや日本のような高度に発達した経済においても、ほとんどの企業が、(その産業の中での「ベスト・プラクティス」などの)理論上の能力をかなり下回る効率で稼働していることを示す実証は数多くある(たとえばBaily and Solow 2001 参照)。このことは、それぞれの企業が生産可能性曲線に向かって移動することで、生産性が上昇する幅が大きいことを示唆している。(9) もしも最先端の研究開発を行わなければ、実現されていない潜在的利益は、終局的に消失することは明白である。しかし現実的には最先端技術の改善よりも、すでにある可能性を活用するための「ラーニング」と、既存の技術を広く普及することのほうが、どの時点で見ても生産性の成長率への寄与度は高い。

生産性に関する企業レベルの研究で最も驚くことのひとつは、企業内での生産性の違いが大きく継

表2.2　データ：生命保険会社（保険料との割合で見る一般経費）

年	コネティカット・ミューチュアル	フェニックス・ミューチュアル	ノースウェスタン・ミューチュアル
1988	20.9	16.7（17.6）	6.8
1989	19.8	15.7	6.9
1990	20.2	14.9	7.4
1991	20.9	15.6（18.2）	6.3

続的に存在する点である。これは総産出水準でも、総生産を生み出す個々のプロセスでも言えるのである。企業レベルで見ると、各業界のトップ企業と業界平均とでは、生産性には倍もしくはそれ以上の開きがあることが、Baily et al.（1992）ではじめて体系的に明らかにされた。その後の研究の多くでもその結果は確認されている。[10]

表2・2は、相互生命保険会社の例で比較したものである。生命保険業界でトップと認められているノースウェスタン・ミューチュアルは、フェニックス・ミューチュアルのような平均的企業に比べて約40％のコストで生命保険料を処理していた。効率の悪いコネティカット・ミューチュアルなどと比較すると、3分の1以下である。保険商品の組み合わせや、企業形態（たとえば、営業所を自社所有とするか、独立した代理店と契約するか）など、事業内容を修正することで、実際にノースウェスタンの測定された業績の優位性が増したのである。たとえば、ノースウェスタン・ミューチュアルは、競合会社と比べ（終身保険ではなく）定期保険の販売割合が高く、保険料の低い定期保険は、一般的には終身保険と比較して、保険料の1ドル当たりの事務努力を多く要していた。

驚いたことに、表2・2のもうひとつの特徴は、同じ業界内において実績の違いをおおまかに示していることである。すなわち、優れた企業と効率性の低い競合他社間での、生産性レベルがあまり収束していかないことである（なぜそうなるかという均衡モデルは、本書の完全版の本章の補論で示されている）。

Baily et al.（1992）およびその他の研究（たとえばDwyer 1998）で、業界が同じでも異なる企業の生産性のギャップはなかなか縮まらず収束が遅いことが確認されている。優れたラーニング環境がある主導企業は、すでにその業界の生産可能性曲線に近いところで稼働しているにもかかわらず、その生産性の成長率は効率性の低い競合相手とほぼ同じようである。これらの効率的企業はラーニング能力がより高いと思われる。[11]

もちろん、過剰設備を減らすために先端企業が、エンジニアリングや新技術に妥当なレベルの投資をしつつ、実現可能と思われるレベル以下で稼働する可能性もある。これは、一般的な関係性をよく表している。すなわち、先端技術に追いつくためのラーニングと、最先端にいる企業のラーニングには、一般的に考えられているほど明らかな違いはない。さらに、先端技術の進歩さえ、概して小さい改善が積み重なった結果であり、特許を取るような大きな技術革新というわけではない。技術の進歩は、ラーニングの結果である――実践からの学び、他企業からの学び、他分野のアイデアや実践から自分たちの産業や企業に関連すること、もしくは採用できそうなことを明確にするのである。

この企業レベルのデータから必然的に導き出される結論は、ほとんどの企業が明らかにその業界の生産可能性曲線の内側で経営しているということだ。しかし企業が生産可能性曲線の内側で操業しているのなら、経済全体は、最適生産水準よりも少なく生産していることになる。ラーニング主導による生産増加が潜在的に可能であることはミクロ経済データでも明白である。

3 ―― 急速な生産性上昇事例に見るエビデンス

未利用の潜在的生産力の存在は、産出量を増やす必要性が急に発生する特別な歴史的状況で確認されることがある。たとえば、1980年代のイギリスのエンジニアリング業界の労働協定では、1週当たり労働時間を5日から4日に短縮し、賃金もそれに応じて減らした。これにより雇用が増えて、仕事がより多くの組合員に広まるという考え方だった。これに対応して新しい就業時間表への調整を迫られた企業での生産過程の変化は、産出量を増加したがさらに雇用の大幅な削減をもたらした[12]。

活用されていない潜在的生産能力に関する別の企業の例として、1989年のニューヨーク・テレフォン社とニューイングランド・テレフォン社でのストライキが挙げられる。これらの企業には、ストライキ前には8万人の従業員が働いていたが、そのうちの5万7000人がストライキに入った。ストライキの最初の1週間には、2万3000人の管理職のうち2万2000人が、ストライキ中の組合員の補充として配属された。彼らのラーニング曲線は急速に上昇したため、ストライキの2週目には、半分（1万1000人）は元の仕事にもどされ、すべての元の管理業務は引き続き遂行された。この第2週で行われなかった唯一の通常業務は、ネットワークの配線が必要な住宅の電話回線取り付けと新しい工場の建設だった。どちらの業務も（ストライキ前の生産性基準でいくと）追加的に3000人を雇えば完了できただろう。このストライキという緊張の下で、2万6000人の従業員がストライキ前の8万人分の仕事を行った。すなわち生産性が3倍になったのである。平常時の生産性と真の潜在的生産フロンティアには大きなギャップがあることを示す事例だ。

テクノロジーやインプットに劇的な変化がなくても、生産性を即座に向上させることが可能であるという事実は、ラーニングの潜在的な役割を示すさらなる証拠になる。(13) 企業が本当に潜在的生産性を十分に生かしていれば、それ以上の改善は、比較的ゆっくりと着実に進んだはずだ。企業の労働者の質は徐々にしか変化しない。1年の間には従業員のほとんどは入れ替わらない。新しい従業員もすでにいる従業員と似た資格をもつ傾向がある。どの年を見ても資本の追加は比較的緩やかに行われ、既存の資本ストックをわずかに変えるだけである。また劇的な技術的ブレイクスルーはめったになく、多くの場合、企業は斬新で最先端の新しい技術ではなく、効果が証明されているテクノロジーを採用するのである。

ところが、現実には、企業レベルでの生産性の改善は非常に不定期に発生する。問題は、このような生産性の改善が繰り返し可能な理由は何かということである。生産可能性曲線上またはその近くにいる企業には、(通常大規模な投資や従業員の入れ替えがない限り) このように短期間で急激に操業の改善は達成できないし、このような大幅なコスト削減を繰り返すこともできないだろう。これらの事例ではっきりわかることは、企業レベルの生産性変化は多くの場合、むしろほとんどが、生産可能性曲線そのもののシフトというよりは生産可能性曲線に近づく移動だということである。(14)

マクロ経済学エピソード

マクロ経済レベルでも産業部門レベルでも、「ラーニング」環境が際立って重要であることをはっきり示す事例がある。最も説得力がある事例は、第二次世界大戦時のアメリカで示された実績である。

表2.3　生産性の成長（1996〜2001年）

（%）

国	労働者1人当たり生産量の変化	1人当たり労働時間の変化	労働時間当たり生産量の変化
アメリカ	11.4	−2.2	13.6
カナダ	9.6	2.2*	7.4
日本	6.4	−2.1	8.5
ドイツ	1.0	−8.5**	9.5
英国	7.2	−1.0	8.2
イタリア	6.3	−0.3	6.6
フランス	5.2	−4.0	9.2

（注）*支払われた労働時間当たり、**支払われた労働時間当たり、2000年に統計の大改訂あり。
（出所）European Community Statistical Annual、米商務省、米労働省、Canadian Government Statistics。

生産が戦争資材に、そして人的資源が軍隊に大量にシフトしたにもかかわらず、消費財の生産は実際には1941年から1945年の間に上昇したのである。また1941年までには大量の失業はほとんどなくなった。

目立ったもうひとつの事例としては、アメリカの製造部門の実績が挙げられる。1970年代から1980年代前半と、1980年代後半から1990年代である。この2つの期間では、アメリカの製造部門生産性の年間成長率は、0・9%から2・9%に上昇した。この改善と同時にアメリカで起きていたのは、実質利子率の大幅上昇（技術投資の減少がともなうのが普通）、財政赤字、研究開発への支出削減であり、そして教育実績にも（統一テストで確認できるような）目に見える改善はなかった。同時に、新技術が利用できたことが原因でもない。このような技術は他のG7加盟国に等しく利用可能だっただろう。この時期のアメリカの製造業における生産性の年間成長率は、他のG7加盟国と比較して1・9%高かった。したがって、この改善はアメリカだけに起きたことで、世界的な現象ではなかった。アメリカの製造部門で変化したと思われるものは、業務管理の改善を集中的に強化したことである――たとえば、ベンチマークとなる手順の厳密な実践、総合的な品質管理、業務の改革など、我々の言うラーニングの集中的強化である。アメリカは、学ぶ方法を学んだようである[15]。

表2・3は、アメリカ経済全体でその後の期間でも同様なことが起きていたことを示している。長い間、アメリカの生産性伸び率はヨーロッパや日本より低かったが、1995年から2001年にはアメリカの実績は、これら競争相手国を上回った。繰り返しになるが、ここで関係する相対的な変化は、資本蓄積の変化とは関係なく（実際アメリカの投資率はほとんど変化がなかった）[16]、教育の改善、公式のR&D支出とも関連がなかった。生産性の向上は、アメリカでのラーニングの改善によるものと見られる[17]。

4――成長に関する代替理論

これまでに提示してきた説得力のあるエビデンスは以下の2点である。経済全体も企業も、生産可能性曲線――現在の知識レベルを所与として、生産することができるもの、すなわち、その経済で利用できるベスト・プラクティス――よりも低いレベルで稼働していること、および生産性の成長率は、その生産可能性曲線に向かう動きによるということである。発展途上国においてこれが特に当てはまるが、先進国でも同じ国の同じ分野の企業間での違いでわかるように、このことがあてはまる。

さらに、このフロンティアに向かう動きにともなうプロセスで発生することのほとんどは、「ラーニング」——ベスト・プラクティスに追いつくこと——であるということを示してきた。

標準的な分析では、生産性（たとえば労働者1人当たりの産出量）の向上を2つの側面に分ける。すなわち、生産可能性曲線に向けて経済をどう改善するか、そしてその曲線自体をどう外側にシフトさせるか、である。同様の理屈で政策分析も、経済が生産可能性曲線を下回る理由（おそらく静学的な非効率性に焦点を当てて、ラーニング以外に理由を探す）、および最適なやり方で生産可能性曲線を外側にシフトさせることができない理由に焦点を当てる。このような分析は、うまく機能している経済は生産可能性曲線上または近傍で稼働するという仮定で始まっている。それは、よく機能した経済であっても、ほとんどの企業、実際にはすべての企業は、実現可能なフロンティアより下で稼働しているとする、本章の前半で示した仮定とは反対である。従来からのアプローチでは、ラーニングは何の役割も果たさないのである。もしあるとしても、単にラーニングは外生的として扱われる。つまり、経済で行われていることから独立しており、経済構成や、企業を再構築する方法などとはまったく関係がないのである。すべての企業は関連する知識にアクセスができ、すべての関連する知識を十分に活用する、というのが従来モデルの考え方である。

さらに、従来の考え方では企業が生産可能性曲線上で稼働しない唯一の理由は、政府が歪みを生じさせる税もしくは規制を課す、または独占を防ぐ措置を講じない場合に限られる[18]（公害など、市場が効率的生産に「失敗」するかもしれない事例は他にもある。その場合、ある企業による汚染が別の企業に害を与えるが、これらの問題も通例では簡単に片づけられてきた。なぜならば原理的には「政治的やりとりの複雑さを考慮に入れず」最適な補正的税を課すだけで、簡単に解決できると思われていたためである。生産者にとって、外部性は、それによって命を縮めるかもしれない消費者ほどには重要な問題ではなかった)。したがって、政策立案者の最初の仕事は、このような配分非効率性の源泉を除去することであった。

しかしながらHarberger(1954)の研究以降、これらの歪みから生じる社会的厚生の損失は小さいという認識が根強くある。すなわち、マクロ経済的混乱から生じる影響や、資本主義の初期から定期的に景気後退や不況――結果的に大量の遊休資源を生む(ゆえに経済が生産可能性曲線を下回って稼働する)ことになる状態――による影響はもとより、生産可能性曲線内での動きのもたらす効果と比較するとごく小さいのである。[19]

さらに、生産可能性曲線に向かう動きは、GDP(国内総生産)の1回限りの上昇をもたらすが、永続的に成長を高めるものではない。しかし、生産可能性曲線が外側にシフトする速度であるそうした成長率の小さい上昇でも、非効率な配分の除去よりも、はるかに大きな長期的GDP上昇につながるのである。

物的資本と人的資本への投資によるフロンティアの押し上げ

このため標準的な理論においては、生活水準の継続的向上、すくなくとも先進国においては、その大部分は生産可能性曲線を押し上げる物的資本と人的資本への投資がともなうとされる。たとえばアメリカでは、経済成長の停滞と国際競争力の喪失の問題についての人びとの議論は、物的資本と人的資本の量と質を増やすことに焦点が当てられてきた。具体的に言うと、議論の対象は、(人的資本の向上に大きな障害になっていると考えられていた)教育の質と、貯蓄率の低さに集中していた(2008年の金融危機前の数年間では家計貯蓄率はほぼゼロであった)。

ソローの1956年の優れた研究以来、貯蓄率と投資率(人的資本への投資も含む)の上昇が継続的な高成長率につながるという考え方は沈静化した。ソローは、貯蓄率の高さは、1人当たり所得の高さに貢献するが、永続的に高い成長率にはつながらないことを示した。成長の恩恵は長く持続するかもしれないが、そのコストは、配分効率を改善することにともなうコストよりも明らかであった。後者は通常、(潜在的な)パレート改善——現在と将来にわたって、誰もがより暮らしが良くなること——となるが、前者では将来の消費を上げるために現在の消費を犠牲にすることになる。

したがって市場の失敗がない世界では、個人の貯蓄が少なすぎる——したがって、短期で見ても経済成長率が低すぎる——という想定は存在しなかった。経済成長が社会的に望ましいかどうかは、異時点間の——将来世代の生活水準の上昇と現世代の生活水準の低下を比較検討した上での——判断次第になる。技術進歩によってどのような場合でも、将来世代が、現世代よりも暮らしが良くなる可能性があるとき、現在の労働者にさらに犠牲を要求することは、必ずしも納得を得られるわけではない。

概念的には、標準的モデルではたとえ貯蓄率が低くても、国内で行われた生産であるGDPを上昇させる方法が他に2つある。ひとつは、資本を輸入することである。もっともこの方法は、国内生産上昇の恩恵の多くが、資本の供給者に行くことになる。発展途上国では、より多くの投資を引き寄せるために何ができるか議論が盛んに行われた。その議論は、(たとえば、免税措置、土地の払下げや他の補助金などの結果として)国民が成長の恩恵をほとんど受けないような行動から、外資企業の国内参入に対する人為的障害を取り除くこと、などである。なかには、政府が投資の誘致に非常に熱心になり「企業に店舗を譲与した」というケースもある。すなわち、GDP——国内で生産される価値——は上昇したが、国民の所得であるＧＮＰは減少した。もちろん重要なのは（正確に計測された）ＧＮＰであり、多くの場合、環境や健康の影響も考慮に入れると、その国の人びとの生活水準への恩恵はさらに下がっていた。

このような状況では、海外直接投資は、一部の分野では大々的な反対をまねくことは想像できる。本書の後半では、なぜこの新古典派分析が最も重要な潜在的利益――つまりラーニングにともなう利益――の可能性を考えないのかを説明するが、このようなラーニングの利益は、必ずしも自動的に起こるわけではない。つまり、政策はこの利益を最大化するように計画されなければならない。ある国際合意では、発展途上国に帰属する利益を制限するように計画されている。ある分野では、ラーニングのもたらす純便益はマイナスになるかもしれない。つまり、ラーニングの視点で見ると、こうした国際的合意によって制約を受けることで、そうした国は海外直接投資（すくなくとも一部）がない方がよくなるという可能性もある。

貯蓄率が所与の下で、生産可能性曲線を外側にシフトさせる第2の方法がある。資本の配分――どのように配分するか――を改善することである。（本書で分析するラーニング・エコノミーと比較した）標準的な新古典派経済では、資本財は効率的に配分されているか、すくなくとも政府による攪乱がない。所与の貯蓄レベルからは、それ以上の経済成長を得られないのである。

まとめると、従来の新古典派の見方では、経済成長率の継続的な上昇の可能性は限られているということをこれまで主張してきた。静学的非効率性を排除することから、1回限りの利益は存在する。仮に静学的非効率性がすみやかに除かれるとすると、排除されている間に急速な経済成長があったとしても、成長率はその後生産可能性曲線が外側に動く成長率にまで低下する。貯蓄増加に焦点を当てた「成長」理論でさえも、経済成長による便益は限られており、現在の消費を犠牲にすることにともなう極めて大きいコストと相殺されることになるのである。従来からの分析では、政府の貯蓄率を上げるための介入に、ましてや短期的な成長に対しても説得力のある説明ができない。

我々が提案してきた（本書の焦点となる社会的なラーニングの向上での政府の直接的な役割をも超えた）政府介入に対する議論のひとつは、それ自体が新古典派モデルの枠を超えている。つまり、市場そのものには、資本の配分での非効率性が内在し、過大な不安定性がともなっているのかもしれない。しかしこの点でさえ、標準的な分析は実際に起きていることを十分に捉えていないと言える。4章では、不安定性はラーニングにとって害をもたらす理由を説明する。このため、経済を安定化させるための政府の政策には、さらに長期的な利益が内在することになる。このような政策がより完全でより効率の良い資源活用をもたらすだけではなく、生産性の上昇率を組織的に上げるからである。

概念的基礎の再検討

我々の分析は、経済成長の源を分析するための従来の枠組だけでなく、生産可能性曲線に関する基本的な概念にも疑問を投げかけている。生産可能性曲線が、たとえばひとつの製品について各企業の知識状況を所与として、他社の所与の産出量の下でのその製品の産出量の最大レベルを表すと仮定すると、その曲線は市場の参加者それぞれの知識を組み込んでいることになる。このことが、なぜ知識の違いが根強く残るのか、ギャップを減らすためには何ができるか、もっと効率のよい企業の生産規模を制約するものは何か、という重要な問題を避けてしまっているのである。

かなり前に、ニコラス・カルダーも同様に、企業にとっての生産可能性曲線の概念を批判する議論を行った——またある程度類似した理由から経済の生産可能性曲線についても批判した。彼の研究では、企業は通常は自身の生産プロセスに関する知識と少し違ったプロセスの知識をもっていると示唆した。もちろん、技術が開発される可能性のある、著しく異なる資本-労働比率があるかもしれないが、そのような技術は存在せず、科学技術に投資することによってはじめて存在できるのである（Atkinson and Stiglitz 1969 参照）。

同じ理屈で、従来のアプローチは、たとえば、生産性に影響を与える労働者の知識の違いを人的資本の差として扱うなど、トートロジー（類語反復）をよく用いている。定義によっては、ラーニングの結果としての生産可能性曲線の外側への移動は、人的資本の蓄積結果として曲線が外側に移動したものとなる。その区別には違いがないという反論があるかもしれないが、違いはある。本書で（この後に説明するが）、我々が強調するのはラーニング・プロセスを理解することである。たとえば、ラーニング・プロセスを加速させる労働経験を組織化する方法はあるだろうか。個人のラーニング能力を向上させるためにできることは何かあるだろうか。そのときのトレード・オフは何だろうか。すなわち、成長するために企業もしくは社会が、あきらめなければならないことは何だろうか、である。

5——おわりに

本章の分析で以下の点が示唆される。国が経済成長率を上げることは、永続的ではないとしても、すくなくとも長期間にわたって可能である。そしてその程度は、配分効率の1回限りの改善にともなう成長率より、また貯蓄率の上昇によるものよりもはるかに大きくなる（我々の構築するモデルでは、国々が、経済成長を永続的に上昇させることが可能であることを示すことができる）。このことを可能にする方法は、ラーニング・ソサイエティを構築することである。先進国ではそのために、ベスト・プラクティス自体が改善され平均とベスト・プラクティスのギャップを縮小させるように、すべての企業が生産性向上のために素早く学ぶような状態を確実に整えること、ラーニングを増やし、ラーニング・スピルオーバーを増やす部門に資源を振り向けること、R＆D分野と、学び方を学ぶことへの投資を増やすことである。発展途上国については、この3点をすべて行うが、自国の企業と先進工業国でのベスト・プラクティスの間のギャップを埋めることにより集中することである。より大きな可能性をもつ資源配分がある。ある分野で、またあるテクノロジーと共に生まれたラーニングは、他部門へのスピルオーバーをより多くもたらし、また社会的なラーニング能力を高める可能性がより大きいということもある。

本書で強調してきたように、企業がフロンティアに近づくと、フロンティアそのものも外側に移動するという事実は、もちろん、ベスト・プラクティスと平均的プラクティスのギャップは決してなくならないことを意味している。つまりラーニングには終わりはないのである。さらに、何度も我々が指摘してきたように、この2つのタイプのラーニング――フロンティアを向上させる動きとフロンティアに近づく動き――は、ほとんど区別できないかもしれない。一般的に産業の最先端の企業にとっても改善の余地があり、その産業や別分野の企業の両方から何かを学ぶ可能性があるからである。

本書は、継続的な経済成長と発展のための基盤としてのラーニングに焦点を当てる。ベスト・プラクティスに追いつく、もしくはベスト・プラクティスを向上させるラーニングである。本章では、企業や経済の生産性が、既存の知識を所与とした可能なレベルをかなり下回っているという主張を特に支持するミクロ・レベルとマクロ・レベルのエビデンスを示し、そのギャップを縮める過程でのラーニングの重要性を強調する。（本書では割愛されているが完全版には含まれている）本章の補論で、ベスト・プラクティスからある程度離れていることが、ある企業にとってはいつも最適になる均衡モデルを構築した。いつも知識ギャップが存在するのである。次章ではラーニングがどのように行われるのか、またラーニングのスピードの決定要因すなわちラーニング・ソサイエティを創設する上での重要な要因について詳しく見ることにする。

注

（1）このような違いが通常の静学的非効率で説明できるとも思わない理由は、後の章で議論するが、インセンティブの歪みによる非効率がその一例である。
（2）もちろん、技術の変化を導入するのに資本の変化が必要になる時期はいつか、など識別に関する問題は存在する。
（3）中国の生産性向上の程度と要因については論争が続いている。反対の見方として、Young（2003）では、1978年から1998年にかけての非農業部門の生産性上昇は1・4％にすぎないと推定している。生活水準と産出量の急速な上昇を示す貿易統計などの多くのエビデンスがあり、我々は、全要素生産性が低いとする研究は説得性に欠ける理由を示そう。
（4）全要素生産性が低いと示唆する研究の多くは、人的資本にはラグ構造があることを無視している（たとえばFleisher, Li and Zhao 2010参照）。さらに、このような研究の多くは、要素シェアが競争的利益を表すと単純に想定している。東アジアの国々（特に中国）では、そうならないとされている。収益率の低いインフラへの過剰投資、あるいは、利回りが低いか、もしくはマイナスにさえなるアメリカ国債への投資、という投資パターンに対して、投資からの実質収益を10％以上と想定することが、辻褄が合うとは言い難い（たとえ5％でも難しい）。（最もアメリカ国債については、特に初期の準備金が少なかった頃には準備金の社会的収益はある程度は高いかもしれない。第8章では準備金の蓄積に対して別の観点から説明する)。要素生産性の成長率が低いと主張する研究は暗黙のうちに、この投資からの収益が高いと想定しているのである(もしくは、それはこのような計量経済分析が暗黙のうちに示唆していることである)。

(5) 第3章で強調するように、インセンティブは投資および労働供給だけではなく、ラーニングにも関係する。

(6) 最近の議論についてはZhu(2012)参照。そこでは生産性の成長が1978年以降の経済成長の中心になっているという。ズーが指摘したように、中国の資本・産出量比率は1978年からほとんど増えていない。1978年から1988年の「改革」期の最初では、生産性上昇には農業部門が寄与していたが、1978年から2007年で見ると、非国有部門の「生産性上昇は、年間総生産性上昇に2・27%寄与した」(2012: 119)。本章後半で議論するが、配分効率の改善がもたらすのは1回限りの生産性上昇であり、中国で観察されるような、継続的な改善ではなかった(配分効率とは違って、「歪みを減少させ、経済的インセンティブを改善する、継続的に行われる全体的制度変化や政策的改革が、生産性向上の主な要因である」(2012: 104)とズーは主張する)。

(7) 東欧諸国の製造部門の全要素生産性(TFP)の高さを指摘する研究もあるが、これら製造部門の規模が小さいため、総生産性への影響は相対的に小さかった。Brandt et al.(2012)では、1998年から2007年にかけて「企業レベルでは製造部門のTFP成長率は、総産出生産関数では平均2・85%であり、付加価値生産関数では、7・96%であった」となっている(2012: 340)。

(8) チェコ共和国のような国では、多国籍企業がベスト・プラクティスをもち込むのに成功している。高い教育を受けた労働力が必要なラーニングを促進した。東欧と中央ヨーロッパの成功していたように見えた国々では、この成功のほとんどが不動産ブーム、言い換えると不動産バブルに関連していたことは、2008年の金融危機で明らかになった。

(9) イタリアなど多くの国で見られる持続性地域間格差は、財・サービスまたは生産要素の移動に対する人為的障壁に重点をおいた標準的説明の欠陥を示している。

(10) サーベイ論文としては、たとえば、Foster, Haltiwanger and Krizan(2001)参照。Hsieh and Klenow(2009)では、インドと中国の国内工場間で、資本の限界生産物と労働の限界生産物に非常に大きなギャップがあることがわかった。

(11) この分析では、ラーニング能力の違いがどこから生まれるのかは説明していない。たとえば、経営・文化での違いによるのか、ラーニングへの投資の違いによるのだろうか。

(12) たとえばイギリスで、1979年から1986年の間に工業生産は(初期の頃の下落から回復した後に)約5%増加したが、失業率は1979年に4・7%だったが、1986年には11・2%にまで上がった(OECD 2011)(グーグルを使用して世界銀行のデータにアクセス、GDP、2000年USドルをベースに換算、分野別の集計、http://www.google.com/publicdata/directory, 2013年2月26日にアクセス)。

(13) あるいは、ストライキが効率化のインセンティブを提供したと言えるかもしれない。しかしそれが主な理由だとすると、なぜ経営者は、大量の労働力を節約できる効率性の向上を促進するようなインセンティブ構造をそれまで採用しなかったのだろうか。労働力削減による節約は、努力増加に支払う報酬以上のものになっただろう。さらに、この事例やこれに類似した事例は履歴効果を示す。すなわち、ひとたび組織がより生産的になる方法を学習すると、生産性上昇をもたらす緊急事態が収束した後でさえも、その高いレベルの生産性が維持される。

(14) １回の生産性向上は静学的非効率の排除に起因するかもしれない。だが、繰り返し生産性が向上していれば、特定の静学的非効率性を削除する方法についてのラーニングなど、継続的に発生しているラーニングの結果と見るべきだろう。生産性が下がることも多々ある。このような時期があることは、生産性に関する行動の多くが生産可能性曲線の内側で起きているという結論を裏付けている。

(15) 興味深いことに、ラーニングの一部としてはクオリティー・サークルやジャスト・イン・タイム生産方式など、外国企業からのラーニングがある（Nakamura, Sakakibara and Schroeder 1998）。

(16) アメリカの総投資率は、１９９５年の18・６％で始まり２００１年には19・３％となったが、この期間は18・６％から20・９％で一定していた。１９８１年から１９９４年の間は、全体的に下降ぎみで、この期間の最低は１９９１年の17・１％、最高は１９８４年の22・３％だった（ＩＭＦのWorld Economic Outlook データベース参照。http://www.imf.org/external/pubs/ft/weo/2012/02/weodata/index.aspx）。１９９５年から２００１年のＲ＆Ｄ総支出は、２・５％から２・７％とわずかに増加した。１９８１年から１９９４年までは、２・３％から２・８％の間で推移していた（科学委員会の経済指標参照、http://www.nsf.gov/statistics/seind12/c4/c4s8.htm#top 表4‒19、２０１３年2月26日にアクセス）。

(17) ラーニングの一部は電子化と関係していた。世界的なサプライ・チェーンを構築することで、たとえば、アメリカと中国間でのコストの差を利用する方法の学習も、ラーニングの一部だった。

(18) 消費財関連産業に独占があっても、経済は生産可能性曲線上にはいるが、その曲線上でも、社会的厚生を最大化する点ではない。しかしながら、投入財政市場で独占または不完全性があると、経済は生産可能性曲線上で操業することにはならない。

(19) 本書では、歪みまたそれらのラーニングと生産性上昇との相互作用について掘り下げてはいない。我々の２００３年の本でこのようなマクロ経済的攪乱についてを説明した。Greenwald, Salinger and Stiglitz（1990）では、生産性の上昇と景気循環の関係性を説明した（Stiglitz 1994c, 2006b; Greenwald, Levinson and Stiglitz 1993）。

A Learning Economy

第3章 ラーニング・エコノミー

「ラーニング・ソサイエティ」という視点は、様々な意味で経済成長と発展戦略に関して標準的な新古典派主義的アプローチとは異なる見方をする。第2章で説明したように、第3章は、個人、企業、そしてもっと広く、社会に埋め込まれた知識に的を絞り、その知識がどのように変化し、どのように伝播し、どのように活用されるのか、という点から始める。経済社会で活動する各個人の知識が極めて異なる可能性（また一般的にはそうである）を認識するのである。情報と同じで、知識にも非対称性がある。各人が他者の知らない何かを知っている。知識の発展とは、個人レベルで言えば、単に以前知らなかった何かを知ることである。だが実際には、人びとが新しく得る知識は、すでに他の誰かがある程度知っていることである場合がほとんどである。個人が得た知識が、誰にも知られていなかった、もしくは、簡単に認識できる形態では知られていなかったという場合も多少あるだろう。情報の非対称性のもたらす結果については過去40年にわたって広く研究されてきてはいるものの、[1] 差別的知識のもたらす影響は十分には検証されてこなかった。[2]

ダイナミック（動学的）なラーニング・ソサイエティの構築には多くの側面がある。個人は、ラーニングのための思考（マインドセット）とスキルをもっていなければならない。ラーニングには何らかのモチベーションが必要となる。知識は個人が作り上げるものである。それは多くの場合、人びとが組織の中で働く過程で創造され、その組織内の他者に伝達される。そして一つの組織や個人から別の組織や個人に伝えられる。しかし知識の伝達の範囲、容易さ、速度自体も、ラーニング・ソサイエティにとっての重要な一側面である。新しい知識が新しい思考を刺激することから、知識はインプットであると同時に触媒でもあり、そこから新しいアイデアや創造性が生まれるのである。

ベスト・プラクティスと平均的プラクティスのギャップを小さくするように努力する上でも、知識フロンティアを外側にシフトさせる速度でも、ラーニングが上手な社会もあれば、そうでない社会もある。

本章は、ラーニングを促進する経済的な枠組をどのように構築するかを問いかけることで、ラーニング・ソサイエティを生み出す要素をいくつか検証する。特にある種の政策集団に見られる従来の議論ではあまりにも狭い問題に焦点が当てられている。その一例が、知的所有権（ＩＰＲ）をより厳格にすることで、利益をより多く専有できるようにし、インセンティブを高めるやり方である。本章の後半で説明するが、ラーニングを促進する重要な役割を担っているのは、ＩＰＲよりも、非金銭的で本質的なインセンティブである。その意味で秘密主義を助長し知識の伝達を妨げるようなより厳しいＩＰＲを使用する従来の政策は、見方が狭いだけではなく、間違った方向へ導いているかもしれない。

本書完全版の第5章の補論Aで示したように、イノベーターたちは、自分たちが機会のプールに貢献するよりも多くのものをそこからもち出す結果になるかもしれない。結果的に機会のプールは小さくなり、イノベーションのペースが遅れることになる。本書は、教育および労働市場政策ばかりではなく、産業貿易政策も含めて、法的、制度的また政策的フレームワークといった多くの側面がラーニングにどのように影響を及ぼしているかを説明していく。

最初の3節では、何を学ぶべきか（ラーニングの対象）、ラーニングのプロセス、そしてラーニングを決める要因について議論する。ここでは、ラーニング・ソサイエティの基本的な構成要素となる用語を提示する。次の3節では、スピルオーバーとモチベーション、というラーニングを決める2つの重要な要因を掘り下げて議論し、あわせて、ラーニング・ソサイエティの構築に重大な障害となるものを議論する。最後の節では、ラーニング・ソサイエティの設計において重大なトレードオフのいくつかを分析する。

ラーニングのほとんどは企業内で生まれる。本章で発展させた考えを使用して、次章では他社より上手に学ぶ企業について、それを可能にするものは何かを詳細に検証し、なぜ工業部門の発展を助ける政策が、ダイナミック・ラーニング・ソサイエティの構築に特に貢献するのかを説明する。

1 ラーニングの対象

本書の大部分は、産出を増やすための投入のより効率的な使用法、言い換えれば、労働、資本、エネルギーもしくはその他の資源の1単位当たりの産出量を増やすことで、生産性を向上させる方法、についてのラーニングに重点をおく。

社会的ラーニング（そして社会のラーニング能力）を考えるとき、これまでの我々の議論のほとんどが対象にしてきた特定の生産プロセスに関してだけではなく、もっと広い範囲を考える必要がある。選好と市場の状態は共に変化するため常に変化している環境にどのような生産物が最適であるかを、社会もまた学ばなければならない。考え方としては、産出物を消費者が享受するある種の「サービス」と捉え、そのサービスをより安くより優れた方法で提供する新製品がイノベーションとなる、と理解するといいだろう。

比較優位に関するラーニング

社会には他者より優れた能力、すくなくとも特定の仕事に関してより適した能力をもつ者がいる。このような絶対的優位、もしくは比較優位を見つけ出すことが教育制度での役割のひとつでもある。しかし、このような「ラーニング」の役割をより上手に果たす教育制度もあればそうでない制度もある（Stiglitz 1975b など参照）。

組織と社会を管理するためのラーニング

ラーニングの最も重要な側面のひとつは、「組織する」ためのラーニングであり、個人が集まる集団を管理するためのラーニングである。大きい組織であれば、小さい組織ができないことができるが、大きい組織を管理するには、小さい組織の管理にともなう知識とは異なる知識が必要となる。21世紀の大きな進歩のひとつは、大型研究プロジェクトを管理する方法を考え出したことだった——別々のグループで行えるように作業を分け、のちにそれらをまとめるのである。

我々の社会のそれぞれの領域で、複雑な社会が機能することを可能にしたラーニングがあった。会計記録をつけることは、現代企業そして社会を機能させるために必要なことである。したがって会計に関するラーニングは必須であり、大企業組織や現代の先進経済での経理はいまだかつてなく複雑な管理システムを必要としている。

我々の複雑な社会はまた、規制なしで機能することはできないだろう。しかしここでもラーニングの範囲は極めて広い——たとえば、不当なコストを押しつけずに外部性を管理しながら規制する方法についてのラーニングである。想定されている社会的機能を金融市場に確実に実行させる規制や、2008年金融危機での膨大な負の外部性を金融市場がもたらさないと保証するような規制など、こういった銀行規制が機能しなかったことで、まだ学ぶべきことがたくさんあることがわかった。[3] この点は、もっと大きなテーマの一部となる。すなわち、市場に期待されているように行動させる方法についてのラーニングである。

本書では、ラーニング・エコノミーとラーニング・ソサイエティの構築を促進できると思われる政府の政策はたくさんあると論じるが、このような政策を効果的に管理するのは容易ではなく、そのためにはラーニング・プロセスが必要になるだろう。失敗することもラーニング・プロセスの一部となる。すくなくとも後から振り返ってみると間違っていたり、見当違いに見えたりする決定が下されることもあるだろう。このような失敗から辿り着くべき結論は、その政策を破棄すべきということではなく、その政策をよりよく管理する方法を学ばなければならないということである。

金融危機がいい例を示してくれた。危機をきっかけに、アメリカやその他多くの国で形成されていたような種類の金融政策には、ひどい欠陥があることがわかった。インフレターゲットは、必ずしもマクロ経済を安定化するわけではない。金融市場は、必ずしも自己管理に長けているわけではない。中央銀行が金融市場の安定化に注力することが、すくなくともほかの政策目標と同じくらい重要だった（実際、このことが発展途上国にとってもうひとつの教訓になった。つまり、彼らが、「良い」政策や「良い」制度的枠組みとして、先進国から学んでいたことのいくつかは、それ自体が間違っていた。発展途上国が経験していた問題のいくつかは、経済を上手に管理するのに必要なことを十分学習していなかったのではなく、彼らに教えていたことが間違っていたことが原因だった）。

しかし、たとえばアメリカの金融政策や金融制度の失敗など、過去の失敗から学ぶべき教訓は、金融政策は廃止すべきだ、とか、中央銀行の機能は停止すべきだ、ということではなかった。金融政策と中央銀行を変えるべきということである。

特定の業界やテクノロジーを推進するために計画された政策、すなわち産業政策には重要な役割があることを本書で特に議論していく。これまでにこのような政策の失敗はあった。逆に、注目すべき成功もあった。政府は、どのような制度的調整が成功に最も貢献するのか、という点も含めて、こういった政策をうまく実施するやり方を学ばなければならない。しかし、鉄をより効率よく製造する方法は製造することでしか学べないのと同じように、産業政策を実施する方法はそのような政策を実行することでしか学べない。経験による学習が行われるべきである。

企業や社会は競争する方法を学ばなければならず、同様に輸出の方法も学ぶ必要がある。

要するに、個人としても、企業としても、社会としても、我々が行うことすべてでラーニングが必要となる。そして、物事にはいつも改善の余地がある。目的を達成する上で、より少ない資源と少ない時間でもっとうまくできる方法があるということである。

ラーニング能力、そして学び方を学ぶというラーニング(4)

企業や社会は、インプットからアウトプットに変換する能力に差がある（すなわち、知識が異なっている）だけでなく、ラーニングの能力にも差がある。一部の個人、企業、国は、別の場所で起きている変化をすばやく認識する。関連する知識を発見し技術を自分たちの環境に適応させて、変化を取り入れるのが早い。

しかし知識そのものが内生的であるように、ラーニングの能力も内生的である。（特定の方法で行われた）ある種の経済活動は、ラーニングを促進するだけでなく、学び方を学ぶというラーニングも促進するかもしれない。

「学び方を学ぶというラーニング」の最近の例では、人力飛行機の設計を試みたポール・マクレディの実験がある。彼は、このような飛行機の設計の鍵となるのは学習方法のラーニングでもあることを理解していた。初期の実験では、良く計画された理論に基づいて高額な投資をしたが、それが壊れると改善の余地はなくなった。そこで彼は、数時間で復元できる飛行機を作る方法に着目した。このことで彼は学習し、比較的低コストで誤りを修正することが可能になった。そして直ちに、望んでいた装置の組み立てに成功したのである(5)。

ラーニング能力は、もちろん、特殊なものと一般的なものがあり、この2つの間にはトレードオフがある。一般的な学ぶ能力がある人がいる一方で、もっと限られた能力を伸ばす人もいるだろう。特定のラーニング能力を強化することも可能であり、それは狭い分野を極めることで経済に役立つ発展をするかもしれない。もしくはもっと広範囲のラーニング能力を強化することで、急速な転換期や確実性が大きな時期には経済に大いに役立つかもしれない。

発展のためのラーニング

発展途上国においては今日特に重要だが不足しているスキルは、起業家精神[(6)]に関係するものである。良い起業家の資質は学習能力と適用能力である。誰がこの種のラーニングに長けているか、すなわち潜在的起業家の選択のラーニングをよりうまくできる社会がある。

したがって発展途上国は、生産に最も能力を発揮でき、自分たちの条件に最も適しているのはどのような製品かを学ばなければならない(Hoff 1997; Hausmann and Rodrik 2003 参照。本章の後半でこの点に関してはさらに議論する)。

多くの発展途上国に直面する重大な問題のひとつに、経済の不安定性が非常に高く、それに対処する制度が脆弱な点がある。したがって、リスク管理に関するラーニングも発展を成功させるために重要となる。

2——ラーニングのプロセス

研究開発への明確な資源配分の結果として生じるラーニングもあるが、ほとんどの場合、ラーニングは生産と投資にともなう副産物である。

経験によるラーニング

我々は経験から学ぶ。より効率の良い生産の方法を学ぶのは、生産することを通して行われる――そして生産する中で、どのようにすればより効率的に行えるかを観察するのである。アローの古典的研究以前からも、企業などミクロ・レベルでこの仮説を証明する実証分析がたくさんある。(7) 本書での理論的分析のほとんどは、ラーニングの大部分は経験によって生まれるとの仮定に基づいている。(8) こう仮定することで、分析を極めて簡単にしてくれる一方、モデルを拡大することも複雑ではなくなる。いくつかの点において、どのようにそれができるかを示していく。

我々の経験によるラーニングがどれくらいかは、自分たちの行動をどのように行うかによって影響を受ける。仕事を行う際に、今やっていることに対する別のやり方を探すという実験を意識的に行うなら、ある日突然これまでやってきたことを別のやり方でやる素晴らしい考えがひらめく瞬間をじっと待つ受け身の姿勢よりも、より多くを学ぶ可能性は高い。

アローのモデル自体はラーニングを投資と関連づけていた。多くの技術進歩は新しい資本財に体化されている（Solow 1962b）。生産される「機械の数」が多くなれば、機械はより良いものとなり、生産性は向上するとされる。しかし興味深いことに、経験によるラーニングに関する引用された文献の多くは、ラーニングをより直接的に製造した飛行機の数など、生産活動と関連づけていた。

しかし投資は、別の方法でもラーニングと生産性の改善を促進する。技術的な知識は機械に一体化されるが、ある目的で作られた機械がまったく別の目的に適用できることも多い。（ミシガン州まで広がる）オハイオ・バレーが、自転車、飛行機、および自動車のイノベーションを生んだのは偶然ではない。製品は違っても、これらの製品の開発では、同じ技術的ノウハウの一部分を共有していたのだ。このことからわかるように、ある物でのラーニングの発展が別の物に影響を与えるという意味での「類似的」製品が何かを事前に特定することは原理的に難しいかもしれない（このテーマについては後に触れる）。

新しい機械はラーニングの触媒にもなりうる。コンピューター化がいい例である。コンピューター化する過程で、企業は事業運営を考え直さなければならず、これまで考えずに行ってきた多くのことを体系化しなければならなかった。このプロセスを通して、学ぶようになり、行ってきたことの多くをよりよく行うにはどうすればいいかを考えるようになった。

新しい生産方法も、ラーニングの触媒になりうる。ジャスト・イン・タイム生産は、在庫費用削減の機能を果たすだけではなかった。「潮が引いてはじめて、裸で泳いでいるのが誰だかわかる」[9]という言葉でわかるように、ジャスト・イン・タイム生産方法が、生産プロセスにおける問題を顕在化させたため、企業を問題に取り組まざるをえなくした。ある意味、学習せざるをえなくなったのである。

経験によって学習するという事実からわかることは、我々が行うことや行う方法が我々の学習すること、そして経済や社会の進化に影響を与えるという点である。社会が、産出量1単位当たりの労働の投入を減らし、労働を節約する方法を学習することに重点をおくときには、それと同類のラーニング能力を向上させることになる。逆に、製品と生産の環境への影響を削減するための方法の学習に重点をおくことを選ぶと、その分野のラーニング能力が強化できる。[10]

ラーニングによるラーニング

経験によるラーニングとまったく同じように、部分的にはラーニングによって学び方を学ぶ。ここに好循環が生まれる。技術をなんとか発展させた国は、ラーニングに対してより多くの機会（とより大きい必要性）を提供するため、ラーニングの能力も同時に向上するかもしれない。

他者からのラーニング

他者からのラーニングもある。正式な教育制度、そしてさらに重要なのは、他者との日々の接触でのラーニングである。知識は、人びとに体化されており、人びととの交わりによって伝達される。これは、いわゆる無意識の知識――体系化することが難しい、言い換えると、テキストや教室でのラーニングで容易に伝えることができる簡単な表現を使って言葉で表すことが難しい知識――にとって重要となる。企業から企業へ移動することによって、労働者はひとつの企業で得たラーニングの一部を別の企業の労働者へと伝達する。

同じように重要なことには、他者から（または、他者が達成したことから）学ぶことは、我々自身のラーニングにとって触媒になりうる。すなわち、このことにより新しい疑問が浮かんだり、多少違った方法で物事を見るようになる。その結果、新しい洞察や新しいラーニングが生まれるかもしれない。

知識は、複数の企業にインプットを供給してする企業にも体化されている。ある産業のある企業との取引で学ぶことは、別の企業にも関連するかもしれない。企業間取引では後方連関や、前方連関、また水平的連関がある（Hirschman 1958）。

（政策も規制も含めた）経済構造は、他者からどの程度学べるかに影響を与える。移動可能性とオープン性が高い経済は、このような〈他者からの〉ラーニングが多い経済である可能性が高い。一部の労働契約は、移動を減らし、移動を通じてアイデアが移転することを減らすように計画されている。大学は、従来から他者からのラーニングを最大化するように構築されてきた。しかし、（大学内で行われる研究成果の一部を大学に帰属させることを可能にする）バイ・ドール法によるIPRの強制によって、秘密保持のインセンティブが高まりオープン性が低下した。一方、インターネットは他者からのラーニングを促進する技術を提供してきた。

移動可能性の高さと、オープン性の向上は、社会全体の情報量に影響を与えるが、学ぶインセンティブに逆の効果をもたらす可能性がある。これが、ラーニング・エコノミーの分析で多く見られるトレードオフのもうひとつの例である。後半の章では、市場を通じた解決策——たとえば、各企業は他社から社員を引き抜こうとするが、自分の会社からは引き抜きできないように制約を課す、というナッシュ均衡での労働移動の水準[11]——は、一般的には効率的ではないことを示す。

（本書の前半で論じたように、広義に捉えた）産業政策の目的のひとつは、他社からのラーニングを促進することである。これは特に農業において正しい。特に発展途上国においては当てはまり、ベスト・プラクティスを広める手助けをするために「モデル農場」が利用されてきた。本来の大学および大学院大学の目的のひとつは他者からのラーニングを促進することである。

貿易を通じたラーニング

貿易はもちろん、相互依存を高めるため、ラーニングも促進する。自由貿易擁護論者は、貿易拡大がラーニングを促進するために重要であると言う。輸出で成功するためには、顧客が欲しいものは何かを学ばなければならないし、競争相手が供給するものについて学び、競争相手を上回る方法を見つけ出さなければならない。輸入によって海外からの競争にさらされる国内の生産者は、競い合う方法——すくなくとも海外の競争相手の製品と同じレベルの製品を生産する方法——を学ばなければならない。もっと広く捉えると、世界に開かれることは、ラーニングの触媒となり、学ぶことができる相手との接触が生まれる。

　実際には社会的ラーニングを向上させる貿易規制が存在するが、その理由は後で説明する。こうした主張では我々は、自給自足経済がいいと言っているわけでも、貿易から学ぶ利点があることを否定しているわけでもない。我々が主張していることは、国内生産からもラーニングの利点もあり、いわゆる自由貿易論が、こうした利点を無視してきたという点である。また貿易からのラーニングの利点を評価する上で、以下のようにもっと細かく分析する必要があると考えている。（1）貿易されている分野・製品・技術は何か、（2）海外から国内業者にもたらされるラーニング・スピルオーバーは何か、（3）その国内業者から経済全体にもたらされるラーニング・スピルオーバーは何か、（4）反事実的なラーニングとはどのようなものか——製品が輸入されていなかった、もしくは輸入量が違っていたならば、発生したかもしれないラーニングのレベルはどうであろうか。スピルオーバーではどうか。政府は、貿易を通してもたらされるラーニングよりもっと効果的にラーニングを向上させる方向で、国内生産体制（たとえば、技術の選択）を形成することができただろうか。

　後の章で提示される簡単なモデルを使って、我々はこれらの問いに明確な答えをする。そこでは貿易規制がラーニングを促進させ、長期的な生活水準を自由貿易で達成されるレベルをはるかに上回るまで向上させる助けになる状況があることを示す。

テクノロジーとラーニング・プロセス

テクノロジーの変化は、我々が学ぶ（そして学ぶべき）内容と方法に影響を与える。「古い」ラーニング・モデルを風刺画で描くとすれば、先生が知識を子どもの脳に流し込むものである。それも、その生徒が学校に通っている時に重要だと思われている、その時代の知識であり、その生徒は残りの人生をずっと、問題解決のためにその知識に頼るのである。ただしこのモデルがすべての教育を表しているとは言えない。すくなくとも優秀な学校は、問題解決のために重要となる分析スキルを教えることに誇りをもっていた。

近年は、どのような知識が20年後に必要となるか、今の時点で十分に予測することはできないので、生涯にわたる学習が着目されるようになってきた。しかしインターネットとそこで即座に入手できる膨大な量の知識がさらに状況を変化させてきた。瞬時に入手できる情報を脳内に貯めておくのはなぜだろうか。脳に保存する必要があるものは、迅速に情報にアクセスするための知識だけであるという者もいるが、それは間違いである。多種多様な情報がインターネットに溢れているため、情報の質（正確さ）と妥当性を絶えず判断しなくてはならない。我々は、受け取った情報を状況に当てはめ、他の情報と併せて活用することができなければならない。

同様に、職場の状況の多くも絶えず変化するため、雇用主は、採用した従業員が職場で十分な生産力を発揮できる能力を備えていると期待してはいない。職場内教育（ＯＪＴ）が準備されるだろうし、それは継続されている。したがって、生涯教育制度を2つにわけて考えることができる――フォーマルな部分（「学校」）とインフォーマルな部分（「職場などその他」）である。この2つは、代替的であると同時に補完的でもある。フォーマルな段階でうまく教育されていれば、インフォーマルな段階での支出に対する収益が増える。しかし残念ながら、すくなくとも大部分の国では、この2つの教育制度間での調整はほとんどなく、フォーマルな学校教育の多くの分野は職場でのラーニングとの連係が限られていることが多い。

明らかなことは、生産技術および知識の変化が我々の学び方や学ぶべき方法を変えており、またうまく機能しているラーニング・ソサイエティはその変化に適応していっているという点である[12]。

前節では、貿易に関連するラーニングについて論じた。しかしそれも技術によって影響を受ける可能性がある。ある国が（自動車などの）複雑な製品を生産する場合、車の部品の大部分を輸入して残りの部分を国内で生産すると、国内部品の製造である種のラーニングが行われる。しかし技術が高度に複雑になると、部品のすべてを海外で生産し、海外で組み立てるかもしれない。その製品の効果的動きを評価する技術でさえも、海外から輸入するかもしれない。技術の使用方法についてラーニングがあるかもしれないが、生産方法ではほとんどラーニングは行われない。スピルオーバーの範囲は狭くなり、貿易に関するラーニングの利点は減少するかもしれない。

3――ラーニングの決定要因

本書の中心的なテーマは、ラーニングがこれまでの生活水準の著しい向上の重要な説明要因である、という点だけではない。ラーニングの速度と方向性が内生的なものであり、国によっても時代によっても違いがあり、ラーニングが個人、企業、および政府の決定によって影響を受けるということである。本書の中心的政策課題は、ラーニングをどのように向上させるか、という点であり、言い換えれば、ラーニング・エコノミーとラーニング・ソサイエティをどのように構築するか、ということである。

これまで基礎知識としてラーニングの目的とプロセスについて論じてきたが、本節ではラーニングを決める要因を以下のように分類する。(1)ラーニングの能力、(2)知識へのアクセス、(3)ラーニングのための触媒、(4)創造的思考を作り出す——正しい認識フレーム、(5)ラーニングの触媒作用を引き起こすことができ、正しい認識フレームを作る助けをし、ラーニング・プロセスに重大なインプットを提供する人との接触(接触する人)、(6)ラーニングの背景、の6項目である。

ラーニングは社会のすべてのレベルで生まれる——人びとは学習するが、企業も同じで、政府でさえも学習する。さらに一般的に言うと、「ソーシャル・ラーニング」があるかもしれない。すなわち、社会の考え方が変わると、政治的なシステムを通じて、政府の行動を変えることになる。[13]

このように決定要因を分析することで、ラーニングとイノベーションを推進する(企業や政府機関とそれらが影響し合うフレームワークなどの)構造の設計、政策の設計、もっと一般的に社会の設計を包括したラーニング構造の設計における重要な構成要因がわかる。自分たちの企業の内部でラーニングを促進するように計画を立てる方法を考えてきた企業は一部存在し、それらは最も革新的な企業である[14]が、現代資本主義においてイノベーションがもたらした重要性を考えれば、イノベーションを促進するように経済全体を設計する方法というテーマに関する議論が脱落していたことは、驚きでもある。[15]

本書の目的はこの脱落部分を埋めることである。

ラーニングの能力

個人のラーニングに関する最も重要な決定要因は能力である。言い換えると学ぶための能力である。そしておそらくその能力を決める最も重要な要素は教育である。すでに強調したように、個人は学び方を学ばなければならない。（暗記学習に力点をおく教育ではなく）良く計画された教育システムは、まさしく学び方を学ぶというラーニングに重点をおいている。すでに指摘したが、現代の教育・労働市場政策は「生涯学習」を重視し、変容し続ける市場に適応する能力を向上させようとしている。これは、個人が会社間を移動するのを円滑にし、結果的に私的にも社会的にも柔軟性を増すことになる。経済にとって重要なラーニングは、ほとんどではないとしてもその多くは職場で行われ、フォーマルな教育ではないため、フォーマルな教育と実地訓練を補完的であると見るべきで、前者は後者の生産性を向上させるように設計されなければならない。

伝統的経済学のほとんどは、人的資本、すなわち個人に体化された蓄積させる知識を増加させるという教育の役割に重点をおいている。人的資本は学校教育の期間で測られるのが典型的なやり方である。我々の考え方はまったく違う。暗記教育に費やした年月は（関連知識も含めて）知識の蓄積を増やすかもしれない（増やさないかもしれない）。その意味では、その知識が時代遅れになるまでは、すくなくとも短期的には生産性を向上させるだろう。しかしそのような（暗記中心の）学校教育は、必ずしもラーニングの能力を向上させるわけではなく、生涯学習の能力を増やすわけでもない。特に、このような教育の一部として、反科学的な考えを教え込もうとしているような場合には、実際には学習能力を阻害する可能性もある[16]。

前章で、静学的効率性と動学的利益の間にはトレードオフがあると強調した。これは教育でも同じことが言える。短期的には、生徒が学んだことを頻繁にテストで確認するが分析的スキルや認知能力の向上にほとんど重きをおかない教育システムで、より多くの知識を吸収させることができるかもしれない。しかしそうした教育システムから生まれるラーニング能力と想像性は、少なくなるだろう。

年齢構成

社会（または企業）のラーニングの能力を決める要因のひとつに年齢構成がある――そしておそらく、管理経営陣の年齢構成が関係する。ことわざにもあるように、老犬に新しい芸は教え込めないのである。平均的には、人は若いほどラーニング能力は高い（そしてラーニングに対してよりオープンである）。ある意味彼らに選択肢はない。なぜなら彼らは成功するためにスキルと知識を学ばなければならないからである。

若年者はまた、ラーニングに対してより大きなインセンティブをもつだろう。古い考え方や古いやり方に固執しない。むしろ、自分たちが上手にできる新しいやり方を作り出すインセンティブがある[17]。彼らは、人生を通してそのようなラーニングから享受でき、またラーニングによって若年は年配者より優位な競争的立場に立つことができる[18]。

（日本を含めて）西欧社会が直面する課題のひとつは人口動態の変化である。これらの国々では労働市場での若年の割合が明らかに低下している。企業の新陳代謝が早く若い人びとが多い新しいタイプの企業が、極めて重要な役割を果たしている経済システムでは、この影響は部分的に相殺されるかもしれない。[19]

知識へのアクセス

すべての知識は既存の知識の上に成り立っている。アイザック・ニュートンは自身の革新的研究について、「私がかなたを見渡せたのだとしたら、それは巨人の肩の上に立っていたからです」[20]と述べている。複雑な製品を製造するには何十もの、いやおそらく何百もの問題を解決する必要があるような、移り変わりの激しいイノベーション経済では、このことが特に当てはまる。知識へのアクセスがラーニングの鍵となり知識をさらに深める鍵となるのは、このためである。発展途上国を先進国と分けるものは、資源のギャップよりもむしろ知識のギャップであると認識し、開発プロセスにおいてはこの知識へのアクセスが特に重要になると指摘してきた。

経済システムの設計における多くの側面が、知識へのアクセスに影響を与えている。情報をオープンにしようとする動きは、知識へのアクセスを確約する考え方によるものである。すでに指摘したように、大学および現代科学も知識へのアクセスを保証する公開性の文化を維持するために努力している。

第12章では、我々は知的所有権が担う相反する役割について議論する。知的所有権は、研究を行おうとするインセンティブを高めるが、同時に知識へのアクセスと知識の使用を制限することになる。[21]

触媒

ラーニングのためには、学ぶ能力が個人や企業には必要になるが、同時に個人や企業には学ぶための刺激が与えられなければならない。ラーニング・ソサイエティでは、個人はたくさんの触媒にさらされている。我々はこの触媒という用語を意識的に使用している。すでに指摘したように、多くの知識（イノベーション）は他者の知識の上に構築されている。しかし時には、新しいアイデアが古いアイデアを「使用」せずとも、もしくは古いアイデアを直接的には基盤にしなくても、ある考えが新しい考えを誘発することもある。その意味でアイデアは触媒のように作用する。すなわち、反応を促進するが、それ自体そのプロセスにおいて使用されない（もしくは使いつくされない）物質のようである。

レーヨンの発見から我々は、合成繊維を（手の届く価格で）作ることが可能であると学んだ。レーヨンがどう作られるか細かい方法を知らなくても、このことを知っただけでさらに深いラーニングと研究への重要な刺激が与えられた。たとえ特許のために、（使用料を支払わなければ）特許で保護された製品そのものを使用できなくても、我々は、特許申請に含まれる情報の開示からさらに学ぶことができ、さらに刺激を受けることになる。

技術の進歩もラーニングにとっての最も重要な触媒である。もっと学ぶことがある限り、さらに多くを学ぶことができるからである。政府支出を含め政府の政策は最先端技術をより速く発展させるが、それは（知的所有権などで）ラーニングに障害を設けさえしなければ、他者も学ぶことが増えるということである。

接触

前節では、ラーニング・プロセスに関して説明し、ラーニング・プロセスの中核は人びとが他者から学ぶことであると述べた。このような交流は、ラーニングの基礎となる知識のインプットを提供すると同時に、イノベーションを向上させる触媒も提供する。

この意味では、知識は（良い意味での）伝染病のようだ。接触によって広がるからである。しかし知識の伝達につながりやすい接触もあれば、そうでない接触もある。知識と接触する可能性のある人びとには、「感染しやすい」人がいる。言い換えれば、彼らはラーニングの可能性が高く、その知識を活用し、そしてその知識をさらに発展させる可能性が高い。また人びとがお互いに接触するのを促進させるような経済構造もあれば、接触を妨げる経済構造もある。大学や研究機関は、接触の範囲と深さを高めるために交流環境を作り出すように努力している。移動を促進させる経済システムは、移動と一緒にラーニングをもち込み、ラーニングを触媒とするような接触の範囲を拡大させるかもしれない。お互いに刺激し合える人びとが接触するのを助けるような組織的構造での接触ならばさらにいいかもしれない。一部の企業では、従業員を定期的に配置転換する方針を採用している。ある意味そうすることによって、企業内でアイデアが広がり、企業内のラーニングを促進するからである。

従来から接触は地理的な近さによって大きく影響を受けている。これは、ラーニング・クラスター（ラーニングが、ある特定の場所で、他よりもより速いペースで発生している場所）の発達を説明するのに役立つ。このような地域の交流の強さが集積経済の主たる源泉のひとつとなる。なぜ、特定の活動が特定の場所に集まることが道理に適うのだろうか。接触の「集中化傾向」とコミュニケーション能力を考えれば、知識は国境を越えるよりも国内の方がより自由に移動する理由がわかる。言語の違いはアイデアの移動にとって障害になるが、対照的に、共通の教育システムを共有することはアイデアの移動を促進することになる。(22)

グローバリゼーションの利点のひとつは、人びとが新しい考えに触れる機会を増やしたことである。(23)(24)

もちろん、接触は面と向かっての直接的なものである必要はない。インターネットは、人びとがお互いにコミュニケーションをとる可能性を限りなく拡大させ、知識へのアクセスと可能な接触範囲を改善してきた(25)。

認知フレーム

個人と企業は、ラーニングの助けとなる認知フレーム（思考方法）を取り入れなければならない。それには、変化は可能でありかつ変化は重要である――そして、それは計画的行動によって形成され発展する――という考え方を必要とする(26)。産業革命とラーニング革命以前の何千年もの間、相対的に低い生活水準が続いていた原因のひとつは、こうした認知フレームがなかったことにある(27)。そしてもちろん、変化の欠如（もしくは変化の遅さ）は、こういった信念が自己増強的側面をもっていたことを意味する。ほとんど変化のない世界では、ラーニングの触媒はほとんどなく、また変化を作り出しそれを取り入れようとする努力がほとんど行われない。そして、人びとは変化を取り入れることが下手であったり、ラーニングの方法を学んだことがなく、また変化によるコスト負担を軽減するような制度的構造がなかったため、変化に対して大規模な抵抗運動が起きた（たとえば、19世紀のラッダイト運動など(28)）。

西欧では、科学と合理主義への信頼、注意深い実験や精緻な推測が発展した時期である啓蒙時代が、ラーニング的思考方法の構築において重要な役割を果たした。これは、真実は神によって啓示されるという信念とは明らかに異なる考え方だった。不思議なことに、発展途上国が科学的な手法を取り入れようと懸命に努力している一方で、技術の発展において世界をリードしてきたアメリカでは、多くの人びとが現代科学の結果を非難している――進化論や気候変動への批判はよく知られている(29)。ラーニングや科学技術の発展を推進しようとする政策立案者は、あたかも啓蒙主義を問い直すという問題に直面しているように見える。

ラーニング的思考方法をどのようにして構築するかは複雑な問題である。[30] これまで論じてきたような（変化は望ましく、生み出すことができるなどの）根本的な考え方は大部分が社会的に形成されたのである。我々が今信じているものは部分的には、話す相手が同じように信じているから信じているのである。このことは社会的な硬直性をもたらすことになる。すなわち、個人は自分で自分たちの思考方法を変えるのは難しく、またひとりの個人が集団的な思考方法に変化をもち込むことは難しい。しかし、そうした変化は発展のためには必須である──国が停滞から成長に変換し、ラーニング・エコノミーになるには不可欠なのである。

同時に、信念は現実に向き合う必要がある。信念と現実の間の大きなギャップが、信念を変えるための強い刺激となる。しかし考え方自体も重要であり、それ自身の生命をもっている。啓蒙主義と科学的方法の広まりは部分的には、これらの考え方が、そうでなければ説明できないと思われた観察に説得力のある解釈を与えることができ、この考え方がなければできなかった予測を可能にしたためであるが、また部分的にはこの新しい考えそのものの力に基づくものであった。[31]

「ラーニング的思考方法」の広まりをまだ我々は十分に理解していないかもしれないが、その中心的位置に教育があるということは明らかである。より良く計画された教育制度は、正しい認知フレームを作る助けになる。その一方で、啓蒙主義やラーニング的思考方法の発展に反対する「考えを植え付ける」ような教育制度もある。

背景：ラーニング環境に関する一般的観察

ラーニングは特定の環境において生まれる。ほとんどのラーニングは企業内で生まれる。（企業や社会の文化などのように）他の場所に比べて、よりラーニングの助けになる環境が存在する。そのような環境は、ラーニング能力やラーニング的思考方法を生み出し、ラーニングのための強い触媒となる人脈を構築するのに役立つ。ラーニングを阻害し、ラーニング能力の開発に失敗し、知識の伝達を妨げ、発生しているラーニングを活用するのを困難にする環境もある。すでに指摘したように、ほとんどのラーニングは「経験」の結果であるので、このことはさらなるラーニングを阻害することになるのである。

ラーニングの範囲は、マクロ経済全体と人びとが働く企業の構造の両方によって影響を受ける。本章の後半では、ラーニング環境にとって重要な2つの側面である、スピルオーバーとモチベーションについて論じ、次章では、ラーニング環境に関する別のいくつかの特徴について詳細に述べる（さらに後の章でも、ラーニング環境のさらに別の側面について議論するが、そこでは社会的保護、労働に関する法律や、金融や投資に影響を与える法律などに言及する）。マクロ経済環境と社会的保護制度の両方は、格差レベルや経済システムの他の特質と同じように、ラーニングに影響を与えることを指摘する。たとえば、通常、生き延びることで頭がいっぱいであったり大きなストレスを抱えた人間は、多少の安心感がある人と同様に学ぶことはできない。信頼度の低い社会では、ストレスと不安がより広範囲に蔓延する可能性がある。(32)

ここでは、社会的均衡が複数あることを指摘しよう。変化が大きくよりダイナミックな社会では、ラーニングの需要はより大きくなる。そうした社会はラーニング能力がある人びとに多く報酬を与え、人びとがラーニング・スキルやラーニング的思考方法を習得しようとするインセンティブを与える。変化がほとんどない社会は、こういったスキルにあまり価値を見出さずスキル習得のインセンティブを与えることもない。その結果、変化もほとんど起こらない（たとえば、官僚的なスキルをもつ者もいれば、イノベーションに長けている者もいる。ひとつの社会的均衡は「官僚的」であると考えられ、そこでは官僚的なスキルが上手な人びとが努力し、官僚的なプロセスをより良く管理することをその社会の人びとは学ぶことになる。別の社会はもっと革新的なものである。このような社会では、官僚的プロセスをうまく管理する人よりも革新的能力をもつ者が成功する。人びとはその社会で成功できるためのラーニング能力を向上させるのである）。[33]

4——ラーニング・スピルオーバーの検証

ラーニングには重要な正の外部性があることをすでに指摘した。このようなスピルオーバーはいたるところにあり、その規模も大きいが、スピルオーバーの程度は分野によって違いがある。明らかに、市場はこのような外部性を考慮に入れていない。これは決定的な市場の失敗であり、本書の分析の核心的部分となる。

集中化するラーニング

ラーニング・スピルオーバーには多くの側面がある。Atkinson and Stiglitz（1969）が指摘したように、ラーニングには集中化傾向がある。なぜならばラーニングは、明らかに異なる生産プロセスよりも、そのラーニングが行われている生産プロセスと類似のプロセスに大きな影響を与えるからである。資本集約的な繊維製品の生産プロセスを改善しても、それは手織り技術にはほとんど影響を与えないだろう。しかしラーニングは、特定製品のひとつのプロセスや関連するプロセスに限定されるわけではない。ある分野のイノベーションが一見関係ない分野のためになるかもしれない。いかなる製品にも多くの生産工程があり、その工程の中には、一見異なって見える別の分野で使うプロセスと似たプロセスを含む工程があるかもしれないためである。もちろん、様々な観点で似ている分野ほど便益が多くなる。実際、同じ工業分野でも別の技術を使用する企業に対してよりも、類似した技術を使用する別の製品へのスピルオーバーの方が大きいかもしれない。

スピルオーバーは、技術に関するラーニング以上のものを含んでいる。特に、生産方法には重要なスピルオーバーがある。在庫管理と現金管理技術は、経済のすべての企業活動に影響を及ぼす。ジャスト・イン・タイム生産やアセンブリーラインは、多くの工業分野に影響を与える生産プロセスの例である。[34]

同様の理由で「制度的な」スピルオーバーがある。たとえば、製造分野に役立つような金融部門の開発は、経済の別の部門にも多大な利益を与える可能性がある。このようなスピルオーバーの多くは、経済全体に影響を及ぼすことができる。同様に、教育制度の改善は有力な工業分野にとって必要であるが、それはサービス分野や農業分野にとっても利益になる。実際その恩恵はすべての産業に及ぶのである。

スピルオーバーは、技術だけではなく人も関係する。ある分野のスキルの改善は、同じスキルが採用されている別の分野へもスピルオーバーの便益をもたらす。

ラーニングの集中化理論では、類似する技術間で伝播するだけでなく、ある製品から他の特定の製品へとより自然にスピルオーバーするというのである。これは、制度的要因（ある製造業で働く者が、しばしば別の製品の製造企業に転職する）が原因かもしれず、もしくは製造プロセスの特定部分における類似性に関連した技術的要因によるかもしれない。Hidalgo and Colleagues (2007) はプロダクト・スペースを明確に示し、重要なスピルオーバーがどこで起きているか、たとえば、どの分野に類似した「能力」があるかを特定しようとしている。おそらく、異なる分野の2つの製品に似た能力があると、片方の分野のある能力を強化するラーニングは、その同じ能力が意味をもつもう片方の関連分野に利益になるスピルオーバーをもたらす[35]。この意味では、能力には労働者のスキルだけではなく、組織的なラーニングや制度的な発展も含まれる。彼らは、関連していると思われる産業、すなわちひとつの産業の発展が別の産業の発展と関連しているところを示しているが、これは現在の制度的取決めでのスピルオーバーの状況を分析したものである。もっと積極的な産業政策など、代替的な制度的調整の下で生まれるかもしれないスピルオーバーは説明されていない。

地理的集中化と文化的集中化[36]

集中化には別の側面もある——地理的側面と文化的側面である。ラーニングは地理的に集中化している。ある場所に関係する知識は別の場所では関連性が少ないことや、情報伝播が集中化することもその理由になっている。人びとが地理的に離れているときには、接触の頻度は少なくなり、言語や文化が違うとコミュニケーションの効果が弱まるかもしれない。交通網もまた、国境を越える交流よりは国内交流を円滑にする。ラーニング自体が複雑なプロセスであるため、同じ言語を話す人や考え方や世界の見方の波長が合う人びとからは、より簡単に学ぶことができる――そして、より多くのラーニング・スピルオーバーが生まれる。

したがって根本的な風習が似た国々（もしくは地域や場所）の間では、より多くのラーニング・スピルオーバーが生まれる。特に農業ではこの点が顕著である。ある地域に適した農業の発展は、土壌、降雨量、気候など他の面で極めて異なっている別の場所では適さないかもしれない。

地理的な集中化傾向の理由のひとつとして、国内に比べると国境を越える知識の移動は自由でないことにある。国によって生産性が大きく異なることを考えればこの点は明白であり、この点が本書の後の章での分析の中心課題になる。

地理的集中化は、ある場所で関連性のあるラーニングが別の場所ではそれほど重要でないことを意味するが、テクノロジー分野のほとんどの変化と制度的ラーニングにおける多くの変化は、国境を越えて便益をもたらすかもしれない。そうなる度合いは、スキル（人的資本）のレベルと制度的取決めに依存する。

第4章では、知識やラーニングは企業の境界を越えるよりも、同じ企業内の方がより簡単に伝達されるという、「集中化」のもうひとつの側面を指摘する。多国籍企業は国境を越えた知識の移動を促進させてきた。しかし知識の伝達を企業内に留めるよう制約を加えることが多く、結果的に海外直接投資（ＦＤＩ）の便益を制限してしまった。第11章では、ＦＤＩから生まれるラーニングの便益を強化できる政策について議論する。

「学び方を学ぶというラーニング」の地域化

集中化は、知識（ラーニング）だけではなく、学び方を学ぶというラーニングにも起きる。国々（企業）は、隣国からより簡単にこのラーニングについて学ぶようである。このように見ると、日本の隣国が最初に学び方を学んだのは、偶然ではない――それらの国々は日本が行ってきたことを観察してまねたのである。そしてこの学習方法のラーニングの知識がアジア全体に広まった。韓国は日本が行ってきた政策で、先進工業国と日本との知識格差を埋めさせたと考えられる政策に着目した（こういった政策のいくつかは、後の議論で触れる）。

学び方のラーニングの集中化にはもうひとつの側面がある。ラーニングには特別なスキルが含まれ、ある分野におけるラーニングの向上は、別の分野での学び方のラーニングを犠牲にしているかもしれない。西洋諸国の企業は労働を節約する方法を学んできた。ただし失業率が高い時期でさえもそうであり、労働節約的イノベーションには高い社会コストが発生する。しかしそうした企業は、環境を守る方法や資源の消費量を削減する方法のラーニングでは、うまくいかなかった。

ラーニングの集中化、標準的経済理論、歴史が重要である理由

多くのラーニングは、企業内（または国内）で発生し、企業や国の境界を越えては簡単に移動しない、もしくはコストがかからずに移動することはない。この事実は、標準的な経済理論に対して重大な意味をもつ。すなわち、企業（もしくは国）は必然的に異なる生産関数をもっているということである。国や企業がまったく同じ知識をもつと想定することは、国や企業がまったく同じ要素賦存をもつと想定するのと同じくらい愚かなことである。たしかに、現代の貿易理論の多くは、生産要素の不完全移

も）境界線を越える知識の移動は、生産要素の移動よりもずっと難しい。実際、資本の移動に対する最も重大な障害となるのは、情報の不完全性なのである。情報が完全に移動するなら、資本も同様に完全に移動すると言うことができる。

動と知識の完全移動（つまり、生産関数は同じであるという想定）を想定している。しかし、（企業でも国で

もちろん、すくなくともある種のラーニングや知識が決して移動しない場合には、標準的フレームワークを使用して資源配分の問題を分析することができる。それぞれの企業の知識レベルを所与として、それぞれの使途で限界便益が等しくなるように要素を配分するのである。しかし、本書での我々の中心的な主張は、そうしたアプローチが誤りであるということである。我々は知識の伝達に影響を与えることができるし、ラーニングに影響を与えることもできるし、それらは、経済政策、制度、経済構造の設計、そして（部門内配分と技術選択の両方での）資源配分に影響されるのである。

ラーニングが特定のテクノロジー（特定の技術）に特化されているという事実は、ある意味、ある時点で利用できる技術の集合が、過去にもしくは現在使用されている技術で構成されている可能性が高い、ということでもある。もちろん、追加的な投資によって発展する技術もある程度存在する。しかし実用目的のために、等量曲線上の移動と「技術の」変化を区別することは、通常想定されているほど重要なことではない。

このことは、標準的モデルとは異なり、過去の経験すなわち歴史が重要になることを意味する。図3・1は企業の等量曲線を示しているが、そこでは*A*という資本集約型技術と*B*という労働集約型技術の2つの生産技術が示されている。技術変化の集中化という考えは、*A*が改善されても*B*は影響を受けず、逆の場合には逆であるということである。通常の技術変化の定型化では、技術変化をスムー

図3.1　技術進歩の集中化：歴史が重要となるケース

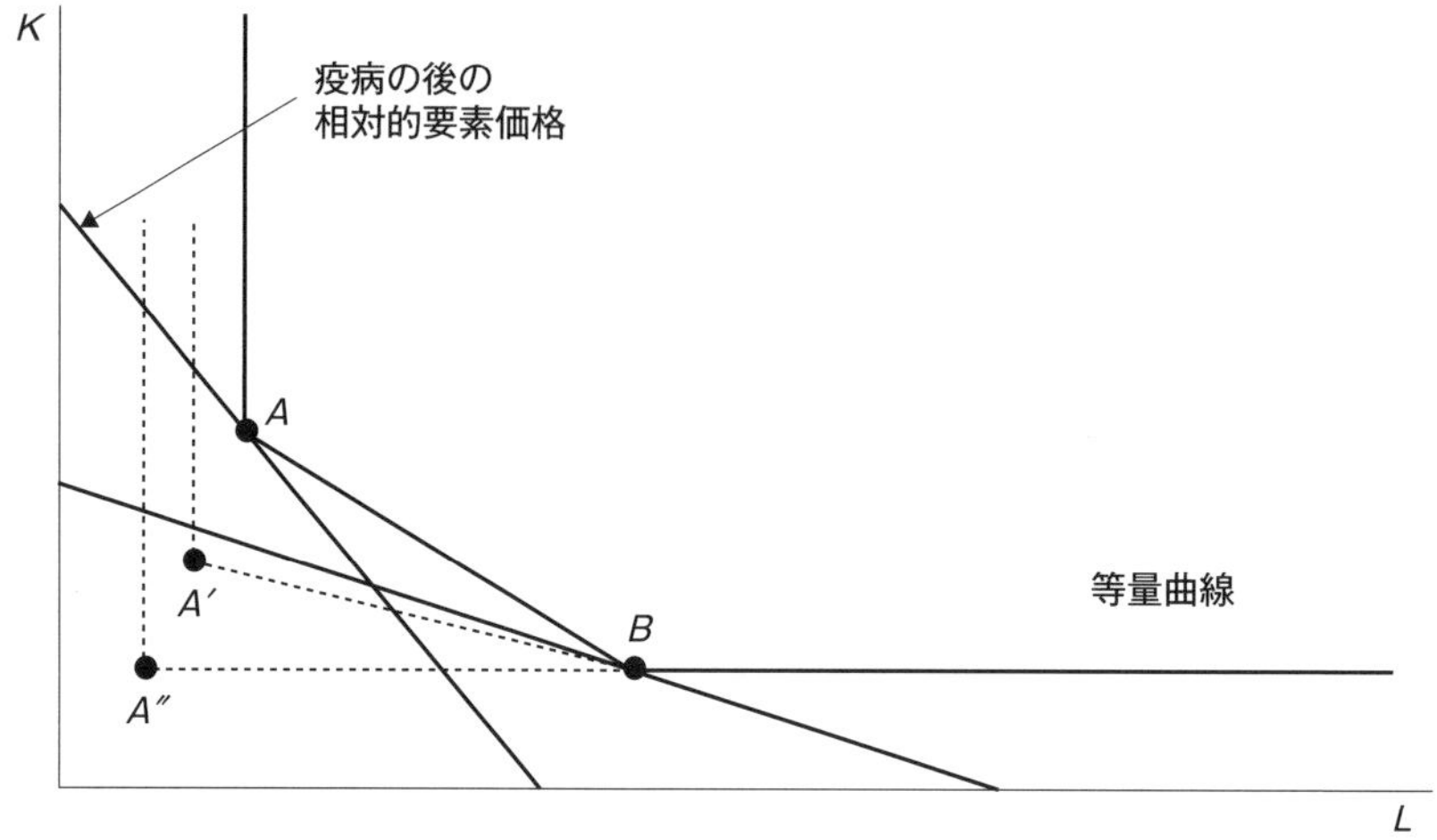

（注）資本集約型技術の改善では、他の技術は影響を受けない。最終的には、資本集約型技術が他の技術より優位になる（最初に、経済が*B*の技術を用い、かつ労働力成長率と同じ率で資本が成長する均斉的成長経路にあったとする。さらにこの技術はほとんどラーニングをもたらさないと想定する――その結果１人当たりの所得は停滞する。そしてその国が疫病に見舞われ、労働力の大部分が失われるとする。労働力がますます不足すると、賃金が上昇し経済は資本集約的技術*A*にシフトする。しかし、*A*にはかなりの「経験によるラーニング」がともなう。*A*が使用されるごとに、技術は改善され、*A′*そして*A″*に移動する）。

ズな生産関数のシフト（すべての技術で必要とされる投入量を減少させる）と見るのだが、この定型化は根本的に間違っている。

　この方法には別の側面もある。というのは、たとえば現在使用しているのと類似した製品やプロセスでは、「局所的」なラーニングは簡単になるが、学習すべきことも少ない。すでに発展途上国と先進国間の大きな知識のギャップについて指摘した。発展途上国は学ぶことが多い。もしもっと発達した技術についての学び方を学ぶことができれば、学ぶ内容が多いので、より多くのラーニングが行われ、生産性の成長率が高まる。ラーニング能力を所与とすると、ギャップの大きさと生産性上昇の関係は複雑かもしれない。たとえば、ギャップの大きさに関して最初の段階では収穫逓増（実質的にギャップが存在しない場合には学びはほとんどない）を示し、次に収穫逓減の段階に入り、最後にはギャップが大きすぎる場合には、ラーニングが減少さえするかもしれない。

大きく異なる技術からの方が多くを学習できるが、ラーニング能力が弱いということは、難しい戦略的な選択を迫ることになる。すなわち、漸進主義（すこしずつ進化する）戦略を取るべきか、もしくは「大躍進」かである。

本書完全版の第2章補論では「知識ギャップ均衡」モデルを展開した。知識ギャップを克服するには多大なコストがかかる。そして知識ギャップが大きすぎる場合には、そうすることが最適ではない。すなわち、企業（もしくは国）にとって、遅れをとった立場で技術的先駆者から（ラグをともない）少しずつ知識を吸収しながらいることが得になるのである。

大躍進に関連するかもしれない要因は他にもある。変化のプロセスを促進するために、慣習、制度的取決めおよび思考方法の変化が迫られる。これらの側面に硬直性があると、ラーニングには大きな障害となる。この点が本章の次節の主題となる。

5——ラーニングの障害

すでにラーニング・ソサイエティを構築する助けになった啓蒙主義の重要性に触れた。しかし啓蒙主義社会においてさえも、個人レベル、組織レベル、そして社会レベルでラーニングの障害が存在する。

このような障害を理解し、そしてそれを取り除くためにできることを行うことが、ラーニング・ソサイエティの構築に重要となる。[37]

偏った認知

ラーニングには、何がうまくいき、何がうまくいかないかを見極めることも含まれる。経験からのラーニングである。科学分野では、我々は対照実験から学ぶ。現実の世界では、個人が対照実験を行うことは不可能でないとしても、多くの場合難しい。何がうまくいき、何がうまくいかないのかについての経験から我々は推論を試みるのである。しかし我々の行う推論それ自体に、我々の信念が影響を及ぼしている。どんな情報を処理するか、どう処理するか、そして様々な観察されたことをどれだけ重視するかはすべて、すでにもっている信念によって影響されているのである。すでに頭の中にある信念によって形成されたレンズを通して世界を見るという傾向、すなわち、そうした信念と矛盾する情報は軽視し、信念と一致する情報は特に際立って認識する傾向を、確証的バイアスと言う（Hoff and Stiglitz 2010とその参考文献参照）。結果的に、上述論文で「均衡フィクション」と述べた世界に我々は住むことができるのである。すなわち、我々が見ている世界は我々の中にすでにある考えを追認するのである。

ある信念体系がフィクション、それも均衡フィクションでさえあるとの考えは、必ずしもそれが悪いということを意味しない。かなり昔になるがKnight（1921）は、起業家はイノベーションの利益を過大評価する傾向が強く（もっと新しい表現で言えば）、根拠なき熱狂を示す傾向があると論じている。この根拠なき熱狂は、革新的活動に大きな刺激となり、革新的活動がもたらす正の外部性をほとんど考慮しない企業の過少投資を部分的に相殺することになる。ＩＴバブルの根拠なき熱狂は、その後に、（グーグルのような）多くの成功企業を残したのであり、これらの企業はＩＴバブルがなければ融資を受けられなかっただろう。そして、ネットの接続費用が暴落したことで光ファイバーへの過剰な投資が、インドのテクノロジー・ブームに拍車をかける上での重要な役割を果たした（Stiglitz 2006a 参照）。

同時に、短期的な高まりを見せた非合理性（人びとが信じるようになり、かつエビデンスの選択的フレーミングによって確認されたように見えるフィクション[38]）の崩壊が、当初から資本主義に顕著であった（信用市場や株式市場の）バブルとその崩壊に重要な影響を及ぼした[39]。

社会的構成概念としての信念体系

信念体系は、それ自体社会的構成概念である。個人が何を信じるかは、他者が何を信じているかに影響される。社会的構成概念に含まれるのは、信念構造だけではない。我々が世界を見るプリズムも、ほとんど社会で決められる（事前的確証バイアスと言う場合もある）。社会学者と人類学者（Douglas 1986など）は、社会が（経済も含めて）どのように機能するのかを理解するのに信念体系を組み込む必要性を唱えてきた。もちろん企業は小さい社会であるため、企業の行動を理解するには、一般的に企業文化と呼ばれている中の重要な要素である企業の信念体系を理解する必要がある。

どの国も孤立して存在しているわけではなく、同じ国なら誰もが同じ信念体系を共有しているわけでもない。ある国の信念体系は、外部の人間によって影響を受け、特に近くの似ている国、もしくは国民が密接なつながりのある国から影響を受ける。企業も同じである。社員が他社の社員と関係が密接ならば、外部の信念体系がより大きな影響をもつ。したがってある企業の人間が、外部と明らかに異なる信念体系をもつことは難しい。グローバリゼーションにともない国民は異なる信念体系と出会い、そして異なる信念体系を受け入れなければならない。

認知フレームとラーニング

すでにラーニングにおける決定的に重要な構成要因として認知フレームについて言及した。我々の認知フレームは、我々が学ぶかどうかに影響を与える。（ある企業では）「ラーニング」の認知フレームがあり、それがラーニングの能力を向上させる。ある社会また企業では、観察されている事柄がこれまでの考えやモデルと一致するかどうかを常に評価し、もし一致しなければ、考えやモデルを変えるよう試みる。一方、はるかに保守的な社会や企業もある。受け継がれてきた真実をより重要と考え、そのような〈保守的な〉社会は、いままでの真実と矛盾するエビデンスを受け入れようとしない（これまでの議論の一部で、この違いを部分的に説明したが、教育を受けた人が多い社会は、ラーニング能力が高く、かつよりラーニングを行う可能性が高い）[40]。

個人が何を信じるかは、他者が何を信じているかに影響されるため、信念体系が変化することは難しい。個人や企業が自分だけで、社会の認知フレームを変えることはできない。その結果、認知フレームは制度的かつ社会的硬直性の主要原因になる。女性や下層階級もしくはある民族に属する人種などの特定の個人グループは、生産性が劣るという信念体系に社会がとらわれていたならば、そうした人びとはそのように扱われ、彼らへの教育投資は少なくなるだろう。そして彼らの行動もこのような扱いを反映したものになる（したがって、こうした差別的扱いをある意味正当化することになる）。均衡フィクションの概念や、何がその原因になるかなど、これまで提示してきた概念を理解する人が多少孤立していたとしても、その人びとが、異なる均衡（たとえば、差別のない均衡やラーニング指向的均衡）へと社会をシフトさせることは難しい。企業も同じである。企業の社長なら特別の影響力をもつかもしれないが、その社長ができることも、自分の企業の社員の信念に制限され、またその社員はおそらく他社の社員と似た考え方を共有している。したがって、企業（の社長）でも社員の信念を変えることは難しく、できたとしても限られた範囲だけである。

このようなラーニングや変化に対する認知上の障害は、経済的利益によって強められる。すなわち、変化には常に勝者と敗者がおり、敗者は変化への反撃を始めるインセンティブをもつ。彼らには、変化を肯定的でない考え方で見るレンズを通して世界を見るインセンティブがある。[41]

3番目には、認知フレームは我々のラーニングの程度に影響を及ぼすだけでなく、我々が学ぶ内容にも影響を及ぼす。すでに論じたように、特別な見方に観念的に強く傾倒している者は、それと矛盾するように見える情報を完全に無視するか、無視できない場合には割り引いて斟酌する。[42]世界は多くのことが複雑に絡み合っているいるので、観察にひねった解釈を加えて、すでにある信念と辻褄が合うようにすることがほとんどの場合可能なのである――つまり、我々はすくなくともかなり長い期間、今起きていることから学ぶことができないでいるということである。

変化やラーニングにこうした障害があるにもかかわらず、変化やラーニングは起きる。変化のダイナミズムはそれ自体複雑であり（テクノロジーの変化や科学の進歩など）、外の世界の変化や経済的利害によっても影響を受ける。しかし単純なマルクス主義者とは違い、経済的利害だけが変化を起こせるとは我々は思っていない。変化は多くの場合、アイデア、特に支配的な信念の進化によって影響を受ける。[43]ひとたび「人は皆平等に創られている」という啓蒙思想的概念が受け入れられると（どのようにして受け入れられるようになったか、そのきっかけが何であったかは関係なく）、女性や奴隷も含めて人間全体として見る方向に発展するのは自然なことだった。

権威主義に対する疑問と能力主義への信頼、変化は可能でありかつ望ましいとする考え、科学やテクノロジー尊重など、啓蒙思想の超イデオロギーが、ラーニング・ソサイエティと、我々の社会でのラーニング組織（企業）の構築に好都合な前提条件を作ってきた。

最後に、信念体系が変わることが可能であるだけでなく、（たとえ完璧でも、また即座にというわけではないにしても）信念体系には適応性もある。したがって長い時間をかけると、我々はラーニング・ソサイエティの構築を助けることができる。どのように我々の認知やラーニングが形成されるのか（たとえば、イデオロギーによって形成されるのか、もしくは、確証的バイアスや事前的確証バイアスによるものなのか）という、我々の認知の限界を理解することが役に立つだろう。またはラーニング文化を構築することも役に立つ。すなわち、科学（権威主義に対する疑問も含めて）や啓蒙思想の価値を尊重し、かつそれを反映する文化である。さらに成功したラーニングに報酬を与えることも役に立つ。本章で述べた公共政策や、個々の企業の実行する方針も、もしも適切に計画されれば、ラーニング・ソサイエティの構築に役立つだろう。同様に、悪い政策はラーニング・ソサイエティの構築の妨げになりうる。

知識伝達の阻害要因

ラーニング・ソサイエティの構築には、ほかにも自然発生的障害と「人為的」障害がある。最も知られているのは知識の伝達に関わることである。知識は勝手に広がりはしない。知識にはそれを伝播し、それを受け取るという動作が必要であるが、その両方にそれを妨げるものが存在する。

前節では、ラーニングの阻害要因または人びとが大量に受け取る混沌としたシグナルから適切な情報を抽出する上での阻害要因のいくつかについて説明した。情報の「発信」側にも障害がある。市場は（社会的最適と比べると）過度に秘密主義になっていそうである。もちろん、これがオープンソース運動の論点であった。ちなみに、オープンソースの状態での共同研究でも経済的には実行可能である。なぜならば、（ラーニングやイノベーションの過程そのもので生み出されている暗黙の知識や、市場に最初に参入したことによる優位性のため）経済的な利益があるからであり、かつイノベーションからの重要な非経済的利益と、イノベーションへのインセンティブがあるからである。この点については後で触れる。

しかしこのような阻害要因は、（検察側の規範や決定も含めた）法的フレームワークでさらに増しており、この法的フレームワークはますます採用されている。たとえば、知的所有権制度は知識の伝達の阻害要因を生み出すだけでなく、秘密主義を強めオープン性を失わせる。特許法の開示要件の意図としては、さらにイノベーションやラーニングが起きるように情報を普及させることであったが、実際にはその要件は有効に実施されていない。そして一部の企業では（特にソフトウェア関係では）、それを弱めるよう積極的に動いている。こういった問題については、第12章でさらに詳しく述べる。

研究を含めてすべてのことで、民間部門が相対的に効率的であるとし、民間部門の行動を促進する方法として金銭的インセンティブを重要視する「イデオロギー」が、このような政策の導入に大いに関係している。しかし、その影響が実際には反生産的になっていることを指摘しておく価値はあるだろう。このイデオロギーそのものが均衡フィクションの事例になっている。すなわち、この信念を信じる者は「エビデンス」が信念を裏付けていると信じている。したがって彼らは、経済のパフォーマンスで見られる欠陥は、政府による何らかの介入によるものと思っている。住宅バブルや信用バブルを引き起こしたのは市場の非合理性ではなく、政府が貧困層に住宅所有を促したからだと考えるのである。もしも民間部門が革新性に欠けるとすれば（もしくは別の部門よりも革新性に欠けるとすれば）、それはイノベーションを阻害する政府の規制のせいだと考えている。[44]

民間企業の秘密主義の傾向は、革新的経済とラーニング・ソサイエティを構築する上で政府が重要な役割を担うべき理由のひとつにすぎないかもしれない（Mazzucato 2013参照）。イノベーションはリスクが高く、多大な投資を必要とする場合が多い――大企業でさえリスク回避的だ。特に、リスクが高く担保として用いられないR&Dのような投資の場合には、資本市場は不完全である。そして最も重要なイノベーションは大きな社会的スピルオーバーをもたらす。したがって第5章と第6章で論じるように研究、特にすべての研究が生まれる元となる基礎研究では投資が過少になると広く考えられている。

6――ラーニングの動機づけ

ラーニングには努力と資源が必要であるため、個人や企業には研究やラーニングを行うインセンティブが与えられなければならない。しかし大切なことは金銭的報酬だけではないという点に気がつくことが重要である。実際は、最も重要な発展では、好奇心、または仲間から認められたい願望が動機づけになっていることが多い（David 2004a, 2004b; Dasgupta and David 1994参照）。あるいは、解決するどころか他の誰も考えようとしなかった難しい問題を解決するという興奮が動機づけになっていた（実際、この段落のはじめの文章はそれ自体が、経済学者が問題を捉える一般的思考方法を表したものだと気がつくだろう。多くの人、特に成功している科学者は、学ぶための動機づけを必ずしも必要としない。学ぶ喜びそのものが報酬なのだから）。

このような内的報酬が、お金などの外的報酬よりもはるかに強い動機になりうることを示す文献は多い（Stiglitz 2001a, 2012b, および参考文献参照）。（DNAの解読など）最も重要な発見の大部分は、金銭的報酬というよりもむしろ他の要因によって刺激されたものである。[45] 外的報酬が役割を果たすとすると、同僚から認められることの方が金銭的報酬よりも大きいであろう。

専有可能性

ラーニングの動機づけをする上で大事な点は金銭的報酬だと考えている人びとには、報酬を専有できる可能性が重要な問題となる。イノベーションからの社会的利益のうちその改革者が得るのはほんの一部である。そこにはラーニング・スピルオーバー、つまり外部性がある。このことは、ラーニングが金銭的な報酬に依存する限り、ラーニングへの投資は過少になることを示唆している（後に、イノベーションからの便益が社会的収益を上回る場合が多くあることを説明する。市場経済での多くのイノベーションはレント・シーキングと考えられており、イノベーションからの収益の一部は、それがなければ他者に発生しているレントかもしれないのである。このことは、資源がこういった活動に過剰に配分されるかもしれないことを意味する）。

特許制度があってもスピルオーバーは発生する。（数学分野での発展など）特許が与えられない進歩も多く、研究過程で学んだことの多くからの便益は専有することはできない。実際、特許の開示要件はこういった社会的便益を促進させることを目的としている。

ジャスト・イン・タイム生産、取り替え部品、もしくはアセンブリーラインといったアイデアは、経済全体に瞬く間に広まり、知的所有権法で保護することはできない。企業は、どのような製品が消費者に受け入れられるか、といった実験を行うかもしれないが、その実験が成功すればすぐに模倣されてしまう。そのためこのようなラーニングの便益は、実験に従事した者が専有することはないだろう。[46]

ある国が条件的に特定の品種のコーヒーを栽培するのに適しているかどうかを知るための「実験」を考えてみよう。もしもその試みが失敗すれば、実験を行った者は損失を被る。特定の土壌で特定の気候において良く成長するものは何か、についてのラーニングは特許を取れない情報であるため、仮にその実験が成功したとしても、多くの者がすぐに参入するだろう。その国は利益を得るが、真の「イノベーター」はその利益の多くを得ることはできない。結果として、このような種類の実験には投資が過少になるだろう。

民間資金市場では経験のない起業家にほとんど融資が行われない理由についても同様な議論ができる。誰が起業家として成功するかを見極めるところにラーニング・プロセスがある。銀行は能力を発揮した若い起業家に融資したとしても、その起業家がすぐにライバル銀行に奪われる可能性が高いことがわかっている。初期の段階では、起業家として成功し融資を返済してくれるのは誰か、失敗して融資返済できない人は誰か、については確かめられないとする。銀行は、起業家が失敗すればお金を失うが、それを十分相殺するだけの利益を成功する起業家からの「超過」利益から得ることはできないかもしれない。その起業家を引き抜かれないように、(起業家が成功をした後でも)成功起業家に課す利子率は競争的利子率に制限される。しかしスティグリッツ＝ワイス理論では、逆選択効果と逆インセンティブ効果は、初期の段階で課す利子率を制限し、結果的に経験のない起業家への融資も制限されるとしている(47)。

専有可能性の問題に対する市場の反応が、ラーニングを阻害する可能性がある――すなわち、より広範囲な特許やより強い秘密主義につながる。後で論じるが、前者は複雑な特許を生み、結果的に知識の使用への著しい障壁になる。後者は知識の伝達の阻害要因を生み、知識の発展にこれまでも極めて重要であったオープンな体系の土台を損なう可能性がある。

7――トレードオフ

前節では、ラーニング・ソサイエティの構築に貢献する多くの要因について論じてきた。しかし、把握が難しく複雑なトレードオフが数多く存在する。

知識の効率的活用と知識を生み出すインセンティブとのトレードオフ

知識の自由な伝播から生まれる便益と、ラーニングへの（金銭的）インセンティブの弱化の間にはひとつのトレードオフがある。知識が自由に伝播すると、知識に投資する人がそこからの利益を専有することは難しくなる。この問題は、効率的市場仮説に対する批判論文である、Grossman and Stiglitz (1976, 1980) で示した問題と根本的に同じである。知識が完全に伝播される場合、知識を収集したり生産したりすることに資源を費やすインセンティブはなくなる。知識の創造に（そして発展途上国では、他国からの知識の収集に）対して過少投資になるだろう。知識の生産を民間資金に依存することの費用のひとつは、知識の伝播の不完全性がともなうことにならなければならないという点である。そしてまさしく、これが知識の創造における公的支援の利点のひとつなのである。

その場合、個人レベル、企業レベル、国レベルでも複雑で把握しにくいトレードオフが多く生まれる可能性がある。知識を共有しないことは、通常は知識を受け取らないことでもあり、すくなくとも知識を共有していたときほどの知識を受け取ることはできない。知識の「取引」は、市場のメカニズムではなく、プレゼント交換とも言えるプロセスを通じて行われることが多い[48]。最も重要な発展が生まれるアカデミックな社会では、暗黙のうちに交換の文化についての理解がある。共有しなかった人は仲間からしめ出され、画期的研究を行う可能性も減るだろう。すべてのイノベーションは、数十、数百ものちょっとした小さなアイデアとコンセプトを基礎として築き上げられるものだからである。

企業は、自分たちが生み出す知識を「秘密」にし、利益の多くを独り占めできると思うかもしれないが、同時にその組織の中であれば、誰もがその知識を増大できるように、組織内部では知識が十分に共有されることを期待する。しかしここにもトレードオフがある。その組織内部でその知識を共有する人の数が多くなるほど、情報が漏れる可能性は高くなる。

すでに指摘したように、人間、製品が自由に流動すれば、アイデアの拡散に役立ち、ラーニングの触媒になりうる。しかしやはり、こういった移動があると、イノベーションへの投資から生まれる利益を専有するのがいっそう困難になる。多くの企業が社員との契約の中で移動を制限する内容を設けているのは、このためである。これは、労働配分での短期的非効率につながる可能性はあるが、長期的な動学的利益によって部分的に相殺されるかもしれない。あるいはすくなくとも、こうした契約に固執する企業は、それが長期的には利益を増加させると信じているのである(49)(本書の完全版の第4章補論では、市場均衡では結果的に移動が不十分になる可能性がある理由を示す)。

異時点間のトレードオフ：静学的非効率と動学的利益

ラーニングのプロセスに関するこれまでの議論では、ラーニング・プロセスにおける異時点間のトレードオフの重要性を強調している。ラーニングは投資である。普通は、現在の消費を犠牲にしなければならない――もっと学ぶことができるための追加的な実験にはコストがともなう(後の章で提示する簡単なモデルのように)。たとえ生産することから自動的にラーニングが生まれるとしても、短期的な静学的効率の視点から判断したよりも多く現在生産することによって、我々はより多くを学ぶことができ、将来の生産コストを下げることができるのである。

この観点で言えば、「技術資本」や「知識資本」への投資は人的資本や物的資本への投資と非常に似ているが、すでに言及した非常に重要な違いがひとつある。つまり、知識のスピルオーバーの結果が重要であるためラーニング(技術資本)は過少投資になるという想定がある一方、人的資本と物的資本に関してはそうした想定はない。後の章で説明するが、もっと正確に言うと、社会的利益と私的利益が密接に関連していない可能性がある。

貯蓄率の場合にも、(多くの場合)長期と短期のトレードオフがある。貯蓄決定の場合には、政府介入が望ましいと想定する一般理論はひとつもない――将来世代の暮らし向きが良くなるようにと通常期待されており、このために将来世代の暮らしが良くなるように現在世代にもっと犠牲を強いるという主張には問題がある。さらに、仮に犠牲を強いたとしても、経済成長率の増加は一時的なものにすぎない。ラーニングの場合には、（第6章で詳細に示すように）市場配分が非効率であり、政府介入が社会的な厚生を上昇させると想定する根拠がある。そして、介入によって成長率が永続的に高くなる。動学的便益を達成するため、言い換えれば経済成長率を高めるためには、短期的な資源配分を歪めること、生産可能性曲線を下回って稼働すること、もしくは短期的な「効用」を最大化しない消費パターンを強いることが望ましいかもしれない。このトレードオフが本書の分析の核心部分である。

たしかに、このようなトレードオフが存在しないとすれば、成長の政策と効率政策は補完的に見なされるだろう。新古典派的政策（ワシントン・コンセンサス）は、経済をできるだけ速く生産可能性曲線に移動させる、そして成長政策は、生産可能性曲線を可能な限り外側にシフトさせるのである。もしも前者の政策が成功すれば、後者の政策からの便益――たとえば、潜在的生産の成長率の上昇（生産可能性曲線が外側にシフトする速さ）はデルタで表される（表記はΔg）――はさらに大きくなる。なぜなら成長率の変化を示すΔgで増加する産出水準は、大きくなるからである。

現代の成長政策分析のほとんどは、このような二分法に基づいている。成長理論は「サプライ」サイドに基づいており、経済がその国の生産可能性曲線上にあると想定している――すなわち、資源は完全利用され効率的に配分されている。本書は、そのようなアプローチが、たとえ完全に間違いでないとしても、誤解を与える理由を説明する。

我々が提唱する「ラーニング・ソサイエティ」の視点では、経済のパフォーマンスが生産可能性曲線を下回る理由について違う見方をする。[50] したがって、短期と長期のトレードオフに関しても異なる見方をする。第2章で論じたように、うまく機能している経済であっても、標準的に定義された生産可能性フロンティアによって定まる生産可能な上限を下回って稼働している。このギャップは、たとえば、課税による市場の歪みではなく知識と実務に格差があるため発生しているのであり、この格差は——、国内でさえ存在する。ほとんどの企業で言えることだが、前章でも指摘したように、その企業の生産性と「ベスト・プラクティス」の間には大きな格差がある。したがって重要な新技術の発見がなくても、今ある技術をもっとうまく活用し、より広い範囲で採用することで、現状の産出量を拡大できる。効率性の劣るテクノロジーを使用する企業がベスト・プラクティスを「学ぶ」だけで、産出量は大きく増加するだろう。（労働市場の硬直性に起因する企業間の労働者の再配置問題だけでなく）企業が、自分たちの従業員をよりよく活用する方法を学びさえすれば、企業内で労働者をもっと効果的に配置することで産出量を拡大できる。正式な学校教育による労働の質の著しい改善がなくとも、概して生産過程におけるちょっとした細かい変更が、生産性の大きな向上をもたらすのである。企業内部でも異なる企業間でも（もしくは、国境を越えても）知識が自由に伝播するという想定はあまりにも非現実的であり、インプットがなくても生産できると想定するようなものだ。産出量への制約要因として知識は、標準的なインプットと同じくらいに重要なのである。

しかし静学的非効率性とその排除に注目した政策は同時に、ラーニングへの意欲を減退させ、ラーニングの妨げにさえなる。結果的に、静学的効率と動学的効率の間にはトレードオフが存在する可能性がある。たとえば、繰り返し指摘したように、知的所有権（もしくは、その他の自由な知識の伝播への阻害要因）があることで、知識が効率的に使用されないのである（第12章参照）。このような阻害要因は静学的非効率性を高める。しかし研究へのインセンティブを増加させ、動学的効率性に寄与するかもしれない。しかし、第12章で論じるように、うまく作られなかった知的所有権制度の下では、短期的には知識の非効率な活用、長期的にはイノベーションと成長の鈍化というように、現在も将来もマイナスになる可能性もある。本書の前半では同様なトレードオフの別の例を指摘した。あまり競争的でない銀行部門の創設は静学的非効率性をまねくかもしれないが、同時に、成功している起業家が引き抜かれる可能性を減らし、新しい起業家へ融資が増え経済の動学的効率性が改善されるかもしれないのである。

もちろんどの場合でもトレードオフの状況を変える、つまり、静学的効率性のロスを小さくしながらラーニングを増加させる政策があるかもしれない。

ラーニング・ソサイエティの構築において他にもたくさんのトレードオフがある。たとえばラーニングに必要となるのは、特殊な能力もあれば一般的なものもあり、これら2つの間にはトレードオフがあるかもしれない。我々は狭いニッチな分野の仕事を遂行するときに、経済に貢献できる特殊なラーニング能力を強化するように努力することもできる。また経済が速いスピードで移行し、不安定要素が大きくなる時期に役立つ一般的なラーニング能力に向けて努力することもできる。[51]

8——おわりに

本章では、ラーニングに影響を与える要因をより深く理解することによって、ラーニング・ソサイエティを成功裏に構築しやすくなるという想定の下、ラーニングに関する重要な決定要因のいくつかに焦点を当てて論じてきた。ラーニング・ソサイエティにおいては、発展途上国の場合は先進国との格差をより早く縮め、先進国では知識のフロンティアをもっと速いスピードで押し上げる。そしてすべての国では平均とベスト・プラクティスの間の格差を縮めることになる。明らかに異なる状況に直面している様々な経済は、ラーニングを促進する条件（組織、法的制度、契約上の取り決めなど）も著しく異なる。特に、先進経済に追いつこうとしている国にとっての適切な条件はフロンティアで、そのフロンティアをさらに押し上げようとしている国の条件とは明らかに違うだろう（この点については後の章で扱う）。

ここまであまり触れなかった疑問点がいくつかある。我々の社会におけるラーニングの多くは企業内で生まれている。企業の内部で生まれるラーニングの決定要因は何だろうか。ある分野の企業がラーニングに長けているのだろうか。特定分野の企業には、他の分野により大きい外部性を及ぼす傾向があるのだろうか。ラーニングを促進するマクロ経済条件は存在するのだろうか。そのようなマクロ経済条件を生み出すのに役立つ政策とはどのような政策だろうか。次章ではこのような疑問を考えていく。

注

（1）特に、初期の文献には、Stiglitz（1975a, 1975b）、Rothschild and Stiglitz（1976）、Akerlof（1970）、Spence（1973）がある。

（2）Hayek（1945）は、中央計画経済が決してうまくいかないのはまさしく情報が分散するからであると説明し、分散した情報の問題に人びとの関心を向けた。しかし、多少一貫性に欠けるが、価格制度は、情報を集約し、伝達する効率的な方法を提供すると彼は考えていた。Stiglitz（1994c）で議論されているように、もしそうならば、市場社会主義はうまくいったはずである。だがハイエクがこの考え方を定式化することはなかった。その後、シカゴ学派の経済学者が効率的市場仮説を提示したが、彼らも市場が効率的に情報をまとめて伝達するのかどうかを検証する厳密なモデルを示さなかった。Grossman and Stiglitz（1976, 1980）は、実のところそうはならないことを示した。効率的市場仮説について長い間続いていた論争に対しては、2008年の金融危機でおのずと結論が出ることとなった。

(3) もちろん、規制制度の失敗には、特定利益集団に関連することなど、別の原因もある。

(4) 学び方を学ぶというラーニングについての概念は、Stiglitz（1987a）で詳しく説明した。

(5) 1977年に、ポール・マクレディは、彼の作った人力飛行機、ゴッサマ・コンドル号で、英国王立航空協会から、クレーマー賞として5万ポンドの賞金を獲得した（http://aerosociety.com/About-US/specgroups/Human-Powered/Kremer）。

(6) Kanbur（1979）と Kihlstrom and Laffont（1979）は、職業選択における起業家精神について標準的モデルを提示している。Emran and Stiglitz（2009）は、競争的市場では、誰がいい起業家であるかについてのラーニングがうまくいかないかもしれない理由を説明している。

(7) 裏付けとなるエビデンスとしては、機体生産に関する Asher（1956）、Alchian（1963）、原子力発電技術に関する Zimmerman（1982）、化学加工工業への投資と生産に関する Lieberman（1984）、R&Dに関する Hollander（1965）がある。最近では、レーヨンや半導体、および燃料電池技術分野の、管理者のラーニングに着目した研究がある。たとえば、Walters and Holling（1990）, Jarmin（1994）, Dick（1991）, Gruber（1998）, Argote, Beckman and Epple（1990）, Argote and Epple（1990）, Barrios and Strobl（2004）, Schwoon（2008）を参照。最近のサーベイでは Thompson（2010）。

(8) アローの研究から膨大な数の理論的文献が生まれた。特に、Spence（1981）, Fudenberg and Tirole（1982）, Joanoic and Lach（1989）, Malerba（1992）, Lieberman（1987）, Leahy and Neary（1999）, Ghemawat and Spence（1985）, Young（1991, 1993）, Dasgupta and Stiglitz（1988a）参照。これらの論文の一部は、長期的に持続できないと思われる市場構造を想定している。

(9) ウォーレン・バフェットが、2001年にバークシャー・ハサウェイの投資家にあてた、会長からの手紙の中の一文。http://www.berkshirehathaway.com/2001ar/2001letter.html にて閲覧可能。

(10) 同様に、社会（個人）は余暇を上手に活用する方法を学習する能力を開発でき、または、消費財を楽しむ能力を向上させることができる（これは、時間と財のインプットを「楽しみ」に変換する個人の能力を改善させることとして考えることができる）。このため、ラーニングは消費行動に大きな影響を与えることもできる（Stiglitz 2008d 参照）。

(11) 特に、本書の完全版の第4章補論参照。

(12) 適応に失敗する興味深い側面は、農業労働が全労働力の数％まで縮小して何十年も経っても、まだ多くの国で用いられている学年度が、農作の予定表に関連しているという点である。

(13) 本書では、インプットを産出量に変換する能力を強化する技術的知識に重点をおくが、そのすべての過程で、別の形の「ラーニング」が存在する。たとえば、制度の変化、経済や社会が機能するやり方についてなどの考え方の変化である。後の章で説明するが、このような考え方の変化は、世の中に関する正確な分析に基づかないかもしれないし、ラーニング・ソサイエティの構築という意味では、実際は逆効果かもしれない（Hoff and Stiglitz 2010, 2011 と論文中で引用されている文献参照）。

⒁ 有名な例として、グーグル社は、従業員に1週間の労働時間のうち20％を独自のプロジェクトを遂行するために使うことを認める方針にしている。

⒂ 経済のイノベーション制度に関する文献は、数は少ないが重要なものがある（Nelson 2004; Nelson and Winter 1993; Freeman 1987; Lundvall 2010 参照）。「創造的経済」に関する文献もある（Florida 2002 など）。たとえば、集積の外部性に関する文献は我々の考えているものに近い。Moretti（2011）のサーベイでは、地方市場における集積の外部性の要因を大きく3つの分野に分けた。密集した労働市場、密集した中間投入物市場、そして知識のスピルオーバーである。最後の項目が（我々の）「ラーニング・スピルオーバー」と考える。モレッティの論文では、ラーニングに関する現在得られている知識について参考文献がまとめられている。

⒃ ラーニングのもうひとつの側面である、異なる個人の比較優位（スキル）のラーニングについてはすでに触れた。これは、教育制度の中心的機能であり、「選別（スクーリング）手段としての教育」と言われている。このような選別から得る公的利益と私的利益は明らかに違っているため、市場によるこのような選別への資源配分は効率的にはならない（Stiglitz 1975b, 2009）。

⒄ ラーニング行動に影響を与える若者と高齢者の違いは他にもある。若者にとっての主な資産は人的資本であり、彼らの人的資本の価値には非常に大きな不確実性がある。この不確実性に対して、唯一可能な対応というわけではないが、合理的対応のひとつは、ラーニングへの投資を増やすことである。

⒅ 実際、新しいラーニングが生まれると年配者の知識は時代遅れになる。標準的な競争モデルでは、個人は、（人的資産も含めて）資産価値を所与のものと見なすが、小規模の職場のミクロ経済学分析では、一部の集団の知識の向上は、別の集団の人的資産価値にも影響を与えることになる。

⒆ 興味深いことに、似た考え方は、共産主義体制から市場経済への移行における違いの一部を説明するのにも役立つ。たとえばロシアとポーランドである。ロシアには中央集権的企業があり、これらは大部分、移行過程で維持された。これらの企業では年配の管理者が支配していた。これとは対照的にポーランドでは、もっと中規模企業が多くあり、そして移行過程でより多くの大企業が解体され、若い管理者により多くの役割を提供することとなった（Stiglitz 2002a, 2000c; Ellerman and Stiglitz 2000, 2001）。

⒇ 1676年2月5日、アイザック・ニュートンからロバート・フックへの手紙。

(21) 発展途上国の多くの人びとは、ウルグアイ・ラウンド貿易交渉の中のひとつとして採用された知的所有権制度が知識へのアクセスを阻害するものだったため、開発を阻害したと考えている。その後２００４年に、世界知的所有権機関（ＷＩＰＯ）は、発展途上国にとって知識へのアクセスが極めて重要な役割をもつとする、開発志向知的所有権制度を提唱した。

(22) さらに交通システムは、多くの場合、国の中心地に集中している。国内を移動する方が簡単であり、制度および制度的知識も局所的になる傾向がある。

(23) 繰り返すが、実際にはすべてのアイデアがラーニングに貢献するわけではない。本書で何度も指摘しているように、グローバリゼーションで広まったワシントン・コンセンサス政策はラーニングを阻害したかもしれない。

(24) このことが、Grossman and Helpman（1991）のような貿易自由化支持者が、貿易増強はラーニングの増加につながると主張する根拠のひとつを提供する。後に論じるように、他にも相殺する以上の効果があるかもしれない。

(25) しかし繰り返すが、人びとは考えを同じくする人とインターネット上のコミュニティを構築するため、新しいアイデアに触れる機会は減るので、この効果は曖昧である（Sunstein 2001）。

(26) この段落のアイデアは、Stiglitz（1998c）でもっと詳細に論じられている。第13章では、Hoff and Stiglitz（2010, 2011）をベースにし、認知フレームの役割とそれがどう形成されるのかを詳しく議論する。

(27) もちろん、技術変化も制度変化もあったが、非常にゆっくりしたペースであった。農業技術は、長い期間にゆっくりしたペースで進化した。アメリカ大陸で新しい作物が発見され、徐々に世界中に広まった。この時代の封建制度とその終焉、奴隷制度とその終焉は、意義深い制度変化の例である。大きな影響をもたらしたもうひとつの制度変化は、エンクロージャー（囲い込み）運動である。技術と制度の変化の多くは、黒死病のような外生的できごとによって引き起こされていた（たとえば、Ruttan and Hayami 1984 参照）。

明らかに啓蒙運動が、イノベーションと変化に貢献する認知的思考方法を作る助けになった。Mokyr（2009）によれば、産業革命がヨーロッパの別の国ではなく、イギリスで始まったのは、社会的な思考方法と大いに関係がある。たとえば、進歩の可能性を信じる国民性や、商人間の誠実な取引という社会規範があることなどである。

(28) もちろんこれは単純化である。Conniff（2011）によれば、このラッダイトのイメージは、非常に巧みに作られたものであり、実際は、ラッダイトは機械に反対していたわけではなくて、「非難の対象は、標準的な労働慣行を出し抜くために、彼らの言葉を使うと『不適切で人を騙すやり方で』機械を導入した製造者に向けられていた」という。

(29) ピュー研究所の最近の世論調査によれば、アメリカ人の3分の1は、地球が温暖化している確固たるエビデンスがあると思っていない。そして約60％は、温暖化が人的活動が主な原因だと考えていない（Pew Research 2012, "More Say There Is Solid Evidence of Global Warming," 10月15日、http://www.people-press.org/2012/10/15/more-say-there-is-solid-evidence-of-global-warming/）。さらに、ギャラップ調査によれば、アメリカ人の約50％は、人類の進化を信じていない（http://www.gallup.com/poll/155003/hold-creationist-view-human-origins.aspx　２０１３年2月26日にアクセス）。これほどの膨大

な科学的証拠があることがらに関して、人びとの信念を変えることが難しいのならば、我々の社会的制度や経済制度が、逆のことを示す多数のエビデンスを目にしても変わらないのは当然だろう（市場が効率的で安定的であるという信念はひとつの例に過ぎない。２００８年の金融危機の前に、多数の理論、実証的証拠、歴史的経験で、そうではないことを示していたのに、危機の後でさえも、多くの「市場原理主義」の信奉者の信念が揺るがなかったのは驚きだ）。

(30) この段落と次の段落での考えは、Karla Hoff との共同研究、Hoff and Stiglitz（2010, 2011）で詳しく述べている。

(31) しかし、これはこのような考えが一部の人びとや集団に採用され、他の人びとには拒否される理由の十分な説明にはなっていない。第13章でも部分的な説明を提示する。

(32) このような観察からすぐさま重要な政策的インプリケーションが導かれるが、本書ではさらに深める議論は行わない。

(33) この考えは、Stiglitz（1995b）および Sah and Stiglitz（1987a, 1987b）に詳しい。

(34) これらは、特許で保護することが難しい例でもある。だがアメリカのビジネス・プロセスの特許はそれを試みているケースがいくつかある。

(35) 彼らの実証アプローチが本当に、関連する能力の集合を十分に把握してるかどうかをここでコメントすることは控える。彼らの研究（Hidalgo and Hausmann 2009 も参照）以降、プロダクト・スペースを特徴づける別のアプローチが研究されている（たとえば、Pietronero, Cristelli and Tacchella 2013 参照）。ある分野の改善が別の分野に及ぼす影響は、それらの分野の類似性だけではなく、連携を引き出す範囲を規定するような制度的調整が関係する。したがって、天然資源分野がこれまで他分野と密接に関連してこなかったということは、有効な産業政策が行われなかったためである。またその分野で多く見られた搾取的関係の結果でもある。

(36) 地理的要素が重要となる理由に関してさらに深めた議論は、第4章と第9章参照。

(37) 本節の大部分は、Hoff and Stiglitz（2010, 2011）に依拠する。

(38) フレーミングの役割や認知バイアスを含めて、こうした考え方をベースにし、心理学と融合させた行動経済学には現在では多くの先行研究がある（Ariely 2008; Thaler and Sunstein 2008; Kahneman 2011）。

(39) Kindleberger and Aliber（2005）参照。もちろん、最も直近の事例は２００８年の大不況をもたらした不動産バブルである。Stiglitz（2008）で説明しているように、そのとき観察された行動に合理性を見出すことは難しい（Holt 2009 も参照）。

(40) しかしながら、それは進化に対する信念で根拠づけられる、ラーニングのたったひとつの決定要素に過ぎない。進化論と教育と所得の間には相関性があるが、アメリカは、進化論を信じる割合がはるかに貧しく教育が遅れている国の割合と一致するという、異質な状況にある。たとえば、ブリティッシュ・カウンシルの調査、および、市場調査会社イプソス・モリの報告書によれば、「進化論の科学的証拠が存在することに合意する」アメリカ人は約33％である。この数字は、アルゼンチン、中国、インド、メキシコ、ロシアよりも低い。"God or Darwin? The World in Evolution Beliefs" *Guardian*, ２００９年７

月1日：http://www.guardian.co.uk/news/datablog/2009/jul/01/evolution

(41) Bénabou（2008b）と Bénabou and Tirole（2006）によれば、人は、自分たちの（メタ）効用を最大化させるように自分たちの好み（信念）を選択する能力をもつ。これとは対照的に、我々が重視するのは社会は構築される選好であり、「外部からの」影響が中心的役割をもつと考える。人は、単独で、自分の好み（信念）を選ぶわけではない。

(42) ここで論じていることは、標準的なベイズ推論でも説明できる。人は、すでに強い信念をもっている場合が多く、これが非常に強いため、新しい情報を得た後でも、その後の信念にほとんど影響を及ぼさない。確証的バイアスに関する文献によれば、すでにある信念というものは、正当化できる以上にずっと大きな確信をもって保持される。

(43) これは、Hoff and Stiglitz（2010）で「ウーバー・イデオロギー」と表現しているものである。グラムシは、「唯物史観の最も重要な主張である、政治とイデオロギーのあらゆる変動が［経済的］構造の直接的な帰結であるという考えは、原始的幼稚性をもつ理論として議論されるべきだ」と批判した（1971：407）。

(44) このような信念は、反対の内容を示すエビデンスが多くあったとしても、維持される。たとえば２０１１年の超党派米国金融危機調査委員会では、貧困層の住宅所有を奨励した政府の政策は、２００８年の金融危機の原因ではないという点について、ひとりの反対意見を除いては全員が合意していた。Stiglitz（2010b）ではさらなるエビデンスを提示している。地域再投資法（ＣＲＡ）による融資（貧困コミュニティに特化した融資）でのデフォルト率は、別の種類の融資のデフォルト率と変わらない。もうひとつの事例は、カリフォルニアでの今世紀初頭の電力不足である。自由市場の信奉者は、すぐに政府の規制を批判する。環境に関連する事柄は特にその傾向がある。実際にはその原因は、エンロンが電力市場を操作したことであることが明らかになった。このような操作を防ぐために再度市場を規制したときには、このような電力不足は奇跡的になくなった。

(45) 何年も前に、ティボー・シトフスキーは（たとえば、Scitovsky 1986 参照）、刺激の探求を含めて、人間行動の動機について論じた（Bénabou and Tirole 2003 参照）。

(46) 特に、Hoff（1977）の重要な研究を参照。その後の研究は、彼女のアイデアを基にしたものである（たとえば、Hausmann and Rodrik 2003）。実験は、一部の企業のラーニング戦略の重要な一部となっている。グーグル社チーフ・エコノミストの Varian（2011）によるエコノミスト誌への投稿にはこう記されている。「昨年グーグル社では、検索チームが約６０００回の実証実験を行い、その実験を基に約５００もの改良を実行しました。我が社の業務の広告分野でも、ほぼ同じ回数の実験を行い同じ回数の改善を実施しています。みなさんがグーグル検索を行うたびに、みなさんはこの実験の被験者になっているのです。これらの実験からのラーニングは生産にフィードバックされ、システムは継続的に改善されるのです」。

(47) この議論をさらに深めるには、Emran and Stiglitz（2009）参照。

(48) 興味深いことに、それぞれの特許の価値を判断するのが難しいため、企業が相互に影響し合うという環境では、価格システムはうまく機能しない。多くの場合、企業は特許プールを作り、お互い特定の特許を使用できるような協定を作る（このような特許プールは、その協定に参加していない企業が市場に参入するのを難しくするため、効果的な参入障壁になることが多い）。

(49) 契約者は、明らかに規定をこのように見ている。しかし契約者の私的利益を満たす契約規定は、社会的に望ましくないかもしれない（Greenwald and Stiglitz 1986）。

(50) 繰り返すが我々のアプローチでは、生産可能性曲線の標準的な定式化の妥当性を疑問視している。

(51) 非常に広く学習する能力がある者もいれば、より焦点を絞った能力が発達している者もいる。うまく構築されたラーニング・ソサイエティでは、こういった違いが認識される。

Creating a Learning Firm and a Learning Environment

第4章 ラーニングを促進する企業とラーニングを促進する環境の構築

前章では、「ラーニング・ソサイエティ」の構成要素の多くを説明した。たとえば、学ぶべきことは何か、ラーニングはどのように発生するのか、そして、ラーニングのスピルオーバーや専有可能性の影響を含めラーニングを決定する重要な要因を説明した。ラーニングを最も促進させる経済構造を構成する要素（知的所有権などの関連するすべての制度や法律を含む）を説明することが、前章の主な目的のひとつだった。

本章では、このラーニングの構造のうち――ラーニングを促進する企業とラーニングを促進するマクロ的環境という――2つの重要な要素を構築することに焦点を当てる。

1——ラーニングを促進する企業

ラーニングを促進する経済を構築する上で、構造的に内在する問題として、経済を構成する組織（たとえば企業）の設計がある。ラーニングのほとんどは組織の中で発生し、その組織に膨大な知識が蓄積しているので、この設計が特に重要になる。第2章では、企業によって生産性が明らかに違うことを説明した。何らかの理由で、他社より生産性の高い企業の知識が簡単に伝播されて生産性の低い企業に吸収される、ということはないのである。

ラーニング、および企業の境界

どのような機関でも、知識を開発するインセンティブ、知識を保持するインセンティブ、もしくは知識を伝播するインセンティブがあるだろう。ラーニングを促進する企業の構造問題は、ラーニングを促進する経済の構造問題と類似している。ある意味この2つは切り離して考えることはできない。企業の境界についての従来の議論（Coase 1937）は取引費用に焦点を当てていたが、ラーニングの構造も同様に重要である。同じ企業内で情報（知識）を伝播する方が、異なる企業間で伝播するよりも簡単かもしれない。それはひとつには、知識の「交換」は価格や契約によってうまく行われないためである[1]。その場合には、もしもラーニングが経済的成功の中核にあるならば、ラーニングが重要でない状況と比較して、企業の規模が大きくなることを意味する[2]。

企業は、知識が力である（もしくは、すくなくとも知識はお金と同じである）と気がつき、企業内での情報や知識の伝播を最大化するように努力する一方、機密保持契約のサインを従業員に求めるなどの方法で、他者への知識の伝播を制限しようとする。このため秘密保持のために企業は最大限の努力をする。社会の発展のためには、知識は、ひとたび創造されたならば、可能な限り広範囲にそして効率よく伝播されることが望ましいのだが、利潤最大化を図る企業は、通常は、知識の伝播を可能な限り制限しようとする。

「ラーニング」や「イノベーション」を促進する企業の設計

ラーニングを促進する企業を「構築する」方法については――ここで参照しきれないほどの――膨大な文献がある。研究資金の調達や研究にともなうリスクの負担で大企業がもっている大きな優位性のいくつかを説明しよう。しかし、大企業は資源配分を管理するのに、官僚的な構造になる場合が多い。官僚的な構造は、無駄をなくし、――起業家精神によく見られる過剰な楽観主義を抑制し――儲けにならないプロジェクトを行わないようにする一方で同時にイノベーションを押さえ込んでしまうかもしれない。

さらに、官僚的な構造は過剰に損失回避にはしる傾向があり、この点は行動経済学でも議論されている（Kahneman 2011 参照）。たとえ知識が、企業内で自由に伝えられると想定したとしても、人びとは、「知識は力である」とわかり、知識を抱え込もうとし、知識の自由な伝播を妨げるようになる。革新的な企業は、こういった問題のそれぞれに対処するための組織の設計と、インセンティブ体系を構築している。(3)

興味深いことに、膨大な量の文献で語られている革新的企業の重要な側面は、本書の重要なテーマであるラーニング・バイ・ドゥーイング（経験による学習）――文献では「経験によるラーニング」と表現されている（たとえば、McCall（2004）の、「経験を通したリーダーシップ開発」に関する議論や、そこでの参考文献を参照のこと）。

本書のほとんどは、ラーニングを最大化させるための企業の設計の方法ではなく、社会的ラーニングを最大化させるために、政府の政策が経済の構造にどのような影響を及ぼすことができるか、という点に着目する。したがって、この後の議論では、主に、ミクロ経済的構造ではなく、より広い政策――政府の介入を誘導する原則や、代替的な政策――に焦点を当てる。

企業がイノベーションの源泉である理由

次章以降の分析での重要な想定は、工業分野がイノベーションの源泉であるという点である。このような想定は、産業活動の特性に基づいている。イノベーションは以下のような特徴をもつ工業分野の企業で起きている――（他の分野と比較して）（1）大きく、（2）歴史が長く、（3）安定している企業であり、そして（4）地理的にそうした企業が密集している。これとは対照的に、農業と工芸品生産は、小規模で、歴史が短く、不安定な企業が多く、地理的にも分散している。

以下の議論では、このような特性がラーニングに貢献する理由や、ラーニングにおける工業部門の比較優位の理由のいくつか、そして、工業部門の方がラーニングの外部性をもたらしやすい理由を詳しく説明する。(4)

（1）大企業

特定のイノベーションは、産出水準の低い中小企業にとってよりも、それを多くの生産部分に応用できる大企業にとってはるかに大きな価値をもつ（Arrow 1962b 参照）ので、大企業では、R＆Dに投資するインセンティブはずっと大きくなる。工業分野の方が農業や工芸品部門よりも、企業規模は大きいので、工業分野のイノベーションの方が、農業や工芸品よりも多い可能性が高い。結果的に、工業部門の方が農業などよりもイノベーションへの投資が多くなる。別の見方からすると、大企業は、ラーニングによって生まれる外部性をより取り入れ内部化することができるということである。さらに、イノベーションは極めて不確実なものであり、企業や個人はリスク回避的である。大企業は、リスク回避度が低く、このためイノベーションにともなうリスクを負担しやすくなる。さらに、情報の不完全性のため資本市場は不完全であり、特に、一般的に担保をとることができないR＆Dへの投資の場合は不完全になる。大企業にとっては、資本制約はそれほど厳しくはならない。

（しかし、だからといって、工業分野で大企業が最も革新的だというわけではない。イノベーションからの報酬に対する適切なインセンティブを設けることの困難さは、大企業に不利に作用する。イノベーションに最も貢献するのは、大企業か中小企業かに関しては今でも議論が続いている。大企業はイノベーションの資金を調達する資源があるが、通常中小企業にはない。しかし、キーボードに固執したマイクロソフトや、初期のコンピューターのイノベーションを消費者が利用できるようにする過程で、使い易いインターフェースの重要性を認識していなかったゼロックスなど、革新的イノベーションの価値を認識しない大企業の事例は多い[5]。）

（2）安定性と継続性

生産性の向上は知識の蓄積が基盤になっており、当然のことながら、この知識の蓄積は、過去の知識の上に積み重なるものである。したがって、知識の蓄積には、関係のある知識を蓄えて、その知識を広めることができる安定した組織が必要であり、こういったプロセスを行える人材と雇用の継続も必要である。大きい組織では、必要とされる場所に余剰人員を配置できる資源があるため、中小かつ同業種が密集していない地域の企業よりも、必要な安定性と継続性がかなり高そうである。小さい組織ではひとりの人間が抜けると、知識の蓄積が完全に危険にさらされてしまう。結果的に、農業や手工業生産よりも工業分野の方が、安定した生産改善が起こりやすくなる。

安定性と継続性がラーニングに貢献する理由を理解するもうひとつの見方がある。すでに指摘したように、ラーニングの恩恵は将来にまで及ぶ。長く続く会社であれば、利益が出るまでに時間がかかる場合にも、より多く価値を見出すことができる。さらに、工業分野の企業は、他分野の企業に比べて、通常長く存続し、より安定しているため、より低い利子率で資本を得ることができる。したがって、工業分野の企業は、資本制約が緩くなるため、リスク回避的な投資が少なくなり、将来の利益をより低い利子率で割り引くことになる。

（3）人的資本の蓄積

一般的人的資本を蓄積するための機会と、インセンティブは、中小企業で、立地が分散し、狭い分野に特化した農業や手工業企業と比較すれば、大規模かつ複合的で、長く存続し安定性があり、相互に依存した活動が幅広くある企業の方がはるかに高くなる。アイデアの相互作用から利益が生まれる可能性が極めて高い。

長く存続し安定した企業は、企業の生産性を高める人的資本を積極的に増やすインセンティブが高く、これが変容する環境に適応する能力を高めることになる。前の段落で指摘したように、それらの企業はこのような投資資金を調達する能力が高く、またリスクを負担する能力も意欲も高い。生産性の向上にとって必要なイノベーションを発展させることにおいても、企業内や企業間そして分野間で労働者が移動することでイノベーションを広めることにおいても、両方の意味で蓄積された人的資本は重要な要素となる。

(4) 知識の集中と企業間伝播

密集した立地条件の下、大規模な企業群（それらは異なる製品を製造する企業であることが多い）内での知識の伝播は、立地が分散した小規模な農業や手工業企業間での伝播に比べると、はるかにそのスピードが速い。異なる製品を生産していることは、異なる発見をする可能性も高める。似通った製品を製造していると、ある製品に関連した発見が別の製品に関係する可能性も高まる。

これまでに強調した知識の伝播の重要性と、地理的近接性が果たす重要な役割を思い出していただきたい。クラスターの役割についての最近の議論では、地理的な近接性の重要性が再認識されている（Porter 1990）。地理的な近さは、企業間移動を促進する。この移動は、ラーニングへの重要な触媒であり、そして、ラーニングが伝播される重要な方法でもある（企業は、従業員が流出するのを規制しようとする――従業員の流出によって企業の知識が他者と共有されることになるため、従業員が出ていくことは、人的資本の投資からの収益が減り、他社との競争上の優位を低下させるかもしれない。しかし同時に、他社の従業員が自分たちの会社に流入することは奨励しようとする）。

（5）知識の国境を越えた伝播

ラーニングが地理的な近さで促進されるとはいっても、（多くの企業経営が「ベスト・プラクティス」をはるかに下回っている）発展途上国は他国の進歩から学ぶことができる。農業の条件は国によってかなり異なるが、工業分野では、国境を越えるラーニングの可能性は高い。国境を越えるラーニングを行おうとするインセンティブと、その能力がある安定した大企業があると、社会的ラーニングでその分野が果たす役割が高まる。実際、工業分野で成功するには、知識だけではなく、国境を越えた共通の知識を習得する能力が求められるということは、一般的に広く認識されている。

工業分野から他分野へ多くのスピルオーバーがあるのはなぜだろうか

工業部門内では、ある企業もしくはある分野のラーニングは別の企業や他分野へとスピルオーバーする——たとえば、熟練労働者の移動や、分野間で関連性のある技術と資本財の進歩などを通じて発生する。しかし、その恩恵はもっと広範囲に、農業部門へさえもスピルオーバーする。次のパラグラフでは、特に、成長する工業部門が生み出す税収の結果として、スピルオーバーが起きる経路について説明する。大規模で地理的に密集した活動に対しては、この特質上、小規模で分散した活動よりもはるかに課税が簡単になる。

（1）公的研究開発を支援する能力

税収の重要な使い道のひとつは、公的に支援するR＆Dへの財政的援助である。この要素は、アメリカの農業普及事業が行っているような、農業の研究支援で特に重要である。こういった事業は、農業の生産性改善に直接貢献するが、工業活動からの税収基盤なしには財政援助をすることはできなかっただろう。そして民間部門だけでは、こういった研究を行うことはできなかっただろうし、ましてや、農業の生産性向上に重要な知識の広範な伝播は起こらなかっただろう。

（2）人的資本の蓄積に対する公的支援

税収で賄う資金援助で、もうひとつの重要な活用は、人的資本への投資である。本書のこれまでの議論は、企業による人的資源への投資に焦点があった。こういった投資は、大部分が、フォーマルな教育制度で行われる人的資本への投資と補完的な関係にある。R＆Dの場合のように、民間資本市場の失敗が示唆することは、初等教育と中等教育を無料で提供するという公的支援が、一般的人的資本の蓄積の重要な要素であり、高い社会的便益を生み出す、ということである。さらに、工業部門での教育投資の収益が高いことは、高い教育を受けた労働力の需要増加につながる。そして、労働者は異なる分野間で移動するので、最終的には、農業や手工業分野での生産性向上が生まれる。そして結果的に、公的教育が、都心部だけでなく、経済のすべての分野に及ぶことになる。

（3）強固な金融部門の発展

第3章では、ある部門から異なる部門へのスピルオーバーは様々な形で起きることを示した。議論の多くは、技術のスピルオーバーに関してである。しかし、工業経済を機能させるために必要な制度面の発展からも重要なスピルオーバーがある。前のパラグラフでは、一般的な公的支援による教育制度の発展から経済全体が恩恵を受けることを強調した。現代の工業分野で大規模に投資するには資金調達が必要になる。このため、農業／手工業主体の経済に比べると、工業中心の経済には、より高度の発展した金融部門が必要になる。ひとたび発展すると、強い基盤をもつ金融部門は、地域経済も含め経済全体に資本を行き渡らせる。

この議論から、ラーニング（イノベーション）が工業部門内でより速く起きるのはなぜか、そして、そこで発展したラーニングとイノベーション（より広く制度面でのイノベーションまで含める）にスピルオーバーがあり、工業部門内だけではなく、経済の他の部門にまで及ぶのはなぜかがわかる。これらのスピルオーバーには知識、人的資本、制度の発展が関連しているのである。たとえば、金融制度の改善や、教育の改善には、経済全体に及ぶ恩恵がある。知識は、国境を越えた移動よりも、国内の方がより自由に移動するが、同じ工業部門内では、国境を越えた自由な移動の方が多い。しかし、そのように伝播された知識のいくつかは――学び方を学ぶというラーニングも含めて――別の分野にも価値があるものとなる。

スピルオーバーが起きる経路は他にもまだある。たとえば、工業分野での機械化が農業の生産性を向上させた。

要するに、工業分野の技術面や制度面でイノベーションが多くのチャンネルを通じて経済全体の生産性向上となるのである。

地理的集中

本書の後半で行う分析は、以下の3つの重要な想定に基づいている。(i)工業分野の方が、ラーニングではうまくいく、(ii)ラーニング・スピルオーバーは国境内で起きる、(iii)国内で異なる分野間のラーニング・スピルオーバーが重要である——国境を越えるスピルオーバーよりも重要である。第1と第3の想定に関してはすでに詳細に説明した。

第2の想定は以下の4つの要素に依存する。(1)地理的近接性、(2)労働(それにともなう知識と人的資本)の国際的移動の制約、(3)言語と文化の壁、そして(4)社会的交流の歴史的発展様式であり、この発展様式は、国境があることで強い影響を受け、言語や文化に反映されるだけでなく、交通システム、社会的ネットワーク、そして、制度的取り決めにも反映される。ラーニングにおいて、主要な運び手は人である。上記の要素は、多かれ少なかれ、労働移動が国境を越えるよりは国内の方が簡単であることを示している。さらに、すでに示したように、ラーニングは地域性があり、ある国では意味のある知識でもその多くは、ほかの国ではあまり意味をもたなくなるだろう。

しかしながら、農業と手工芸分野への知識の伝播は海外への伝播よりも国内の方が容易であるということだけが、後の章の分析結果に必要となる。実のところ、工業部門内で海外への知識の伝播がある程度あるならば、その伝播が、発展途上国の工業部門の規模の拡大と共に増加する限り、分析の結論はさらに強固なものとなる。発展途上国にとっては、工業部門を促進する理由はもっとある。すなわち、工業部門は「世界への窓」であり、工業にとっても農業にとっても、より高度な知識が途上国に伝えられるチャンネルとなる。たとえば、織物生産者は(おそらく海外から機械を購入したために)海外から織物生産に関する情報を得ている。しかし、そのような知識の一部は、農業や別の経済分野にも関連するかもしれない。

2――ラーニング・ソサイエティの構築のためのマクロ的条件

本書の多くは、ミクロ経済政策に焦点を当てている。しかし、ラーニング・ソサイエティの構築には、ラーニングに貢献する経済環境の構築が必要になる。この点ではマクロ経済的環境が主要課題となる。安定性がラーニング・プロセスに重要であるためである。

この点は、景気後退期の先進国の経験から明らかになるだろう。生産性の成長率は、通常景気収縮時には低く、その後に続く景気回復期にそれを相殺するだけの生産性上昇があるわけではない(6)。景気後退にともなう混乱で失われた生産性は永遠に失われたままになるだろう(7)。

社会的ラーニングにとって安定性が重要である理由はいくつかある。まず、多くの情報は、複雑に絡み合った形で既存の組織と一体化している。重要な組織である企業は、不安定性が高まると消えていくことが多い。そうした企業は経済が回復しても簡単には生き返らない。重大な履歴効果が生じる。新しい組織が作られるかもしれないが、古い組織の内部に埋め込まれていた知識（特に「暗黙の」こととして扱われる知識）の多くは、再構築しなければならない。

一般的な印象と違い、最も悪い企業だけが倒産するわけではない。たとえば、東アジア危機の時には、倒産した韓国企業と生き残った企業には違いはほとんどなかった――倒産した企業は負債が多かっただけである。つまり、主たる過ちは、(過剰債務を容認した)金融担当者が犯したものであり、マクロ経済の安定性を過剰に信頼していたためである。要するに、進化過程自体は、おそろしく破壊的だったことが示された(すべての企業の50%が破産した)が、それほど創造的なものではなかったのである。[8]

次に、経営者の対応能力が限られていることである。企業が生き残ろうと必死である時には、生き残る方法をラーニングするだけで、本当の「ラーニング」に時間を割く余力がなくなるのである。

3つ目として挙げられるのは、マクロ経済の不安定性が高いと、企業はよりリスク回避的に行動するようになる点である。企業は景気が悪くなると、最初に削減するのはR&Dへの投資であり、イノベーションに比較的依存している企業でもこの傾向がある。その理由のひとつは、ラーニングの将来志向性にある。つまり、現在を犠牲にして、将来の利益のために現在リスクを取らなければならない。しかし、経済が不安定である場合には、将来がないというリスクもある——したがって、必要な投資をいま行う合理的理由は少なくなる。不安定性は、未来志向のインセンティブを弱めてしまう。

4つ目は、ラーニングには、資本の入手も含め、資源が必要である。景気が不安定な時には、融資を得にくく、得たとしてもコストが高くなる。[9] 経済低迷時には、資本の割り当てが行われる可能性があり、結果的にR&D投資が削減される場合が多い(Greenwald, Salinger and Stiglitz 1990)。[10] なぜならば、研究への投資は担保とするものがなく、リスクが特に高いので、景気低迷時には特に打撃が大きくなる。

景気後退が深刻になる時には、企業のバランスシートだけでなく、金融機関のバランスシートまで打撃を被るので、負の影響はさらに大きくなる。このため、経済全体での信用のアベイラビリティが制限されるため、企業は運転資本だけではなく、投資をさらに減らさざるをえなくなり、特にイノベーションへの投資を削減することになる。[11] 同様に生産の削減は、経験による学習を減らすことになる。

最後のポイントは、不安定性が平均産出量に影響を与え（つまり平均的「産出量ギャップ」――その国の潜在的産出量と現実の生産量の差――がより大きくなる）、産出構造にも影響を与える、という点である。ラーニングの潜在性とそのスピルオーバーが大きい資本集約的工業は、ラーニングとそのスピルオーバーが少ないほかの分野と比較すると経済の不安定性によって不利益を受けやすい立場にある。

上記の理由から、我々の考え方は、景気後退を経済の浄化作用として見る見方――景気後退は、結果的に合理化をもたらすという希望的考え方――とは明らかに異なる。この考え方では、企業はぜい肉を削ぎ落とし、不必要な労働者を解雇し、無駄をなくしてよりスリムにするように企業を再構築するのである。効率が劣り、蓄えた資本で生き残っている企業は、〈不景気の時には〉それができなくなる。適者生存競争を唱えるダーウィンの進化論では、適合しない企業は深刻な景気後退期には生き残れず、このため景気後退が自然淘汰の過程を加速させることになる。シュンペーターは、この景気後退のもたらす効果に関して以下のように強調している。

これは一時的なものである。そのたびに、より効率的な設計をもとに経済システムを再構築するきっかけとなる。景気後退が続く間は、損失を生み、企業を破産に追い込み、人びとを失業させるが、その後は、地面に障害物はなく、そこに新しい発展に向かって道が整備される。まさしくこの種の発展が近代文明を作り、この国の偉大さを作ってきたのである（Schumpeter 1934: 113)。

シュンペーターの考え方は、アメリカ合衆国ハーバート・フーヴァー大統領の下で財務長官を務めたアンドリュー・メロンの考え方により近い。次のような彼の有名な言葉がある。

労働者を整理し、株式を清算し、農業従事者を整理し、不動産を清算すべきだ（中略）経済システムから腐敗を取り除くことになる。生活費は下がり、贅沢な暮らしは落ち着くだろう。人びとはもっと勤労に励み、より道徳的な暮らしをする。価値基準は変わり、起業家精神に富む人が有能でない人にとって替わるだろう。

まさに、シュンペーターは、全体として見ると、不況は経済にとっていいことであり、「健康的な冷たいシャワー」のようなショックになると考えていたようである（Heilbroner 1980 : 311）。

イノベーションにともなう「創造的破壊」のプロセスには何らかの利点があるかもしれないが、循環的景気変動過程で生じる破壊による損失は、いかなる創造によっても相殺されるものではない。将来に不安定さを感じると、ラーニングやR＆Dへの投資が減少することになる。浄化作用――無駄を削減しようとする、景気後退で生まれたインセンティブ――の長期的な利点よりも、R＆Dの削減にともなうコストの方が大きい。その理由として、本書でも指摘しているラーニング・スピルオーバーがあるために、一般的に、民間企業はR＆Dの便益を過小評価していることがある。また、特に景気後退時には、失業の社会的費用が大きいため、企業が「清算」の社会的費用を過小評価してしまい、過剰に清算を推し進めてしまうのである（Stiglitz 1994b）。マクロ経済の不安定性は、長期的な経済成長のためには、好ましくないのである。

政策的インプリケーション

このことは政策に重要なインプリケーションをもつ。国をより不安定要因にさらす政策、もしくは（自動安定化装置を弱めるなど）経済の不安定性を高める政策は、ラーニングに負の影響を与える。国を大きなリスクにさらしてきた政策として、金融や資本市場の自由化や規制緩和が挙げられる。

同様の理由で、実物経済の安定性を犠牲にして、物価の安定性を重視した政策は、反生産的である（Stiglitz et al. 2006）。利子率を調節することで物価の安定性を目指すインフレ・ターゲット政策は、「二重」の意味で好ましくない。つまり、インフレの原因が外生的なサプライ・ショックである時でさえ、利子率を上げることで、インフレを抑えようとすることは景気順応的な政策になる。そして、利子率の上昇は特定分野に過度に負担を強いることになる。たとえば、利子感応的で、銀行融資に大きく依存する分野である。中小企業は特にこの負担を強いられる。すでに指摘したように、景気低迷期に倒産した企業は景気が回復したとしても戻ってこない。ここに情報資本の損失が発生する。利子率が急激に上昇したことが原因で倒産した企業は、利子率がその後下がったとしても、再建されることはない。企業家精神が欠けている発展途上国ではこの点は特に重要である。仮に、一部で指摘されるように、社会におけるラーニングとイノベーションの大部分が小規模でかつ若い企業で行われているのならば、このような〈利子率を急激に上げる〉政策は、重要な「ラーニング」セクターへの負担を増やすことになる。いずれにしても、こうした主張の是非にかかわらず、このような政策を行うことは、経済変動の不安定性が、ラーニングとR&D投資での「影の」資本コストに及ぼしている負の影響をさらに悪化させることになる。

注

（1）というのも、インセンティブに対応しよく設計されたイノベーション契約を作成することは難しい。たとえば、企業が約束したイノベーションを生み出せないとき、それが努力不足によるものなのか、仕事が本質的に難しいからなのかを見極めるのは難しい。コストプラス契約、もしくは、イノベーションに必要な未知のコストのリスクを共有するように設計された別の契約には、それぞれ問題がある（たとえば、Nalebuff and Stiglitz 1983a）。

（2）企業にとって大きな不利益であると言われているのは、企業内の取引が通常は価格を仲介しないという点である。価格には価格制度の使用から発生する様々な利点がある。しかし、価格を使用することで得る便益がコストを上回るのであれば、企業は、社内資源の配分を誘導するために価格制度を活用するだろう。程度の差はあれ、そうしている企業もある。

（3）たとえば、Sah and Stiglitz（1985, 1986）によれば、大企業によくある階級的意思決定は、良いプロジェクトを却下する可能性が高いが、良くないプロジェクトを引き受ける可能性も低い。しかし、論文ではさらに続けて、委員会（「ポリアーキー」）ともっと複雑な意思決定構造（ポリアーキーの階級構造）があれば、良いプロジェクトを多く、悪いプロジェクトをもっと少なくする改善された意思決定構造ができる、という（Sah and Stiglitz 1988a, 1988b）。同じように、大きい組織は、次の管理チームを選択する問題に直面する。Sah and Stiglitz（1991）ではこの問題を分析し、取り組み方を示している。

（4）工業部門の企業間の生産性の収束性についての議論は、Rodrik（2013）を参照のこと。彼の結論は第2章で示した結論とは異なる。

（5）ゼロックスについての簡単な議論は、Wessel（2012）参照。

（6）２００８年からのアメリカの景気後退期の生産性上昇など、例外はある。景気後退期の生産性低下にはいくつかの説明が考えられるが、ひとつは、企業が不景気の時にはますます近視眼的行動をとり、訓練を受けた労働者を解雇したり、もしくは一時解雇することの長期的コストを考えない、というものだ。その場合、生産性の低下の長期的な負の影響があることは間違いない。世界恐慌では、生産性の向上が非常に高かったように見えるが、これは、一部には政府が重要な投資を行ったためである（たとえば、交通運輸への投資、Field 2011 参照）。

（7）もちろん、これは、単位根での標準的な結果と一致する（Dickey and Fuller 1979; Phillips and Perron 1988 参照）。

（8）さらに詳しい議論は、Stiglitz（2002a）参照。

（9）この点に関しては少し違う見方もできる。資本に関しては（負債と融資減少）、資本のシャドーコスト（影の費用）は景気後退でしばしば劇的に増える（Greenwald, Stiglitz and Weiss 1984; Greenwald and Stiglitz 2003）。

（10）R&Dの投資を含めて、企業投資に関係するキャッシュ・フローの減少の影響を見るため、論文は、キャッシュ・フローの変化もしくは純資産の変化と、将来の期待に、相関性がない、もしくは負の相関があると思われる2つの状況に着目した。最初の分析は、オイルショックの後のアメリカの自動車業界である。特に、アメリカ車は外車ほど燃費が良くなかったため、これらのショックは、アメリカの自動車の売上に著しい負の影響を与えた。一方、アメリカの企業が、燃費効率の良い車を製造する技術的ノウハウを獲得できるとすれば、オイルショックがR&D支出を増やしたはずだ。要素価格の予想外の変化があったことによって、業界は、大型車製造に関してはラーニング曲線に沿っていて成功していたが、燃費効率の良い車のラーニング曲線に関してはまだ初期の段階だった。しかし、キャッシュ・フローの減少は、R&D支出に対して、即座に直接的な負の影響を与えた。最も被害を受けた企業は、最もR&D支出を減らした。我々の経済分析では将来の売り上げの予測の影響を修正していった。この修正を考慮に入れても、キャッシュ・フローの影響がR&D支出の変化に及ぼす影響は甚大だった。

次の分析は、自由化の影響を受け、競争が増え、価格が下がり、キャッシュ・フローに負の影響を与えた航空業界に着目した。しかし、アウトプットが増えたことで、乗客マイル当たりのコストを削減したことによる便益が増えた。このエビデンスは、現金制約が果たす主要な役割と一致する。自由化の後の生産性の上昇率は低下した。そして、現金持ち高が最も減った航空会社の生産性の上昇率が最も影響を受けた。

この結果を支持する別の研究もある。Hall（1990, 1991）をベースにしたHall（1992）によれば、1980年代のアメリカの製造部門の企業の大規模なデータを使い、負債がより多い企業は、その後投資とR&Dの両方を削減した。1年間に資本金の帳簿価額のすくなくとも半分以上負債が増えた約250企業で見ると、R&D支出の減少は、1982年基準で10億ドルに達し、アメリカの民間産業のR&D投資の2・5%の下落に相当した。

(11) もっと軽い景気後退の時でさえ、このような影響がはっきり出る（Greenwald and Stiglitz 2003; Filippettia and Archibugia 2010; OECD 2009 参照）。

Market Structure, Welfare, and Learning

第5章

市場構造・厚生・ラーニング

自由市場経済の支持者はしばしば市場経済の美徳がイノベーションを推進すると強調する。ところが意外なことに、市場がもつ「革新性」への継続的賞賛にもかかわらず、イノベーションの速度と方向性に関する市場の効率性については、一般的法則はまったくなさそうである。

イノベーションの重要な役割を主張していたSchumpeter（1912, 1943）が非難した対象は、競争の美徳を称賛し、独占を「最大の悪」[1]として酷評してきた標準的経済学理論や政策提言だった。シュンペーターの考えでは、資本主義の本質がイノベーションだっただけでなく、イノベーションはある程度の独占力を必要としていたのである。[2] 競争が完全で、知識が自由に伝播する場合には、イノベーターは、イノベーションの利益を専有することができないだろう。そして、イノベーションがなければ経済は停滞する。さらに、競争的企業がイノベーションのための投資に必要な融資を得るのは難しいだろう。一方、独占は研究資金を得るのに必要な利益を生み出すかもしれない——特に、金融制度があまり発達しておらず、ベンチャー・キャピタルが存在しない時期には、そうした独占による利益は特に重要となる。投機的な要素をもつ研究資金の融資を受けるには制約があった。なぜなら研究プロジェクトが失敗したならば、貸し手が差し押さえることができるものはないからである。(3) 不動産であればすくなくとも何らかの担保となる。

シュンペーターは明らかに、ほかの経済学者に比べて、独占に対しもっと穏やかな見方をしていた。むしろ、独占は危険だと決めつけ市場の競争を聖域化する、昔から経済学者がとらわれていた先入観を幾分偏見をもって見ていた。このため、シュンペーターは独占を容認していた。独占企業による産出量の制限は、彼が独占によって生まれると考えるより速いイノベーションのために、静学的な非効率性という形で支払う小さいコストであると見ていたのである。(4)

長い期間資本と人的資源の多くが活用されず、多くの人びとを苦境に立たせた大恐慌時代など、資本主義的経済のパフォーマンスが芳しくない時代が過ぎた後に著したため、なおいっそう、シュンペーターは歴史の大改革を見ることができただろう。このような景気の変動は繰り返し発生していたし、このような出来事の間の産出量の減少を考慮に入れたとしても、資本主義がもたらした生活水準の大幅な上昇や、その生活水準の向上が今後も継続されるだろう、ということに注目した。(5) シュンペーターは貧困の削減については楽観的でさえあった。格差の増大についてエビデンスがほとんどないため、(6) 平均所得が増大するとき、底辺にいる人びとも新たに富を得るだろうと考えていたのだ。

シュンペーターは、競争は重要であると考えてはいたが、彼が大事だと考える競争とは、標準的な競争理論モデル――ワルラスの研究から発展し、後にアローとドブリューによって改良されたモデル――での競争とは明らかに違うものだった。標準的競争モデルでは、それぞれの市場に多くの企業がありその数が非常に多いため、各企業が財に対して受け取る価格は所与とされている。シュンペーターは、この市場における競争の概念を、市場獲得のための競争に置き換えて、イノベーションのプロセスからある種の創造的破壊が生まれる利点があると主張し、またそうして作り出される独占力は一時的なものに過ぎないと議論した。ある企業は別の企業に引き継がれ、競争の脅威が、現在の独占企業に高いレベルのイノベーションを行わせるという考え方である。

第5章と第6章では、関連するいくつかの疑問に言及する。（a）市場がより競争的になる（すなわち、ある時点で任意の市場が競争的になる）と、結果的にイノベーションが増えるのだろうか。（b）市場を得るための競争は、イノベーションを高いレベルで維持する、というシュンペーター的競争理論におけるシュンペーターの分析は正しいのだろうか。（c）イノベーションとラーニングの水準と本質という点で市場は効率的であるだろうか。

第5章では、競争とイノベーションのつながりに焦点を当てる。この競争とイノベーションとの関連性は議論が多い問題であり、未解決の分野である。標準的な見方では、競争はイノベーションに刺激を与えるが、独占は不活発にするとされる（Leibenstein 1966）。しかし前述のようにシュンペーターは、この標準的な経済学者の見方を盲目的執着と考えた。たしかに、前章で説明したように大企業はラーニングとイノベーションでは明らかな優位性をもつ。

本章は2節に分かれており、第1節ではイノベーションがある市場の構造を分析する。そしてシュンペーターの洞察にもあるように、なぜイノベーションの重要性が高い分野では、競争の不完全性が非常に高いという特徴があるのかを説明する。さらに、いかなる時点でも独占（もしくは競争が制限されている）は存在しているが、そのような独占は一過性にすぎないという、シュンペーターの主張が誤りである理由も説明する。独占力は持続されやすい。本章の第2節では、イノベーションに対する市場構造の影響を分析し、そしてそれらの関係性が非常に曖昧である理由を説明する。またシュンペーターの主張である、市場を得るための競争がイノベーションにとって重要な刺激になる――市場内での競争よりももっと効果的である――という考え方が、一般的には正しくない理由を説明する。

本章は主に叙述的な分析となる。（ある理想的な仮定の下で）様々な制度的取り決めの下でのイノベーションのレベルを比較するにとどめる。独占があるとイノベーションが過剰になるのか、また競争の下では過少になるのかについては問わない。この点は、次章での主題となる。

1――イノベーションがある市場構造

イノベーションがある市場は、当然ながら完全競争にはならない。イノベーションへの投資は固定費用である。（限界）生産費用が一定の簡単なモデルで考えてみよう。研究にもっと投資をすることで、この費用を下げることができる。しかし知識は、一度習得すれば、生産の規模にかかわらず使用できる。1単位の生産費用が1ドル下がるとすれば、千単位生産する企業は、費用総額を1000ドル削減でき、100万単位生産する企業は、費用総額を100万ドル削減できる。費用の削減額は大企業の方が比例的に大きくなるため、大企業はもっと「学び」、そしてもっとR&Dを行おうとするインセンティブをもつ。結果的に、競争上、規模の小さい企業に対して優位な立場に立つようになる。年月と共に、費用面で優位性は増大し、経済を支配するまでになる。限界費用が一定である限り、自然独占が生まれるのである。

複数の企業がビジネスを行う均衡が存在すると思われるモデルを（たとえばSpence 1983のように）作ったとしても、その均衡は脆弱で不安定なものである。実践による学びがあると、たとえそれらの企業がまったく同じ生産性でビジネスを始めたとしても、もしもある企業がライバル企業よりも少しでも販売生産したとすると、その企業に費用優位が生まれるため、複数企業の均衡は、すでに指摘したようにすぐに崩れてしまう。

たとえば、ナッシュ＝クールノー・モデルで考えてみよう。そこでは独占的企業の割引率は高く、その割引率が十分高いため、将来のラーニングからの利益を無視すると想定する。そして、企業のうちの1社が、他社よりも限界費用をほんの少しだけ下落させる。すると、その企業は生産を増やすことになる。ということは、その企業はもっと多くを学ぶことになる。その次の期では、生産のレベルがライバル企業と比較してかなり多くなる。そのうちに、複数企業中の1社が他社に対してもつ競争優位がますます大きくなり、結果的に、はじめは限りなく小さい優位さがあるだけだった企業が、支配的になり、独占企業になるのである。

もちろん、企業があまり近視眼的でなければ、競争優位がある企業が、将来他社に比べてもっと成長することに気がつく。ということは、その企業はライバル企業よりも、生産の拡大をすぐに行うインセンティブをもつことになる。独占均衡への収束はさらに速くなるだろう。

ベルトラン競争モデルで見ると、ほんの少しの競争優位をもつ企業が市場全体を奪い、その企業は学ぶがライバルは学ばないため、この乖離がさらに速くなる。このため、複数の同じ企業が市場で共存するという状況は、不安定な均衡であり、持続しそうもない。

スピルオーバーがあったとしても、スピルオーバーが不完全である限り、同じ結果になる。このような場合、ラーニング（R&D）に投資する企業はラーニング（R&D）への投資が少ないライバル企業と比較して、費用優位を得るからである。実際には、不完全なスピルオーバーがある可能性があり、イノベーションが重要な市場は、多くの外部性と、高いレベルの不完全競争がある市場として特徴づけられる。このため、生産水準とイノベーションのレベルの両方が歪められることになる。

上記（限界生産費用が一定）の状況で、有効競争が可能になる唯一の方法は、同じ産業分野の他企業に完全なスピルオーバーがあることである。しかしその場合、どの企業も他社の研究成果にただ乗りするだろうし、企業の数が多くなればR&Dに力を注ぐインセンティブもなくなるだろう。

この後の分析では、2つの重要な点を区別する。最初の分析では製品市場の構造に関することであり、次の分析ではスピルオーバーの性質に関することである。次章以降では一般的定式化を使用するが、その極端なケースにはスピルオーバーがまったくない場合と、完全なスピルオーバーがある場合がある。

すでに指摘したように、ラーニングが内生的であると、いくつかの市場構造は実現不可能になる。同じ産業分野内で完全なスピルオーバーがなければ、自然独占が存在する可能性はある。そうなれば、その市場は独占的競争――各「市場」にはひとつの企業だけが存在するが、ほかの産業へのスピルオーバーはある――と言われる。この場合には2つの歪みがある。すなわち、独占力行使の結果生じる過

表5.1　スピルオーバーと市場構造

	企業間での スピルオーバーがない	企業間での 完全なスピルオーバー
完全競争	×（実現不可能）	ラーニングへの過少投資
独占的競争	生産量の制限	両方の市場の歪み

少生産と、他産業にもたらすラーニングの便益を考慮に入れなかった結果としての過少生産である。

完全なスピルオーバーがあると、その産業には多くの企業が存在し、競争もあるだろう。しかしすでに指摘したように、研究への投資はないだろう。

表5・1はこの3つのケースを表にしたものである。我々が着目するのは、完全な競争と完全なスピルオーバーがあるケース、もしくは独占的競争がありスピルオーバーがまったくないケースである。すでに説明したように、（規模に関する収穫逓減を強くする別の要因がない場合で）競争市場と整合性があるのは、完全なスピルオーバーのケースである。

ラーニングがある市場が、一企業によって支配される傾向がある理由として示す議論は、イノベーションがR&Dから生じる市場にも当てはまる。これには排他性の問題が重要になる。発明者がテクノロジーの独占権をもつのだろうか。もしくは（他社が先進企業の発展から「学ぶ」ように）他の企業もそのテクノロジーを使用できるのだろうか。多くのケースでは独占権を与えるのは特許であるが、イノベーションを行った最初の企業が、市場全体でなくともすくなくとも新しいテクノロジーで、支配的になれる別の方法もある。先行者の優位があるためである。最初の企業は、忠誠心のある顧客との関係を築き、イノベーターとしての評判を確立できる。高いレベルの生産ができることで、ラーニングの優位性をもち、有利なスタートが切れるため、他社がそのギャップを埋めることは容易ではない。

革新性の高い市場にも競争がある理由

シュンペーターは、各時点での「自然な」市場構造は独占であるという見方に同意していたようである。それが正しいケースもあるにはあるが、そうはならない非常に革新的な市場も多い。競争がイノベーションに及ぼす影響を理解しようとするならば、なぜそうなのかを理解することが非常に重要である。

もちろん、（たとえば、管理者による統治範囲に限界があるため発生する規模の不経済など）収穫逓減をもたらす相殺的な要因があると、競争は維持される。しかしラーニングが重要である分野では、そのときでも限られた数の企業しかない可能性があり、そのため非常に不完全な競争になる。競争の範囲は、収穫逓減の重要性とスピルオーバーの程度に依存する。（技術的先進企業から他企業への）スピルオーバーが大きいときには、他企業は先駆的企業と有効に競争することも可能となる。

テクノロジーを管理する特許による排他性があったとしても、特許があることで、その製品市場を支配する企業が1社になるわけではない。前からあったテクノロジーをもつ企業は、費用（もしくは製品）面で不利であったとしても、まだ競争力をもっているかもしれない。このことはイノベーターの独占力を著しく制限する（もっと一般的に言えば、部分的に当該製品の代替品に相当する製品が存在するのである）。

さらに、同じ製品を生産する別のテクノロジーがあるかもしれない。たとえゼロックス社がゼロックスの技術に関連する特許をかなりもっていたとしても、コピー技術は他にもある。このような代替的技術の改善が、結果的にゼロックス社に対する有効競争となった。

加えて、特許がすでにある製品に近いものを開発できる場合が多い。医薬品分野は、特許が重要な役割を担ってきた産業である。しかし、非常に価値が高い薬品の場合には特にそうであるが、同様な治療効果がある特許には触れない「類似薬」を企業はこれまでも発見してきた。冶金学などの一部の産業では、似通った特許の開発が容易であるため、特許が重要な役割をもたない。

このため、市場の特徴は独占企業の継承であるというシュンペーターの考え方は単純すぎる。この主張が当てはまる製品もあるかもしれないが、もっと一般的には、イノベーションの競争と製品市場での競争の両方がある。すでに説明した理由により、この2つは密接に関連している。すでに何かを生産している企業は、イノベーションにおいても優位な位置にいるのである。分析上は、市場での競争の影響と市場獲得競争（イノベーション競争）の影響とを分けて分析するのが便利である。このため本章後半の議論はこのやり方に従う。

独占力の一過性

各時点において、ある企業が市場を支配することについて、シュンペーターは特に問題とは思っていなかった。すでに指摘したように、その支配は一時的なものに過ぎず、次の独占企業となるための競争がイノベーションを刺激するだろうと考えていた。

我々が見てきたように、各時点で見れば市場はひとつの企業が支配しているという点ではシュンペーターは正しいのだが、独占はシュンペーターが考えていたほど一過性のものではまったくなかった。参入の脅威がイノベーションへの重要な刺激となる場合はあるが、企業が自分たちの独占力を維持するために、社会的に非生産的な参入障壁を作るために膨大な資源を投入する場合もある。現在の優位企業はそうすることで、イノベーションの全体のペースを遅らせることができる。マイクロソフト社は、いかに現在の優位企業がイノベーションを阻止できるかを体現した見本と言える。現代の独占企業は、新しい形の参入障壁を編み出すことや、自分たちの独占力からレントを引き出すことにおいても非常に革新的であると言えよう。

「プラットホーム」（PCのオペレーション・システム）を支配することによって、マイクロソフト社は、オペレーション・システムにおける支配力を別の分野に及ぼし拡大するために、反競争的慣行を行使することができた。そうすることによって、潜在的な革新的競合相手を弱体化させ、時には追い出すのである。インターネット・ブラウザ市場のネットスケープ社や、マルチメディア市場のリアル・ネットワークス社などがその例である。たとえば、インターネット・エクスプローラーをオペレーション・システムとセットにすることで、実質上その価格をゼロにしたのである――ゼロ価格と競争するのは難しい。ゼロ価格がマイクロソフト社の短期的な利益を最大化しないことは明らかだったが、このような略奪的行動は、（罰せられないで済みさえすれば）長期的利益の最大化につながると考えていたようだった（実は、反競争的慣行で有罪になり、一部の行為が禁止された後でさえ、ネットスケイプ社は復活できなかった。その後、モジラがオープンソースのファイアーフォックスを提供したことではじめて、有効競争がもたらされた(7)。

独占企業は、競合相手よりも多く研究を行いそれらの企業より先んじることによって、自分たちの独占力を保持するための能力だけでなく、インセンティブをもつという一般的結論が、Dasgupta and Stiglitz（1980b）で導き出された(8)。

独占企業がいつも潜在的な競合他社の先を行くことができる理由は、直感的には明らかである。別の企業が特許を獲得すると、その産業は複占となる。しかしすでに存在する独占企業は、潜在的競争相手が利益が出ると考えるレベルより、R&Dをほんの少し多くすることで、独占企業の地位をいつも確実に維持することができる。そうすることは、いつも独占企業の利益に適っている。なぜならば、独占企業であり続けることによって、複占下での2社が得る利益総額より多い利益を得ることができるからである。

もちろん現在の独占企業が、R&D活動や物流などの付随的サービスで競争相手よりもより効率的である場合には、この議論はなおさら当てはまる。本書の分析のインプリケーションのひとつは、現在の独占企業には知識の優位があるということである。したがってR&D活動で競争がある場合には、独占化された産業は独占状態が続く傾向が強くなる。独占企業が潜在的競争相手に脅かされるという事実があったとすると、それはせいぜいその独占企業にそうでない場合よりも多くR&Dに投資する刺激を与えるくらいである。しかし（すくなくともこのモデルでは）その産業では独占状態が続く。

多くの理由からこの結果は、本モデルが示すよりもはるかに一般的である。たとえば、研究プロセスには、成果での時点でも最終的な生産費用の点でも不確実性がある。しかし新規参入者が着手する価値がある研究プロジェクトがある場合には、現在の独占企業にとって、それを先取りすることが利益になるのである。

コンテスタビリティがイノベーション、効率性、ゼロ利潤を保証するのに十分でない理由

たとえ独占企業が独占的地位を維持する場合でも競争の脅威は、イノベーションを促進させることが可能になる――それは、イノベーションを高水準にし、その結果利潤は実質的にゼロになる（このた

め、政府の補助がないと、もっと速いペースのイノベーションは現実的には不可能になる)。シュンペーター的競争の支持者もこのように主張する。市場が効率的であるために必要なことは市場獲得競争(潜在的競争)であって市場での競争ではない、という考え方は明らかに非常に魅力的であり、またイノベーションにともなう固定費用によって生まれた自然独占だけでなく、すべての自然独占に当てはまる。もしこれが正しいならば、政府は自然独占を規制することを心配する必要さえなくなる。潜在的競争が必要な市場規律をもたらすだろう。潜在的競争があると、独占企業が平均費用を上回る価格をつけて支配力を行使することができなくなるだろう。これはイノベーション経済の観点で見れば、潜在的競争の存在により独占企業は革新的であることを強いられ、かつ(一時的)に独占的支配を行使し超過利潤を得ることもできなくなることである。

これは、1970年にAT&Tの独占が激しく批判されはじめたときに、広がった考え方である。独占擁護論者は、潜在的競争が利潤をゼロまで下げると主張した。そうなるほど十分に強い潜在的競争がある市場はコンテスタブルであるといわれる[9]。

しかしながら、このコンテスタビリティという概念は頑健ではないということがわかった。たとえ非常に小さなサンクコストがあるだけでも、非常に強い潜在的競争でもゼロ利潤とはならないのが一般的である。このことは、サンクコストが小さく、かつ固定的な限界費用の簡単なモデルで示すことができる。新規参入企業が、現在の独占企業と同じくらい効率的であり、参入した後には両者間がベルトラン競争を行う(すなわち、それぞれが他社の価格を所与として行動する)と仮定する。すると、参入後には価格は限界費用まで下がり、利潤がなくなる。しかしこれは、新規参入企業にとってサンクコスト分が損失になることを意味する。その企業がこのことを知っていれば、市場には参入しない。既存の独占企業は、罰せられることなく独占価格をつけることができるのである。

重要なことは、現在の競争レベルではなく、参入後の競争である。参入後に激しい競争がある場合には、潜在的新規参入者は参入を思いとどまるだろう。皮肉にも、参入後の競争が激しければ激しいほど、新規参入の可能性は小さくなり、独占が維持される可能性は高まる（Stiglitz 1987c; Farrell 1986）。

R＆D支出（またはラーニングへの投資）は、もともとサンクコストであり、我々が着目しているR＆Dやラーニングが重要である分野においては、このサンクコストはかなり大きく、このコンテスタビリティという概念がほとんど意味をもたないことがはっきりしているだろう。潜在的競争は、効率性やゼロ利潤を保証するには十分ではないのである（特に、Dasgupta and Stiglitz 1988b 参照）。

参入阻止

潜在的競争が有効競争や効率性を保証しない――すなわち、価格は限界費用よりもかなり上で維持され、潜在的競争があることで現在の独占企業が、研究を効率的な水準まで行わざるをえなくなるということはない、という主張は前節の分析ですでに示された。しかし事態はさらに悪いかもしれない。企業は参入を阻止するために、犠牲の大きい行動をとる可能性があるからである（Stiglitz 1981, 1987c）。たとえば、独占企業は余剰生産能力を保持するかもしれない。潜在的新規参入者は、そのことで参入に対して強力な競争的反応がとられるだろうと認識するのである。もしくはそうした企業は、ライバル企業の参入を阻止するために、最も効率的または社会的に最適なレベル以上の、高水準の費用削減に投資をするかもしれない。

当然ながら、この参入阻止への努力は社会的厚生を低下させる（Stiglitz 1981）。特に、そうした行動はイノベーションの意欲を失わせる。潜在的イノベーターは、マイクロソフトのような支配的企業が略奪的行動などをとることによって、革新的企業はイノベーションの利益の多くを享受できなくなる可能性があることがわかっているのである。

特許競争がイノベーションに限られた刺激しか与えない理由

イノベーションすなわち特許競争の視点からは、参入阻止はこれまでの静学的分析で示したよりももっと簡単なことかもしれない。特許競争には動学的側面がある。最初に特許をとった企業は大きな利益を得るが、敗者は何も得られない、あったとしても非常に少ない（そうした企業が得た知識には膨大な価値があり、別の競争でもっと効果的に競争することができるかもしれない。この後の議論では単純化のため、この点は考慮に入れない）。

一般的にコンテストの問題点のひとつは、競争に勝ちそうだと考えられている企業（もしくは個人）があるときには、他社がその競争から撤退してしまうことである。勝つ可能性が低いならあえて努力をするだろうか。しかしもしそうなったならば、コンテストは努力を引き出す上で、一般的に想定されているほどには効果的でない。Nalebuff and Stiglitz（1983b）では、（多くの競争者との）コンテストでの均衡行動を研究し、このような落とし穴に陥るのを避けるために、コンテストは注意深く設計しなくてはならないことを示した。たとえば、参加者全員に努力させる方法のひとつは、勝者に報酬を与えるのではなく、敗者（すなわち最下位の者）だけを罰することである。しかしイノベーションの競争では、勝者（すなわち発見をした人）は誰かということしかわからないのである。

このため、特許競争において現在の独占企業のとる最適戦略は、単にライバル社を十分引き離し、参入する意欲を失わせることである――ひとたびそれを行えば、独占企業は安泰でいられる。特許競争は、イノベーションに対して限られた刺激しか与えないかもしれない（Fudenberg, Gilbert, Tirole and Stiglitz 1983）。

（事態はこの分析で示されるほど悪くない可能性もある。「プロダクト」イノベーションは多面的であることが多いためである。ひとつのイノベーションが、1つの側面で優れている製品を生み出せるが、別のイノベーションは別の側面で優れたものを生み出す。重要なのは、ひとつのイノベーションがすべての面で優位を占めるわけではないということである。すべての面で劣る者が「敗者」であり、市場競争はそうした敗者を経済から追い出すだろう。このため、競争力は落伍者を罰することで、研究を高いレベルに引き上げることに役立つかもしれない。この点は、Nalebuff = Stiglitz の分析と整合的である）。

優位企業が優位性を長期化させる能力への警告

企業はひとたび支配的になると、その地位は長期化するというこれらの結論に関して、以下の3つの注意点を説明しよう。まずはじめは、経営上の不経済である。すなわち、イノベーションと同様に生産過程を管理しなければならない独占企業は、研究ではすばやく対応できないかもしれない。結果的に、新規参入者に費用優位がある場合、現在の独占企業にとってライバル企業の参入を阻止する行動は費用に見合わないかもしれない。遂行していることがいくつもある場合には、特にそうである。もしその企業があまりにも多くの研究プロジェクトに着手しているならば、成果は悪くなるだろう。

第2に、ライバル企業が自分の能力に対して非合理的なくらい自信をもち、そのため研究に過剰に力を注ぐかもしれない(10)。このような根拠なき自信があれば、ライバル企業を阻止するために現在の独占企業が行わなければならないR&Dレベルは極めて高くなる——非常に高いため、独占企業はライバル社の阻止をしないと決断するかもしれない。特にR&Dの結果に関して不確実性が非常に高いため、このことが言えるだろう。

他には、新規参入者のR&D投資レベルが非常に低く、独占企業はその参入者が市場で優位に立つようになる可能性は極めて低いと考えるかもしれない（実際独占者もある程度自身の相対的能力を過信しているのかもしれない）。このように成功確率が低いとすると、独占者は新規参入者を追い出すためにR&Dへの投資を増やすことも費用に見合わなくなる。しかし、たとえ低い研究水準であったとしても、新規参入者が成功するチャンスはある——そして独占企業にはない——したがって、新規参入者が支配的なプレイヤーとなり、既存の独占企業に取って代わることになる。

最後に、同じ財やサービスを生産するには複数の技術があるかもしれない。現在の独占企業には現在の技術では比較優位があるが、別の経済分野で用いられている技術に関連した代替的な技術があるかもしれない。その技術を採用している企業は、その技術に関連する費用を下げるうえで比較優位をもつかもしれない。

言い換えると、現在の独占企業が可能なすべての技術を調査し、それぞれの分野での潜在的参入者を阻止しようとするのは利益にならないだろう。そうであるならば、確率的には、いつかは別の研究者の誰かが代替的な技術の開発に成功することになる。

これらのどのケースでも参入は可能であり、新規参入企業が既存の独占企業に取って代わることすらある。しかし本章で学んだことは依然として有効である。すなわち、独占企業は長期的に存続するのである。独占が存続する間、市場での資源配分は歪められる。そしてこの後さらに議論するが、競争の脅威は最適な量の研究とラーニングをもたらすことはないのである。

2——競争の増加がイノベーションに与える影響

前節での要点は、市場の競争の程度は内生的であること、限られた数の企業（場合によっては1社だけ）が生産をする、そして、限られた数の企業が次の独占企業になるために競争するという状況が多くあることとである。それでは、競争（たとえば、市場での企業数や、それらがどのように影響し合っているか）がイノベーションに与える影響を問うことはどのような意味をもつだろうか。2つの思考実験が考えられる。たとえば、採算性を上げると企業が思っている合併を禁止する政策の効果とは何であろうか、と問うことができる。この場合の企業数は、制約がない均衡よりも多くなる。またこのような政策がイノベーションに与える影響はどうであるかを問うことも意味があり重要である。あるいは、たとえば（研究助成の結果として）イノベーションの費用が変化したときの効果はどのようなものかを問うことができる。このような費用の変化は2つの効果をもつ。すなわち、各競争レベル（企業の数）でのイノベーションへの投資水準の変化と、企業の数（そしてそれぞれの企業の投資レベル）の変化である。このような企業数の変化の結果としてのイノベーション・ペースの変化は、我々が競争のイノベーションへの影響とするものである。

競争が多くなるとイノベーションが増えるのか減るのかという質問は非常に複雑であり、その答えは我々が製品市場での競争（事後的競争）を考えているのか、イノベーター間の競争（事前的競争）のことを考えているのかで異なる。また生産物市場での競争の性質、イノベーション・プロセスそのものの性質（たとえば、イノベーション・プロセスのリスク）にも依存する。ほかには、独占性が存在するのか、そして特許制度が最初の発見者にすくなくとも一時的な独占権を与えているのか、もしくは最初の発見者が先行者利益として事実上の独占権を得ているのか、などの独占権の源によって答えは異なってくる。

すでに強調したことを思い出していただきたい。イノベーションへの投資を増やしても、必ずしも我々が社会的イノベーションとして考える、生活水準の向上ペースを上昇させるわけではない。市場のイノベーション・プロセスは極めて非効率である。特許は、いわゆるホールドアップ問題である。他者の真のイノベーションを阻止するために使用することができ、「真の」開発者からレント（利益）を引き出すためにも使用できる。イノベーションは、たとえば（エバーグリーン戦略と呼ばれる方法で）特許期間を延長することで市場の支配力（独占による歪み）を強めるために使用されることがある。イノベーションが、経済の安定性と効率性を保証するために計画された規制を回避するために使用されることもある（金融部門のイノベーションのほとんどはこの種のものであったと言えるだろう）。

製品市場の競争と「イノベーション市場」の競争が相互に関連している理由を前章で示した。生産から学んだり、生産とマーケティングの過程で学ぶ者もいれば、知識は生産過程で副産物としてだけではなく、明確なR&Dへの資源配分の結果でもあったとしても、最も利益を生み出しそうな研究方法について多くを学ぶ者もいる。これが、市場の優位性が持続する理由のひとつである。

この2つの形態の競争は相互に関連しているが、事前的競争が増すことの影響と、市場での競争が厳しくなることの影響を分ける方が、分析上は便利であろう。

事前的競争の効果(11)

事前的競争が激しくなるといくつかの影響が生まれるが、それはイノベーションのペースを遅くすることもあれば早めることもある。競争は、研究を行う上での企業の能力と意欲の両方と、また研究プロセスの成果にも影響を与える。

多様化効果

異なる研究戦略を追求する研究者が多くいる場合には、すくなくともひとりは成功する可能性が高い。もちろん、研究に取り組む複数の企業が非常に似通った研究戦略をとる場合には、この多様化の利点は少なくなる。そしてひとつの企業が複数の研究戦略を追求することも可能だ。それでも企業の文化と考え方では、ひとつの特別な戦略（もしくは限られた戦略）の方が成功しやすいと企業は考えるようになるので、様々な企業が存在すると戦略の多様化につながりやすい。

事前的競争（コンテスト）の効果

これは、おそらくシュンペーター的な経済学者が最も強調する効果であろう。（たとえ一時的独占であったとしても）独占企業になるための競争が、各競争企業にもっと働き他企業を負かすよう刺激を与える。もし特許競争で、スピードを速める（イノベーションがより早く実現する）という意味で、投資を増やすことからの限界利益が著しく大きいならば、競争企業が他企業を負かそうとするため、イノベーションのペースは速まるだろう。

コンテストの場合には、たとえ平均（予想）収益が減少したとしても、投資からの限界収益は、競争が増えることで増加するかもしれないという点に注意すべきである。コンテストが、インセンティブを高める上で強力なツールとなる理由のひとつはこの点である。この後で、限界収益と平均収益が逆の方向に変化する他の例について説明しよう。

この事前的競争の効果の大きさやその存在が、これまで疑問視されてきた。すでに指摘したように現在の独占企業は、たとえば、どのようなライバル企業でもそれを阻止する行動をとれるかもしれない。その場合には（潜在的な）ライバル企業数の増加はほとんど意味をもたない。

エージェンシー効果

独占の標準的理論では、独占企業は生産に関しては効率的な決定を下すので、唯一の配分上の歪みは生産レベルの制限によって生じると主張される。この関連では、独占がある場合には、独占企業は利潤を最大化するようなイノベーション・レベルを選択すると想定してきた。しかし競争による規律がなければ、独占企業は実際は非効率的かつ不活発であることが多いとする理論と、多くのエビデンスがある。独占企業の経営者は成功に甘んじ、独占利潤の割引現在価値を最大化するよりも、独占的レントの一部を享受することで満足しているかもしれない（Leibenstein 1966 では、今ではエージェンシー問題と呼ばれていることから生じる効率性の損失をX－非効率と呼び、これは、経済学者がそれまで注目していた配分上の効率よりもはるかに重要であると主張した Hart（1983）は、この問題についてイノベーションの文脈でより理論的な分析を行った）[12]。

情報の不完全性があるときには、経営者に良い動機づけを与えるインセンティブ構造を計画するのは難しい。ものごとがうまくいかなくなったとき、それは経営者の働きが足りなかったのだろうか、経済状況が悪化したためだろうか。企業が達成しようとしていたイノベーションに失敗した場合には、それは当初考えていたよりもその問題が難しいことがわかったからなのか、もしくは研究者たちが十分な努力をしなかったためだろうか。このような状況では、ある程度の競争はイノベーションを刺激し、いいインセンティブ構造の設計に役立つかもしれない。

市場に企業が1社のみの状態から2社が競争する状態に変わるとき、この効果は特に重要になる。どちらの企業の方が経営者により良いインセンティブ契約を設計したかの情報を競争が提供することになり、より高いレベルのイノベーションを誘発することになる。[13]

逆インセンティブ効果

競争の増加がイノベーションにプラスの効果をもたらす状況もあれば、競合相手の増加によって逆インセンティブ効果が生まれる可能性もある。独占がある場合には各企業は、特許競争に勝つ機会が少なくなることを知っており、このことは通常イノベーションへの投資の限界利益を下げる――かなり大きく下げるかもしれない。

そして独占権がない場合では、事前的競争が多くなると後続の製品市場での競争が厳しくなる可能性が高くなる。したがってたとえイノベーションで成功しても、その企業の利益は低くなる。[14]

事前的レント・スティーリング効果

短期的な独占企業の1社だけが存在する場合でも、イノベーション市場の競争がより激しくなると、支配的企業がトップの座にいる期間は短くなるため、競争は利潤を制限する。仮に競争が次の段階の規模（後続製品の質）に関してのみであり、次の製品が市場に出る時期が決まっているとすれば、市場獲得競争が厳しくなっても、成功したイノベーターの収益性に影響を与えないだろう。しかしより現実的には、イノベーション競争が増すとイノベーターが優位でいる期間を短くし、その結果R＆Dへの投資からの収益は減少するだろう。(15)

共有プール効果――機会集合の負の影響

投資の量を決定する上で、インセンティブと同じくらいか、それ以上に重要と言えるものは、潜在的研究者が直面する機会集合である（Dosi and Stiglitz 2014とそこでの引用文献を参照）。各イノベーターは知識の共有プールから知識を取り出し、またそのプールに追加する。そのプールに追加されたものが、取り出されるものよりも多ければ、そのプールは大きくなりイノベーションが増える。政府の基礎研究はこの知識のプールを増大させる。一般的にイノベーションが特許化されれば、他者が利用できるアイデアの集合は小さくなる。しかし多くのイノベーションに関係していたのは、それが他者の研究やラーニングの触媒の役割を果たしていた特許にならないアイデアである。（利用できるアイデアのプールから大量の知識の引き出しを認める）「強力な」知的財産権の存在がある場合には、妥当な条件の下では、たとえいかなるサイズの知識プールにおいてもイノベーションが動機づけされていたとしても、競争者数の増加はイノベーションの速度を遅らせることになる。(16)　機会集合の縮小の影響の方が大きいためである（Stiglitz 2014a）。

金融面の制約

多くの企業は、研究資金を賄うだけの財源がなく、他から融資を受けるのに苦労する。多くの貸し付けは、貸し手が成功の可能性をどう判断するかで決まる。競争企業が多ければ、各企業の成功の可能性が下がるため、融資を受ける可能性も減少する。

特許の排他性から生じる非効率性がもたらすイノベーションへの負の影響

企業の研究戦略には多くの側面がある。たとえば、スピード（発明するまでに予想される平均的速さ）、サイズ（努力して達成しようとしているイノベーションがどのくらい「大きい」か。たとえば、生産費用の減少幅がどれくらいかなど）、そしてリスク（成功の確率が高いが小さい進歩を追求するのか、成功の確率は低いが大きい進歩を狙うのか）、などだ。実現可能な研究戦略の集合は、Iの量の投資を所与とし、T時点においてΔcの費用削減ができるイノベーションが起こる確率として表すことができる。企業は、ライバル企業の研究戦略に関する自らの考えを基にして、可能な研究戦略の中から利潤（の期待効用）を最大化する戦略を選ぶ。この分析枠組では研究戦略を、投資量、研究のスピード、イノベーションのサイズのような、いくつかの変数でまとめることなどできないことは明らかである。それらには、全般的な確率分布が関係しているのである。

知的財産権制度では多くの非効率が発生するが、第12章で指摘するように、設計が不十分である場合には特にそうである。イノベーションに携わる者の数が増えれば非効率性も増え、そのため、たとえイノベーションへの投資の量が増えても、社会的イノベーションのペースは落ちるかもしれない[17]。明らかに、研究の一部（あるいは多く）は重複しており、異なる企業が密接に関連している研究戦略をとっている場合には、この問題は特に重大である。研究が、(たとえば、模倣薬開発のように)ライバル企業から利益を盗み取る方向に向けられる可能性があるが、それは真のイノベーションにはほとんど寄与しない。このような場合、企業が多ければ多くの投資が生まれるかもしれないが、社会的なイノベーションは少ない。多くの企業が複数のアイデアが複雑に絡み合っている研究に従事し、そのいくつものアイデアがひとつの複雑な製品の生産に関係する場合には、様々な知的財産権の所有者全員が納得するレントの配分方法について交渉することは至難の業だ。この複雑に絡み合った特許の問題はさらに複雑さを増すと、イノベーションの意欲を削いでしまう。実際的に意味のある知的財産権に対して2人の権利主張者がいるだけでも、製品の開発は著しく遅れる。このことは米国で注目された航空機開発の初期の遅れが物語っている[18]。より一般的には、研究への最も重要なインプットは、他の研究者の努力の結果である。このため多くの企業が先行する知識を管理していると、後続の研究を行うことからの収益は減少するだろう(そしてその収益が不確かな交渉過程の結果であるため、リスクも大きくなる)[19]。

一番手になるための競争は、それ自体が非効率性を生む。最適な研究の軌道は最も速い軌道でないかもしれない。平均的には、より秩序だった研究プロセスによって(期待)費用を下げられるかもしれない。そうしたプロセスは、期待便益の割引現在価値から費用を引いたものを最大化するが、このような研究方法から多くのレントが発生するならば、この企業に先んじることで別の企業が利益を得るかもしれない。一般的には、イノベーションの全般的ペースが、少ない数の規模の大きいイノベーションで最大化されるときに、非常にペースが速く、数多くの小さい連続したイノベーションが起きるかもしれない。

このような多様な影響は複雑に相互に関連している。たとえば、企業がより多く投資すればプロジェクトがより早く達成できるという簡単なモデルでは、競争がインセンティブに与える負の影響は、有益な多様化効果よりも大きいことも小さいこともある。あるひとつの変数で示されるモデルでは、逆U字型の関係になる（1企業から2企業に移行すると、著しくインセンティブが減退し、そのためイノベーションのペースも遅くなる。しかし競争企業数が2社以上に増えた場合には、多様化効果がインセンティブ効果を上回る）か、もしくは、多様化効果が、常に逆インセンティブ効果を上回る場合には単調な関係になることが示されている。

共有プール効果の議論では、たとえどのような機会集合でもイノベーションへのインセンティブが増加しても、知的財産権（IP）制度がより「厳しく」なると、イノベーションは減少するとしている。そして特許制度の負の影響に関する議論では、各企業が研究への投資を増加しても、社会的なイノベーションのペースを加速させることにはならない点を強調していた。

市場での競争

結局、市場での競争の増大が、イノベーションを増加させるのか、減少させるのか、という問題も複雑であることが明らかになった——この答えは、すでに示した同じ要因に依存している。すなわち、製品市場における競争の特質と、イノベーション・プロセスそのものの特質、そして（たとえば、特許制度が最初の発見者にすくなくとも一時的な独占権を与えるような）排除権の有無である。

次に重要な4つの効果について論じよう。

サイズ効果

ひとつの市場に多くの企業が存在するとき、その市場は細分化され、各企業の生産は少なくなる。つまり、費用削減から得られる利益が減少し、イノベーションのインセンティブが弱まることになる。

この効果は、標準的なクールノー・モデルでもはっきりと示されている（そのモデルでは決まった数の企業があり、それぞれがライバル企業の生産量を所与として自己の利益を最大化する）。企業の数が増えると、全生産量が増えるが、各企業の生産量は減少し、それにともなって（スピルオーバーがある場合もない場合も）イノベーションの量も減少する。[20]

しかし、それが事実であると想定されるとしても、それは避けられないわけではない。各企業がライバル企業の価格を所与のものとして自己の価格を決定する、ベルトラン競争で考えると、独占から複占への移行はイノベーションの増加を導く。理由は単純である。発明者はイノベーションの独占権をもっているが、そのイノベーションが相対的に小さいイノベーションであり、このため前のイノベーションもまだ市場でその限界生産費用で売られていると仮定する。この場合には、発明者が請求する価格は制限されることになる。しかし発明者は、競争があるため自分の価格が制約を受けることがわかるので、産出量が増えることを知っている。クールノー競争とは異なり、ベルトラン競争モデルでは、競争の存在によって発明企業はより多く生産する。このため、イノベーションに投資しようとするインセンティブが大きくなり、より多くのイノベーションにつながる。

金融的効果

前述のベルトランのモデルで驚くことは、イノベーションへの投資からの限界収益が上昇するのに、平均収益が減少する、という点である——それは単に費用優位（製品優位）から生じる独占力を、発見者が行使するのを著しく制約するためである。

金融的制約がある場合には平均的収益水準が重要になる。貸し手は資金提供にともなうリスクを評価する際には、平均的期待収益が融資返済に十分な大きさかどうかに関心がある。このため平均収益の減少は、融資へのアクセスを難しくし、したがってイノベーションのレベルを下げる可能性がある。

リスク効果

排除権がある場合でも、競争の増加はイノベーションへの投資リスクを増大させる（そしてリスク回避的企業ではイノベーションへの投資量が減少し、結果的にイノベーションのペースが減退する）。各企業は「勝者総取り」方式のくじで勝つ確率が低く、何も得ない確率が高いということである。

リスクが大きいと、資金制約がある企業が融資を得る能力に負の影響を及ぼすため、間接的にイノベーションにも負の影響を与える。

一方、一般的な独占権がないケースでは、製品市場での競争の性質が、イノベーション投資のリスクに対して大きな意味合いをもつことになる。クールノー競争では、ライバル企業よりも少しだけ低い費用での生産、またはライバル企業よりも少しだけ早く開発に成功した企業は、ライバルより少しだけ多く利潤を得るが、またそれほどうまくいかなかった場合の利潤と比べても少しだけである。これと対照的に、ベルトラン競争すなわち勝者総取りの市場では、2番手の企業は何も得られず、勝者が得る利益は、勝者の成功だけではなく、ライバル企業との比較での成功に依存する。勝者の費用がライバル社の費用よりも少しだけ低い場合には、その利潤は少なくなる。

しかしイノベーション・プロセスの特質によって、各市場構造で競争がリスクにどう影響を及ぼすかが変わる。たとえば、費用削減の難しさは、各企業が直面する企業独特の要因と同様に、すべての企業が直面する共通の要因によっても変わると仮定しよう。ベルトラン競争は、この共通の要因によるリスクを本質的に除外することになる。

事後的レント・スティーリング効果と設置済み資産への負の効果

開発者に発生する利潤の一部は、そうでなければ他者が得たかもしれないレントである。これは明らかに、すでに指摘した医薬品産業での模倣薬イノベーションのケースであるが、どの不完全競争市場にも当てはまる。ある企業の利益は、他の企業を犠牲にして得られる。同時に収益性の増加は社会的厚生の増加をまったく反映していない。[21] これは、たとえば、複占でのイノベーションへのインセンティブは、(このため)独占よりも大きいことを意味する。たしかに、設置済み資産をもつ独占企業は、自分たちが導入するイノベーションの所有する資産に及ぼす負の影響を考慮に入れる。別の言い方をすれば、新しい製品を導入する独占企業は、その製品で著しい利潤を得るかもしれないが、すくなくともそれらの利潤の一部は、別の製品を犠牲にしている。実質的には、自分自身から利潤を「盗んでいる(stealing)」のである。これはイノベーションへのインセンティブを抑制する。結果的に、すくなくともある程度の競争があることで、プラスの効果がある場合がある。

これまでに説明した効果のうちのどちらかが大きくなる簡単な条件を導きだせればよいのだが、それをするのは難しそうである。実際は、(事前的かつ事後的競争に関連する)すべての効果が複雑に影響し合っているため、最終的効果はその産業の特質(たとえば、その産業での競争の形態、知識のスピルオーバーの重要性、イノベーション・プロセスの性質、など）に依存する。

市場構造がイノベーションにまったく影響を与えないという重要なケースさえあるという、一般的な結果が曖昧さを際立たせている。ベルトラン競争では、極めて一般的な条件の下で、実行される研究プロジェクトの集合が企業の数に対して影響されなくなる（Sah and Stiglitz 1987a）。いかなるプロジェクトも成功する可能性があると仮定しよう。そして、仮にすべてのプロジェクトが成功すると、生産費用は同じレベルまで下がるとする。各プロジェクトの利益は、それが成功するかどうか、他のプロジェクトが成功するかに依存している。他のプロジェクトがどれも成功しなければ、費用が削減できた分が利益となる。仮に他のプロジェクトが成功すれば、このプロジェクトの限界的貢献はゼロになる。そしてこのことは、そのプロジェクトを実施する企業の数には関係なく当てはまる。たとえ1社しかない場合でも当てはまるのである。[22]

内生的市場構造および競争と企業数の関係に関する簡単な覚書

市場にいる企業数とイノベーションの水準の関係を問うことは、一般的にほとんど意味がない理由が、これまでの説明で明らかになった。Dasgupta and Stiglitz（1980a）で指摘されているように、両変数が内生的であるためである。たとえば、（他のすべてを一定としたとき）機会集合の増加は、企業数を増やしより多くのイノベーションをもたらす。同時に、（他のすべてを一定としたとき）市場に参入して研究を行うための固定費用の増加は、企業数を減らしイノベーションを減少させる。

したがって、ある程度の競争はイノベーションにとってよいが、競争が多すぎると逆の効果になるという、しばしば指摘される逆U字型の関係性（Scherer 1967）は、シュンペーター的競争に関連するマクロ経済的文献で重要な位置を占めていたが、理論的基礎が乏しい。[23] Goettler and Gordon（2014）は、この関係の特徴が、競争増加の要因に依存する点を示し、逆U字型の関係は一般化できないと指摘した。彼らの分析では、製品代替性の程度が変化する場合に逆U字になり、参入費用が変化する場合にはU字型の関係になることが示された。同様に我々は、イノベーションが存在するクールノー競争の簡単なモデルにおいては、インセンティブの負の効果が多様化のプラスの効果で相殺されるため、U字型の関係性になる可能性を示した。

実証研究は、「その他すべて」の要素をコントロールするように試みているのだが、多くの場合それは完全ではないし、うまく行えていない。というのも、参入のための固定費用や、特に機会集合の特質などの重要な変数は簡単には観察できず、この問題が標準的な経済学のツールでは納得できる形で取り組まれていないためである。たとえば、実証研究のどれかは構造型モデルを提供しているのか、また Goettler and Gordon（2014）のモデルのように理論モデルで競争とイノベーションの関係性に影響を与えるとされている構造的特性の一部を適切にコントロールしているかは、議論の余地がある（Gilbert 2006 参照）。

競争のレベルそれ自体が内生的変数であるので、ここでの妥当な問いは、競争がイノベーションに及ぼす効果ではなく、独占禁止法の執行や知的所有権の強化などの特定の政策がイノベーションと消費者価格に及ぼす効果であり、政策が短期および長期の両面で社会的厚生に及ぼす影響である。この点が、本書の残りの大部分を使って検討する問いであり、次章でより一般的な概念として説明する。

第5章のまとめ

本章の目的のひとつは、市場での相互関係を示すごく標準的なモデルでの競争とイノベーションの関係が、広く想定されているものとかなり違いがあることを示すことである。実際、標準的ナッシュ＝クールノー・モデルでは、競争が多くなるとイノベーションが減少すると想定されている。

本章で言及した以外にも競争とイノベーションの関係に影響を及ぼす別の要因もある。たとえば、大企業であれば、イノベーションにともなうリスクを負担する能力が高く、イノベーションを賄うのに必要な資金を調達し（または生み出し）やすいかもしれない。前章では、研究を行う上で大企業がもつ別の優位性について説明した。同時に、より大きい企業は官僚的になり融通がきかない場合があり、イノベーションのペースが非常に速い分野ではこの点で大企業は不利になるかもしれない。

経済の構造や社会の構造には、競争とイノベーションの関係に影響を与えるかもしれない別の側面もある。しっかりしたベンチャー・キャピタルがある、よく機能している資本市場では、中小企業も資金調達が容易になるかもしれない。個人が直面するリスクの一部を吸収できるより強固な福祉国家では、中小企業でさえもリスクの高いプロジェクトに着手できるかもしれない。

本章は、たったひとつの企業が支配する市場は、競争的な市場よりもイノベーションが多いだろうという、シュンペーターの考え方をある程度支持している。

しかしシュンペーターは、シュンペーター的競争に関して楽観的すぎた。彼は、イノベーションへの刺激としての「市場を得るための」競争の力を、過大評価し、また現在の独占企業がライバル企業の参入を阻止し、独占的位置を維持しようとする能力とインセンティブを過小評価した。(24) これらは単に起きるかもしれないことを説明するという理論的精密さだけではない。たとえばマイクロソフト社は、優位な地位を維持するために、潜在的ライバル企業を妨害し廃業に追い込むような行動をとった。この略奪的行動によって、革新的なライバル社が独創的活動で得る収益を下げることになり、――たとえこういった行動が目に余る競争法違反であり、また短期的に多額の損失をもたらすとしても――マイクロソフト社は、参入を妨害する行動をとることができ、これからもそうするだろうという警告を、他のライバル企業に与えることとなった。このような行動をとることで、イノベーションのペースは、ほぼ間違いなく、この反競争的行為がなかった場合また社会的な最適レベルと比較しても遅くなっただろう。

これまで、（市場を得るための競争および市場での競争の両方において）競争のレベルとイノベーションの関係が複雑であることを見てきた。たとえば研究プロセスが確率的で、その成功確率が企業間で不完全に相関しているときには、各企業の研究努力が一定であるとすると、企業（研究プロジェクト）数が多くなれば、成功の可能性は高まる。しかし（支配的企業になる機会が減るとすると）、競争がイノベーションを刺激するのか弱めるのかは曖昧である。我々は、競争がより良いインセンティブ構造の設計をどのように可能にするのかを説明したが、特許レースがより競争的になる（レースへの参入者が多くなる）と、イノベーションの増加を引き起こさないかもしれない。競争相手が2社だけの、よく設計されたコンテストが、最適になる状況があるかもしれない。逆U字型の関係があるかもしれない。しかし対照的に、競争とイノベーション関係がU字型になる、別の状況があるかもしれない。

ここで導き出された結論は、標準モデルでは独占の方が、複占、もっと一般的により競争的市場構造よりも、イノベーションのレベルは高いかもしれないということであるが、この結論は、イノベーションにとって競争はよいことであるという強固な想定とは一致しない。しかし独占の失敗は、このモデル（そして他の標準モデル）の想定する範囲外にあるのではないかと思う。おそらく最も重要なことは、標準的な独占理論では、独占企業はその生産決定に際しては効率的であり、唯一の歪みは生産水準の制限から発生する、と想定している点である。独占企業は、自分たちの利潤を最大化するように、イノベーションの水準を選択する。独占企業は、競争の脅威によって制約を受けないが、それでもイノベーションへのインセンティブをもっている。利潤の（期待）割引現在価値は、費用削減的なイノベーションや消費者がもっと価値を見出す製品の創造の結果、増加する。我々の分析では、標準モデルでは競争のプレッシャーの影響は限定的であるということを指摘した。

しかしなぜ独占企業が競争の欠如によって、非効率で不活発になるかを説明した。したがって、競争が多くなるとイノベーションが多くなる本当の理由は、標準的な経済モデルではうまく捉えられない。独占の失敗は、エージェンシーコストや良いインセンティブ構造の設計問題に関係する。

本章では、市場での競争および市場を得るための競争とイノベーションのペースとの曖昧な関係性に焦点を当ててきた。しかし、事後的であれ事前的であれ、仮に、競争が増すと研究への投資が増えるとしても、その市場が社会的厚生を最大化するわけでも、社会的イノベーションのペースを最大化するわけでもないのである。すでに指摘したように、研究やラーニングへの投資は、社会的厚生の改善を目指していないかもしれず、たとえそうだとしても、分権的な市場誘導型のイノベーション・プロセスは効率的なレベルからはほど遠い。

本書の後半では、政府が真に創造的なラーニング・エコノミーを構築することを手助けすることによって、社会的厚生を向上させるやり方について詳細な分析に入る。その前に次章では、市場経済が希少な革新的資源の配分を間違える様々な理由と、その誤った配分の方法についてもっと詳しく説明する。これを行うことによって、政府がラーニング・ソサイエティを構築する上で中心的な役割を担う理由をさらに詳細に説明する。

注

（1）ベライゾン対トリンコ判決の中で、米最高裁は共謀を反トラスト法の「最大の悪」と表現した。Verizon Communications Inc. v. Law Offices of Curtis V. Trinko, LLP（02-682）540 U.S. 398（2004）305F.3d 89.

（2）この議論の多くは、Stiglitz（2010c）に依拠している。

（3）資本市場の不完全性はもっと深刻になる。融資を得るためには、イノベーションを行う者は、プロジェクトのことを融資者に説明しなければならない。しかしイノベーターは、その融資者が自分のアイデアを盗むかも知れない、または自分のアイデアを使いもっといい製品を作るかも知れないと心配する。このため、アイデアから得る利益を専有しようとすることは（信頼できない）他人から資金を得る必要性と矛盾する。

（4）さらに留意すべき点として、発展期の反トラスト運動は、権力の集中を示すトラストの、政治的重要性に経済的重要性にも同じくらい重点をおいていたが、経済的影響は現代独占理論の発展ではじめて十分に説明されることになった。

（5）前章で指摘したように、（間違っていると我々は思うが）景気後退が有益な影響を与えうるとさえシュンペーターは考えていた。

（6）もちろんこれは今では変わっている。過去25年間での格差の著しい拡大は、平均所得の大幅な上昇が貧困率の減少をともなわないことを意味しているかもしれない（Stiglitz　2012b）。

（7）そして結果的にグーグルクロームの例がある。ある意味では、この事例は部分的にはシュンペーターの考えに一致する。マイクロソフト社がパソコンのOSで30年以上にわたり優位にいる一方で、ブラウザー市場での優位は短期的だった。

（8）Gilbert and Newbery（1982）参照。

（9）たとえば、Baumol（1982），Baumol, Panzar and Willig（1982），Martin（2000）参照。これは、「コンテスタブルな均衡」は定額の税と補助金（もしくはもっと広く、部門間補助金）が実行不可能であり、各企業がすくなくとも損がでないようにしなければならない、とする制約つきパレート最適と同じであると言うことであった。しかし、たとえ定額の税と補助金が利用できず、また政府の介入は物品への税や補助金に限定されるとしても、やはり望ましくなる（Sappington and Stiglitz 1987）。

(10) 非合理性がない場合でさえも、同様の結果が生じる。それぞれの潜在的な研究者が成功の可能性（成功を収めるための費用）を示すサンプルからくじ引きする場合は、一番有利なくじを引いた者がプロジェクトを引き受ける（自分たちが、他者よりももっと有利なくじを引いている可能性が高いと思っていたとしても、これが当てはまる。そうなると認識することが、そのプロジェクトを引き受ける前に彼らが閾値を高めることになる）。この結論はオークション理論での勝者の災いのそれと類似している。

(11) 様々な事前的競争と事後的競争の効果をモデル化した膨大な数の文献がある。Aghion, Akcigit and Howitt (2013), Greenwald and Stiglitz (2014a-c), Gilbert (2006), Vives (2008), Stiglitz (2014a-e) 参照。我々の知る限りでは、これらの効果のすべてを統合したモデルはない。

(12) 独占企業が価格差別化を行い、できる限り消費者の余剰をしぼり取ろうとするため、不完全情報の文脈で見た独占にともなう歪みはさらに広がる（Stiglitz 1977; Stiglitz 2009 第2部のまえがき参照）。

(13) Nalebuff and Stiglitz (1983a, 1983b) によれば、よく設計された補償制度は、相対的パフォーマンスに基づいて報酬を設定する。実際、競争者が2人だけのよく設計されたコンテストが最適になるという状況もある。

特許レースは、コンテストとして見ることができる。最初に発見した者が賞を得る。しかしすでに指摘したように、特許レースは、イノベーションを刺激するために、期待されたようにいつも機能するわけではない。これについてはすぐに触れるが、むしろイノベーションを遅らせることもある。たとえば、よく設計された褒賞制度のあるコンテストを使用するなど、イノベーションを促進するもっといい方法がある。独占企業になる権利は賞でもあるが、経済に歪みをもたらす。この点については第12章と、そこで引用された参考文献を参照。

(14) 警告：重要なことは限界便益である。たとえ平均便益が減少しても限界便益が増えるかもしれない。

(15) Aghion et al. (2013) は、この効果をビジネス・スティーリング効果と表現して、強調している。実際、レント・スティーリングは長い間、不完全競争がある市場の中心的特徴として認識されており（本章の注21参照）、様々な場面でそれが現れている。次のサブセクションで説明する共有プール効果もまた、レント・スティーリングのひとつの現れと見ることができる。

(16) 特許制度には多くの側面がある。このため、ある特許制度が別のものよりも強いと必ずしも特定できるわけではない。本書の議論に最も関係する特許制度の特徴は、パブリック・ドメインに入っていたかもしれない知識を「囲い込む」ための企業の能力に影響を与えるという特徴（Boyle 2003; Heller 1998; Heller and Eisenberg 1998 参照）と、情報開示によって知識プールにもっと貢献するように企業に強制するという特徴である（第12章参照）。

(17) たとえば、アメリカの特許制度に関連する負の影響の一部は、特許改革によって改善できるかもしれない。改善できない部分もあるかもしれない。特許制度が後に続くイノベーションへ及ぼす負の影響を詳細に分析した文献は膨大にある。最近の驚くべき事例としては、（女性が乳がんになる確率を決定する重要な役割をもつ）BRAC遺伝子の特許の例がある。

(18) これらそれぞれに関する膨大な量の研究があり、イノベーションへの特許制度の貢献に関する全体的評価がいくつかある。たとえば、Boldrin and Levine (2013), Greenwald and Stiglitz (2014a, 2014c), Heller and Eisenberg (1998), Huang and Murray (2008), Moser (2013), Williams (2013) 参照。複雑に絡み合った特許の問題、およびホールドアップに関しては、Shapiro (2001, 2010) 参照。複雑に絡み合った特許の問題は、ソフトウエアおよびナノテクノロジーなど、特定の分野で特に問題のようである。

ごく最近の研究であるGoldstone (2014) によれば、ライト兄弟による後続のイノベーションを妨害する行為が、アメリカの航空業界の発展に大きな損害を与えたとしている。実際、その損害は甚大で、第一次世界大戦が勃発したとき、アメリカの飛行機は1機も戦闘に入れなかった。政府が特許の相互使用を強要してはじめてこの業界が発展した。European Commission (2008), Clarkson and DeKorte (2006) 参照。

(19) 第12章では特許制度の別の負の効果（ラーニング・ソサイエティの構築を阻害する効果）を説明するが、これらの効果のいくつかは事前的競争と事後的競争の増加にともなって悪化するのである。特許制度は秘密主義を奨励し、学界での成功研究の特徴である「オープン・アーキテクチャー」を阻害する。

(20) 線形の需要曲線の場合には、各企業のアウトプットは独占企業の3分の2になる。さらに深めた議論は、Vives (2008), Stiglitz (2014c) 参照。

(21) Dixit and Stiglitz (1977) では、参入自由でありすべての企業が同じ固定参入費用に直面し、対称性、弾力性が一定の需要曲線（そしてラーニングがない）となっている独占的競争の場合には、市場均衡は効率的であることを示した。このような理想的な条件が欠けた場合には、市場均衡は非効率になる。この非効率性の理由のひとつは、ひとつの企業に発生するレントの一部（参入のインセンティブを形成するもの）が別の企業から盗まれたものであり、消費者の利益の純増にならないからである。

(22) しかしながら、ベルトラン競争でのイノベーションの量と、研究資金を一括税で賄うときの社会的に最適な水準とでは顕著な違いがある。研究が一括税で資金調達されるときには、課される価格は、別の企業の最低限界生産費用ではなく、自社の（最低）限界生産費用で決まるためである。価格はより低くなるため、生産量は多くなり、価格削減の価値はより大きくなる。

(23) Aghion et al. (2005) 参照。この分野の文献のもっと最近のサーベイは、Aghion, Akcigit and Howitt (2013) 参照。

(24) たとえば、Dasgupta and Stiglitz (1980b, 1988a) 参照。

The Welfare Economics of Schumpeterian Competition

第6章 シュンペーター的競争の厚生経済学

経済的効率を確保するために市場を得るための競争が市場内の競争に取って代わることができる、という「シュンペーター的」競争の有効性について、シュンペーターとその後の時代の支持者たちは、第5章の分析で我々が指摘したよりも、はるかに楽観的だった。優位な市場支配力は持続し、競争の脅威が高レベルのイノベーションをもたらすわけでも、低レベルの利益につながるわけでもないことを見てきた。

イノベーションを生み出す上で市場経済が効率的であることは、一般的に証明されていない。第1章で触れたように、最も有力な理論的枠組である、競争均衡モデルはこの問題に言及さえしていない。アダム・スミスの考えを定式化した厚生経済学の中心的定理、（通常、厚生経済学の基本定理と呼ばれる理論、Arrow 1951a と Debreu 1959）は、競争市場経済が神の見えざる手によって［パレート］効率性をもたらすというものであるが、そこでは、テクノロジーは固定されているが、すくなくとも外生的であり、市場の参加者の行動にも影響されないと想定されていた。アロー＝ドブリュー理論の支持者も、シュンペーター的考えの支持者も、その分析の明らかな理論的盲点を修正することに成功していない。前者は、イノベーションがある競争的市場がパレート効率的であることを示していない。後者も、シュンペーター的競争がイノベーションの生産においてさえ経済的効率性を保証することを示していない。できない理由は簡単である。現実的には、イノベーションが内生的である市場が効率的であるとする根拠はないためである。

現代の情報の経済理論が発達するまでは、伝統的経済学では、市場はそれ自体で効率的であると想定されていた（汚染問題など、よく知られた例外はあるが）。シュンペーター的競争も、中心的関心がイノベーションにある動学的経済について、同様な想定をしていたようだ。

過去40年にわたる情報の経済学研究の結果、我々はラーニングの経済学の研究を始めた時でさえも、これらの市場プロセスの結果について楽観的ではいられなかった。我々の初期の研究では、情報が内生的である（すなわち、リスク市場が完全ではない）市場は一般的には効率的でないことを示していた。[1]知識（たとえば、新技術についての知識）は、情報の中の特殊なものとして見られ、（あとで議論するが）同じ本質的特性を共有している。したがって、当然ながら、情報の経済学と知識の経済学は非常に似ていた。[2]「情報」と「知識」が類似しているとすると、（テクノロジーに関する知識を含めて）知識が内生的である経済も非効率であることは明確だった。さらに、R＆Dはリスクが高く、そのリスクには保険がかけられないという事実は、規制のない自由市場に反対する論拠を強めることになった。

我々が考える市場の失敗は様々な形態をとる。たとえば、経済の構造、R&Dへの資源の配分——総量だけではなく、研究を行う様々な分野やプロジェクトの配分、研究の推進方向性も含まれる——投入の量（総量と分野ごとの両方）、技術の選択、伝播される情報と知識の量、などである。このため本章では、市場ではイノベーションに効率よく資源が配分されない、そしてより広く、できる限りダイナミックな「ラーニング」ソサイエティを（自分たちで）構築することができない、様々な過程について説明する。本章は、政府の行動がどうラーニング・エコノミーを構築する助けになるかを述べる本書の後半部分の序章となる。この後の章では、このような歪みの中からいくつかの例を取り上げて検討し、政府の行動がどのようにそれらを部分的に修正し、ラーニング・ソサイエティの構築に役立つかを説明する。しかしこれらすべての市場の失敗には単純な問題が潜んでいる。すなわち、ラーニングがあるときには（ほとんどいつも）、社会的収益と私的収益の間に著しい隔たりがあるのである。

本章は6節に分かれる。第1節では、知識に特有の性質について検証する——知識の生産が鉄の生産と違うのはなぜだろうか、そして結果的に、鉄の生産量に関しては、市場が「正しい」決定を下せる（または、ラーニングやその他の外部性がない場合にはできる）のに、知識の生産については同じようにはならない。第2節では、ラーニングやR&Dからの社会的便益と私的便益が著しく異なりそうなのはなぜか、など重要な市場の失敗のいくつかについてさらに深く掘り下げる。

第3節では、イノベーションがいつも厚生を向上させるかどうかを問う。広い範囲で見ると答えはわかっている。マクロ経済の安定性を高めるための規制を回避することに向けられた金融革新の多くが、経済の不安定性の一因になり、ついには2008年の金融危機の大きな要因となった。しかし、我々の分析では、もっと狭いが長年にわたる質問に焦点を当てる——市場が、労働を節約することに過度に重点をおくことにより、高水準の失業をもたらし格差を広げる、ということは起こりうるのだろうか。

第4節は、イノベーション・プロセスをより広い進化論的な観点から見る。我々の分析の結果は標準的な新古典派経済学とは極めて異なるが、本書のほとんどの部分において使用している分析手法は、標準的なものである。しかし進化論的発展プロセスの視点から、イノベーションの問題を見ると、我々は市場プロセスの効率性について楽観的にはなれない。

第5節は、他の制度よりもラーニングとイノベーションに資する経済システムの形態があるかを問う比較制度分析を行う。

最終節では、イノベーションと我々の社会の性質に関してより一般的に概観する。

分析を始める前に、導入的なコメントをさらに加えるのが適当であろう。「社会的に最適な」取り決めの下でのイノベーションと様々な市場構造でのイノベーションを比較するにあたって、次の2つの決定的な区別を認識することが重要である。第1に、独占は独占分野での産出水準を低下させ、したがってイノベーションからの便益は社会的最適水準より低くなることを見てきたが、産出水準を所与とすると、イノベーションの水準は最適となるかもしれない。我々はしばしば「制約つき最適」について言及する。たとえば、政府が独占を排除できないとすると、イノベーションの水準は「最適」であろうか。この後に続く分析で（本書の第Ⅱ部で詳しく説明するが）、一般的には、市場は制約つき最適でさえないことを示す。

第2に、現在の消費（満足度）と将来の消費の間にはトレードオフの関係があるため、イノベーション（それが実践によるラーニングまたは研究開発への投資によるものであれ）の水準が最も高い社会でも、社会的厚生のレベルは最も高くないかもしれない。実際本書の後半では、過剰なイノベーションが行われるケース、および特定の分野や特定の方向でのイノベーションに特に過剰な資源が配分されているケースに言及する。第5章では様々な市場構造や異なる制度的取り決めが、どのようにイノベーションのペースに影響を与えるのかを論じた。しかしそうした分析を社会的厚生を増加させる市場構造や制度的取り決めの分析と混同させるべきでない。一般的には、厚生を増加させる市場介入がありうることを後に示していく。

しかし、イノベーションに過剰な投資がある場合には、事前的な社会的厚生は向上しないものの、過剰な投資を行ってきた国の住民は長期的には生活水準がよくなっている。彼らは先祖が消費を犠牲にしたことから利益を得ているのである。

1 知識の特徴的性質

知識はこれから挙げる3つの側面において通常の財とは異なっており、その結果市場は通常、競争的でなくなる（もちろん、市場が競争的でなければ、たいていは効率的でなくなる）、またたとえ競争的であるとしても、効率的ではなくなる。

公共財としての知識とラーニング外部性

最も重要な点は、知識が Samuelson（1954）のいう公共財であるということである（Stiglitz

1987b, 1999a)。すなわち、もうひとりの個人もしくは企業が知識からの便益を享受するための（伝播費用を上回る）限界費用はゼロであり、その使用は非競合的である。さらに、作り出された知識の恩恵を他者が享受することを妨げることは、一般的に不可能であり、不可能でないとしてもかなり難しい。これが、第3章で強調したスピルオーバーであり、本書の分析ではこのスピルオーバー（外部性）が重要な役割をもっている。

公共財の生産と分配に関しては――知識の生産と伝播も含めて――市場は効率的ではない。スピルオーバーがある限り、企業は他者にもたらす便益を考慮に入れないため、生産は過少になる。(3) 開発者がイノベーションによって裕福になるとしても、開発者が手にするのは、イノベーションがGDPに寄与したうちのほんの一握りに過ぎない。特に、最も重要な発見を行った人の場合にはそれが特に顕著である――基礎的な科学と技術の発展に大きく貢献した人びとの報酬は、彼らの社会的貢献よりも極めて低くなっている。アラン・チューリング、ジェームズ・ワトソン、フランシス・クリック、ティモシー・バーナーズ＝リー、レーザーやメーザーそしてトランジスタの発見者を考えてみよう。(4) 幸いにも、これらのほとんどの人が、物質的報酬のために行ったわけではないのである――このことは、厳しい知的所有権保護の提唱者たちが主張する報酬への執着が見当違いだということを示すものである（このことは第3章で論じた）。

しかし外部性はこれらの例が示すよりもっと広範囲に広がっており、ほとんどのイノベーションは、最も厳しい知的財産保護法でも保護することができない。特定の産業、あるいは特定の産業の特定のプロセスにスピルオーバーをもたらす知識もあれば、すでに指摘したようにその恩恵がもっと広範囲に広がる可能性のある知識もある。アセンブリーラインやその後のジャスト・イン・タイム生産方式は、経済の広範囲にわたる生産過程を変換させた。レーヨンの発見は、繊維を人工的に作ることが可能であることを示すと同時に、既存の特許に抵触しない代替的繊維を見つけようとする刺激を他者に与えた。ビジネスを行う上でより良いやり方を学んだ人間は、転職するときに、その知識を他企業に伝播することになる。

公共財には非競合性と非排除性という、2つの性質があるが、知的所有権は部分的に後者に対処することを目的にしている。知的所有権は、単にその知識の生産者（特許の所有者）の同意なしには、一定期間他者にその知識を使用させないことで、その排除性問題を「解決」しようとする。そうすることで、スピルオーバーの大きさを縮小しようとしている。しかし知識の伝播を限定することで、知識からの収益を「取り込む」試みは、知識の効率的使用上での別の歪みをもたらすことになる。

ラーニングとラーニングの外部性がある場合の最適な資源配分——直観的説明

ラーニングがない場合の効率資源配分を説明することは簡単である。各期間において、財をもう1単位追加生産することで得られる限界利益がその限界費用と等しくなることである。

限界生産物の価値 ＝ 現在の限界費用 （1）

労働だけで生産される財の場合、これはよりフォーマルに表すことができる。すなわち、財と余暇の限界代替率（それはすべての人にとって同じになる）は、限界変換率すなわち労働の限界生産物と同じでなければならない。

生産過程や投資でのラーニングは将来利益をもたらす、すなわち将来の生産コストを下げる。したがって、これを考慮に入れる必要がある。これは左の式のように簡単に示すことができる。

限界生産物の価値　＋　将来のコスト削減の総額　＝　現在の限界費用　(2)

ラーニングがある時の競争均衡では、ラーニングからの利益があるため、生産レベルが高くなる。しかしラーニングの外部性があると、ラーニングの社会的便益（将来のコスト削減総額）は、ラーニングがその企業にもたらす便益よりもはるかに大きくなる。

ラーニングの社会的価値　≫　ラーニングの私的価値

したがって生産レベルは、社会的最適よりも低くなる。実際、極めて小規模な企業にとっては、自身が生産することから得るラーニングの価値は非常に小さい。ただし社会全体（その産業のすべての企業）にとってみればその価値は大きいかもしれない。結果的には、ラーニングが存在する場合でも、ラーニングがない場合でも競争均衡はあまり違わない。このため、生産が過少になり、ラーニングも過少になることは明白である。

競争の不完全性

知識に関する第2の特徴的性質は、第1の性質の結果である――イノベーションは規模の経済によって特徴づけられる。第5章で論じたように、相殺する規模の不経済が存在しない極端なケースでは、自然独占となる。別のケースでは、寡占になるかもしれない。R&Dが重要となるすべてのケースでは、競争は限定的になりやすい。

このような結果は、たとえスピルオーバーがある場合でも、スピルオーバーが不完全である限り当てはまる。スピルオーバーが不完全である限り、ラーニング（R&D）に投資する企業は、ラーニング（R&D）への投資が少ない競争相手より費用面で優位となる。実際には、スピルオーバーは不完全である場合が多い。このため、イノベーションが重要な市場は、大きな外部性と競争の高いレベルの不完全性で特徴づけられそうである。(5) したがって生産とイノベーションのレベルは共に歪められることになる。

少し前に説明したばかりの（限界生産費用が一定の）状況で有効競争が可能になる唯一のケースは、同じ分野の企業に完全なスピルオーバーがある時だけである。しかしそうであるならば、各企業は他社の研究にフリーライド（ただ乗り）しようとし、また企業数が多いと、R&Dに投資するインセンティブはなくなる。知識（ラーニング）が生産や投資の副産物であるならば、各企業は、生産や投資に対して十分なインセンティブをもたない。どちらの場合でも、経済は効率的ではない。

第5章で指摘したように、収益逓減をもたらす相殺的効果がある程度ある場合には、競争は維持される。しかしジレンマがあるが、本章でその本質を明らかにする。要するに、企業の数が多くなると、生産の歪みは減少するがイノベーションの歪みは大きくなる。

市場の失敗が複数存在する可能性があるだけでなく、ひとつの分野での不完全性が別の分野での失敗を引き起こす可能性もある。50年前にArrow（1962a）が指摘したように、知識の生産は多くの場合、財の生産にともなう結合生産物である（実践によるラーニングが起きる）。このため、財の生産そのものが一般的には（異時点間では）効率的でなくなるのである。

独占・独占的競争の場合

独占（より正確に言うと、独占的競争であり、そこでは、製品を生産するのは1社だけであるが、多くの企業がそれぞれ違う製品を生産し、消費者に買ってもらうために競争する）は極端なケースである。競争が制限されている場合、市場での配分は効率的ではない。しかしここでは、2種類の非効率が存在する。独占力の行使にともなう静学的な非効率に加えて、動学的な非効率が存在する。

第1近似として、このような非効率は最適生産の条件に反映される。

限界収入生産物 ＋ その企業にとっての将来費用削減 ＝ 現在の限界費用　（3）

等式（3）を等式（1）と（2）と比べてみよう。独占的競争にある企業は、他社へのラーニングの恩恵を無視するため、生産の静学的便益を過小評価することになる。その結果、生産量は下がるかもしれないので、企業にとっての費用削減の価値も（社会的最適で生産する場合と比較すると）低く見積もる。企業がより強い独占力をもっている製品は、生産量が少なくなり、低い生産量はより少ないラーニングにつながる。したがって、このような分野では生産性の成長は下がる。[6] 過少生産による消費者余剰の損失という静学的帰結に加えて、動学的費用が発生する。現在の独占によって生まれる次期以降のより少ないラーニングとより高い費用は、将来期間の産出量の低下をもたらす。

もちろん、独占化された分野で使用されない労働力は離職し他分野に移るが、移転先がラーニングが少ない分野である場合には、経済全体の成長率は下がる。さらに、独占は実質賃金の低下につながる。より低い実質賃金は通常は均衡労働供給を減少させ、したがってラーニングも下げることになる。

この分析の重要な方法論的インプリケーションのひとつは、市場構造とイノベーション（どちらも内生的である）を同時に考えなければならないだけでなく、一般均衡的フレームワークで分析されなければいけないという点である。部分均衡分析では、生産パターンと全体的労働供給への影響から生じる一般均衡的負の影響に注目することなく、シュンペーターのように、独占はラーニングの便益を内部化するため競争よりもよいと結論づけるかもしれない。

ラーニングの構造と知識の伝播を理解することは、効率的な生産について理解するのには必須である。我々の関心は、社会的ラーニングであり、単なる部門または企業のラーニングではない。たとえば、より強いラーニング曲線をもつ部門もあるかもしれない。その場合、ラーニングの弾力性は1社にとっては大きくなるかもしれない。しかし重要なことは、ひとつの企業またはひとつの分野が学ぶ能力だけではなく、分野（企業）が他分野（企業）に伝達する便益と、ラーニングの便益をどの程度専有しないかである。ある分野のラーニングが別の分野よりも、より多くの外部性を他の分野に生み出す場合には、その分野の生産を別の分野を犠牲にして（こうしたラーニングの外部性を無視した場合の市場均衡水準よりも）増やすべきである。動学的な（将来）利益と、静学的（短期的）コストを相殺するものと考える必要がある。

不完全なリスク市場と資本市場

イノベーションにおいて広く市場の失敗を引き出す知識生産の3番目の特質――それははじめの2つの特徴と相互に影響し合う性質――は、R&Dには本質的にリスクがあり、かつイノベーションがあるリスク市場が本質的に不完全であるという事実から発生している。研究やラーニングの結果は、一般的には完全に予測することはできない。なぜなら研究は未知のものの探求である。研究が進むにつれ、新しいアイデアが生まれ、新しい（想定外の）製品が生まれるかもしれない。

研究事業が実を結ばない、または経験を行ってもほとんどラーニングがないようなリスクに保険を掛けることはできない。この点は部分的に、非対称情報の様々な理論で説明できる。モラル・ハザードや逆選択という本質的問題も内在している。研究者は、研究事業の成功や失敗の可能性について、部外者よりもよく知っている。情報の非対称性が大きい場合には保険市場が存在しないことが多く、存在したとしても提供される保険は限定される。

さらに根本的な概念上の問題がある。（原子力の発見のような）できごとに対して、その事件を概念化する前に保険（アロー＝ドブリュー流の状態依存型証券）を買うことはできない。原子力を開発する前には、原子炉の「爆発」に対する保険市場は存在しないし、原子力の基礎である現代物理学の理解が発展する前に、化石燃料の代替となる原子力に対する保険市場は存在しないのである。

適切なリスク市場の欠如は参入障壁となる。十分な資本力のある大企業は、特に研究への大規模投資をともなうリスクに対して十分負担することができる。この点は、R&Dが重要な市場は著しい競争の不完全性というリスクという特徴があるという、前述の結論と整合的である。

完全なリスク市場の欠如は、不完全な資本市場による問題をさらに悪化させる。現代の非対称情報の理論は、なぜ資本市場が極めて不完全になることが多いのか、たとえば、なぜ資本市場に信用割当が起こるのかなど、を説明するのに役立ってきた。資本市場の不完全性は、特にラーニングには不利に働く。R&D投資（より一般的には、「ラーニング投資」[7]）は、建物や機械、在庫への投資と違い通常担保として用いられないため、信用割当や株式割当が行われ、他の分野と比較してこれらの分野への投資を過小にする可能性がある[8]（さらに、これまでも指摘してきたように、他にも資本市場の不完全性の根本的な理由がある。いいアイデアをもっている借り手は、潜在的な貸し手にそのアイデアを託すことで、貸し手がそのアイデアを盗んだり、何らかの方法でその知識を利用して得をし、借り手に損失を与えることになることを懸念する）。

資本市場とリスク市場の不完全性のために、企業はリスク回避的行動をとる。特に破産費用が存在するときはそうであり（Greenwald and Stiglitz 1993）、結果的により危険なイノベーションへの投資は抑制される（第4章で述べたようにこれが、景気変動がイノベーションの良くない理由でもある。実際、景気後退期に最も支出が減らされるのはR&D投資である）。

不完全なリスク市場と資本市場に関連した歪みは他にもある。ラーニングには通常、将来の産出量が上がることを期待して、現在産出量を諦めるか、リスクを負担することが求められる。したがってたとえ企業が現在の研究やラーニングから得る将来利益を占有できたとしても、その利益を高い割引率で割り引くので、結果的にラーニングと研究は最適レベルを下回るかもしれない。

さらに1社の参入とその企業の投資と研究戦略は、他社による投資のリスクに影響を及ぼすが、その企業はこの影響を明らかに考慮していない。しかしリスクの変化は、投資に影響を与える、特に（すでに説明した理由で）企業がリスク回避的に行動するためである。

今まで取り上げてきた広範な市場の失敗——すなわち知識の公共財的性質、広範な外部性や知識のスピルオーバー、限定的競争、リスク市場と資本市場の不完全性——を所与とすると、イノベーション水準やイノベーションの方向性に関して市場が効率的であると、楽観的になる理由はないのである。実際、事態はもっと悪くなる。イノベーションと密接に関係している別の市場の失敗も多く存在する。さらに、その多様な市場の失敗は相互に関係しあっており、ひとつの市場の失敗は別の市場の失敗を強めるのである。次節ではこの点についてさらに検証する。

2——イノベーション市場が非効率になる他の理由

私的報酬と社会的収益が異なる場合はいつも、市場は効率的な生産に失敗する。外部性や不完全競争、不完全なリスク市場、不完全な資本市場、情報の非対称性がある場合にこれが生じる——そしてこのような「不完全性」はイノベーション・プロセスそれ自体にとって本質的かつ重要なことである。たとえば、前節の例で強調したように、重大なスピルオーバーがあることは避けられず、競争は必然的に不完全であり、かつイノベーション投資はリスクが高く、多額の先行投資が求められることが多い。このため完全な資本市場とリスク市場の欠如は、重大な問題になる。本節では、その限界に焦点を当てる。私的報酬が社会的収益と異なる——ときには上回る——とき、重大な調整の失敗が起きる。

私的報酬と社会的収益

これまでの議論で強調したのは、企業（もしくは個人）が彼らのラーニングとR&Dによる社会的貢献の全価値を専有するわけではないということであった。重要なスピルオーバーがあるためである。このこと自体は、ラーニングとR&D投資が過少になるとの想定を示唆しているかもしれない。しかし私的報酬が社会的収益を上回る状況があり、その場合には、R&Dに過剰な投資が行われるかもしれない。そしてこの問題は、（不適切に設計された）知的所有権制度によって悪化するかもしれない。以下の節では、こうしたことが起き、特に設計が不十分な特許制度には発生しやすい重要なケースをいくつか説明する。はじめの5つは第5章で「レント・スティーリング」として説明した例であり、イノベーションを行う企業に発生する利益の一部が、そうでなければ他社に発生したはずの利益であるというケースである。企業は、消費者を裕福にさせるだけではなく、競争相手に損失を被らせることで、利潤を得ることができるのである。

レントの専有と類似品の発明

研究者たちが、市場にすでにある製品と本質的に同じ製品を開発しようとする「類似品」イノベーション[9]は、そのいい例である。その研究の目的は、特許を回避するやり方を見出し、特許保持者の利潤（レント）の一部を横取りすることである。類似品イノベーションは医薬品分野で特に顕著であるが、別の分野でも発生する。これは、イノベーションから得る収益の一般的側面を示している。すなわち、独占企業が専有するレントは、そのイノベーションのもたらす消費者の厚生（余剰）増加と直接関連していない。レントの一部は、他社から奪ったものである。企業iのイノベーションからの利潤を見ても、競争市場の場合のようにイノベーションの社会的貢献を示すいい尺度にはならない。競争的市場では、生産物価格は所与として与えられ、限界生産費用と等しくなるため、利潤の増加は、その企業の産出量を生産するのに必要となる社会的資源の減少を明確に示すからである。

競争に勝つための社会的便益と私的収益

特許競争では、私的収益が社会的便益を超える別の状況を生み出すかもしれない。イノベーション・プロセスでの、社会的便益は、いずれ発生するイノベーションが早い時期に利用可能になることだけである。ミリアド・ジェネティクス社は、(乳がんの確率を診断するのに重要とされている)ＢＲＣＡ遺伝子で特許を取得した。この遺伝子は、ヒトゲノムを解読するよりシステマティックな試みの一部として、その直後に発見されるものであった。したがってミリアド社は多額の利潤を得たが社会的便益は少なかった。確かに議論はあるものの、ミリアド社は独占力を行使し、その遺伝子の存在を見つける検査に高額な料金を請求し、より正確な検査方法の開発を含めて後続の研究を阻止したため、おそらく社会的な便益はマイナスになっただろう。ミリアド社の独占価格ではその検査を受けられずに死亡した女性の命をどう評価するかによるが、おそらく大幅にマイナスになるだろう。もしもミリアド社が特許競争に加わらなかったら、その検査は非常に低い競争価格で利用できただろう(Stiglitz 2006a; Azvolinsky 2012; Goozner 2010)。この歪みは、「レント・スティーリング」の別の形として見ることもできる。早い時期に研究に従事することで、そうでなければその発見をしたかもしれない他社にいくはずだったレントを専有するのである。

たとえば、市場への最初の参入者に対して、ブランドへの忠誠心や技術への「閉じ込め（ロックイン）」などからの先行者利益がある場合には、特許がなくても一番乗りになるための競争が起きるのは明らかである。[10] 特許制度があると、一番手になるための競争はさらに負の結果をもたらす。すなわち均衡では、最適に設計されたイノベーション・プロセスのケースと比較すると、より小さいイノベーションがより頻繁に行われることになるだろう。

独占レントと共有地の囲い込み

社会的便益が私的収益と異なる別の理由は、特許を獲得した者の利潤が通常、独占的レントだけではなく、それまでは公開されていた知識の私有化から得る収益も含むケースがあるためである。[11] さらに、特許を得ることに成功することは、公的財であるものを私的財に転換させるのに対して、特許への異議申し立てに成功すると、私的財になったかもしれないものを公的財に転換させる。つまり特許認可への反対自体が公的財であることから、特許認可が過剰になる。

コモン・プール問題

すでに指摘したように、イノベーションのペースの主たる決定要因は、他者が引き出せる知識のプールである。イノベーションは、公的に利用できる知識のプールを大きくすることもあれば、そこから引き出すこともある（特に特許制度などがある）。民間市場経済では、各企業には、利用できる知識のプールから（可能な限り広範な特許を得ることで）できるだけ多くを引き出そうというインセンティブが働き、同時にできる限り知識のプールへの追加を少なくしたいというインセンティブが働く——その企業はもっているが他社がもっていない知識は、その企業に競争上の比較優位性をもたらす。

市場経済の過剰な秘密主義に向かう傾向という、関連する市場の歪みがある。たとえ、すでに生産された知識に他者がアクセスできることには社会的価値があるとしても、その知識の流出を制限しようとする強い私的インセンティブがある。[12]

知識のコモン・プールがあり、誰でもそこから無料で知識を得ることができるという事実は、コモン・プール問題と呼ばれる問題を引き起こす。（この効果だけに注目すると）過剰投資と過剰参入が起きる傾向がある。投資の量を決定する際に、知識プールから取り出すことで他社に与える負の効果を各企業は無視する。しかし過剰な参入と投資があることで、イノベーションのペースが社会的最適レベルより速くなるというわけではない。各企業は、他社も使用できる知識プールからできる限り多くを取り出そうとするインセンティブと、できるだけ少なく知識を追加するインセンティブをもつため、利用できる知識プールのサイズは小さくなる。しかし引き出す知識プールのサイズが小さいと、イノベーションのペースは遅くなる。[13] 知的所有権制度の設計が、こういった市場の歪みの性質と範囲に影響を与えることは明らかである。（有効に施行される）より強制的な開示要求はこの市場の歪みを軽減する。より厳格な知的所有権制度とより広範な特許は、それを悪化させる。したがって、知識プールが、一定としたときより厳格な知的所有権制度がより多いイノベーションを生じさせるとしても、知識プールへの負の効果を考慮に入れると、イノベーションのペースは遅くなるかもしれない（Stiglitz 2014a 参照）。

ホールドアップ

社会的便益が、ほぼ間違いなく私的収益よりも低くなるもうひとつの事例は、特許の「ホールドアップ」問題である。これは市場誘導型のイノベーションにおける歪みのもうひとつの主な原因でもあり、交渉問題にも関係している。現代の発明はいくつもの要素（アイデア）を必要としており、それぞれ別々の特許が与えられている。このため、ひとつの製品を組み立てるには、多数の特許所有者間での契約が必要となる。他の特許ほど重要ではない特許もある。たとえば発明者は、費用がかかるが特許を回避するものを発明することもできる。ここにも情報の非対称性が存在する。そうした非対称性が存在する場合、交渉はしばしば非効率な帰結をもたらす。効率性のためには、利用可能な知識が完全に活用されなければならないが、それぞれの交渉当事者が明確な決意を示すが、合意に至らないときの費用を偽ろうとすると、交渉が失敗に終わることもある。そうなれば、企業はその特許を回避した類似品を発明する必要に迫られるが、これは重複した研究に貴重な研究費を振り向けるだけでなく、その製品を市場で売り出すのが遅くなり高価なものになる。(14) これは加えて、訴訟費用に多額な資源が費やされ大きな無駄になることが多い。

ホールドアップ特許とは、特許荒らしが、成功した発明者が自分たちの特許を侵害していると主張し、彼らからレントをしぼり取るために使用するものである。特許回避の発明や訴訟に高額な費用がかかると、多くの場合特許荒らしはかなりの金額を得るが、同時に「真」の発明者が得る収入を同じ額だけ減らすことになる。したがって、彼らの「イノベーション」の収益は社会的便益を上回る一方で、「真の」発明者の収益は彼らの社会的貢献より少なくなる。(15)

市場支配力の拡大

イノベーションが重要な市場は、不完全競争という特徴をもつ傾向があることはすでに指摘した。多くの研究は、消費者の生活水準を上げるよりも（参入阻止も含む）市場支配力を拡大（そして増強）するという目標に向けられる。製薬会社は、自分たちの特許を継続させる「エバーグリーン」戦略——古い製品の特許が期限切れになり、ジェネリックの会社が製造するようになる前に、古い製品にもほんのわずかな改良を加えた製品に新しい特許をとること——を行えるような、小さいイノベーションを探している。

消費者余剰

標準的競争モデルでは、利潤の増加と消費者の厚生増加の間には密接な関連がある。しかしイノベーションのモデルでは、スピルオーバーがあるため、企業はラーニングと研究の便益を専有できない。さらに、消費者余剰に大幅な増加がある可能性がある。イノベーションはどれも他のイノベーションの上に成り立っている。現在のラーニングは将来のラーニングが出発するためのより高い基礎を提供している。したがって将来の企業はより低いコストで生産することになる。時の経過と共に、財の価格は著しく下がり、品質が向上し、消費余剰は上昇する。イノベーションのペースと方向性を決定するにあたって、発明者は消費者余剰への効果を考慮に入れない。大規模なイノベーションでは、たとえ短期でも、独占企業でさえ社会的便益を捉えていない。消費者余剰の増加が依然として存在している。結果的に、イノベーションへの投資量とそのペースは社会的最適より低くなっている。

その他の歪み

価格システムが「失敗する」時はいつも、市場参加者はイノベーションに対して歪んだインセンティブをもつ。二酸化炭素に価格がついていなければ、二酸化炭素排出削減のためのイノベーションを行うインセンティブが生まれないのは明らかである。このため、革新的と言われている我々の経済で二酸化炭素排出削減のためにはほとんど何もされていないのも当然のことである。

我々の初期の研究（1986）で、情報の非対称性や不完全なリスク市場が存在するときはいつも市場の失敗は経済のいたるところで（つまり、常に）起きることを示した。そして、その結果必然的にイノベーションの方向についても市場の失敗が生じることになる。次節では、通常、労働増大的な技術進歩への過剰なインセンティブがあり、このことが失業水準を高めることを説明する。

政府が、外部性も含めて市場の失敗に対応するひとつのやり方は、規制を作り実施することである。しかしそのことは、規制を回避するイノベーションを開発するというインセンティブを提供することになる。このことは、2008年金融危機の何年も前から金融部門で示されてきた。規制を回避することで、こういったイノベーションは社会の他の人びとに高いコストをもたらすことになった。

調整の失敗

大規模で相互に依存し合う我々の経済が機能するために必要とされる、複雑な調整問題を解決する上での民間市場の価値を我々は認めている。その調整においては、価格が中心的な役割を担っている。成功するイノベーションも、調整を必要とするが、価格は、イノベーションがない「通常の」市場経済で仮定されている役割を果たしていない（またそれができないのである）。実際、問題はもっと深刻である。

（部分的には利益の専有率を高めたり、特許競争で勝つ確率を上げるためである）秘密主義は、知識の市場での生産の多くにとって最も重要であり、これが調整を難しくしている。

社会的に望ましい調整には多くの側面がある。研究には不確実性がともなうが、（たとえば、新しい製品の生産や既存の製品の生産コストの削減などで）追加的研究プロジェクトとすでに行われている研究プロジェクトとの相関が不完全であるならば、新しい追加的参入には社会的便益がある。この場合最適な参入を、追加的新規参入者の社会的限界価値が、追加的コストに等しくなる状態と簡単に示すことができる。しかし誰も他に研究を行っている企業を把握できなければ、これを達成することはできない。さらに、社会的最適には研究プロジェクトの最適な多様化も必要となる。ただ、他の研究者が行っている内容に関しても秘密主義があるため、この最適な多様化が実践される可能性は低い。このため過剰に重複した研究が存在することになる。[16]

さらに発明Aの価値は、補完的な発明Bの存在に依存するかもしれない。もしAが、将来Bが作り出される可能性が高いということを知らなければ、Aのインセンティブは限られるだろうし、それはBにとっても同じである。この調整問題は内部化が可能になる場合もある。たとえば大企業は研究プロジェクトの様々な部分を企業内部で行う（すくなくとも調整する）。実際、このような調整能力をもつ企業の発展こそが、20世紀の主な進歩のひとつである。だが依然として、能力とスキルは異なり、能力とスキルに関する知識も限られているため、ひとつの企業が、その研究プロジェクトの各部内で最も成功しそうな能力やスキルを企業部内に集める（より一般的には、調整する）ことはできないだろう。もし様々な「関連材料の」特許が異なった当事者によってとられているとわかれば、非効率性やホールドアップの可能性がともなう交渉問題が発生するかもしれない。[17]

市場の失敗間の相互作用

不完全競争のような伝統的な市場の失敗と、ラーニングに関係する市場の失敗の間には重要な相互作用がある。収益の専有可能性問題、資本市場の不完全性、優れたリスク市場の欠如などは、結果的に新企業（起業家）の参入や、（発展途上国にとって特に適切な製品やプロセスを含む）新製品の探求に対する障壁となる。すでに説明したように、それらは大企業を利することになる。

セカンド・ベスト理論――そしてイノベーションの資金調達[18]

これまで見てきたようにシュンペーターは、イノベーション経済における独占・不完全競争にともなう歪みがあるという事実自体をそれほど問題視していなかった。結局のところ、R＆Dやラーニングの資金を賄う固定費はともかく支払われなければならない。たしかにそれは、コンテスタブル市場（つまり、潜在的な競争が非常に厳しいため、価格が平均費用まで下げられる市場）が効率的であるという議論が暗に意味することであった。たとえ価格が、限界費用ではなく平均費用と等しくなる（すなわち、ゼロ利潤になる）ため、標準的なファースト・ベストの資源配分と比較して歪みがあるとしても、その固定費はいずれにしても何らかの形で支払われなければならない。その固定費は、どのような形で支払われるとしても、社会に負担をもたらすことになる。

こう質問することができるだろう。公共財としての研究に資金調達をする最適な方法は何だろうか。独占企業による資金調達は、一般的には最適ではない。第1に、すでに指摘したように、たとえ潜在的な競争がある場合でも、（イノベーションの費用を支払った後の）独占利益はゼロまで下がらない。第2

に、独占企業のインセンティブは、どのような方法でも（合法的に）利潤を増やすことに向けられ、これには、価格を上げることが可能になるように、需要弾力性を下げるために資源を使うことも含まれる。イノベーションはまた間違った方向に向けられる。すなわち独占力の強化と拡大、それから得られる利潤に向けられる。こういった目的は、社会的厚生を向上させるためのイノベーションとはその方向性が違うことになる。

第3に、研究のための資金調達を特許と独占利潤に頼ると、知識を十分利用しないことになる。すでに示したように、研究費は固定的であり、アイデア使用の限界費用はゼロとなるため、知識は無償で提供されるべきである。しかしそれは、情報（知識）の生産者が収益を得られないことになる。このため政府による資金提供がない場合には、（ファースト・ベストと比較して）知識の過少生産と生産される知識の過少利用が発生することは避けられない。特許制度は（原則的には）、知識の過少利用と不完全な市場競争の短期的費用を、動学的利益で埋め合わせるためであるが、それは極めて不完全な形で行われている。[19]

他方、政府が研究資金を支援しそれを無償で広める場合でも、（資金配分を歪める課税による）静学的な歪みは発生するが、知識の普及と利用に関しては歪みは生じない。しかし特許制度は、イノベーションをともなう製品を購入する者に課税することによって研究資金を調達する手段と見ることもできる。標準的な租税分析では、この「独占税」は税収をあげるための理想的な方法ではないとされる。このような税は、必要な税収をあげることにともなう歪み（死重損失）を最小化していない。また「独占税」は利益税である。したがってある特定の状況では（その製品から便益を得る者がその開発の費用を支払う制度として）このような税制度に賛成できるが、それを正当化できないケースもある。命が危険にさらされている病気を患っている人はすでに十分不運である。そこでその患者に、彼らの薬を開発する資金のためにR&D税を払わせることは、ほとんどの倫理的な考えとも社会的厚生の最大化とも矛盾することになる。

3 社会的に非生産的イノベーションイノベーションはいつも厚生を向上させるのだろうか

本章と前章では、イノベーションへの資源配分が社会的に最適にならない理由を説明してきた。研究とラーニングの量、また方向性で見ても市場が効率的であると想定する根拠はない。とりわけ外部性、すなわちラーニングが他者にもたらす利益を市場の参加者が考慮に入れていない点を強調した。イノベーションが厚生を向上させていない可能性は、金融部門で最も顕著に見られる。そこでの多くのイノベーションは、金融制度の安定性と効率性を向上させるために設計された規制を回避するためであった。結果的に、ポール・ボルカーが指摘したように[20]、経済全体の生産性を上昇させるイノベーションを特定することは難しかった。イノベーションは、リスク管理と資源配分を改善させるのではなく、よりリスクを高め、かつ大規模な誤った資本配分をもたらした[21]。

歴史的に見ても、社会の中にはイノベーションにかなりの数の集団が抵抗した例はある。中でも19世紀はじめに、当時の最新機械が失業と困窮化を導くものとして捉えたラッダイト運動が有名である。原則的には生産性の向上はすべての人びとを裕福にする——生産可能性曲線が外側にシフトする——はずだが、実際は常に勝者と敗者が生まれる。未熟練労働者の需要を減少させるイノベーションは、熟練労働者の賃金を上げても、未熟練労働者の賃金を下げることになる。こうしたスキル偏向的イノベーションが厚生を向上させるという考えは、通常、熟練労働者の利益が未熟練労働者の損失を十分に埋め合わせできるという意味にとられている。しかし熟練労働者が未熟練労働者の損失を補償することが可能だとしても、そうした補償が行われることはめったにない。したがって、勝者と敗者が生まれるのである。そして、アメリカなどの先進工業国に見られるように、その敗者が所得分布の最下位にいる者たちである場合には、イノベーションは格差を拡大することになるだろう。このような状況では、社会的厚生が増加したかどうかの判断は、相対的な貧困層の損失と相対的な富裕層の利益をどう比較考量するかにかかっている。[22]

ところが最近になり我々は、不完全市場と社会的硬直性がある場合には、社会のすべての集団（すくなくともほとんどの集団）の暮らしが悪化することを示した（複数共著者との論文参照、Delli Gatti et al. 2012, 2013）。1920年代には、農業の生産性の向上が著しかったため、（特に、農産物需要が非弾力的であるため）その分野の所得が減少した。労働移動が完全であるならば、余剰農業労働者は都市部に移動しただろう。しかし労働移動には大きなコストがかかり、また農業分野の賃金低下と共に（住宅などの）農村部の資産価値が低下したため、農業部門の多くの労働者は都市部に移動し、生産性の高い労働者になるためのスキルを身につけるだけの経済的余裕がなかった。さらに悪いことには、彼ら自身も融資をしていた銀行もこういった出来事を想定していなかった。このように、農村部の所得が著しく下がったため、農業部門の労働者には借金の負担だけが残り、銀行は巨額の損失に直面することになった。その結果、都市部で生産される製品に対する需要が著しく減少した——この減少分があまりにも大きかったため、都市部の所得まで下落した。イノベーションが世界大恐慌を引き起こす一因になったのかもしれないのである。

同様の理由で、製造部門における生産性の向上が、その部門の雇用と賃金の低下をもたらし、現在の経済停滞の一因になっていると主張してきた。イノベーションは経済の再構築を必要とし、多くの場合、市場はそうした再構築をうまく行うことはない。しかし企業は、イノベーションのペースと方向性に影響を与える決断を行う際、このような一般均衡的効果を考慮に入れていない。たとえば、小企業はそれぞれ、賃金と失業の変化を所与のものとして受け入れるが、集合的にはそれらがイノベーションの決定を行うと、賃金と失業の変化に影響を与えることになるのである。制約もなく管理されることもない自由な市場は、社会的に望ましい水準よりも大きな格差と高い失業をもたらすラーニングとイノベーションを生む可能性がある。社会的厚生を向上させる形態は他にあるだろう。

簡単な例で言えば、（社会にとっても、企業にとっても）イノベーション活動に利用できる資源が限られている場合を考えてみよう。企業はこれらの希少な資源を、天然資源を節約するイノベーション（二酸化炭素の排出削減など）と、労働を節約するイノベーションに配分できる。しかし、二酸化炭素に価格がない場合には、二酸化炭素排出を減らすインセンティブがない。すでに失業があり、失業者数を増やすことに大きな社会的費用があるとしても、労働投入を減らすことには私的利益がある。

同様の推論は、資源の間違った価格設定が目立たないケースでも当てはまる。経済学者は、最低賃金制がない国や組合が弱い国でさえ、失業が持続することを不思議に思っていた。市場では、需要と供給が等しくなる賃金レベルよりも高く賃金が設定されている。効率賃金理論ですくなくとも部分的には説明できる（Stiglitz 1974b; Shapiro and Stiglitz 1984）。企業は賃金を上げることで、労働者の離職率を下げる、より生産性の高い労働者を引き寄せる、または現在の労働者が怠けないでより労働に励む、などの結果として利益を増加させる。このような状況では企業の行動は、別の企業に外部効果をもたらす（企業はその効果を考慮に入れていないが、その効果は重要である）。

シャピロ＝スティグリッツ・モデルで考えてみよう。そのモデルでは、どのレベルの失業率でも賃金の臨界値があり、それ以下のレベルでは労働者は怠けるとされている。[23] 各企業が、所与の賃金での労働需要を減少させるイノベーションを行うと、均衡賃金レベルが下がり、均衡失業レベルは上がる。この失業の増加には社会的費用が発生するが、どの企業も、イノベーションの方向性を決定する際にこの社会的費用は考慮に入れない。したがって企業が、もっと労働増大的イノベーション（たとえば、各労働者の生産性を上昇させ、新技術を使用すると、各労働者は古い技術の時の2人分の仕事をこなす[24]）か、もっと資本増大的イノベーションかを選択する場合、イノベーションの方向性に関するその企業の選択は、相対的な分配率によって決まる——もし労働分配率が高ければ、その企業は労働増大的イノベーションを選ぶだろう——そして市場均衡は、過度に労働増大的なイノベーションを生むことになる。[25] また、これらの効率労働効果が、熟練労働者よりも未熟練労働者にとってより重大な影響をもつ場合に、企業が、より熟練労働増大的なイノベーションか、未熟練労働増大的イノベーションかを選択するならば、企業は未熟練労働需要を過度に減らすイノベーションを選ぶだろう（イノベーションは過度にスキル偏向的となる）。

効率賃金モデルは、イノベーションの形態での市場の歪みを検証する上で最も簡単なものであるが、（内生的な）市場の不完全性をともなう別のモデルでも同様の結果が出されている。Salter（1966）やHabakkuk（1962）のような経済史専門家は、労働節約的イノベーションを誘発させるものとして「労働力不足」の役割を強調した（このような説明は、たとえば19世紀におけるアメリカの急速な拡大期など、歴史的に特定の時期に特に当てはまるだろう)。標準的な経済理論では、労働の賃金(もしくはシェア)の高さ以外に労働力不足が意味するものを理解するのは難しかった[26]。しかし情報にコストがかかり、労働が極めて差別化されたモデルならば、自然な解釈ができる。すなわち、離職した労働者の後任を新しく採用するには、時間と資源がかかるのである。労働増大的技術進歩は、直接的な労働費用だけではなくこれらの間接的な労働補充費用(探索と採用のための費用)を減らすことになる。しかし探索に費用がかかる経済では、労働増大的技術進歩——つまり人員補充の削減——を行うとの企業の決定は、他の市場参加者、労働者と他企業の両方に外部性を与える(この場合、労働者はより長い期間職探しをすることになるかもしれないが、採用費用が安く済むかもしれないのである)。ここでも、市場均衡での生産要素バイアスが効率的になると考える根拠はなく、実際、そうはならないと想定する根拠はある(Greenwald and Stiglitz 1988; Arnott and Stiglitz 1985 参照)。

もっと一般的には、企業の視点で見ると重要なことは、国民所得会計で示されるような賃金や利率だけではなく、総有効労働と資本費用であり、それらがいくつかの理由で帳簿上の労働分配率や資本分配率と著しく異なることに注目したい。第1に税と付加給付により、企業にとっての労働費用は労働者が受け取る賃金をかなり上回っている。第2に信用割当がある場合、「影の」資本コストは請求される利率を上回る。(この意味で労働力不足がある)企業が採用したい職種の労働者をすぐに雇うことができない場合には、労働の影の費用は賃金を上回る。ひとつの職の後任を採用するまでに比較的短い時間のギャップが生まれただけでも、費用は発生する。同様に、使用する機械に故障の可能性があり簡単に交換できない場合には、その機械の故障の損害は大きい。第3に、労働者は管理する必要がある。ストライキの発生にはコストがともなう。これらすべてに、管理者の希少な時間が取られる。企業が労働を節約するか資本を節約するかを検討するとき、これらのすべてのコストが関係することになる。

政策的インプリケーション

いくつかの重要な政策的インプリケーションがある。

第1に、賃金補助は労働コストを減らす。高い労働コストは、企業を過度な労働節約的かつ資本使用的技術進歩へとシフトさせることになる。同じ理由で、米国連邦準備銀行が（世界大不況後に行ったように）資本のコストを大幅に下げると、労働節約的イノベーションを奨励することになる。したがって企業が、（未熟練労働者の失業率が高いため、その影の費用は低いはずの）レジ業務のような未熟練労働を現金自動支払機などの機械に取り替える、という想定外の結果となった。このような投資で総需要が増加し雇用が誘発されることで生まれる正の社会的利益は間違いなくある。しかしそうした利益は、低い資本コストによって引き出された労働節約的イノベーションの結果、中期的に高まる失業のような社会的コストと比較されるべきである。異時点間でのトレードオフの完全な分析は、ここでの議論の範疇を超えるものである。

第2に、環境への影響（たとえば二酸化炭素排出）に対して企業が支払う価格を上げると、労働節約的（労働増大的）でないイノベーションにシフトさせ、所得と雇用の分配に正の影響を与えることになる。

さらに一般的理論に向けて

賃金決定に関する妥当な理論と誘発的イノベーション理論を合わせることで、成長と雇用の一般的理論を提示してきた。この理論では、技術革新による失業や雇用不足を説明することができる――ソローの理論では意味をもたない概念である。この理論では所得分配が重要となる。所得分配は技術と経済のダイナミクスに影響を与え、そしてそれらが将来の所得分配に影響を与えることになる[27]。

失業の長期化と、拡大する格差についての最近の議論は、労働節約的イノベーションと、特にスキル偏向的イノベーションを中心に展開されている（Autor and Dorn 2013）。このようなイノベーションを批判する人は、近代のラッダイトと呼ばれることもあり、また市場擁護論者は、市場のプロセスに干渉するべきではないと主張してきた。彼らは、長期的にはすべての人びとの生活水準が向上すると論じる。我々の分析からは、このような考え方は楽観的過ぎると言える。労働者は生涯を通じて生活が向上しない──改善からの恩恵が労働者に波及（トリクルダウン）しない──ばかりか、生産要素需要の変化が長期的にも労働者の生活を実際に悪化させてしまうかもしれない[28]。

我々がこれまで示してきたことは、イノベーションが社会のすべてのグループの厚生を向上させることができない──すなわちイノベーションがパレート改善をもたらさない──だけではなく、市場プロセスの帰結が産出量を最大化しない──再分配に費用がかからないとしてもパレート効率にならない──タイプのイノベーションを導く可能性があるという点である。実際、制約のない自由市場は生産要素偏向の選択において効率的でなく、過度に高い失業率をもたらす可能性がある。

4──進化論的プロセス

本章の中心的なメッセージは、イノベーション・エコノミーにおいては社会的収益と私的報酬には大きな違いがあるため、市場が効率的な結果を導き出すと想定する根拠は存在しないということである。逆に市場はそうならず、政府には市場の失敗を「是正する」という役割があるとする根拠はある。

民間の収益率と社会的収益性が明らかに異なるという事実が、進化論的プロセスのもたらすプラスの利益についての単純な議論がなぜ間違っているかという理由を説明するのに役に立つ。こういった議論は、市場を信じているが、標準的な（アロー＝ドブリューの競争市場）分析が、市場の効率性を立証できないことを理解している人たちによって出されることが多い。

最近の金融危機が、このような考え方の有効性にさらなる疑問を投げかけた[29]。たとえば、リスクの特質を理解し、（過度なレバレッジを負わないなど）堅実な行動をとってきた金融機関は生き残らなかった。投資家は見かけ上の低い利益を見て、経営者の刷新を求めたのだ。これは単なる仮説上の話ではなく、現実に起きたことである。たしかに、もっと堅実な経営を主張した者たちは「だから言っただろう」と言うことはできる。しかし根拠なき楽観主義と不完全なリスク分析の「創造的破壊」過程で倒産した企業（そして消えていった経営者たち）は、簡単には出直すことができないでいる。

標準的な進化論的淘汰の議論に対する批判は、これには第1種と第2種の両方の過誤があるというものである。経営がうまくいき、すくなくとも長期間存続した企業および個人が、必ずしも社会的厚生に最も貢献しており、また長期的に生き残るのに適した特性をもっているとは限らない。むしろそうした企業が適していたのは、規制緩和の時代が作り出した、根拠なき熱狂や、貧困層と市場の非合理性を利用し搾取することだった。また、倒産した企業が必ずしも倒産すべき企業だったというわけではなかった[30][31]。

報酬制度は、経済をどん底に追いやった人びとが、何十億もの報酬を得て立ち去ることを容認するものだった――それは、彼らの欠陥のある分析が正しかったならば得られたであろう金額よりは少ないだろうが、社会全体に与えた費用を考えれば、彼らに値する金額よりははるかに多くなっている。この富の蓄積で、彼らは今後何年にもわたって社会的資源の配分に不当な影響を及ぼすことができる。(32)

進化論的プロセスが効率的にならない理由を説明するためには以下の4つの視点からの洞察が役に立つ。第1に、最も基本的なことであるが、進化論的淘汰プロセスがうまく機能するための必要条件は、利潤が社会的貢献を示すいい尺度になっていることである。そうなっていれば、生き残り高い利益を得ている企業が最も重要な社会的貢献をした企業ということになる。そして損失を出した企業は、創出した価値より多くの資源を使っており、社会的にはマイナスの貢献しかしていない企業になるだろう。しかし、本書の中心的なメッセージは、特にイノベーションに関しては、利潤は社会的な貢献の尺度としてはとりわけ不正確であるということであった。より一般的に言うと、進化論的プロセスは市場がこれまで「失敗」した、すなわち（効率的な成果を生み出せなかった）のとまったく同じ状況で、効率的な結果を作り出すことができないのである。

第2に、市場は近視眼的である。市場は、企業の経営が現在どれだけうまくいっているかを確かめる――（21世紀のはじめに起きたスキャンダルで明らかなように）会計上の問題のために、市場はこの課題を非常に不完全にしか行っていないのである（Stiglitz 2003 参照）。長期にわたってどの企業がうまく行うかを市場自体が明確にすることは困難である。

さらに、たとえ長期的にはうまくいく企業であるとしても、現在損失を出していれば、資本市場の不完全性のために、現在を生き延びるための資金を得ることができなくなるだろう。このため、より「柔軟的」で環境変化に順応できる企業は、長期的にはうまくいくが、厳しい短期的競争を生き抜くことができないかもしれない。現在の環境により適応できる企業があるかもしれない。そのような企業があまりにも激しく競争しているため、より適応力のある企業は損失を被り生き残ることができないかもしれない。

しかし事態はもっと悪い。非合理的な企業は他社に負の外部性を与え、他社が生き残れないようにする。経済学の標準的な議論では、もし企業が非合理的である（たとえば将来の住宅価格に根拠なき熱狂をもっている）場合には、その代償を支払う――結果的にその投機で損をすることになる。しかし根拠なき熱狂の中では、より合理的な企業と資本を競い合い、維持できないような高い収益を合理的な企業に支払わせるようになる。そうした根拠なく熱狂的な企業が1社だけの場合には、あまり真実味はないが、ちょうどバブルがはじける前の2006年と2007年のように、同じような企業がたくさん現れると、特にこれが真実になる。

最後に指摘する重要な点は、死の不可逆性である。我々は、企業には組織的知識――組織の一部である各個人に埋め込まれた知識以上であり、それとは異なる知識――が内在していることを強調してきた。組織が消失すると、内在した知識の多くも一緒に消えてしまう。そしてひとたび企業が倒産すると、環境が変わり――その企業が発展したであろう環境になったとしても――倒産した企業が生き返ることはない。古い企業と似た部分をもつ新しい企業が生まれるかもしれないが、そのためには膨大な投資が必要となる。この投資は、期待収益があまり高くない限り実施されない、サンクコストである。

シュンペーターは、創造的破壊の重要性を強調した。豊富な資金をもち、根拠ないほど熱狂的な企業が参入して、合理的かつ実際に長期的経営により適している既存企業を追い出してしまうかもしれない。前者のような企業がいずれは倒産するとしても、それは倒産した企業にはほとんど慰めにはならない。今回、またこれまでの金融危機で、このような非合理性から発生する外部性が経済全体に波及するかもしれないことが示された。すでに指摘したように、信用バブルは社会全体に膨大なコストを押しつけたのだ。

5 ―― 革新的経済システム[33]

社会におけるイノベーションの量は、（競争の量に影響を与える独占禁止法の施行や知的所有権の強化など）ひとつの政策だけで決まるものではなく、経済システムや社会システム全体に依存するという考えが、本書全体の前提となっている。本書のタイトルをラーニング・ソサイエティとしたのは、このためである。しかるに、ラーニングにより資する経済・社会システムが存在するかどうかを問うことは自然な流れである。これは、数十年前に流行った問題の比較経済制度での課題であり、そのときには資本主義的経済モデルと社会主義的経済モデルの比較に焦点が当てられた。ここで我々が着目するのはもっと狭い問題であり、様々な経済・社会システムのイノベーションの量に与える結果についてであり、それは異なるタイプの市場経済間の比較である。

特に、我々の疑問は、どのような種類の政策もしくは制度的な取り決め、すなわちどのような経済システムが革新的リーダーになるのに役立つのだろうかということである。単に特許を取るというだけではなく、生活水準を大きく持続的に向上させるイノベーション・システムを設計できるという意味でのリーダーである。それは熾烈な競争だろうか。もしくは政府が大きな役割を担い、様々な政策で社会的保護を提供し、結果的に格差が小さくなっている、もっと寛大な北欧モデルの方がイノベーションに役立つのだろうか。

次の問いは、追随者の政策はリーダーのそれとは違うと考えるべきだろうか、もしそうだとすればどのように違うのだろうかという点である。北欧モデルの成功を考えた場合、それはリーダーになるために採用された政策の結果なのか、もしくは追随者のための政策の結果なのかを説明できるだろうか。

Acemoglu, Robinson and Verdier（2012）の最近の論文では、北欧の福祉国家モデルは追随者としてはまことに結構だが、格差が大きくインセンティブが強いアメリカ型の激しい競争的資本主義は、フロンティアにいる国に適するという仮説を示している。このような一般的言説での主張を正確に評価することは難しいが、同様の意見が政策論議でも中心的位置にある。したがって、この問題に役立つどのような理論的、経験的、歴史的な議論も整理し、それらを評価することは重要である。

本章と前章の分析で明らかにしたように、制約のない自由市場がイノベーションの最適なペースとの方向性を導くと想定する根拠はない。言い換えれば、ある程度の政府介入が必要であるとする根拠はある。ここでは、なぜ北欧モデルと関連する介入が実際にイノベーションに非常に有効であるのかを説明する。

アメリカはイノベーション・リーダーか

第1に、アメリカは「イノベーション・リーダー」であるというAcemoglu et al.（2012）の主張のひとつを検討する必要がある。経済の革新性を評価することは簡単ではない。社会的便益と私的収益が明らかに異なるときには、イノベーションへの投資水準を高めても、必ずしも生活水準全体の向上スピードを上昇させることにはならないことは、すでに説明した。特定のイノベーションの重要性を評価することでさえ難しいかもしれない。さらに、知識が全方向に伝達する世界では、アイデアの源を見極めることはほとんど不可能に近い。たとえば、医薬品でのアメリカの最近の進歩の多くは、ワトソンとクリックがイギリスで行い、DNAの発見につながった研究に基づいている。コンピューターでのアメリカの発展は、イギリスのアラン・チューリングが行った基礎研究に依拠している。「真の」イノベーションの源を明確にすることは、不可能でないとしても難しい。

スウェーデンのイノベーションである労働者のQCサークルや、日本のイノベーションであるジャスト・イン・タイム生産方式は、どちらも特許を取っていないが、それらは複数の特許を取ったイノベーションよりもアメリカの生産性により深い影響を与えてきたかもしれない。確かにスカンジナビア諸国は、チップにおいてインテルのイノベーションの恩恵を受けたが、おそらく特許化されたイノベーションの価値は（ほとんど）特許所有の会社の利潤となり、特許をもつ国のGDPとして捉えられるだろう。

興味深いことに多くの人は、たとえば、過去30年あまりアメリカが非常に革新的であったと言うが、そのことはGDPの統計には現れていないようである。統計では1人当たりGDPの増加や全要素生産性上昇の推定値も、第二次世界大戦後の数十年間と比較するとかなり低くなっている。これにはいくつかの説明が考えられる。おそらくGDPは、コンピューター時代のイノベーションがもたらす生活水上の向上を実際には捉えていないのだろう。たとえば不安定性の増大などをすべて考慮に入れると、経済のパフォーマンスはGDPが示す状況よりもさらに悲惨であると考える理由はあるが、このことはGDPが生活水準の尺度としてうまく機能していないことにもある程度関連しているかもしれない(Stiglitz, Sen and Fitoussi 2010 参照)。

あるいは、最近のイノベーションが刺激的に見えるとしても、熱狂者が思っているほど重要ではないということかもしれない。アメリカは、ターゲット広告や十分な知識のない個人から搾取するのに適した金融商品設計のためのより良い方法を作り出すという点では大きな発展を遂げたかもしれない。市場支配力を活用かつ強化するための良い方法を設計するには革新性が必要であり、それはより高い収益性に表れるだろう。しかしこのような「イノベーション」はGDPの統計では現れない。

同様に、アメリカが、たとえば北欧諸国よりも革新的であるという主張は、データで明確に立証されてはいない。大方の推測では、スウェーデンとノルウェーは生活水準や福祉レベルが高い(それはたとえば、中位所得や、UNDP(国連開発計画)の人間開発指数に反映されている)[34]。さらに、労働1時間当たりの産出量は、数カ国でアメリカを上回っており(ノルウェーは41%、アイルランドは15%、ルクセンブルクは30%、ベルギーは0・5%高い)、いくつかの国(ドイツ、フランス、オランダ、デンマーク)では、その差は小さかった[35][36]。

Acemoglu et al.(2012)は、アメリカにおける重要な特許の量の多さを大いに強調した。地理的な問題や、アメリカで外国人が特許を登録する場合と比べ、アメリカ人が登録するのに必要な取引費用全体が低くなることなど、技術的な問題を別にして、もっと根本的な問題がある。特許は、異なる分野で非常に違った役割を果たしている。ハイテクや医薬品のように、非常に重要な役割を担う分野もある。前者ではより「防衛的」方法であることが多く、誰かが訴えると逆に訴え返せるように体制を整えるためである。金属のような別の分野では、特許は特に重要な役割を担っていない。

同様に、引用数は必ずしも重要性の優れた指標ではない。我々は、前節でジャスト・イン・タイム生産方式とＱＣサークルという、２つの重要なイノベーションについて言及した。これらは特許を取っていなかったので、引用数の指標はない。しかし、甚大な影響を及ぼしたことには疑問の余地もない。もうひとつのスウェーデンの例を挙げてみよう。歯科インプラントである。オリジナルの研究が、多くの引用回数と共に膨大な数の後続研究を生み出したかどうかは、そのイノベーションが何億もの人びとの生活の質に与えた影響の重要な決定要因にはならない。

さらに、チューリング・マシンからＤＮＡおよび電磁場の発見まで、最も引用される研究を生み出す最も重要なイノベーションは、通常特許を取っていない[37]。

要するに、アメリカの特許件数が多いことは、必ずしもアメリカがより革新的であることを意味するわけではない。アメリカは、特許が重要で、金融部門のようにレント・シーキングが奨励されている分野に、イノベーションの開発努力を集中させてきたのかもしれない。この場合、グローバル・イノベーションの観点から見れば、異なる制度的な取り決めが存在し、支配的なものがないという環境を保つことが有利になるかもしれない。

イノベーション・リーダーの資質とは何か

たとえアメリカが最も革新的な国であったとしても、その地位にいるのは、主に熾烈な競争が原因だとは言えないだろう。実際、そのリーダー的立場を維持するための技術的リーダーとしての力量に影響を与える制度的かつ文化的要素が複数存在する。

たとえば良い面では、破産に対するアメリカの考え方（革新的であるためにリスク・テイキングに対し支払うべき代償の一部としての破産の容認）とベンチャー・キャピタル産業の発展の2点は、イノベーションに大いに資する制度的特徴である。[38] しかし、このような強みがある分野でも問題点はある。アメリカの破産法は、デリバティブに最優先請求権を与えており、学生ローンの場合は、たとえその学生が破産しても決して減免されない。このため、資源配分が教育から金融に向け歪められる――すなわちそうした歪んだ資源配分は、そうでない状況よりも間違いなく真のイノベーションを小さくする。

エリート大学の質は確かに好ましい要素であるが、教育の質の格差――そして（たとえばＰＩＳＡスコア[39]で測定されたような）平均的学力の証明の明白な不足――は、反対に好ましくない方向に働く。同様に、革新的能力の大部分が金融分野（金融分野内でのゼロ・サム的活動）や他のレント・シーキング行動に向けられているということも好ましくない。

大企業であれば、大規模で長期にわたる研究プロジェクトを行うのに必要な膨大な資金を得られるかもしれないが、経営陣と株主の間に利害のずれがあれば、イノベーション、特に生活水準を向上させる種類のイノベーションを弱める可能性がある。（短期的で利益を過度に求めることになる）企業統治の欠如や、管理メカニズムの一部として多くの大企業が構築してきた官僚的やり方は特に問題がある。

民間部門の起業家の役割よりも、政府の役割の方が、アメリカの成功により関係しているかもしれない（Mazzucato 2013）。民間部門のイノベーションを見ても、状況はAcemoglu et al.（2012）が主張するものとまったく違うことがわかる。おそらく、20世紀に最も革新的だったアメリカの企業は規制された独占企業であり、ほとんど競争から守られていた上、事実上、研究予算は電話サービスへの税金からの資金であった。[40] これにはいろいろな理由がある。その理由のいくつかは、独占企業は産出量が（たとえば、総生産量は多くても各企業の生産量は少なくなる複占よりも）多いため、費用を下げようとするインセンティブも多くなることと関係している。さらに、厳しい競争から保護されることで、基礎研究への投資から得る便益も含め、長期的視野をもつことができる。

第5章では、（様々な観点から）イノベーションと競争の関係に関してもっと一般的な分析を行い、この関係がイノベーションの確率的なプロセス、財相互間の代替可能性、市場への参入障壁の性質など、様々な特徴に依存することを示してきた。このことからわかることは、アメリカ型モデルは特定分野のイノベーションにとっては好ましいが、別の分野では弊害になることである。

最後に、アメリカがイノベーションの分野での現在の地位を獲得するのに特別な歴史的状況が中心的役割を果たした、という点を指摘したい。アメリカはいつもリーダーだったわけではない。19世紀にはヨーロッパからの模倣が著しかった（Chang 2001, 2002 参照）。興味深いことに、アメリカが追随者だったときでさえも、アメリカは格差の大きさで特徴づけられる資本主義であった――金ぴか時代、狂騒の20年代や21世紀のはじめの10年に極限に達した。19世紀に革新的だったドイツは、社会保障を導入した最初の国だった。このパターンは、Acemoglu et al.（2012）が提唱する見方とは明らかに反対のようである。

第二次世界大戦を境に、アメリカが技術分野でリーダーシップをとるようになった――これは歴史的なアクシデントでもあり、すくなくとも第二次世界大戦による「贈り物」の側面もある――というのも、多くの科学と技術の最先端の人材が、アメリカに逃れてきたためである。

その後このリーダーシップは、冷戦に対応する政府活動の結果強化されたが、政府は軍事研究への多大な投資を促し、それが（インターネットの発展も含め）一般部門への大きなスピルオーバーをもたらした。第二次世界大戦と、戦後数十年にわたる冷戦関連の政府投資によって強化されたアメリカの大学の技術的リーダーシップは、世界中の才能ある若者を引き寄せ、その多くがアメリカに住み続けた。(41)

北欧モデルがイノベーションに貢献すると言われる理由

北欧モデルがイノベーションに特に資すると言われるのにはいくつかの重要な特徴がある。一般的に経済の効率性のためにも、特にイノベーションのためにも、リスク市場と資本市場がすべて(そもそも)揃っていないことの重要性をすでに指摘した。研究にはリスクがともなうため、より良い社会的保護システムは研究を行う個人の助けになる。高い税でさえも、リスクがともなうため、リスク・テイキングに資する可能性がある。政府は損失と利益を共有するという意味で、匿名のパートナーとして見ることもでき、その結果リスク・テイキングが増加することになる。(42)(43)

研究への主たるインプットは、優秀な研究者である。リスク市場と資本市場の不完全性があるため、(44)政府介入がなければ教育投資は不十分になる。アメリカでは、高等教育での民間融資への依存性の高さ、(学生ローンは基本的に債務が免じられない)厳しい破産法や、所得に応じた返済ローンが実質的に存在しないことにより、教育への投資は——科学などのように、便益にはリスクがともないかつ限定的である分野は特に——より制限される。また両親の所得が低い学生が質の高い教育を受けるのは著しく制限されることになる。

さらに悪いことに、高等教育の費用が高く、物的報酬体系が歪んでいることからすると、近年最も有能な人材が金融分野に偏るのもうなずける。そして、このことが、金融部門での高いレベルのイノベーションをもたらしたのかもしれないが、生活水準やその上昇ペースを高めるという意味で全般的イノベーションをより高めることにはなっていない。実際イノベーションの多くは、市場を操作し、金融に疎い人びとから搾取し、市場支配力を強め、そして金融市場を安定化させ大規模な負の外部性リスクを減らすために制定された規制を回避するためのより良い方法を編み出すことに向けられた[45]。こうしたイノベーションは、金融部門の人びとにより多くのレント利益を生み出したかもしれないが、このイノベーションが経済全体のパフォーマンスを向上させたというエビデンスはまったくない。

イノベーションへの民間投資に補完的役割を果たす重要な要素は教育だけではない。インフラに良質の投資を行えば、イノベーションへの投資も含めて、民間投資一般からの便益は増加する(Field 2011)。

北欧モデル――教育や技術、そしてインフラへの多額の公共投資、レント・シーキングのインセンティブを削ぐ累進課税、より良い社会保障制度――は、革新的なリスク・テイキングを行う意欲と能力を増大させる。それが実際に事実であることを示す素晴らしい議論については、Barth, Moene and Willumsen (2014) を参照のこと。彼らはさらにイノベーションのビンテージ・モデルで、賃金の圧縮でより古い年次の資本財が早く廃棄されるようになり、創造的破壊プロセスを加速化させることを示した[46]。さらに彼らは、政府の政策が「北欧モデル」の一部でもある積極的労働市場政策やケインズ的需要政策などを通じて、どのように社会全体がイノベーションからの便益を受けるように保証できるかを示している。さらに、北欧モデルは経済全体へアイデアの迅速な伝播を促すことができる。この点は、本書の前半でも論じたが、社会の生産性向上に重要である(熾烈な競争がある場合には、企業は自分たちが得た知識はどのようなものでも秘密にしようとする)。

北欧モデルには、イノベーションを促進させる、もっと具体的な政策が多くある。このような問いを考えてみよう。金融投機や不動産投機に対して増税し、科学技術教育に投資したり科学者の給料を上げることや革新的行動に人を引きつけるためにその税収を使用することで、イノベーションは促進されるだろうか。標準的議論では土地に高い税率を課しても土地の供給に影響を与えないと言われる。金融部門のイノベーションから得る社会的限界効用が低い（もしくはマイナスである）ことを考えると、北欧モデルで考えられている方法で資源を再配分することは、おそらく「真の」イノベーションの促進になるだろう。また以下のようなもう少し広い問題で考えてみよう。上位層の人びとへの税率を上げ、その税収を同様の方法で使用することで、イノベーションを促進できるだろうか。彼らの収入のほとんどはレント・シーキングから生まれている[47]ため、最上位層への課税を引き上げても、経済成長にはほとんど影響がないと主張されている（Piketty, Saez and Stantcheva 2011）。

北欧モデルは、まさしくリーダー国に期待する種類の政策からなっている。すべての国々が同じモデルに倣うことは最適な選択ではないかもしれないが、フロンティアでいることを望んでいる国々はすくなくとも、生産性だけではなく標準的な生活水準の向上を高いレベルで維持するために、北欧諸国でうまくいっているモデルのある種の特徴を見習うべきである。

政治的均衡と経済的均衡

ここまでは、代替的な経済政策の帰結を議論してきたが、現在広く知られているように、公的政策は政治的なプロセスを経て実行されるが、このプロセス自体も格差の程度も含めて、経済によって影響を受けている。我々は、経済的均衡と政治的均衡は一緒に決定されると考えなければならない[48]。

複数の均衡が存在する可能性を示すことは簡単である。特に、大きな不平等をともなう均衡がひとつ存在しその均衡では、（教育や技術への投資も含め）低い公共投資、累進性の低い税、そして高いレント・シーキングがともない、その結果高いレベルの不平等を生み出すことになる。また格差の小さな均衡も存在し、その均衡は、高水準の公共投資、累進性の高い課税、充実した福祉国家、レント・シーキングを抑制する強力な政策（北欧モデル）となっている。代表的個人の経済状況は後者の均衡がよくなるだろう――そして、イノベーションのペースについても後者の方が高いだろう(49)。

アメリカが今ある政策を採用したのが、社会厚生は言うまでもなく、イノベーションを最大化するように政策設計したからであると考える理由はどこにもない。むしろアメリカの政策は単に、お金をもっている者が圧倒的な影響をもつ政治過程の帰結であり、経済格差の大きさを考えれば十分想定できる結果である(50)。

この分析により、アメリカは北欧モデルが示す方向に転換することで、イノベーションのペース（そして経済厚生レベル）を高めることが示唆される。制度改革や政策改革は、イノベーションを直接的に促進するだけでなく、格差およびイノベーションと開放化にともなう不安定性を縮小することによって、革新的政策の支持を増やし、イノベーションによって職を失った者たちが「再雇用」される――経済にとどまりより生産的なメンバーになる――ことを保証する。

北欧モデルの多くの側面は、政治的かつ経済的均衡を念頭において明確に設計された（Barth, Finseraas and Moene 2012 参照）。スカンジナビア諸国はすべて小国である。それらが繁栄するためには外国に対して開放的でなければならない。しかし開放化は、多くの人びとに高い費用を強いる――イノベーションも同様である。真に民主的な社会では、市民の大多数が敗者である場合――仮に、少数が大「勝者」であっても――イノベーションと開放化をともなう政策を維持することは難しいだろう。

イノベーションと開放化を維持するためには、勝者が結果の決定に過度に大きな影響を及ぼすように、（たとえば、お金がより大きな影響をもつシステムに移行することで）民主主義から離れるか、または（北欧モデルが目指したように）市民の大多数が現実に裕福になることを確実にするか、のどちらかである。

リーダー国と追随国

すべての国がリーダーになれるわけではない。たしかに、多くの発展途上国の望みは、先進国と自国を隔てているギャップを埋めることである。追随国のラーニングを促進する政策は、リーダー国にとっての最適な政策とは異なる。たとえば、それぞれの国にとって最適な知的財産制度はかなり異なりそうである。したがって、すべての国々にとって最適な経済システムがひとつだけ存在するという想定から始めるのではなく、国が違えば状況も極めて異なることを認識するべきである。リーダー国もあれば追随国もある。生産フロンティアをさらに進歩させよう（そしてイノベーションからのレントを最大化しよう）としているリーダー国にとって最適なことは、他国が生産した知識を活用しよう――追いつこう、もしくはすくなくとも後れを取らないようにしよう――と考える追随国にとって最適なこととは異なるかもしれない。

しかしそれでも、これまで説明してきた経済的フレームワーク（北欧的フレームワーク）の方が、追いつくことには非情な資本主義よりも役立つ可能性が高い。我々が本書で特に強調するのは、教育と技術への公共投資とラーニングを促進する政府の政策の重要性である。その政府の政策には貿易介入や産業政策が含まれ、この点については、本書の後半で詳しく論じる。

知識のギャップを完全に埋めることができる国でさえも、そうすることを選ばないかもしれない。

ギャップを埋めるには費用がかかり、立ち遅れたままでいることを選ぶほど、その費用は高いことがある[51]。このため、リーダー国と追随国の両方が存在する国際的均衡が存在するかもしれない[52]。

まとめ

市場の失敗は、リスク調整済みの私的収益と社会的便益に加えて、イノベーションへの投入物の供給と価格の両方に影響を与える。北欧モデルは、これらの市場の失敗に極めて包括的方法で対処するものと考えることができる。社会的厚生に直接的に影響を与える政策――教育、社会保障（特に子どもの保護）、組合、技術とインフラへの公共投資、積極的な労働市場政策、産業政策――もまた、イノベーションのペースに影響を与える。イノベーションに資するアメリカ的資本主義の特徴もあるが、そうでないものもある。またアメリカの経済パフォーマンスが（たとえば北欧諸国と比較して）どれほど強いかに関しては疑問があるものの、アメリカが達成した成功で、市場や競争の激しい資本主義の形態によるのはほんの一部に過ぎないことは明らかである。そのいくつかは、歴史的アクシデントの結果である。一部は、非営利の大学によるものである。そして政府の強い支援によるものもあった。

リーダー国でも追随国でも政府が担う重要な役割がある。それは、より多くのイノベーションを促す政策を設計し、知識のギャップが増大しないよう保証し、経済にイノベーションが行き渡り、ほとんどの市民がその恩恵を受けるよう保証することである。すでに指摘したように、適切なフレームワークが存在しないと、たとえ勝者が敗者に補償できたとしても、イノベーションはほとんどの市民の暮らしを悪くするようになる。

民主主義では、政府がイノベーションを促進する政策を採用するかどうかは、イノベーションがほとんどの市民にもたらす結果に依存する。北欧モデルでは、自国の市民のより多くがイノベーションと経済成長の恩恵を受けるように保証することによって、好循環を生み出している。すなわち、イノベーションを促進する政策を支持し、結果として生まれる経済成長の恩恵が広く国民に共有されることを保証する政治体制がある。(53)

6――イノベーションと社会の特質についてのより広い考察

イノベーションが社会を形成し、同時に社会によってイノベーションが形成される。分権化された市場プロセスは、通常――良くも悪くも――こういった結果にほとんど注意を払わない。我々はすでに2つの側面について指摘した。失業と所得分配への影響である。

ここまでは、製品市場では競争が制限されているが、労働市場は完全競争である市場経済でのイノベーションを分析してきた。しかし労働移動には制限があり、労働市場はしばしば完全競争からほど遠くなっている。革新的プロセスを管理する雇用主は、労働者との交渉力を強化するように管理しようというインセンティブをもつ可能性があり、このことが賃金低下を招くためである。労働増大的イノベーションは、失業を増やすが賃金低下にもつながる。労働者をお互い代替可能にするイノベーションも同じだ。近年起きているイノベーションのパターンは多くの労働者の賃金を低下させているが、これは自然に発生したものではない。ましてや通常の競争的市場要因がうまく作用した結果でさえない。これは、雇用主が意識的に、労働者を犠牲にして自分たちの厚生を向上させるようにイノベーションを形成した結果ではないだろうか。[54]

労働者と経営者にとっての関心は、賃金だけではなく、「コントロール」も含まれる。たとえば経営陣は、労働者が怠けたり企業の利益にならない行動をとる「エージェンシー」問題の生じる範囲を縮小させようとするかもしれない。[55] 管理者は労働者の裁量の範囲を縮小させようとするかもしれない。管理者が監視しコントロールする能力を増加させるイノベーション（流れ作業方式、ジャスト・イン・タイム制の在庫システム、など）は、労働者には否定的に見られるとしても、経営者にとっては好ましいものとなる。[56] このような職場の変化は、社会により広い影響を及ぼす。

もちろん、企業が労働節約（労働増大）的イノベーションに取り組むとき、企業は「学び方を学ぶ」。企業はこの形のイノベーションに、より順応する。[57] このことは、労働増大（労働節約）的イノベーションのプロセスを促進させるのである。

一方、消費者や労働者、そして経営者はみな、よりダイナミックな経済と社会での生活および結果として得る新しい経験の喜びから、直接的楽しみを得ることができる。このような便益も、市場価格やインセンティブに適切に反映されていないかもしれない。[58]

7——おわりに

本章では、知識の生産——もっと一般的にはラーニング——が、鉄など他の標準的な製品の生産とは異なる理由を説明した。過去40年間の研究では市場が効率的であるという想定に疑問を投げかけてはいるものの、ラーニング・エコノミーでのこの明確な想定は、市場が実際には効率的ではなさそうだということである。革新的経済においては、アダム・スミスの神の見えざる手が見えていなかったのは、単にそれが存在しないからなのである。

本章では、ラーニングとイノベーションの重要な特質（固定費用、サンクコスト、公共財的役割、スピルオーバーなどで特徴づけられる点）を列挙した——それらは通常の製品とは異なる特質である。このリストからわかることは、ラーニングに関係する市場の失敗が広範囲にわたっている点と、その重要性、そして規制のない自由市場でのラーニングへの投資の量、方向性、形態は最適にはなりそうにない点である。たとえば、スピルオーバーがあると、ラーニングに従事した企業は、現在も将来も、ラーニングからの社会的便益を十分に専有することができない。本章は、市場経済でのイノベーションの量と方向が最適からほど遠くなる別の理由も説明した。ラーニングの決定要因として挙げたリストには、安定性などの重要な社会的特質も含まれ、これ自体は公共政策の結果である。市場はそれ自体では、最適レベルのマクロ経済的安定性をもたらさない。もっと正確には、市場は孤立した状態で存在することは決してないと言うべきだろう。社会は、実施できる契約の種類やその契約を実行する方法など統治するためのルールと規制を定めるべきである。したがって、「規制されない市場」が存在するというのは神話の中の話と同じで、特別な方法で市場を形成しようとする者たちがたびたび使う考え方だ。（あたかも市場が形成されるべき「正しい方法」があるかのように説くが）多くの場合、その特別な方法は彼ら自身の利益のためである。本書では我々は、イノベーションのペースと方向性を形成するルールと規制の重要性を強調する。

短くまとめると、技術進歩が内生的であるとき、以下のような多くの市場の失敗が存在する。市場は完全競争でないことが多い。研究やラーニングの便益は、現在また将来にわたっても他者にスピルオーバーする。研究を行う企業は、自分たちの研究からの社会的便益のほんの一部しか専有しないだろう。しかし専有を強化しようとする試みは、経済にさらなる歪みをもたらすことになる。

市場の失敗の源泉はひとつではなく複雑であるため、その結果も多岐にわたり複雑である。R&Dの量も、R&Dの研究プロジェクト範囲、そして研究の方向性も歪められる。なぜならば、すでに指摘したように、生産はラーニングと関連しているため、生産の量とパターンは、ファースト・ベストと比較すると歪みが生まれる。労働契約も、労働移動やラーニングが生まれる範囲と形態に影響を与えるため、ここでも（ラーニングを最大化させようとする社会においてあるべき状態と比較して）歪みが生まれる。本書の中心的なテーマは、市場経済（より広く社会）のあらゆる側面は、ラーニングとイノベーションの観点から再検討する必要があるという点である。

市場が行う研究とラーニングの量は少なすぎるか

イノベーションとラーニングの経済学の中心的な問いは、市場の独自の判断では、研究とラーニングは過少になるのだろうか、である。知識が公共財であることを考えると、その答えはイエスとなる。たしかに、市場の基礎研究への投資は過少になるという議論には説得力がある――それは同時に、政府には重要な役割があることを明らかに示唆している。しかしより応用的研究についてはどうだろうか。市場の失敗（たとえば、競争の不完全性やR&Dの便益をすべて専有できないことによるもの）が多く存在することから、実際、研究とラーニングへの投資が過少になることが示唆される。それは、ファースト・ベストと比較しては確実であるが、（第Ⅱ部でより詳細に議論しているように）政府が実施できる介入に対して様々な制約が存在している状態でセカンド・ベストと比較しても過少になる。しかし我々は、問題はもっと複雑であることも明らかにした。私的収益が社会的便益を上回る場合もあり、その場合には研究は過剰になる——特に特定分野の研究が過剰になる。

不完全競争の市場では、研究目的のひとつは、レント・シーキングである——つまり、特許や単に先行者優位から独占的利益を得ることである。イノベーションへの投資がレント・シーキングによって生まれるという事実は、レント・シーキングの経済への影響がマイナスになるだけではないことを示す。もっと建設的な目的に向かうことも可能である。[59] しかし企業が、模倣的発明において、ライバル企業の利益の一部を奪うための研究を行うと、ここでのレント・シーキングの議論は他と同様に経済の歪みをもたらす結果にもなる。

ラーニングと研究に過少投資する市場経済の傾向を相殺する別の動きがある。かつてKnight（1921）は、起業家は非合理的に自信過剰になる傾向があることを指摘した——根拠なき熱狂ということもできる。このような人びとは、革新的活動から得る収益は実際得られるものよりも多く、失敗する確率もより小さいものと固く信じている。起業家は、自分自身と自分の相対的能力に自信をもたなければならない。しかしもしそうであれば、特にある種の「刺激的」分野における投資の量（R&Dとラーニングへの投資も含めて）は——社会的便益という観点で過剰とは限らないが、私的収益という意味での——過剰になるはずだ。実際、この根拠なき熱狂が、本章で議論してきた市場の失敗から生まれる過少投資を部分的に相殺するように、働いているのだ。

（実際、この見た目の非合理性は部分的に、情報の不完全性と非対称性をともなうモデルで、オークション理論での勝者の呪いを説明するモデルに似たモデルを使用し説明することができる。最も高い値をつけた者は、最も好ましい情報をもっている。この入札では彼らは、他者は好ましくない情報を得ていることを考慮に入れる必要がある。研究プロジェクトも含めてどのようなプロジェクトの決断の際も、同様のことが言える)。

知的所有権

イノベーションに関して注目を集めている議論の多くは、イノベーションからの社会的便益の不完全な専有可能性の帰結についてである。このことが重要な問題として捉えられていると、厳格な知的所有権制度を通じて専有可能性を改善させる政府の政策に関心が集中するのは自然な流れではある。

我々のこれまでの分析で、この関心の方向性が様々な意味で間違っていることを示してきた。第1に、それがいくつかある市場の失敗のひとつにのみ注目していることである。イノベーションが重要となる市場は、不完全競争になりやすいことを示したが、不十分に設計された知的所有権(IPR)制度は、この不完全性をさらに悪化させる可能性がある。

第2は、厳格な特許保護によってこの問題を正そうという試みは、すでに指摘したように知識の過少利用を招くだけでなく過剰投資にもつながり、特に、特定分野の研究においてその傾向がある。市場での研究投資が、一般的に過剰になるか過少になるかではなく、ある種の研究(医薬品分野の模倣品特許、もしくはホールドアップ特許につながる研究)への投資が過剰になり、別の分野(特に基礎研究)への投資が過少になるのである。

実際特許制度はそれ自体が、市場の歪みを大きくする可能性がある——より厳しい(そして不適切に設計された)知的所有権制度を使用することで、実際にイノベーションの全体のペースを遅れさせ、市場のイノベーション・プロセスの非効率性を増大させることになる。

研究とラーニングのパターン

すでに指摘したように、これはR＆Dやラーニングの量だけの問題ではない。ある分野のリスク・テイキングが過少になるが、別の分野では過剰になるかもしれない。ある状況には相関関係に過剰な注意が払われるが、別の状況への注意が過少になる可能性がある。

さらに憂慮すべき点は、研究の方向性が歪められることである。環境への影響を削減することを目的とした研究（たとえば、地球温暖化に関連したもの）が十分でないことは明確である――それは、炭素排出量に価格がつけられていない状況では想定内のことだ――またイノベーションの結果として生じる失業や分配上の変化には、十分な注意が払われていない。

我々の分析の結果は、イノベーションを生み出す上での市場の美徳に関する、シュンペーターの楽観的考え方に疑問を投げかける。シュンペーターは（それを証明したことはないが）、優位企業になるための競争がイノベーションを高いレベル（おそらく「正しい」レベル）に導くと考えた。同時に彼は、独占力は短期的なものであり、潜在的競争によって抑制されると主張した。第5章ではこういった結論に疑問を投げかけた。すなわち独占力は持続性がある。そして、潜在的競争の脅威はイノベーションを増加させるというよりも、コストがかかる参入障壁を作り出す可能性がある。この参入障壁が十分に機能すると、独占企業は高い利潤を享受できるのである。

高い利益でR＆Dにともなう先行投資のサンクコストを賄うことができ、この点は不完全な資本市場においては特に重要である。しかしこれは研究資金を得る最良の方法――すなわち、最も公平かつ市場の歪みが最も少ない方法――ではない。またいつもそうであるように、独占は短期的であったとしても、高いコストが存在する。独占企業の所有者が得る過剰な利益を別にしても、利益のうちのより多くが、研究よりもマーケティングと広告に投資されていることがある。そしてマーケティングや広告、研究は、消費者の厚生と社会的厚生を向上するというよりも、市場支配力をさらに強化する（需要弾力性を減らす、転換コストを上げる、競争相手を不利にする）方向に向けられている。

さらにシュンペーターは、独占を支持する議論においては、独占にともなうことが多い停滞をもたらすエージェンシー効果を無視していた。

イノベーション、そして個人の厚生と社会的厚生の向上

「シュンペーター的競争」が経済全体の効率につながるという、シュンペーターの信念は間違っているように見える。同様に、すべての（もしくはほとんどの）人びとが動学的資本主義から利益を得る、というシュンペーターの楽観主義は根拠がないように見える。21世紀の資本主義の下では格差が非常に拡大し、ほとんどの人びとの暮らしが悪くなっている。アメリカでは中流家庭の所得が減少しており、本書の出版時点で見ると、25年前の所得よりも（インフレ調整後）低くなっている。そしてこのことには、不安定性の増大や環境悪化による幸福感の低下は考慮されていない。アメリカの金融制度における「イノベーション」の結果、家を失い生涯貯蓄を失った者は、自分たちの孫たちの暮らしはおそらくよくなるだろうという考え方で安らぎをおぼえることはないだろう（たとえば、男性の正規雇用の平均所得が40年前よりも低いことを考えれば、トリクルダウン経済政策への信頼も下がるだろう）。

市場のもつ革新性を称賛する人びとは、むろん、それがもたらす失業や分配への効果にはほとんど注意を払わない。（政府の管理によって規制されない）市場は高いレベルのイノベーションを生み出し、高

水準の社会厚生をもたらすと信じている。勝者と敗者が生まれても社会全体では利益を得ることができ、勝者の便益が敗者の損失を補償する以上あるという考え方である。この単純な考えでは、敗者は存在せずその便益が何らかの方法ですべての人びとにいきわたるとする。この強い意味でのトリクルダウン経済学を支持する実証例は存在しない——一見GDPを上昇させるイノベーションの結果、多くの人びとの暮らしが悪化していることは繰り返し起きてきたことであり、すでに明らかである。

もっと弱い意味でのトリクルダウン経済学の議論もある。それは、最終的には経済が成長することですべての人びとが利益を得る、というものだ。成長と同時に格差が拡大していなかったならば、それは正しいかもしれない。しかし指摘したように、近年のアメリカの経済成長には、著しい格差の拡大がともなっている。そしてこの格差拡大が非常に大きいため、人口のかなり——ときには大部分——が長期にわたって生活水準が損なわれていると感じ、そしてその格差拡大自体は、すくなくとも一部が、イノベーションおよび市場が革新的行動を導いた方向性の帰結であるかもしれない（政府の政策によって、状況が良くなることも悪くなることもある。さらに最近では、国家が競争力をつけるためには、社会保障制度は縮小させる必要があると考える立場をとり、そのため中下位層がさらに痛手を負ってきた国もある）。

シュンペーターの書物が出版される前の200年間は、イノベーションは非常に強力であるためほとんどすべての人びとが利益を得るという彼の考えは正しかった。それがこれからの100年も必ず正しいとは言えない。

市場価格が歪められている場合には市場が、低い価格がついた資源を節約することに十分な注意を払わないことは明らかだろう。環境資源は価格が安く設定されているため、イノベーションは、労働削減に過剰に関心が向けられ、天然資源の節約には十分に関心が向けられない。

したがって、内生的な労働節約的イノベーションが、先進工業国家での格差拡大に加担したことはほぼ確実だろう。イノベーションの向きを変えるようにR&Dに政府が介入すれば、より多くの人が利益を得て、損失を被る人が少なくなる状況を可能にするかもしれない。

本書では多くの紙幅を割いて、政府が意図的であれ意図せずであれ、このシュンペーターの唱える創造的破壊のプロセスをどのように管理しているのかを考察する。たとえば、政府の主導する研究プログラム（たとえば基礎研究）、そうした研究プログラムの結果を利用可能にする条件、または知的財産法の構造（たとえば、開示すべき情報は何か、どの部分を特許としていいか、特許の範囲と新規性の基準、そして権利侵害の防止方法の特徴など）である。さらに実質的に、その国の法的かつ経済的フレームワークに関するほかすべての側面を通じてであり、その中には競争法に関する基準（たとえば、どのような状況で企業がこういった法律に違反していると判断されるのか、そしてその法の執行）も含まれる。このような法律や政策のそれぞれが、イノベーションのパターンと方向性に影響を与えているため、すべての政府が、黙示的もしくは明示的にイノベーション政策をもっていることになる。ただ、政府がそのことを認識していないだけなのかもしれない。アメリカの法制度は、社会的に最適な水準以上に金融のイノベーションを奨励していたことはほぼ間違いなく、一方、環境保護に役立ったかもしれない政策など、他種類のイノベーションを妨げる方向に働いていた（妨げる政策というよりもむしろ、適切な環境の価格の設定を保証する政策などの、政策手段がとられないことによる妨げである）。

本章と前章で詳しく説明したように、ラーニングとイノベーションに関連した市場の失敗が広範囲に存在する状況では、以下のような問題が発生する。イノベーションへの最適な資源配分、もしくは、すくなくともより良い配分とはどのような構成になるだろうか。もっと一般的に、どのような政府の介入が社会的厚生を向上させるのだろうか。本書の次章以降では極めて定型的なモデルで、どのような介入が最善となる可能性があるかを分析する。一方、第Ⅱ部では、社会的厚生を向上させる様々な政策介入を、より広範囲にわたって議論する。ひとつの分野、もしくはひとつのテクノロジーへの的を絞った補助金を提供することで「きめ細かく調整」された介入もある。しかし範囲がもっと広く、能力に限界がある政府でも行える（そして我々の考えでは行うべき）介入もある。そして我々は、発展途上国は自国の産業（「近代的」サービスや農業も含む）部門を保護すべきであるという考えの根拠を示していく。

市場は、単独では、ラーニング・ソサイエティを構築しない。仮に構築したとしても、あるべき状態と比較すると、その速度は遅くその範囲もより狭いだろう。政府は幼稚経済の成長を助けることができる。低開発の状態から発展した状態への移行に成功した国、もしくは停滞経済からダイナミックなラーニング・エコノミーへの移行に成功した国の多くでは、政府がそのように介入してきたのだ。

注

（1） Greenwald and Stiglitz（1986）参照。その論文では、保有する情報の違いと、情報の取得および生産の費用を考慮に入れて、制約つき効率性という概念を構築した。スティグリッツは、1960年代後半から、不完全情報と不完備なリスク市場があるときに発生する非効率性の特徴を研究してきた。Newbery and Stiglitz（1982）は、貿易規制がすべての国のあらゆる人びとの暮らしをよくすることを示した。Stiglitz（1975b）では、パレート劣位な均衡が存在しうることを示した。Stiglitz（1972, 1982a）では、株式市場の均衡は一般的には（制約つき）パレート効率ではないことを示した――これ以前の研究で、パレート効率であることを示した Diamond（1967）の結論は、商品が1種類しかなく、破産がなく、リスクが非常に限定されているという特別な前提に依存するものだった。我々の１９８６年の論文は、ある意味、これらの初期の研究を包括する一般的な定式化を提供した。（Arnott, Greenwald and Stiglitz 1994 は代替的な一般的定式化を提供している。Stiglitz 2009 も参照）。我々は、１９８６年の基本的な結論を１９８８年のサーチ・モデルなど他のモデルに拡張した。

（2）これは、英国マンチェスターの経済学大学教員協会で行ったスティグリッツの１９７４年の講演における重要点だった（Stiglitz 1975a）。１９７８年11月に、ブエノスアイレスで開催された、米州開発銀行と国連ラテンアメリカ・カリブ経済委員会の合同会議での講演で、知識の公共財的特質から生まれる問題について詳しく述べた。知識は、特殊な公共財である――世界中のいかなる人間に対しても便益をもたらすグローバル公共財である。ウィーンの国連会議での演説において国際的公共財という概念を発展させた後に（Stiglitz 1995b）、Stiglitz（1999a）はその概念を知識に適用した。

（3）本章の後半、および他の章でも詳細に論じているが、すでに指摘したように、他に市場の失敗がない限り正しい。一部のイノベーション部門に蔓延するレント・シーキング行為は、特定の研究プロジェクトへの過剰な支出をもたらすようになる。

（4）おそらく、こういった人びとがイノベーションからの利益をすべて得ていないことをそれほど重要視しなくてもいいだろう。もっと利益になるなら彼らがさらに勤労に励んだという証拠はほとんどない。経済学者の議論は経済的インセンティブに着目する。第3章で指摘したように、経済的インセンティブは、ラーニングとイノベーションを決定する重要な要因ではない。

（5）この結果は、競争を想定した内生的経済成長モデルへの有効な批判となる。完全競争と整合的になるのは、完全なスピルオーバーがある極端なケースのみだが、しかしその場合はR&Dに着手したりラーニングへ投資するインセンティブはほとんどない（Romer 1994; Stiglitz 1990）。ローマーは、Dixit and Stiglitz（1977）の選好関数を使用して、不完全競争モデルに長期的動学性を統合する簡単なパラメーター化したモデルを提供している。しかし、ディクシットとスティグリッツが指摘するように、その効用関数には特殊な性質がある。特に、たとえば、市場の均衡での最適な企業数（多様性）など厚生評価をする場合には、効用関数の使用には注意を払わなければならない。他の定式化では著しく異なった結果が導かれる（たとえば、Stiglitz 1986b 参照）。

（6）しかし、生産量が少ないことを所与とすれば、ラーニング、すなわちR&Dへの投資レベルは最適であるかもしれない。我々の議論で、独占ではラーニングが少なくなるというとき、それは、産出水準が最適で、かつその高い産出水準を反映するラーニング量があるという、ファーストベストの状態よりもラーニングが少ない、という意味である。補助金に必要な税収を上げるコストがたとえあっても、補助金を使った政府介入があるセカンド・ベストの状況よりもラーニング量が少なくなるということも示される。

（7）最適なラーニングが損失を出して生産することを必要とすることもあり、結果的に借入が必要になることもある（Dasgupta and Stiglitz 1988a 参照）。

（8）これが観察される技術への投資からの高い平均収益の説明要因になる（大統領経済諮問委員会報告書：Council of Economic Advisers 1995）。

（9）この件についてより深い議論はStiglitz（2006a, 2008b, 2013b）参照。

（10）強調しておくが、ときには後から市場に参入することで有利になることもある。先行企業から学ぶことができ、たとえば、評判を落とすような間違いを回避できるからだ。ソニー社のベータは、後発のＶＣＲ技術に負けてしまった。

（11）第12章の議論を参照のこと。Boyle（2003, 2008）は、パブリック・ドメインにあった知識に特許権が与えられることを、コモンズの囲い込みと表現している。

（12）第4章で指摘したように、これが企業の境界を決定する大きな要因になっている。同じ企業内は異なる企業間よりも知識はより自由に移動する。

（13）コモン・プールでの漁業問題という話がある。自由参入は過剰な参入をもたらすため、均衡点では定常状態の漁獲量が少なくなる。

（14）交渉が破綻した場合の事例としてストライキや戦争がある（Farrell 1987）。特許におけるホールドアップの議論についてはShapiro（2010）参照。

（15）このような問題が悪化するのは、知識の「境界」を厳密に定義しにくいことに起因する。この複雑に絡み合った特許の問題やより一般的問題については、第12章でより詳細に論じる。

（16）このような問題は、市場の別の欠陥によって悪化する可能性がある。相対評価による報酬制度は、他者と同じように行動するという「群衆」行動を誘発する（Nalebuff and Stiglitz 1983a 参照）。

（17）複雑に絡んだ特許すなわち「特許の藪」と呼ばれる文脈で起きる問題については第12章で詳細に述べる。

（18）本セクションの議論の大部分はDasgupta and Stiglitz（1988a）に依拠する。

（19）不適切に設計された知的財産権制度は、実際にイノベーションを阻害する場合がある（第12章の議論参照）。

（20）ボルカーの２００９年の発言はニュースで大きく取り上げられた。たとえば、以下の記事参照。Pedro da Costa and Kristina Cooke, "Crisis May be Worse than Depression, Volcker Says," *Reuters*, February 20, 2009. http://uk.reuters.com/article/2009/02/20/usa-economy-volcker-idUKN2029103720090220.

（21）さらに詳しい議論は、Stiglitz（2010b）参照。

（22）Greenwald and Kahn（2009）は、すくなくとも２０００年以前は、製造部門の雇用減少のほとんどが（グローバル化ではなく）技術発展によるものだったことを示した。

アメリカのイノベーションが「スキル偏向的」であるという見方を裏付ける多くの文献がある。たとえば、Greiner, Rubart and Semmler（2003）, Goldin and Katz（2008）, Autor and Dorn（2013）, Autor, Levy and Murnane（2003）, Autor, Katz and Kearnery（2008）参照。にもかかわらず、賃金、賃金格差、要素分配率の変動は、スキル偏向的な技術変化の理論では十分に説明されていない。Shierholz, Mishel and Schmitt（2012）参照。

(23) この分析はStiglitz（2006b）を基にしたStiglitz（2014d）に依拠する。Stiglitz（2006b）は、要素偏向的誘発イノベーションに関する膨大な研究をベースにしている。主な研究に、Ahmad（1966），Drandakis and Phelps（1966），Fellner（1961），Kennedy（1964），Samuelson（1965）があり、その他経済史分野での先行研究はSalter（1966），Habakkuk（1962）参照。

(24) イノベーションの類型化に関する議論は、Hicks（1932）参照。ここでは「要素増大的」技術変化という用語を用いる。その場合には技術改善によって、たとえば、ひとりの労働者は以前2人で行っていたことを行うようになる。代替の弾力性が十分低いならば、元の賃金での労働需要が減少することになる。

(25) Stiglitz（2014d）は、労働と資本の代替の弾力性が1より小さい限り、これが成り立つことを示している。さらに一般的な結果としては、市場要素の偏向は最適ではないということになる。代替弾力性が1より大きい場合、長期的均衡は安定的でないかもしれない。実質資本と労働比率が高くなると、資本の分配率はより大きくなり、これが高いレベルの資本増大的技術進歩につながり、さらに資本分配率が高まる。

(26) すでに簡単に指摘したが、別の解釈もある。たとえば、賃金が完全に調整されないとき、あるいは企業による労働者雇用に困難が生じるときもある。結果として影の資金が市場賃金を超えることになる。

(27) 我々は均衡への収束が単調な標準的ソロー・モデルとは動学過程が極めて異なる、という点も指摘している。本書の完全版の第6章の補論で示したように、収束は振動しながらである。しかしながら、ソロー・モデルの定常状態へのスムーズな収束は、極端に簡略化した想定によるものであることも指摘している。その他のわずかな修正（ビンテージ・キャピタル、所得分配に依存する貯蓄）も、より複雑な動学プロセスをもたらすことになる。たとえば、Akerlof and Stiglitz（1969），Cass and Stiglitz（1969），Stiglitz（1967）参照。

(28) これは、40年以上にわたるアメリカの平均賃金の停滞と未熟練労働者（たとえば高校教育のみで働く労働者）の賃金低下と整合的である。

(29) ここで取り上げた問題についてより詳しい議論はStiglitz（2010b）参照。

(30) このアイデアのより詳しい議論はStiglitz（1975a, 1994c, 2010a）参照。

(31) すでに指摘したように、平均で見ると韓国で倒産した企業は倒産しなかった企業より生産的でなかったわけではない。

(32) 資金があるものが政治により影響力をもつアメリカのような国では、よりその傾向が強い。

(33) このセクションは、Stiglitz（2014e）に基づいており、その論文の一部を含んでいる。

(34) ２０１３年にはアメリカは5位、スウェーデンは12位、ノルウェーは1位だった。厚生の測定としておそらくもっと関連性のある不平等調整済み人間開発指数では、アメリカは27位、スウェーデンが7位、そしてノルウェーは1位だった。

(35) 2012年からのOECDデータによる。経済パフォーマンスと社会の進歩の測定に関する委員会が指摘した測定問題を考慮に入れると、アメリカの労働1時間当たりのGDPはもっと少ない。

(36) もちろん、このようなデータには複数の解釈が考えられる。数字は、垂直統合の程度に依存する（生産プロセスにおいて、労働者当たりの付加価値が他より高い部分があれば、その生産工程に特化する国は、たとえ比較できる作業の生産性が同じでも、より高い生産性をもつように見える）。さらに、数字は、未熟練労働者と熟練労働者の割合に依存する（明らかに、未熟練労働者の使用を選択する企業や国は、労働者1人当たりの生産性は低いが、全要素生産性は同じだ）。同じように、このような問題を無視した労働者1人当たりのGDPに関するデータも、複数の解釈で悩ませられる。特に、医療費や「防衛」費の問題などのために、GDPが経済パフォーマンスのいい指標にならないことに関係している。

(37) Stiglitz, Sen and Fitoussi（2010）など参照。

(38) そして、特許のコストと便益の評価で考えれば、これは当然である。

(39) Mazzucato（2013）は、イノベーションにおいてベンチャー・キャピタル業界の果たした役割が限定的であったことを示した。ベンチャー・キャピタル業界は金融部門の中では非常に小さく、金融分野の主たる業界が引き起こした世界的金融危機によって被害を受けた。Kaplan and Lerner（2010）は、歴史的にもベンチャー・キャピタルの企業への投資は驚くほど一定であり、株式市場の総価値の0・15％にすぎないとしている。

(40) OECDが行う国際学習到達度調査（PISA）は、15歳の学生の読解力、数学、科学的リテラシーを評価する。PISAによれば、アメリカの学習到達度はOECD加盟国の平均レベルであるが、数学ではOECD平均を下回る（OECD 2011）。機会の平等の水準が低いということは、貧しく教育水準の低い親の下に生まれた子どもは、潜在能力を活かす可能性が低いことを意味する。Stiglitz（2012b）参照。このような負の帰結は、アメリカ式資本主義が生んだ当然の結果と考えられるかもしれず、特に政治的プロセスと経済格差が相互作用すると公的投資の減少を導き、このことが、大きい経済格差につながってきた。

(40) Gertner（2012）参照。

(41) しかしこういった学校はどれも営利組織でないことに注意すべきである。非営利か、公的機関である。

(42) こうした見方は、Domar and Musgrave（1944）および Stiglitz（1969）の不可欠な部分である。税システムの詳細はリスク・シェアリングの程度、したがってどのイノベーションが促進されるかに影響を与える。

(43) 社会的な態度と慣行が果たす重要な役割についてすでに言及した。啓蒙主義運動は考え方の変革だった。そしてその考え方の変化の方は、所有権やインセンティブ構造の変化よりもはるかに重要だった。それはここでも同じである。失敗への対応は、個人のリスクを負おうとする意欲に影響を与える。このような社会的態度を決める要因は本書の範疇を超えるが、政府の政策が担う役割を強調する研究はますます増えている。世界銀行の*World Economic Report 2015*『世界開発年次報告

２０１５年度版』参照。

(44) 教育に過少投資になる理由はこれだけではない。特に社会的に恵まれない家族の下に生まれた子どもは、教育から得る便益を十分に評価しないかもしれない。標準的モデルで想定されている完全な合理的期待形成という想定は明らかに間違っている。初等教育および中等教育については、ほとんどの子どもが公的教育提供に依存する。そして富裕層が私学に行くような分断化された社会では、特に貧困層が多いコミュニティでの教育投資は過少になっている。

(45) たとえば、高頻度のトレーダーの利益は他者を犠牲にしたものだ。しかし、このレント・シーキング行為は実際の資源を使用するだけでなく、市場の情報量を減らし、効率的な資源配分に負の影響をもたらす。Stiglitz（2014g）および Biais and Woolley（2011）参照。

(46) 経済史家の間では長い間、高賃金と労働希少性がイノベーションという便益をもたらすと主張する議論がある。Salter（1966），Habakkuk（1962），Sutch（2010），Wright（1986）参照。理論的議論は、Acemoglu（2010），Greenwald and Stiglitz（2014a），Stiglitz（2006b, 2014d）参照。

(47) Stiglitz（2012b），Piketty（2014）および、そこでの参考文献参照。

(48) たとえば、Hoff and Stiglitz（2004a, 2004b）参照。

(49) 格差と政治経済的均衡は複数のことがらで関連している。より分断された社会は、高い利益を生み出す公共投資を行い難い。富裕層は、国が権力を行使して富を分配することを恐れて、国の弱体化を期待する。Stiglitz（2012b）とそこでの引用文献参照。経済成長と格差に関する研究のサーベイは Bénabou（1996）参照。さらに最近のエビデンスは、Ostry, Berg and Tsangarides（2014）参照。

(50) これは、アメリカでの意思決定（特に本書との関連では、知的財産権制度の設計と研究支出の量とそのパターンに関するイノベーションの意思決定）を詳細に観察しかつ参加した上で、確信をもって発言している意見である。しばしば特定の利害が優先される。科学の進歩と健康の促進に資するものは何かという問いかけが軽んじられている。この点に関する議論は、Stiglitz（2006a）参照。

(51) 知識と技術のギャップを縮めるのに大きな成果を出した韓国のような国が少数存在することは、この仮説とは必ずしも矛盾しない。このような国はギャップを縮めるコストを過小評価したかもしれず、非常に低い割引要素をもっているか、ギャップを縮めるコストが著しく少ないという、特異な状況があったかもしれない。

(52) 収束しない別のモデルもある。Stiglitz（2014e）の補論では、我々のモデルと Krugman（1981）および Matsuyama（1992）のモデルの違いの重要性を議論している。

(53) 同様に、イノベーションを阻害するアメリカの政策は、金融部門のような、特定の利害団体の影響を反映する政治的プロセスの結果である。

(54) 各企業がそれぞれの職種に対して水平な労働供給曲線に直面する標準的競争モデルでは、このような効果が起きる可能性は少ない。しかし実際には労働移動は不完全である。企業は労働者と交渉を行う。彼らが形成する技術の特質は、この取引プロセスに影響を与える。この分析では企業が、労働者との交渉力を増加させるように協調する必要がない（実際にそうなる状況はあるかもしれないが）ことに注意すべきである。むしろ、労働者の移動が不完全である限り、各企業が労働者に対して交渉力を増す行動をとることは利益になる。

(55) 農業経済でのこの問題の分析についてはBraverman and Stiglitz（1986）参照。

(56) 完全競争の労働市場では、いかなる非金銭的コストも賃金上昇の要求につながり、企業は考慮することになるが、不完全競争市場ではそうならない。

さらに不確実性と情報の不完全性がある社会では、経営者は労働を節約する技術が望ましいと考えるようになる。「均衡フィクション」が存在し、そこでは観察されるエビデンスが人びとの信念を確認するのである（Hoff and Stiglitz 2010）。（経営者が自己の利益のために極端に自己裁量権を行使することができるエージェンシー・コストがある）マネジリアル資本主義では特にその傾向がある。そこでは経営者は、自分の時間と苦労に効率的市場経済で考えられる状態よりも高い価値をおいている。

(57) 興味深いことに、このような信念は現実的に、経営者や資本家「階級」全体の利害に合い、そのようなことを行うしくみがなくても、共謀して行いたいと思っていたかもしれないことと一致する結果を導くことになる。

この意味では、一種の規模に関する収穫逓増がある。労働効率を上げる方法を考えるイノベーターが多いほど、彼らはそれに習熟する。イノベーション・フロンティアは凹型ではなく、（すくなくとも部分的には）凸型である。

(58) これは、Phelps（2013）によって指摘されている点でもある。

(59) 東アジアは発展戦略の中核としてこれを行った（Stiglitz 1996; World Bank 1993参照）。

Learning in a Closed Economy

第7章 閉鎖経済におけるラーニング

本書の執筆を決意した動機のひとつは、幼稚経済保護論を発展させ、ある程度の保護がラーニングを促進させると主張することであるが、ラーニングそのものは、「閉鎖」経済を含めて、すべての経済社会において重要となる。開放経済でのラーニングの役割を十分に理解するためには、閉鎖経済でもラーニング向上のために公共政策が使用できることを理解する必要がある。

第6章では、一般的にはイノベーション／ラーニング・エコノミーにおいては市場均衡が（パレート）効率ではないことを示した。第7章と第8章では、こうした一般的原理をもっと具体的な結論で表すようにする。我々は、ラーニング部門――特に、別の部門へのラーニングのスピルオーバーが大きい部門――における産出量が過少になること、そして補助金や貿易保護などの政府介入が望ましいことを示していく。後の章では、これらの一般的原理をさらに拡張し、多くの領域での政策的インプリケーションを検討する。

1——基本的競争モデル

本章では、議論すべき課題に焦点を当てるために簡単なモデルを提示する。このモデルでは、2つの種類の財があると仮定する——ひとつは工業や製造、もうひとつは農業や手工芸である。生産性が向上する唯一の方法は、「経験によるラーニング」であり、このようなラーニングが生まれるのは工業部門のみだが、そのラーニングの便益はすべて農業部門にスピルオーバーすると仮定する。

仮に工業製品の生産を補助することで、政府が生産を歪めた場合、現在の社会的厚生は低下する。そしてこれが、特定の工業もしくはテクノロジーを奨励しようとする政府の「産業政策」への、典型的な反対論である。しかしこのような典型的議論は将来の便益を考慮に入れていない。すなわち、その工業分野の拡大によってより多くのラーニングが生まれ、両方の分野が便益を享受し将来世代の厚生が向上するのである。

ラーニングからの限界便益が厳密に正である限り、工業分野の発展をある程度奨励することは常に望ましい。「介入なし」の場合の均衡では、小さな介入の限界費用が2次のオーダーで無視できる大きさであるのに対して、コスト削減の限界便益が厳密に正になるからである。

(貿易を行わない)閉鎖経済においては、政府がある分野の生産を奨励する典型的方法は補助金を出すことである。しかし補助金を提供するためには、政府は増税しなければならない。そしてそうするには決まってコストがかかるのである。このため、望ましい補助金の範囲は資金調達のコストに依存する。仮に一括税を課すことが可能であるなら、政府はラーニング部門でない分野に税を課さずに、そうすべきである。しかし補助金の財源調達のために税収を上げる唯一の方法が、歪みをもたらす税制である場合でも、それを行うことが望ましい。

この結論はより一般的であり、生産をラーニングとラーニングのスピルオーバーが大きな分野やテクノロジーの方向にシフトさせることによって、経済は年々高い成長を達成することが可能となる。（過去半世紀にわたり経済学で主流であった）簡単な集計モデルではもちろん、分野間の再調整を行って成長率が向上するという可能性はない。

このため政府の目的は、ラーニングの弾力性が高く、スピルオーバーが大きい分野を拡大することとなる。ときには、そのような分野の発展を間接的に奨励することによって達成できる。たとえば、その財の補完財（紅茶と砂糖の関係のように、補完財の価格が下がるともっと多く消費する財）に補助金を与え、また代替財に課税するのである。政府はまた、このような分野にとって補完的となる公共財の供給を増やすことによって、その分野の拡大を促進することもできる。

興味深いことに、すべての財が対称的であるときでも、市場は非効率になる。なぜならば、人びとがより一生懸命働いた場合には、ラーニングが増え、次期の生産性は上昇することになる。しかし競争市場はこの点を考慮に入れない。したがって政府は、そうした労働に補助金を与えなければならない。割引率が低いほど（将来消費をより高く評価するほど）、ラーニングの弾力性が高いほど、そして労働者の努力を促すことがより容易なほど、市場の歪みの大きさは大きくなるだろう。この労働供給効果はもちろん、非対称的モデルでも重要である。すなわち、労働にとって補完的な（余暇にとって代替的）分野の発展は、たとえば減税などの方法で奨励されるべきである。

さらに一般化した論点もある。ここで検証できるのは、一般均衡モデルでの市場の失敗から発生する歪みのみである。ある分野の生産があるべき量よりも少ない場合には、別の分野の生産がより大きくなっている。ラーニングが存在する場合には、ラーニング分野では産出量の水準はより低く、ラーニングのない分野の産出量はより多くなり、全体では産出量は過少になる可能性がある。競争均衡は、最適レベルより低いラーニングをともなうことになる。

最適な介入

すでに指摘したように、小規模な介入──工業製品の生産の競争均衡と比較した僅かな増加──による、第1期の消費者の厚生への影響はごくわずかである。しかし将来の生産可能性曲線の外側へのシフトは、消費者の厚生に1次のオーダーの効果を及ぼす。このことが、ある程度の介入を行うことが最適となる理由である。しかしながらこの歪みの程度を増加させると、限界費用は上昇し限界便益は（通常は）低下する。このことは、最適な介入──最適な補助金──が存在することを意味する。

割引率が低いほど──すなわち我々が将来の経済成長をより高く評価し、またラーニング便益がより高いほど（別部門へのスピルオーバーが大きいほど）──生産をより大きく歪めるべきである。完全なラーニングのスピルオーバーがあるモデルでは、便益は経済全体に広がるが、歪みは工業部門だけに発生する。したがって工業部門のシェアが小さければ小さいほど、適切な歪みは大きくなる。簡単な最適補助金に関する公式を補論に示している。

複数均衡と低レベル均衡の罠の可能性

ラーニングの便益は将来の経済規模と関係する。その国の経済規模が大きいほど、生産費削減から生まれる費用節約額が大きくなる。現在の産出量が大きいほど、次期の生産コストは低くなり、次期の経済規模も大きくなる。複数均衡が存在する可能性がある。次期の産出量が多いと予想されれば、今期でより多く生産することが得になる。そのように産出量が高いと、次期のコストは低く、生産水準も高くなる。期待が正当化されるのである。しかし次期の産出量が低くなると予想し、現在の生産を少なくするという低レベル均衡の罠に陥る可能性がある。そして産出量が少ないため、ラーニングが少なく、次期の産出量も実際に低くなるのである。

この種の複数均衡が存在するとき、政府の介入は、経済を低成長均衡から高成長均衡に移行する助けになる。

2——独占

ラーニングをともなう分野（すなわち、イノベーションが重要となる分野）は収益逓増的であり、自然独占となる。すくなくとも、それらの分野では競争が限定的になる場合が多い。独占企業は、ラーニングの外部性を内部化することでは競争市場よりも優位性をもつことを、すでに説明した。独占企業は、より多く生産すればより多くのラーニングが発生し、将来のコストが下がることを認識している。そして独占企業は将来の収益を認識しているため、最適な政府介入が求めるレベルに向かってラーニング財の生産を拡大する。この「内部化効果」は、生産の抑制を引き起こす普通の独占力行使の効果を相殺することになる。

しかし独占または独占的競争がある経済においては、ラーニングの便益をある程度内部化するものの、企業は分野横断的なラーニング効果を内部化しないだけではなく、需要効果も考慮に入れていない。すなわち、（製品jを管理する）企業jの行動は、製品iの需要に影響を与えるため、（スピルオーバーがない場合でさえ）その分野のイノベーションの均衡水準に影響を与えることになる。さらに、（すでに説明したように）企業が考慮に入れていないマクロ的な労働供給効果がある。政府の補助金はこのような歪みを正す助けになりうる。

ところが、この分析をさらに複雑にするのは、たとえラーニング効果がない場合でも、（企業の数が一定でも可変でも）独占的競争の一般均衡は概してパレート効率ではないという点である。参入が自由で、すべての企業にとっての固定的参入費用が同じであり、市場が対照的で、需要弾力性が一定である（またラーニングが存在しない）場合には、市場均衡は効率的になることが、Dixit and Stiglitz (1977) で示されている。しかしながらこのような理想的な前提条件が欠落すれば、効率的にはならない(1)。

それでも我々は、独占の歪みの特徴や政府介入の望ましい形態に関して何かを言うことができる。この後の議論では、最適な補助金がある場合とない場合で独占／独占的競争均衡と競争均衡を、区別することが重要となる。最適な補助がある場合には、イノベーションは競争均衡よりも独占的均衡において少なくなる。さらに微妙な問題は、政府補助がない競争市場が補助のない独占より革新的かどうかである。

需要の弾力性が比較的小さければ、需要抑制効果が優勢になる可能性が高くなる。割引率が低く、ラーニングの弾力性が高ければ、「内部化」効果が優勢になる可能性が高い。内部化効果が十分に高ければ、ラーニングの便益が優位になる。言い換えると、生産コストが低くなることで将来消費が十分に増加するため、将来効用の増加が独占力行使による歪みから生じる損失を上回ることになる[2]。したがって独占のラーニング部門での産出量は競争均衡よりも（当初は）高くなることは可能である。そうでない場合には、その経済は短期的な歪みと長期的経済成長の鈍化に苦しむことになる。逆に高くなる場合には、その経済は当初社会的最適に近い状態にいることで便益を得る。しかしこのラーニングが増えた結果として、生産性が十分に増加しない場合には、もし持続するラーニングの便益がなければ、次期の産出量と効用は低下するだろう。しかし独占企業がこのようなラーニングの便益を再び内部化するならば、次期の産出量はより高くなる。実際、投入量と成長が競争均衡より高くなるため、たとえラーニングの便益の内部化がない場合であっても――独占力の行使によって制限されるが――結果的には消費のレベルでさえより高くなるだろう。

独占でのラーニングが競争の場合よりも高くなる可能性が大きくなる条件を確認することができる。労働供給の弾力性が大きければ大きいほど、独占企業のイノベーション・レベルは競争市場の水準よりも大きくなる可能性が高い。一方、需要の弾力性が十分に低く、ラーニングとラーニングの弾力性が低く、割引率が高い場合には、独占でのイノベーション・レベルは競争市場よりも低くなる。

独占でのラーニング・レベルの高さは、より低い効用レベルと関連しているかもしれない。たとえ生産可能性曲線が、ラーニングによって競争市場の場合よりももっと外側に移動し、かつ初期の消費がより高くなるとしても、その後のラーニングがそれほど重要でなくなる期間での独占による歪みがあるため、消費者が得る効用水準は低くなる。このため、次の3つの可能性が考えられる。（1）ラーニング・レベルが低い場合には、現在と将来の両期間での消費者の厚生はより低く、イノベーションはより少ないというこれまでの結果になる。（2）ラーニング・レベルが高い場合には、消費者の厚生は両期間で高くなり、消費者の暮らしは明らかに良くなる。（3）この中間の場合には、イノベーションはより高くなるかもしれない。しかし消費者が第1期で裕福になるとしても、第2期に独占力の行使の結果として被る厚生の損失を相殺するほど十分に良くなるわけではない——たとえ、生産可能性曲線が外側にシフトしたとしてもである。

異なる財の間での相対的消費に歪みがない、対称的独占的競争がある場合でも、（競争モデルの場合がそうであるように）労働供給には歪みが発生する。すなわち、独占力の行使が実質賃金を低くし、そしてこのことが（通常）労働供給を減少させ、産出量そしてラーニングを低下させることになる。（将来のラーニングの便益を考慮に入れない）近視眼的独占のケースではいつもそうである。対称的ケースで近視眼的独占の場合には、独占は競争よりも明らかに経済状況が悪くなる。どちらもラーニングの便益を考慮に入れないとしても、経済成長は、独占よりも競争市場の方が高くなる。

すでに指摘したように、近視眼的でない独占はラーニングの便益を内部化するため、結果をより不透明にさせる。すでに説明したように、ラーニングの弾力性が高く、割引率が低く、かつ需要の弾力性が高いと、独占がより好ましい場合がある。

仮に政府が独占力を取り除き、最適な補助金で介入することが可能であるなら、政府は明らかにそれをすべきである。しかしそれができず、また独占と共生しなければならないのならば、政府は（分配上の懸念を別にすると）独占に補助金を与えるべきである。独占企業は、限界費用にマークアップを加えた価格を請求するため、製品単位ごとの補助金は、競争市場での単位ごとの補助金よりも、価格を下げ、産出量を増加させ、ラーニングを発展させる上でより大きい効果をもつ。単位ごとの所定補助金のもたらす限界便益の大きさに関しては不明瞭な部分がある。独占企業の生産制限があるため、最適な補助金を受けた競争均衡よりも、次期の生産が少なくなる（この逆効果が、後の期間でのラーニングの内部化で完全には相殺されないと仮定する）ため、ラーニングの増加から生まれる限界便益は低くなる。しかし補助金は、工業製品の過少生産を導く独占の歪みを修正する助けになるという追加的便益をもつ。

3 おわりに

本章では、第I部の章で取り上げた重要な考えのうち3つについてさらに検討した。すなわち、（a）工業部門は、農業などの分野よりも、別の分野へ重要なスピルオーバーをもたらし、より革新的である場合が多い。（b）完全なスピルオーバーがなければ、市場は競争的にならない。また（c）競争的であるなしにかかわらず、市場は効率的にならない。そして以下のことを示した。（a）競争市場では、工業部門は過小になり——たとえ補助金を払うための資金が歪みをもたらす税金で調達される場合でも——助成金が望ましくなる。（b）独占的競争で工業分野は、競争均衡よりも大規模になる場合も小規模になる場合もあり、それはラーニングの内部化の便益の相対的重要性に依存する。（c）独占的競争では、（分配効果は別にして）ラーニングの部門間スピルオーバーがある場合、工業分野に補助金を与え、規模の拡大を促進することが望ましい。（d）非効率が産出量の構成割合だけではなく、労働供給においても存在する。生産拡大からのラーニングの便益があるため、労働供給は最適よりも通常は低くなる。

需要関数、生産関数、そしてラーニング関数に関する正確な知識があれば、短期的な歪みを長期的便益と比較考量しながら「最適な介入」を設計することが可能になる。こうした詳細な知識がたとえなくても、工業部門のように、高いラーニングの弾力性と高いラーニングの外部性がある部門を特定することができれば、そうした分野の発展を奨励すべきであろう。後の章では、為替レートの変更などの幅広い効果をもつ政策を通じて、どのようにそれが可能になるのかを説明する。

シュンペーターは独占の利点に対して肯定的に議論を展開した。我々のラーニング・モデルでは独占の主な利点は、独占がラーニングの外部性を内部化することにある。しかしすでに指摘したように、独占には過少生産の傾向という大きなコストが存在する。R&D投資の場合には、それは研究へのインセンティブがより下がることになる。本書で注目するラーニング・モデルで言えば、ラーニングが減ることを意味する。同一産業内でのラーニングの外部性を内部化することから生まれる便益が、独占による市場の歪みによるコストを上回る条件について詳しく説明した。

いずれにしろ、独占を擁護しようとするシュンペーターの熱意は正当化されるものではない。なぜならば、別の部門へ課税するか、また可能であれば一括税によって調達した資金でラーニング部門に補助金を出す、という政府介入で経済をより良くできるからである。(3)

4——補論

図解

第7章で示された基本的概念は簡単な図で表すことができる。2つの財（工業と農業）があり、それぞれ労働でのみ生産され、各期で産出量1単位当たりの投入量は一定とする。C_Aを農産品の消費量、またC_Mを工業製品消費量とする。労働供給が固定されているとすると、生産可能性曲線は、図7・1で示されるような直線となる。

ラーニングは工業部門でのみ発生し、生産が多いほどラーニングが多くなり、かつ他の分野へ完全にスピルオーバーすると仮定する。完全なスピルオーバーがあると、生産可能性曲線は来期も今期と同様に同じ傾きをもつことになる。

どの企業もラーニングの便益を考慮に入れない競争均衡では、競争均衡は無差別曲線と生産可能性曲線の接点になり、$\{C_A^{t*}, C_M^{t*}\}$で表される。ある程度のラーニングが生まれるため、生産可能性曲線が上にシフトし図7・1パネルBで示したように、次期（$t+1$）には両方の財の消費が増えることになる。

図7・2は、t期に政府が工業製品に補助金を出すとどうなるかを示したものである。それは補助

図7.1　競争均衡

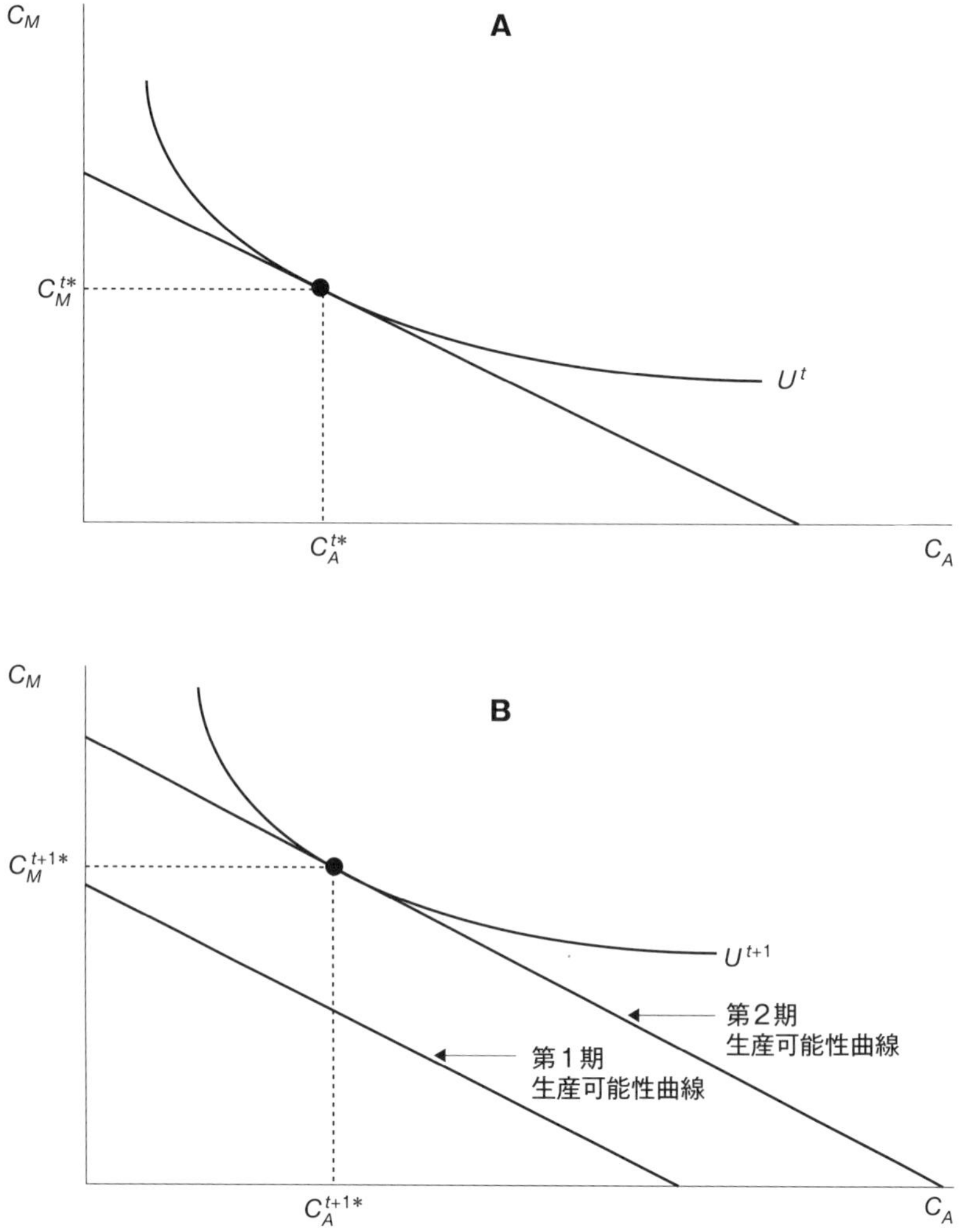

パネルA：第1期の均衡は、生産可能性曲線と無差別曲線の接点になり、C_A^{t*}、C_M^{t*}で表される。
パネルB：第2期の均衡は第1期と類似しているが、生産可能性曲線は外側にシフトする。
均衡点は、C_A^{t+1*}、C_M^{t+1*}で表される。

図7.2　政府が工業製品に補助金を出すケース

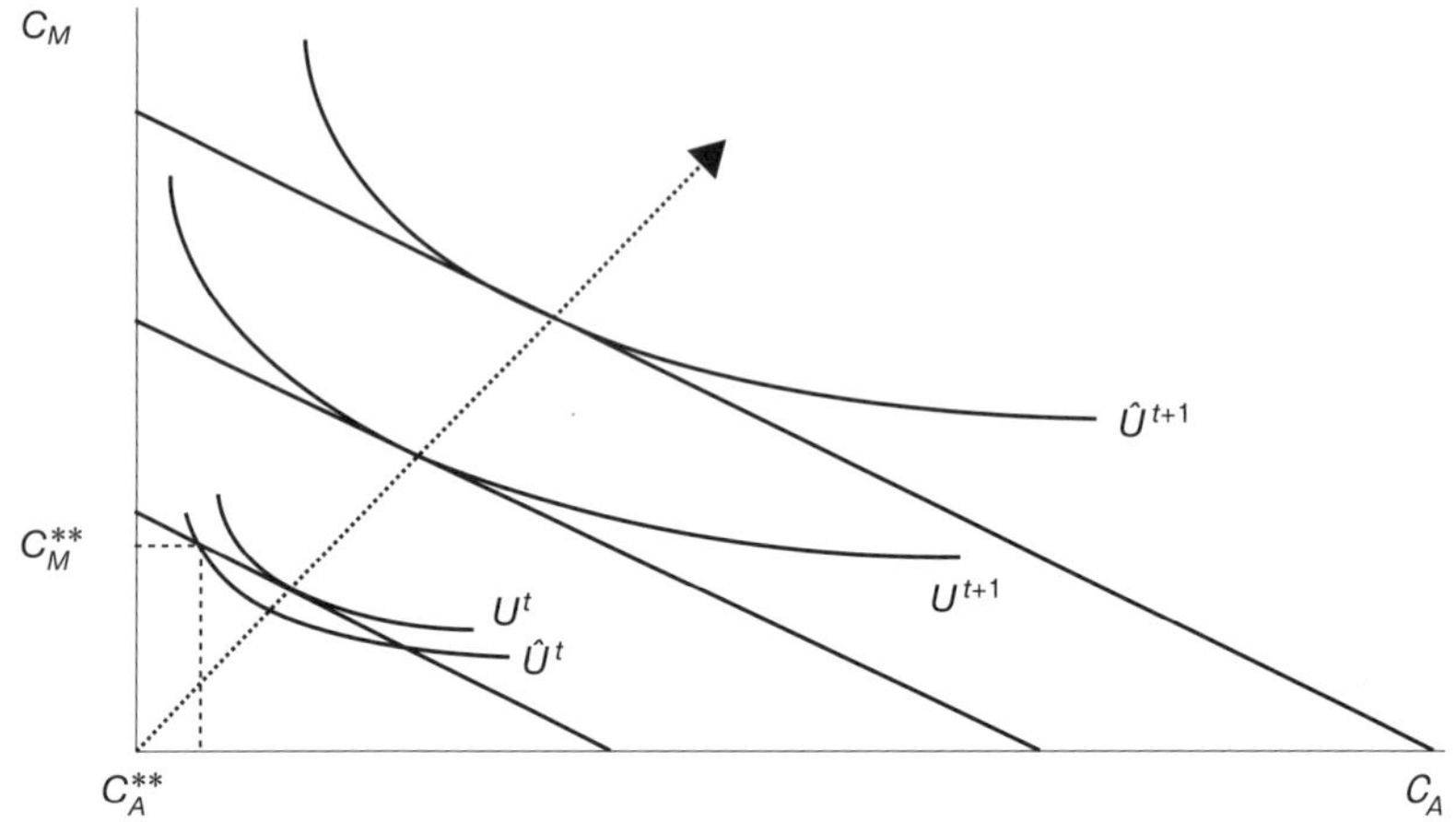

C_M^t が増え C_M^{t**} を超えると、t期の効用をわずかに下げる。しかし、これは2期の効用を大幅に上昇させる。$\hat{U}$は、競争均衡を歪めた結果生じる各期間の効用水準を示している。

が生産を歪めるため、t期の効用を下げるが、ラーニングが増えるため、生産可能性曲線が外側にシフトする——その結果$t＋1$期の厚生を向上させる。補助金が少ない場合には、1期の配分上の歪みはラーニングの便益と比較すると少ない（2次のオーダーである）。すなわち、何らかの補助を与えることが常に最適となる。

図7・3は、工業部門での独占の影響を示したものである。ラーニングがない場合、工業製品の産出量は競争均衡よりも低くなる（より多くの資源が農業に配分される）。この効果は、ラーニングの内部化で相殺される。図の例では、内部化効果が独占効果を上回り、t期の工業製品の生産は競争均衡よりも多くなる。これは、$t＋1$期の生産可能性曲線が（競争均衡の場合に想定される結果よりも）外側にシフトすることを意味する。独占効果のため、$t＋1$期での効用は、より良い生産可能性曲線が与えられた場合で可能になるほど高くなっていない。それでも、効

図7.3　工業部門で独占があるケース：ラーニングの便益が大きい

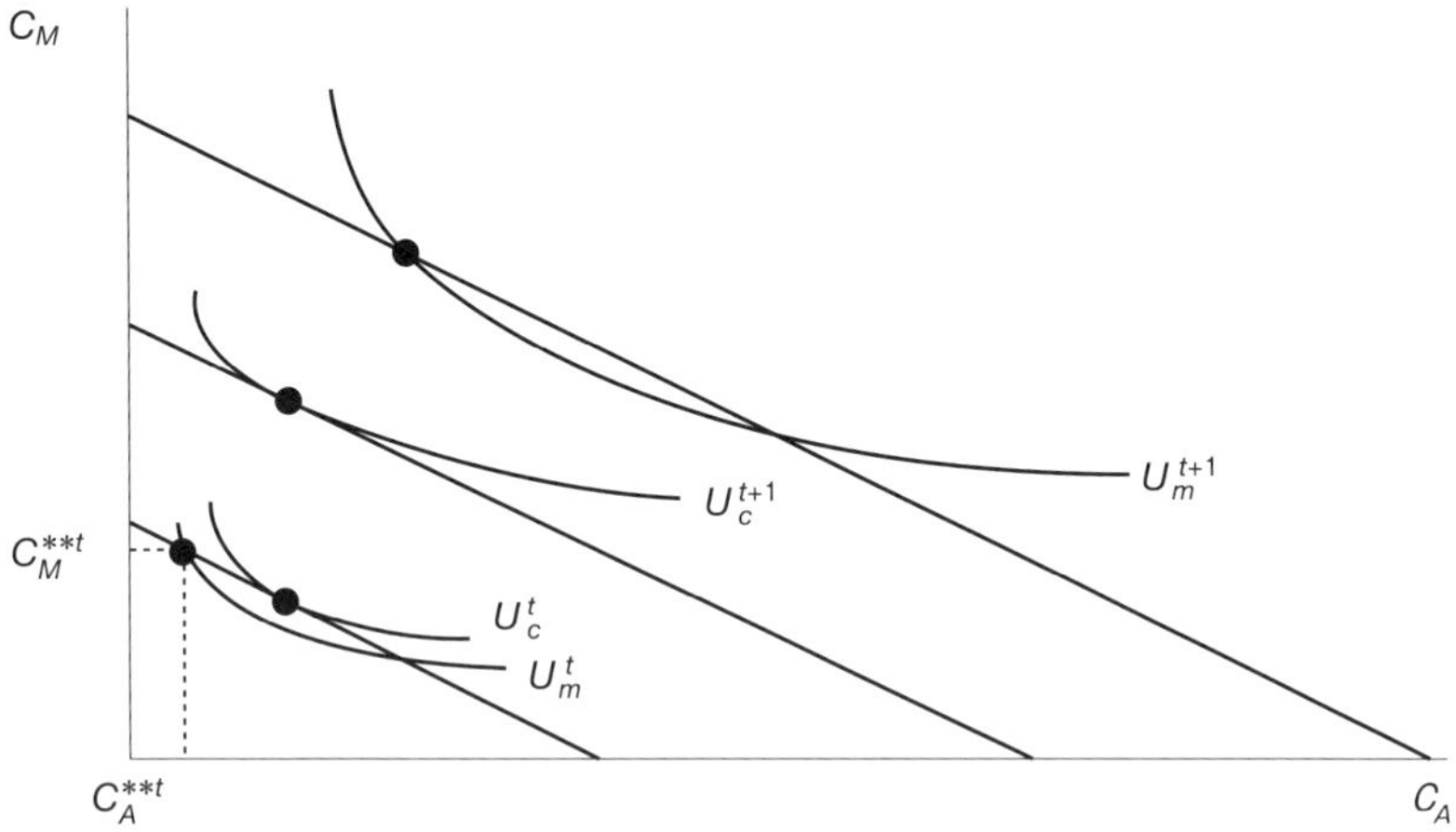

独占企業は、ラーニングの便益を考慮に入れるため、1期では（競争均衡と比較すると）その生産を増加させる。したがって2期の生産可能性曲線がさらに外側にシフトする。そして十分大きくシフトすると、2期の効用は工業財の過剰生産から生じる1期の効用損失を相殺させるのに十分なだけ増加することを意味する。この場合には、独占は競争よりも望ましくなる。U_cは競争均衡における効用を示す。

用は競争均衡よりも高くなっている。もちろん、総効用が増加するかどうかは明らかではない。図で示したケースではラーニングの便益が大きく、将来の消費が大きく割り引かれない限り、総効用は増加することになる。

注

(1) 歪みの厳密な特性は複雑である。たとえば、デキシットとスティグリッツは、需要の価格弾力性が高く、消費者余剰の低い場合には企業が多すぎる可能性があると指摘している。Stiglitz (1986a) では、企業が多くなりすぎる(製品が多様すぎる)条件を導いた。本書では、ラーニングの全体的ペースに市場のバイアスがどう影響するかを確認する必要がある。たとえば、企業が多くありすぎるときには、各企業のR&Dに従事しようとするインセンティブが(社会的最適に比べると)——より制限される。このため、イノベーションのペースが最適よりも遅くなる、という状況だ。

(2) 簡単な2期モデルでは、独占の産出量が競争的産出量より多くなる条件は、

$$1/\eta_M < \delta v h_M$$

となる。ただし、η_Mは工業製品需要の弾力性を示し、δは純時間割引要素、vは2期間の労働供給の比率、hはラーニング曲線の弾力性(今期の生産の1%の上昇の結果、次期の限界生産費減少の比率)を示す。変数v自体は、労働供給の弾力性に依存する。労働供給の弾力性が高いということは、費用(価格)が下がると、労働供給の増加がより大きくなることを意味する。もっと一般的モデルでも同様の結果を得る。

(3) 別の2つの状況を簡単に説明しておく。最初は、完全なスピルオーバーがないが、規模の不経済の結果、ラーニング分野内で競争が維持される場合である。極端な例を挙げると、分野内にラーニング・スピルオーバーがまったくないが、異なる分野間でラーニング・スピルオーバーがあるケースを想定してみよう。それぞれの競争的企業は、独占企業がそうするように、そのラーニングの便益を十分考慮に入れる。その場合、競争均衡での唯一の歪みは、異なる分野間の外部性から発生する。スピルオーバーがある限り、ラーニング分野の生産は部分最適となり、第1期の消費補助が望ましくなる。他の興味深いケースは、両分野で不完全競争がある場合である。もし独占の程度がおよそ同じであるならば、両分野で限界費用よりも価格を上げるが、相対的価格は影響を受けない。したがって、独占力は2財の(相対的)生産を歪めず、分野内での外部性を内部化するが、分野間の外部性を内部化しない。もちろん実質賃金の低下は、分配効果だけではなく、労働供給にも影響を及ぼし、したがってラーニングにも影響を及ぼす。

The Infant-Economy Argument for Protection: Trade Policy in a Learning Environment

第8章

幼稚経済保護論：ラーニングを促進する環境での貿易政策

標準的経済学の考え方では、自由貿易は経済効率を高め経済成長を促進することになる。さらに言えば、経済学において自由貿易の利点を主張する命題ほど、一般的経済学者間で合意を得ているものは他にほとんどないだろう。(1)(2)

しかしながら本書で注目している「ラーニング」の文脈では、国内での産業間の（技術的かつ制度的）スピルオーバーが、成長プロセスにとって基本的な要素となる。すでに指摘したように、静学的（非）効率と動学的便益の間にはトレードオフがある。これまでの数章で我々は、（特に、ラーニングの弾力性が高くラーニングのスピルオーバーが多い部門での）初期の生産が（静学的効率レベルを超えて）増えたことで、次期以降の産出量の増加にどのようにつながったかを見てきた。開放経済において本質的トレードオフは、比較優位にともなう静学的効率と、有益な地域間のスピルオーバーに関連するものも含めて資源の代替的配分から生じる、より速いラーニングにともなう動学的便益との間のものである[3]。

政府が市場に介入し、ラーニングがより多くスピルオーバーが多い部門の発展を、たとえば保護貿易などを通じて促進することは望ましい。我々はこれを幼稚経済保護論と呼ぶ。先進国との知識のギャップが大きい国にとっては、ラーニングから得る便益が特に大きくなる確率が高いという考え方である。

この議論を掘り下げる前に、これまでの保護論について論じよう。この議論は我々の議論と似ているように見えるが、実際は異なっている幼稚産業保護論である。

1 幼稚産業保護論

幼稚産業保護論では、発展途上国は、自国の「未発達部門」を保護するべきであり、それによって生産性が上昇する（経験によるラーニングが増える）ことにより、先進国との競争力が生まれると主張する。このような保護政策がなければ、発展途上国は生産性改善の遅い伝統的製品の生産にとどまってしまうことになるだろう[4]。

第4章で議論したように、工業部門は農業部門よりもラーニングのペースが速いという特徴があり[5]、このため、発展途上国が工業部門に移行することを望むのは自然なことだった。しかし工業部門は現在比較優位がないため、ある種の政府介入政策がなければ、工業部門には参入することもできなかったし、ラーニングもなかっただろう。特に、ラーニングが企業外のことである（このため、「追いつく（キャッチアップ）」ために必要な投資を行うインセンティブをもつ企業がない）場合には、規制のない自由市場によって、ダイナミックな分野へ国が参入することを阻まれると懸念された。

保護政策があれば、企業はこのようなダイナミックな分野への参入が可能となる。結果的に、たとえば経験によるラーニングによって限界費用が下がり、企業は最終的に競争力をもつようになる。保護政策がなければ、企業は生き残りラーニングからの便益を享受することができない。

実際、このような幼稚産業論の妥当性に関しては多くのエビデンスがある——ヨーロッパの多くの国々の発展において、保護政策が重要な役割を果たしていた（特に、Chang 2002 参照）。しかしその一方で多くのケースで、幼稚産業は、社会に高いコストをかけながらも成長しているように見えない、と批判する人もいる。本書後半でこうした概念についてさらに議論する——我々の考えでは、幼稚経済保護論においてはこういった指摘は、幼稚産業保護論ほどには問題にならない。たとえ助成部門が決して十分な競争力をつけるようにならない場合でも、政府の補助金政策が望ましい理由をこれから説明しよう。

さらに、仮にそのような企業が結果的に競争力をもつのであれば、現時点で融資を得られるはずだとの批判もある（Baldwin 1969 など参照）。長期的なダイナミック・モデル（すなわち、企業は将来のラーニングを考慮に入れて、自分たちの利潤の割引現在価値を最大化させるモデル）では、現在の生産が将来の限界費用を下げるため、関係する限界生産費が下がることを示すのは容易である。(6) このため、現在損失を出して生産することは、彼らにとって最適となる。仮に実際に企業に競争力があるならば、ラーニングの資金を調達するためには借入れが行われるべきであり、すなわち政府介入は必要でないと保護政策反対論者はいう。

資本市場の不完全性、不完全情報、そして幼稚産業保護論

しかしながら特に発展途上国では、企業は将来の利益をあてにした（無担保の）融資を得られない。不完全情報と非対称情報の理論が、なぜそうなるのかを説明してきた[7]。

（幼稚産業保護論に批判的な立場からの）これに対する反応としては、政府は新しい政治的問題を作るのではなく、この市場の不完全性を正すように介入すべきであるということになる。一般的にそれができないのなら、政府は単に（批判者の考え方では）もしも資本市場がうまく機能すれば借りることができた資金を市場利率で融資すればよいとする。

実際これは、成長に成功した東アジアの国々がある程度行ったことである（Stiglitz 1996; Stiglitz and Uy 1996; World Bank 1993 参照）。これらの国では、ラーニングの可能性がより大きいと考えた企業に資本を利用しやすくしていた。しかしそれらの国は、金融市場の失敗を単に修正する以上のことを行っていた。

そうした市場の失敗を単に正すだけでは十分ではないということには2つの理由がある。第1は、本書のほとんどの部分で問題にしているが、イノベーション（ラーニング）が重要となっている市場と経済では、市場の失敗がいたるところにあるということである。金融へのアクセスなど、ひとつの市場の失敗を是正しても、まだ他に、はるかに重要性の高いものを含め、多くの市場の失敗が残っている。東アジア諸国の場合は、市場の失敗を正していただけではなかった。技術的スピルオーバーが大きい部門の成長を奨励するために、産業政策の手段として希少な資金へのアクセスを可能にしていたので

ある。

企業助成や企業融資は保護政策の代わりに（保護政策に追加してではなく）使用するという提案に関する第2の反応は、このアプローチが資本市場の不完全性を生じさせる情報の不完全性を十分に考慮に入れていないというものである。どの企業が融資を返済すると思われるかを判断する上で、資本市場より政府の方がいくぶんかでも優れているとは言えない（本書で論じているように、どの産業や部門がラーニングの可能性が多く、かつラーニングのスピルオーバーが多いかを評価するにはまったく異なる情報が必要となる[8]）。

ある意味では、研究資金を調達するための特許制度の使用と、新しい産業への資金調達のために保護政策を用いることとは、完全といえなくともある程度似ている。政府による研究資金の供給は、特許制度に関連する静学的かつ動学的非効率をある程度回避できるため、はるかに効率的かもしれない（第12章参照）。しかしそれでも政府は、資本市場がどの起業家に融資するかを決定するように、どの研究主体に資金供給するのかを決めなければならない[9]。

しかし特許制度も保護主義も両方とも、自己選択を考慮に入れている。特許制度では、企業は自分でリスクをとることになり、運がいいか賢い企業は利益を得ることになる。判断を間違えれば、それにともなう結果を背負うことになる。保護政策もまた、本書の後半で説明するように、為替調整のようなより広範囲な介入でも同様のことが言える[10]。

ダイナミックな分野に参入しないことが不利益にならないかもしれない理由

我々が論じてきたこの市場の失敗は、これだけでは産業貿易政策について完全に一貫した議論を提供していない。幼稚産業保護論の根底にあるのは、生産性の上昇率が高い部門に参入できなければ、その国々は不利益を被るという考え方である。しかしながら必ずしもそうとは言えない。

それは、市場が競争的である限り、より動学的な経済においては価格低下によってすべての国がラーニングから便益を得るからである。よりダイナミックな分野に移行することが、国により大きい（イノベーションの）レントを保証するわけではない。そしてグローバル市場が競争的である限り、その産業がない国も別の国で進行しているラーニングから便益を得ることになる。

競争があれば、ダイナミックな分野の価格は生産性に比例して下がる。このため、単位当たりの収入が生産性に比例して下がっても、時間当たりの収入は変わらない。ダイナミックな分野がある経済は、費用削減という形でラーニングから便益を得る。ダイナミックではない分野に特化した国も、ダイナミックな分野で生産された製品に対して払う価格が低くなることで便益を受けるため、一見ダイナミックな分野に特化した他国を羨む必要はない。

しかしながらこの分析は、ラーニングのスピルオーバーと競争の不完全性という、我々が第5章と第6章で強調したラーニングとイノベーションがある市場での2つの重要な市場の失敗を考慮に入れていない。これらは単独でも、産業貿易政策に対する説得力のある論拠を提供するが、この2つが相互に影響すると、政府介入のさらに説得力のある論拠となる（そして本書の前半で詳しく説明した別の市場の失敗と合わせれば、さらに説得力が増す）。

2——幼稚産業論から幼稚経済論へ

本書では、ラーニング・エコノミーを構築することの重要性を説いている。したがって特定の部門ではなく、より広範な経済システムを重視している。本章では、保護政策がラーニング・ソサイエティを構築することによって、幼稚経済の成長を助ける重要な手段となりうると主張する。

この議論が、産業貿易政策への批判に対する真の答え——すなわち、情報の非対称性とラーニングの外部性をともなう内生的ラーニングとイノベーションから生じる市場の失敗に基づいた、保護に関する十分明確な論理的根拠——を提供するだろう。

前半の章（そして本章の前半の議論）では、本質的にイノベーションにともなう複数の市場の失敗（リスク市場および競争の不完全性も含む）が存在することを強調したが、本章はラーニングの外部性についてもっと焦点を絞って議論する。

この考え方では、産業貿易政策は勝者を選ぶためのものではなく、もちろん、政府は敗者を選びたいとも思っていない。勝者を選ぶのに、政府の方が民間部門よりうまくできるという考えに基づいているわけでもない。これは、ラーニングが、市場経済では不完全にしか内部化されないスピルオーバー（外部性）をともなうという考えに基づいているのである。産業貿易政策は、大きな外部性を生み出し、革新的（ラーニングを生み出す）企業が専有できる収益が社会的便益の一部にすぎない、部門や産業（企業やイノベーションの分野）を特定することを目指している。実際多くの国の政府が、こういった選択を確実に行っており、我々の社会は結果的に非常に多くの便益を得てきた。第9章ではこれらの歴史的経験を議論する。

本章で我々が展開している幼稚経済保護論では、スピルオーバーが大きい部門や、資本市場の不完全性が大きい分野を特定する必要さえない。ある程度広く定義された経済部門内で、平均的にスピルオーバーが大きい――伝統的な資源の静学的配分での歪みを正当化するほど十分に大きい――と言っているだけである。

貿易政策の役割をさらに詳しく示すため、第7章で示した、簡易な2部門モデルを使って分析する。それは、(近代的)工業部門と(「手工芸」や「農業」などの)伝統部門からなる2部門モデルであり、開放経済に拡張する。このモデルには4つの重要な特徴があったことを思い出そう。(a)工業部門から手工業部門へのスピルオーバーがあり、工業部門の企業はそのスピルオーバーに対しては補償されない。(b)このスピルオーバーは地理的に近いところだけに及ぶ。すなわち、発展途上国内での工業部門の生産性の向上だけが、伝統的部門の生産性向上に影響を与える。[11] (c)工業部門はイノベーションが集中して生まれる部門である。(d)発展途上国の工業部門でのイノベーションのペース(もしくは伝統的部門への影響)を決める重要な要素のひとつは、その工業部門の規模である。[12]

発展途上国での工業部門の発展を奨励する貿易政策に対する初期の批判は、本書の分析の重要部分であるスピルオーバーを無視していた。それらは第1に、保護政策はコストがかかるとし、たとえば韓国は、比較優位を利用することによって、より多く工業製品と農業製品を生産できるだろうと主張した。

第2に、保護政策を批判する者はさらに、韓国の比較優位が、保護政策を行っても変わらないと主張する。韓国はコメの生産に常に比較優位があるだろう。したがって韓国が工業財の輸入を制限することは、たとえそうすることによって工業財部門の生産性が向上したとしても、馬鹿げている。決して追いつかないのだから、保護政策は永遠に続けなければならない。比較優位があるコメの生産に単に特化していれば、毎年毎年その国の暮らしはよくなるという主張だった。[13]

この理論には2つの誤りがある。第1に、すくなくともある特定の分野では途上国が追いつくことは可能であり、実際に追いついている。そして韓国はそのいい例である。追いつくことが可能であれば、動学的比較優位は、静学的比較優位と異なることになる。[14] 最も重要なことは、動学的比較優位が現在の資源配分に影響を受けている場合には、市場に介入し、静学的比較優位の状態から離れることが望ましいということである。

2つ目の誤りはさらに深刻である。標準的な分析は、ラーニングのスピルオーバーといくつかの分野では、他よりも多くのラーニングとより多くのスピルオーバーが存在することを無視している。本書の分析ですでに示したように、(たとえば、ラーニングとラーニングのスピルオーバーに関連して)産業化することに利点がある場合には、市場に介入し静学的比較優位から乖離することが望ましい。たとえ、経済がその未発達段階からまったく成長しないとしても――すなわち、毎年補助金が必要になり、比較優位にまったく変化がないとしても――保護から得られる動学的な便益と、その結果もたらされるより速い成長ペースは、静学的コストを上回るかもしれない(また我々の仮定の下では上回る)。政府の介入は望ましい、なぜなら介入が経済のラーニング能力を強化するからである。つまり、たとえ韓国の比較優位が農業のままだとしても、工業保護は望ましい。なぜならば、そうすることによって、工業部門からのラーニングのスピルオーバーの結果、農業(伝統的)部門がよりダイナミックになることもある。貿易規制が工業部門の規模を大きくし、その便益が地方セクターにスピルオーバーし、そして国民所得が、もしかするとはるかに速いペースで増えることになる。我々の関心は、特定の企業や産業だけではなく、経済全体のラーニングを最大化することである——すなわち、ラーニング・ソサイエティの構築である。

短期的費用が長期的便益ほどの大きさかどうかは、ラーニングのペースと割引率に依存する。もちろん、それぞれの国は自給自足経済か自由貿易経済かという両極端間で選択する必要はない。以下の議論では最適な貿易介入の特質を明らかにしよう。

3——簡単なモデル

2つの経済——先進経済（D）と発展途上経済（L）——から成り立つ極めて簡単な世界で考えてみよう（2国経済に限定していることは本質的なことではない。この2つのタイプの経済が「同一であるが」複数存在する経済モデルでも成り立つ）。

これらの経済は2つの財を生産する。ひとつは工業製品（M）、もうひとつは農産物または工芸品（A）である（この場合も、それぞれの部門の財が複数あるモデルに容易に拡張できる）。どちらの製品も、投入物として労働のみを使用し、どの時点でも収穫一定の法則が適用される技術で生産されるとする。

先進経済は、両方の部門の生産において絶対優位があるが、途上経済は、農産物・工芸品の生産に比較優位があると仮定する。

さらに先進経済は、発展途上経済と比較して規模が非常に大きく、特に、工業部門の産出量は世界全体の需要に応えることができ、同時に農産物・工芸品についてもかなり多く生産できるとする。

自由貿易の競争均衡

工業財生産での比較劣位のため、発展途上経済の工業生産は経済的に持続可能ではない。このため農業に特化する。したがって途上経済での消費構成は、先進国での相対的生産費によって決定される。工業国における生産構成は、世界の工業財需要（自国の需要と途上国の輸入量の合計）によって決定される。最後に留意すべきは、この簡易な静学的均衡では、貿易からの収益のすべては発展途上国のものとなる点である。

動学的発展

我々は、この静学的均衡に動学的進歩を導入する。形式的には、最初、生産性の改善が工業と農業・工芸部門に同等に影響を及ぼす（すなわち、完全なスピルオーバー）ケースを想定する。生産性の向上は、同じ経済のひとつの部門から別の部門へ完全にスピルオーバーする。この簡単化には重要なインプリケーションがある。生産性の成長は、農業・工芸品と工業財の相対価格に影響を及ぼさないのである（同じ国内での工業部門から伝統的部門へのスピルオーバーがある程度あることが、我々の結論のために必要なのである）。これは、比較優位が時と共に変化しないことを意味する。

本書ですでに論じたことを繰り返すと、生産性の向上を生むのは以下の要素である。（1）はじめは特定の部門に投入されたとしても、その後必然的に別の部門へその便益をスピルオーバーさせることになる、研究開発努力、(2) ここでもひとつのセクターで生まれるが、その後必然的に、経済の他セクターの労働と共に移動することになる、人的資本の改善、(3) ひとつのセクターで発展したものであっても、自然に別のセクターに移動する、経営者と技術者の蓄積された知識と対応能力、(4) ひとつの部門での必要性に応えるために生じたが、別のセクターにも便益をもたらす、制度的発展。

次にこれまでのように、工業部門は別の部門よりもラーニングにより多く貢献する、と想定する。保護政策がない場合には、農業に特化する発展途上国は、年月の経過と共にどの分野でも先進国にさらに遅れを取っていく。

貿易政策の役割

発展途上国が工業財の輸入を禁止した場合（もしくは同等の効果として、法外に高い関税をかけた場合）の影響を考えてみよう。先進国からの低価格の輸入品の代わりに、国内の高コストの工業製品を生産するため、即座に厚生の損失が生まれるだろう。しかしながら新しい自給自足均衡では、発展途上国での工業品生産はゼロでなくなり、生産性の成長が新しく生まれる。先進国のケースと同様に、関税が高い途上国は、工業製品と農業・工芸品の相対的生産費での2財の自国需要にあわせて2種類の財の生産を行う。

結果的に、このダイナミックな生産性向上から得る便益は、コストの高い国内での工業生産から生じる短期的非効率を上回ることになる。その国の暮らしが向上するだろう。厚生の割引現在価値がより高くなるかどうかは、保護政策があった場合の経済成長率と、割引率で決まる。この意味では、貿易障壁は経済厚生を損なうのではなく、高めるかもしれない。割引率が十分に低い場合には、自給自足経済の方が常により良くなる。

完全なスピルオーバーがあるモデルでは、発展途上国は常にラーニング財に比較劣位を有する。したがって、発展途上国がラーニングの継続を目指すのであれば、保護政策は継続しなければならない。途上国は未発達段階から決して成長せず、農業がその国の比較優位であり続けることになる。それでもなお、ラーニング部門への補助金を提供し続けることが望ましい。

4——最適な貿易介入

工業製品の非効率な取得のための短期的コストと、工業部門の成長を促進することからの長期的便益のバランスをとるような最適な関税を導き出すために、我々の分析が使用できる。

割り当て

工業製品の輸入割り当てについて考えてみよう。割り当てを課す国には、割り当て以上の需要があるだろう。割り当てにはコストがともなう。なぜならその国は、工業製品の生産において先進国ほど効率的でないからである。割り当てには利点もある。ラーニングが両部門の生産性を改善させるためである。政府は、割り当てをさらに強めることの利益と、そのコストとを比較することができる。その国が自由貿易なら輸入していたかもしれない量よりもわずかに少ない割り当てならば、コストは比較的少ないだろう。しかし、割り当てを強めるにしたがって、そのコストは増える。第7章で見たようにある程度の補助金が望ましいが、ここでも同様のことが言える。すなわち、多少の割り当てであれば、つねに厚生を向上させる。貿易介入（たとえば、非貿易財の消費の減少など）にともなう歪みから生じる厚生の損失は、市場均衡（ラーニングの便益を無視したときには最適である）では2次のオーダーの小さな効果しかもたないが、工業製品の生産の増加からのラーニング便益には、1次のオーダーの大きな効果がある。

介入のコストは介入の規模と共に増加するが、その便益も同様に増加する。しかし重要なことは、限界便益と限界費用である。最適な介入では、限界費用と限界便益は等しくならなければならない。貿易介入が増えるにしたがって、経済成長も大きくなるが、収穫逓減が成り立っている。同時に、歪みがますます大きくなると、それにともなう限界費用が増加する。割引率が低いほど、また生産性が工業製品の生産量により強く反応するほど、成長にもたらす限界便益も高くなる。このため、将来の割引所得が少ないほど、またラーニングからの便益が小さいほど、最適な割り当ては小さくなる。極端な場合で、仮にラーニングの便益がまったくないとすれば、貿易規制を果たすべきでないという標準的結果となる。

租税介入

政策として、工業製品の国内生産に補助金を出し、工業製品の輸入と国内の農業生産に課税することもできる（最適な課税と補助金の前章の議論と同じである）。

国際貿易の規則に違反せずに、このような補助金と課税を提供する（もしくは、前節の割り当てを課す）ことが可能かどうかは議論の余地がある。しかし発展途上国は、国内消費税を課すことでほぼ同様の効果を得られる場合もある。たとえば、多くの国が国内で低品質のビスケットを生産するのと同時に、高級ビスケットを輸入している。高品質ビスケットの消費への課税は、国内ビスケットの生産を促進することになる（しかし、ラーニングは低品質ビスケットよりも高品質ビスケットの方が多いと、その国が考えている場合には、この戦略は反生産的である）。

為替レート

こういった他の政策手段の使用に対する制限は、経済的に成功した多くの新興国が、重要な産業政策としてますます為替レートの操作に向かってきた理由を部分的に説明している。中国の例で考えてみよう。通貨安のおかげで、中国の工業部門の競争力が高まった。それは中国の農業部門には不利益となる。競争輸入品の価格が上がるからだ――もしくは、もし中国がその部門に対して何の対処もしなければ、そうなっただろう。農産物の世界市場は、西欧諸国の補助金によって著しく歪められている。国際的取り決めでは、工業製品への補助金には制約があるが、農産物には補助金の継続が認められている。中国の為替政策はこの制度を活用することができる。すなわち中国は、ＷＴＯの制約に違反せずに、農家に補助金を提供できる。もちろん、このような助成金は高額になり、開発のためにより良く使用したかもしれない資金を使うことになる。

しかし、より競争力のある為替レートから得られる便益は、農産物の補助金のための予算面での負の影響を上回る（非貿易部門へ負の影響がある可能性もある）。

この通貨安は、中国の輸出が輸入を上回り、貿易黒字になるという興味深い効果をもたらした。これは、開発経済学での従来の知見とは逆である。貧しい国は、先進国から借りるはずであり、資本流入で相殺される貿易赤字がある。中国は、アメリカや西欧諸国にマイナスの実質利率で資金を提供している。これは、ラーニングの便益を考慮に入れてはじめて説明がつくかもしれない。工業部門が巨大ビジネスになった結果、中国の生産性が上昇したことから得る便益が、潜在的なコストを相殺して余りがあったからである。

実際に各期間が、（生産性の向上以外は）ひとつ前の期間と同じように見える簡単な無限期間のモデルでは、貿易黒字を永遠に維持することは、国にとって利益になるかもしれない。その国の準備金は年月と共に蓄積される。この準備金を保有する——たとえば、インフラや技術開発に投資するためにその資金を使用しない——コストの方が最終的には上回ることになる。しかしその国が、その準備金を減らすことを考えると、そうすることが、工業製品の生産水準やラーニング量を低下させ、そして将来の生活水準の低下につながることを認識する。したがって、そのような行動をとって利益になることとは決してない。

第11章では、マクロ経済安定化政策や産業政策としての為替政策に関して、そのコストと便益の両面を分析しながら、さらに議論を行う。

5——非定常状態の分析

もっと一般的なケースでは、国が、自国と先進工業国との知識ギャップを埋めるにつれて、ラーニングからの限界便益は下がり、静学的な歪みの限界費用と、増え続ける黒字を使用しないことの機会費用が増加する。したがってその国ははじめは、貿易黒字をゼロにし外貨準備の増加を止め、そして蓄積された黒字を使い尽くそうと思うかもしれない。

もちろん、他の要因もその国の望ましい黒字水準に影響を与えるかもしれない。人口の高齢化が進んでいる国は貯蓄をとっておき、その後その高齢者が退職したときに、その黒字を減らそうとするかもしれない。このような人口動態的変化は、定常状態モデルではうまく分析できない。

非定常状態の分析では、時間と共に変わる為替レートの変化——現在の政策が為替レートにどのような影響を与えるか、そして変化する為替レートが異時点間のトレードオフにどのように影響を与えるか——を考慮に入れる必要がある。国がもっと発展し貿易赤字を出す、将来期間の為替レートは、それ以前よりも高くなる傾向があるため、その国は、蓄積された外貨準備に対して資本損失を被る。このことは準備金の動学的便益を低下させることになり、そのようなケースでない場合よりもラーニング（そして準備金）の水準が低い方が望ましいことになる。

このため、ラーニングが投資量に関係する場合は、分析を修正する必要がある。[15] 政府は生産の資本集約度を上昇させたいと思う。仮に発展の早い段階で資本財が輸入されると、政府は、初期の頃には為替レートは高く、その後投資の成果が実り、輸出を始める頃には為替レートが低くなるのを望むことになる。それは初期の投資からの収益を上昇させ、結果的にラーニングの量が増え、経済成長率が上がることになる。[16]

第6章で見たように、知識フロンティアにいる国の最適な「イノベーション」政策は、追いつこうとしている国の最適イノベーションとは異なる。同様に、その国がうまく追いつき先進国との差が縮まると、政策も変わるかもしれない。しかしながらその国にとっては、フォロワー（追随者）であり続け、完全には追いつかないことが、最適であるかもしれない。追いつくための先行投資コストは便益を上回る。知識は最終的には漏れ知れ渡っていく。もちろん、そのようなときでも、「フォロワー」は、リーダーが行うことに反応する必要がある。リーダーが成長率を上げるためもっと積極的な産業政策に取り組んでいる場合には、フォロワー（たち）も、遅れをとらないため、また先進国から伝わる新しいラーニングの機会をより活用するためにも、もっと積極的な「ラーニング」政策を行うべきである。

6——競争の不完全性

ラーニング（イノベーション）が重要である市場は、不完全競争になりやすく、価格が平均費用と限界費用よりも（著しく）高くなる可能性がある、ということを第5章で指摘した。[17] 一般的には、不完全競争が政府の介入の論拠となる。

しかしながら輸出国の政府は、輸出者間の競争を強化するインセンティブがないかもしれない。たとえば、先進国でその国に独占企業が存在する場合には、その政府は、独占企業の利潤の減少とその利潤への課税から政府が得られたはずの税収の減少を、自国の消費者の便益と比較考量しなければならない。[18] 政府は、他国の消費者の便益を考慮しない。実際政府自身が、独占企業が得た利益の一部を課税によって獲得することができるため、政府は独占から便益を得ているのである。政府が、現在の独占企業から過度の影響を受けるといった「政治経済的」問題に悩まされていないとしても、競争を奨励することは政府にとって最善ではないかもしれない。

現在独占企業がある国では、すでにその産業があることでラーニング・スピルオーバーを享受しているため、同じ国内で競争相手の創業を手助けすることから政府が得る便益は、他国での競争相手の創業からの便益に比べると小さいものである。競争相手を作ることに助成しようと考えるのであれば、他国の努力にただ乗りする方がいい。

発展途上国が先進国よりも、補助金や保護のような産業政策により強いインセンティブをもつ理由をすでに説明してきた。そうした政策は、先進国にとっては有益でなくとも、発展途上国にとっては意味がある。同様に、競争政策を強化するインセンティブも異なる。先進国は、競争を弱めることになる自国の2つの企業の合併を承認さえするかもしれない。たとえ結果的に消費者価格が上昇し、ラーニングが減少しても、先進国政府は、(租税によって政府と共有している)独占企業のレントが大きくなることから利益を得られるからである。しかしながら途上国は、そうした便益をまったく共有せず、コストを負担するだけである。したがって発展途上国政府は、このような合併に反対し、すくなくとも企業分割を行い、たとえば国内の他企業への一部売却を要求することが望ましいかもしれない。そうすれば、ラーニングの便益の一部を共有し始めることが可能になる。

(このような問題は、発展途上国と先進国の間だけではなく、先進国間でも発生する。このためEU諸国が、アメリカ企業側の反競争的行為に対してアメリカ政府よりも厳しい態度をとることが多いのは、納得できる)。

本書で取り上げた政策の多くと同じように、異時点間の重要なトレードオフが存在する。海外の独占企業や寡占企業に対抗できる競争企業を国内で育てるには費用がかかる。直接的な補助金の場合には、そのコストは納税者が負担する。保護政策の場合には、その費用は消費者が被る。しかし成功すれば、長期的にはより競争力のある市場ができる。保護政策の場合には、トレードオフの一部は、短期的には競争が減るが、長期的には競争が増えるということである。[19]

まとめると、発展途上国が、市場に介入し、(海外の独占企業に対する) 有効な競争相手となる企業を国内に1社以上設立することからの社会的便益は、その費用を上回ることになる。保護主義では、それらの国は短期的には損失を被るかもしれない (ただし補助金がある場合には、消費者は短期的にも便益を得る) が、長期的にはラーニングのスピルオーバーから便益を得る。そして途上国は、競争の不完全性の結果として海外の生産者の利益となる生産者レントの一部を奪うことさえできる。[20]

もちろん、より競争的な市場を構築することは、どの国の消費者にも利益をもたらす国際的公共財である。しかし、これが国際的公共財であるため、より競争的な国際市場を構築するための「投資」は不十分になりやすいのである。[21]

7——おわりに

本章では、貿易と成長と政府の政策に関して、長い間受け入れられていた想定を覆してきた。ラーニング・エコノミーにおいては一般的に、自由貿易は望ましくないことを示した。成長そして社会厚生は、工業 (ラーニング) 部門を奨励するためのある程度の貿易介入によって、最大化される。我々は幼稚産業保護論を批判する一方で、その代わりにより一般化した議論として幼稚経済保護論を提案した。いいいいいいいいいいいいいいいい未熟な経済がたとえまったく成長しない場合でも政府介入は望ましくなる。

たとえば国際貿易協定に関連して生じる、介入に対する制約は厚生を低下させる可能性がある。したがって貿易黒字が出る程度に、政府が為替介入することが最適であるかもしれない。[22]

このような介入を行うことで、発展途上国は、自国と先進国とを隔てる知識のギャップを縮めることができるかもしれない。先進国から途上国へのスピルオーバーの性質に依存し、結果的には、知識ギャップがなくなるかもしれないし、またはより一般的に、収束が起こらない（すなわち、相対的なギャップが続く）長期均衡状態になるかもしれない。多くの場合、1人当たり所得のギャップは維持される、というエビデンスがある——そのギャップはたとえば、収束を予測するソローの成長モデルで予想されるよりもはるかに大きい。[23] このような成長パターンは本章で提案する分析とは矛盾しない。

均衡は複数存在する可能性がある。たとえば発展途上国は、先進国と比較して1人当たり所得が低い（知識ギャップが大きい）レベルの均衡に陥るかもしれない。ギャップが非常に大きいため、ラーニングへの投資の収益が低くなるのである。このような複数均衡が存在するとき、歴史すなわち過去が重要になる。20世紀の後半にアフリカの国々に押しつけた構造調整政策は、サハラ以南（サブサハラ）のアフリカ諸国に非工業化をもたらしたが、それが、この地域での一部の国が今日でも低位均衡に陥ったままでいる一因となっている可能性がある。[24]

市場開放度とラーニング

我々の分析が、貿易の利点を強調する標準的な理解と異なる理由のひとつは、国が学習する最善の方法が貿易を通してであると想定されていることである。貿易障害が貿易を制限するため、ラーニングも制限することになる。それに対して、我々は、国内での生産（そして投資）の役割に焦点を当てている。この2つの異なる仮説は、適切な定式化をすれば、必ずしも相反する考え方というわけではない。我々は自給自足経済を推奨しているのではない。国際的に孤立した国は、重要なラーニングの機会からも切り離されることは明らかであり、このような国はうまく機能しない[25]。

ラーニングは、全般的な国内生産と特定の輸出品の両方の関数となっている。要求の厳しい買い手がいることや、国際市場で競争することは、ラーニングを促進させるだろう。しかしこの観点で考えると、ラーニングを生み出すのは一般的な貿易でも輸入でもない。したがって、その国の国内生産を脅かす貿易自由化は、その部門のラーニングをも崩壊させ、もしもこうした分野から経済の他部門に多くのラーニングのスピルオーバーがある場合には、社会的ラーニングに負の影響を与える。本章で論じたように、貿易の自由化によって経済が、ラーニングがほとんどない部門に特化する方向に導かれる場合、その国の経済は、保護政策がある場合ほどには成長しないだろう。重要なことは、貿易するということではなく、貿易される物であり、特に、何を生産し何を輸出するかである。

国際経済に積極的に関わることには利点があるのは明らかだが、リスクとコストもともなう。成功した国は、グローバリゼーションの活用の方法がわかっている[26]。たとえば、世界貿易機関（ＷＴＯ）への加入は、国の財に対する市場を開放するが、その国が産業－ラーニング政策を遂行する裁量を制限する。中国や他の東アジア諸国は代替策として（為替など）別の方法を開発した。アメリカなどの先進諸国は、先進国の利益（もっと具体的には、その国の特殊な利益集団）に資するよう設計された知的所有権（ＩＰＲ）制度を世界の他の国に押しつけようとしている。インドなどの新興国は、ＴＲＩＰ協定（ＷＴＯの貿易関連知的所有権制度）で定められた制限の範囲内で、自分たちの知的所有権制度をうまく形成した。

先進国から新興国や発展途上国に広まった考え方には、より良い経済的パフォーマンスにつながるものも、そうでないものもある。より経済発展した国は、このような考え方をうまく選別するのに長けている。良い開発政策に関するワシントン・コンセンサスの考え方が、発展途上国が支援を受ける条件として、発展途上国に強制されたこともあった。しかし、このような考え方を自分たちの政策として採用した国もあった。実際は、そうした国はこういった政策のもとになったモデルを無批判に受け入れ、これらのモデルが先進国を理解するのに十分な基礎を提供していないだけでなく、発展途上国の状況にはさらに適していないことを、十分理解していなかった。幸いにも、2008年金融危機以降、こういったモデルと、このモデルに基づいた政策（たとえば、金融市場と資本市場の規制緩和）は、より批判的に見られるようになった。

次節では、本章の分析の他のより広いインプリケーションを説明する。

世界的不均衡、過剰準備金、世界的視点

過剰な準備金を蓄積させ、世界的な不均衡をもたらしていると批判されている国もある。静学的モデルでは、（資本不足に悩み、消費が制限されている）発展途上国にとってはそのような行動は非合理的である。同様に、人口が高齢化しているアメリカが長期的に貿易赤字であることも奇妙な現象である。しかし、本章では以下のことを示した。動学的なラーニングの便益を考慮に入れると、産業政策が世界貿易機関（WTO）による規制のようにかなり制約されるとき、発展途上国の準備金蓄積が、世界経済の不安定さを乗り切るための予防的目的で必要とされる以上になっても、ラーニングの便益が十分大きければ、その水準は合理的かもしれない。このような規制があると、政府は、すでに述べた為替介入などのような次善の政策を取らざるをえなくなる。中国の準備金と黒字が、WTOへの加入後に

急上昇したのは、おそらく偶然ではない。なぜならば中国は、新しい輸出機会と同時に、産業政策への新しい制約に直面したためである。

こうした介入の効果はほとんど間違いなく、介入がない場合よりも成長を低くする——すなわち、発展途上国と先進国のギャップを狭める速度を遅くする。また許容可能な介入の種類を減らすため、介入の厚生費用を増加させる。

興味深いことに、このような政策は、はじめは輸入量の減少につながるが、成長が誘発されることで、長期的にはその国の輸入量は実際には増加する。

すべての国が為替レートを下げたり、補助金で工業製品の輸出を増やしたりできるわけではない。他国より自国を有利にするためにこうした政策を用いることは、小国は——もしくは小国のいくつか、もしくは中国のような大国でも——できるとしても、すべての国が同時にできることではない。もちろん第7章の分析で明らかにしたように、ラーニングの観点からすると、すべての国が他部門よりも工業部門（もしくは別のラーニング部門）を拡大することが望ましい。このため、（補助金も含めて）ラーニング部門を促進する政策は、グローバルな観点から見ても望ましい。

新興国市場や発展途上国の工業部門の成長によって、たとえ先進国の工業製品の生産が犠牲になるとしても、この議論は成り立つ。新興国市場や発展途上国は、先進国に追いつこうとする過程で学習することが非常に多いため、そうした国がラーニングから得る利益は、先進国の損失を相殺して、なお余りある。過去30年間の世界成長が非常に強固であった理由のひとつは、おそらくこのことだろう。貿易の拡大自体が原因ではない。第一次世界大戦前の貿易拡大は、ラーニングの便益がほとんどない商品貿易であったため、それほど大きな経済成長を促すことはなかった。発展途上国は輸出を行っていたが、成長はしなかった。成長をもたらすのは、輸出全般ではなく、工業製品や他の特定の生産物の輸出（もっと厳密に言うと、その生産）なのである[27]。

世界経済の成長を最大化させる――すなわちラーニングと、知識の伝播を世界的に促進する――政策とは何だろうか。一国のレベルでは、静学的な効率性を最大化させる考え方が、ラーニングと成長を最大化させる考え方と対立することがしばしばあるように、グローバルレベルでも同じである。WTOのルールは、グローバルな成長を最大化させるように設計されていない。それらのルールが（権力や特殊利益団体の利益ではなく）経済理論に基づいている限り、それは内生的なラーニングを無視した静学理論である。国際的貿易機関がラーニングを促進することを目指すのであれば、発展途上国が産業政策を実行する機会をもっと与えるべきではないだろうか。

本章では、ラーニングと貿易の関係に焦点を当てているが、ラーニングは、グローバリゼーションの別の側面やグローバリゼーションを管理するルールによっても影響を受ける。第10章では、金融に関するルールに言及する。既存のルールがいかに、金融機関による資本の配分やリスク管理のやり方に関して、金融部門のラーニングを妨げたか、資本の世界市場による資本の配分はいかに、国内のラーニングの便益を考慮に入れていないか、さらに、いかに既存のルールや政策的考え方が、マクロ経済的不安定性（第4章で強調したように、これはラーニングに貢献しない）の原因になったか、について説明する[28]。移住（国境を越える人びとの移動）を管理するルールもまた、ラーニングに大きな影響がある。ラーニングが促進される重要な方法のひとつが移住（文化的送金と言われるもの）であり、それが一時的な移住である場合は特にそうである。一方、非常に有能な若者の海外への永住は、その国のラーニングの能力に非常に大きな負の影響をもたらすかもしれない。

比較優位の変化

本章の議論で中心となるモデルでは、完全なスピルオーバーがあり、このため発展途上国において当初、農業・工芸に比較優位がある場合には、常にそうである。それは、工業部門を国内にもちたい場合には、永遠に何らかの保護を提供しなければならないということである。未熟な経済は決して成長しないという想定は、おそらく不正確だろう。製造業における生産性が大きく向上し、その部門の先進国と発展途上国の生産性ギャップが著しく縮小するかもしれない。しかし完全なスピルオーバーの想定があるため、比較優位は決して変わらない。これまで繰り返し強調してきたように、幼稚産業が完全には成長しないということは正しいとしても、政府の工業部門への支援には良い効果がある。その経済は長期的には、支援がない場合よりも速い成長軌道に乗ることになる。

しかし韓国は、ラーニングが増えるにつれ、工業部門の生産性が農業部門よりも速く上昇し、結果的にその国の比較優位が変わる、という典型的な例である。つまり、結果的に（規制がない市場と比較しても）より大きい工業部門を維持するための政府介入は必要なくなるのである。しかし前節の議論で指摘したように、その国が製造能力の改善に成功した後でも、政府は引き続き介入をし、介入がない状態よりももっと工業製品の生産を増やそうとするかもしれない。

第Ⅱ部に向けて

本書における分析的議論は、第Ⅱ部の政策論議の基盤となる。ここまでは、工業部門を促進させ、ラーニング・エコノミーとラーニング・ソサイエティを構築するのに役立つための、政府介入が望ましいと主張してきた。介入には多くのやり方があり、その国のラーニングに影響を及ぼす政策はたくさんある。そうした政策設計には、ここで議論した以外にも多くの懸念材料がある。施行するのが簡単な政策もあれば、特殊利益団体に取り込まれる心配がない政策もあるかもしれない。以下の章では、これらの政策のうち最も重要な政策のいくつかを取り上げる。もちろん、これから説明するように、最も成功した国々は、成長の重要な節目でこうした政策を実施してきたのである。

注

（1）実際に一部の社会では、自由貿易に反対すれば、経済学者として認められない正当な理由になりうる。

（2）現実には、自由貿易が厚生を向上させるような状況は、広く理解されている想定で正当化されるよりもっと限られている。たとえば、不完全なリスク市場があるときには、自由貿易は実際にはすべての人びとの経済状態を悪くする（Newbery and Stiglitz 1982 参照）。この点に関するより広範囲にわたる議論は、Charlton and Stiglitz（2006, 2012）参照。

（3）留意すべきは、一般的には、市場開放度がより多いラーニングにつながり、貿易からのラーニングの便益があると議論されることが多い点だ。真実かもしれないが、このラーニングのプラスの効果は、生産構造にともなう影響と相殺される必要がある。これまでの章で説明した理由により、生産構造への影響の方が大きいと我々は考えている。しかし、これとは反対の意見として、Grossman and Helpman（1991）があり、彼らは我々が重視している効果を基本的に無視している。

（4）幼稚産業保護論には、長い歴史があり、すくなくとも19世紀半ばのList（1841）までさかのぼる。より深い議論は、Chang（2002, 2003）, Charlton and Stiglitz（2005）, Stiglitz（2006a）参照。ここでの議論の大部分は、Dasgupta and Stiglitz（1988a）に依拠する。

（5）ここでの用語は象徴的に使用していることを思い出していただきたい。ここでは農業は、小規模の田舎の非農業生産や手工業も含む。なお、工業も工業化された農業を含む。

（6）これは第5章で詳細に議論した。さらに、本書完全版の第Ⅱ部の前半の章で定式化した。

（7）Stiglitz and Weiss（1981）では、不完全で非対称な情報の下でなぜ信用の割り当てがあるのかを説明している。

(8) 東アジアの場合には、政府はルールに基づいた制度を使用し、輸出、また特に技術的スピルオーバーの可能性が極めて高い部門に積極的である企業により多くの資金を提供した。

(9) この場合、銀行が融資を承認することは、政府がどの研究者を支援するかを決めることとほとんど変わらない。違う部分は、政府支援の場合には、政府が同時に異なる研究の申請を評価することができるが、銀行は他のどの研究者が資金提供を受けているかを推測するだけだ。さらに、政府はそれぞれのプロジェクトの社会的限界便益を評価できるが、民間の貸し手は、この特定の事業の（私的）期待収益、すなわち（平均）成功の確率に成功時にその企業が得る利潤を乗じたものを判断しなければならない。これまでの章で説明したように、イノベーションの場合には、私的期待収益は社会的（期待）限界収益と密接に関連するわけではない。政府融資の場合、社会的期待限界収益がプラスである限りその事業は資金を得る。民間融資の場合、銀行の期待収益がプラスである限り、その事業は資金を得る。どちらの場合も、ラーニングの可能性が多い方が資金を得やすい。しかし、事業への資金停止と事業構成は極めて異なるだろう。特に、政府はラーニングの外部性を考慮に入れることができる。もうひとつの重大な違いは、仮に民間部門が融資してローンが滞った場合、（政府の支援がない限り）損失を被るのは株主だが、政府が資金を提供する場合には、損失を被るのは納税者である。

(10) （特許の有効期間を延長する賢い方法を企業が考え出してはいるが）特許保護には期限があるので、保護にも期限を設けるべきだという意見もあるだろう。本章で提示した分析は、それが正しくないかもしれないことを示している。

(11) 地理的要素がスピルオーバーに重要となる理由については、第3章と第4章および第12章参照。

(12) これまでの章と唯一違う仮定は、空間的スピルオーバーに関してである。我々は、国内には完全なスピルオーバーがあるが、国境を越えたスピルオーバーはないと想定している。もちろん、これは極端なケースであり、より一般的なケースは、本書の完全版の第8章のように分析できる。

(13) あるいは、最終的に工業での比較優位を発展させるとしても、そうした変化を期待することに意味はない。重要な想定は、テクノロジーが外生的であるという点だ。

(14) 第1章で指摘したように、一国の動学的比較優位を突き止めるには難しい問題がある。

(15) アローの最初の論文（Arrow 1962a）では、ラーニングは生産量ではなく、投資水準に関連するとされている。

(16) Korinek and Servén（2010）参照。投資補助金・税額控除、金利など、別の政策手段でも有効である。東アジアの奇跡における為替政策（そして為替レートの変化）の使用に関する議論は、Stiglitz（1996）参照。

(17) 第5章で指摘したように、利潤の存在だけでは、実際に参入を促すには十分でないかもしれない。参入者は、参入後の市場がどうなるかを気にし、参入後の熾烈な競争で損失が出ると考えるかもしれない。現在の独占企業はこういった考えを増長させるような参入阻止を行える。特に、既存の独占企業はライバルの参入を阻止するように十分なラーニングを行うことができる。

(18)もっと競争的市場では利潤の総計が少なくなることは明白である。

(19)課税による制約(とコスト)がある場合には、特に発展途上国では、保護政策(隠れた税)が望ましい。しかしこの透明性の欠如は、保護主義に反対する議論の重要点である。

(20)これは、第5章および第6章で議論した「レント・スティーリング」もしくは「ビジネス・スティーリング」効果と類似している。グローバルに見れば、発展途上国の経済状況がたとえ良くなっても、社会的便益はないかもしれない。

(21)その国の納税者が、有効な競争相手を生み出すのを助けるための幼稚産業補助金の費用を負担する。その際には、他国の人びとへの便益を無視し、参入者の最終的利潤から得る将来利潤の価値と、その国民が得る消費者余剰の価値の合計で評価し、このような補助金に価値があるか、を政府は判断しなければならない。(独占財が生産投入物のひとつである場合、競争からの便益が増えることになる。すなわち、その財をインプットして使用する企業への利潤が増え、結果的に消費財の価格が低くなることで消費者の厚生が上がり、政府の税収が増える。生産者はどこにいても利益を得るので、このような便益はそれ自体がグローバル公共財である。しかし知識のスピルオーバーからだけでなく、局所的な便益がある可能性もある。たとえば、中間財の使用者と生産者の相互関係に有益な設計があるかもしれない)。

(22)永続的に黒字を出すことが望ましくなる簡単なモデルもある。

(23)工業部門内では収束のエビデンスもあることを記しておく。Rodrik(2013)参照。

(24)Noman and Stiglitz(2012a, 2012b, 2012c)とその論文中の参考文献参照。

(25)これが「市場開放度」と成長率の相関性を示す実証研究が誤解をまねく理由である。過剰な保護政策をとる一部の国が、自国を世界から遮断しようとしてきたことは、最適な政策設計とは何の関係もない。

(26)これがStiglitz(2006a)の中心的テーマである。

(27)同時に、異なる国々間での調整されていない意思決定は、効率的なグローバル均衡に導く可能性は少ないことを認識することが重要だ。グローバルな調整は望ましいが、先進国がグローバル・ルールを自分たちの利益に適うものになるように要求する場合には、そうした調整は実現しにくくなる。

(28)グローバルな金融構造に重要なのは、グローバル準備金システムである。我々は、現在の取り決めを批判し、これが世界的な不安定性と総需要不足の原因になっていると主張してきた。

第Ⅱ部

ラーニング・ソサイエティに向けた政策

第9章 ラーニング・ソサイエティ構築における産業貿易政策の役割

The Role of Industrial and Trade Policy in Creating a Learning Society

産業政策は再び注目されており、これは正しい方向性であると考える。ここで言う産業政策とは、技術の選択や経済の部門的配分までを含めて、経済構造を形成するために政府が行う政策をさす。過去50年間の厚生経済学から得られた大きな教訓は、市場それ自体は一般的には（制約つき）パレート効率をもたらさないということである（Greenwald and Stiglitz 1986）。

これまで、たくさんの市場の失敗が指摘されてきた。すなわち、市場がある商品を過少に生産したり、別の商品を過剰に生産したり、また雇用が過少になる状況であり、そしてそのような市場の失敗においては、適切に設計された産業政策であれば状況を改善する。

本章は、本書の中核である産業政策が必要となる重要な理由のひとつを説明する。すなわち、市場それ自体ではラーニング・ソサイエティを構築しない。市場要因から生まれる経済構造がもたらすラーニングは、到達でき、また到達すべき水準に比べて少なくなる。このため経済成長も低くなる。

我々の考えでは、ラーニングとそのスピルオーバーの両方を向上させる環境を作り出すことを経済政策の目的のひとつにするべきである。第1章で論じたように、ラーニング・ソサイエティの構築は、1回だけの小さな経済効率の改善や資本を深化するために今日の消費を犠牲にすることから得る改善よりも生活水準をより向上させる可能性が高い。

本章では議論を、前の2つの章における広範な分析から離れ、中心的な政策論議に移そう。産業政策はこれまで非常に議論の的になってきた。経済を再構築する助けになるように計画される産業政策を含めて貿易政策は、さらに議論が分かれる。我々は、こうした政府介入に反対する議論の多くが見当はずれである理由を説明し、なぜ産業貿易政策がラーニング・エコノミーを構築するためにはより効果的であるかを示す。

本章は8つの節に分かれる。第1節では、産業政策に関する議論の多くが見当違いであることを説明する——政府の意図にかかわらず、現実には政府は常に産業政策に関わっている。第2節では、このような政策は特に発展途上国にとって重要であるため、発展途上国のケースに焦点を絞る。そうすることで、産業政策に反対の立場をとる、長く続いてきたワシントン・コンセンサスの考えに異を唱える。第3節では、産業政策の目的を考える。第4節では、産業政策の手段としての貿易政策について議論をより深める。第5〜7節では歴史的役割、政治経済の役割、そして戦略的考え方など、産業政策に関するもっと一般的な考えについて議論する。

1――産業政策の必然性

政府は、経済を形成する過程で行動を起こすことによっても、行動を起こさないことによっても、必然的に産業政策に関わっているマクロ経済をうまく管理できないと、景気に左右されやすい産業は抑制される。景気を安定化させるために金利で調整すると、金利変動に影響を受けやすい業界がダメージを受ける。為替を安定化させないと、非貿易部門が促進される。

さらにほとんどすべての国において、政府は教育、医療、インフラ、そして技術発展の分野で中心的役割を担う。これら各部門での政策と支出――これらの部門間での支出バランス――もまた経済を形成する上で重要である。

市場は何もないところに存在するわけではない。破産やコーポレート・ガバナンスに関する法律のように、市場を構成する法律や規制の一つひとつが経済を形成することになる。開発経済学では決まって、経済成長の鍵として制度研究を強調する。すべてのルールや規制、すなわち法体系とそれの施行方法が、経済の構造に影響を与える。したがって、政府は知らず知らずのうちに、常に産業政策に関わっているのである。倒産に際して金融派生商品（デリバティブ）に優先権を与えるアメリカの法律は、デリバティブを奨励する産業政策であった。学生ローンは、たとえ自己破産したとしても減免されないと定めるアメリカ法は、教育部門の発展を妨げた。金融投機への課税を他の経済活動に比べて軽くする税制度は、資源を金融投機に向かわせた。

要するにすべての政府には、明示的であるかないかにかかわらず、産業政策というものがある。唯一の違いは、政府が意識的に産業政策を構築するのか、公開される補助金や隠れた補助金のために、また他よりも自分たちが有利になるようなルールや規制のために競争する、典型的には特殊利益団体など他に任せて作らせる方法かである。

金融市場の自由化という政策課題でさえ、産業政策のひとつだった――民間銀行や金融部門が推し進めたものであり、その影響により多くの国において金融セクターは、オープンなものもそうでないものも含め潤沢な補助金（実際2008年から2009年の金融危機では過去最高になった）を受けて肥大化した。他の目的で使用していれば、ほぼ間違いなくより高い持続可能な成長につながったかもしれない資源を別の方向に向かわせたのである。マクロ経済をよりいっそう不安定にさせたのは、産業政策であり、第4章で説明したとおり、それ自体がラーニングに負の影響を及ぼした。

産業政策の手段

政府は、政策、法律、そして規制のすべてにおいて、それらが経済構造と、ラーニング・ソサイエティの構築に及ぼす影響に留意する必要があることを説明してきた。本書の前半では、ラーニングを促進するためには政府介入が望ましい理由を説明した。しかしこの介入には様々な形態があり、政府が経済形成の役に立つための行動も多くある。実際には、政府のとる行動はすべて経済を形成する上で何らかの影響をもたらすことから、我々の分析は、その影響が大きいか、明らかに経済形成に向けられた行動に限定する。本章と以下の4つの章では、いくつかの重要な政策に焦点を当てる。本章は産業貿易政策、第10章は金融政策、第11章は（為替政策を含む）マクロ経済政策と投資政策、そして第

12章は知的所有権を扱う。

2──発展途上国にとっての産業政策の特別な重要性

知識のギャップを縮める

これまでの章で、先進国と発展途上国を隔てるものは、資源のギャップだけではなく、知識のギャップもあるという点を強調してきた（Stiglitz 1999b; World Bank 1999）。これらの国々ともっと発展している国の1人当たり所得の差のほとんどは、知識の差に起因する。仮にそうであるならば、開発戦略は、より発展した国と発展が遅れた国との知識ギャップを埋めるための、ラーニング促進に重点をおくべきである。経済と社会を「ラーニング・ソサイエティ」に転換させる政策は、所得の著しい上昇と共に、ギャップをより早く縮めることを可能にするだろう。[1] 発展のためには、ラーニング方法を学習する必要がある（Stiglitz 1987c）。またすでに論じたように、成長が停滞していたそれまでの数千年と比較して、過去200年で生活水準が著しく上昇した理由を考えるとき、一部の国や企業が「ラーニング方法を学習した」という事実がその説明の一助となる。

どのように構造調整政策は成長を妨げたか

しかし、発展途上国が国際的経済機関などによって押しつけられた政策は、実際には多くの発展途上国、特にアフリカのラーニング部門（産業）の発展を遅らせた（Noman and Stiglitz 2012a, 2012b, 2012c とその論文内の参考文献参照）。結果的に、過去30年間アフリカは非工業化を経験した。１９８０年以降の四半世紀では、１人当たり所得が下がり、貧困が増大した。

国際通貨基金（ＩＭＦ）と世界銀行が提唱した構造調整政策は、経済の「歪み」を除く――すなわち、自由で規制のない市場の原則に基づいた経済を構築する――ことによってアフリカがより早く成長する、という考え方に基づいていた。それは、政府がマクロ的安定――つまり単に価格の安定――を保証することだけに限定すれば、経済のパフォーマンスは向上し、すべての人びとが利益を得るという、支配的な通説だった。このような国際的機関は、静学的効率に焦点を当てることで、ラーニングとそれにともなうダイナミックな効果を完全に無視した。

しかし構造調整計画がラーニング・エコノミーの発展を妨げたのは、これだけではなかった。多くのラーニングは職場で行われる――しかし、職場でラーニングが行われるためには、仕事がなければならない。もちろん、貿易保護政策を撤廃することが、雇用の喪失につながることは認識されている。喪失の一部は農業で、多くは工業部門である。しかしながらそのような労働者は、その国の比較優位に合った新しい産業で仕事をすばやく見つけると、強く信じられていた。非効率で保護された部門から、より効率的で競争力のある部門へ資源が移転することで、所得が上昇すると考えられていた。

しかし実際は、この政策の提唱者が期待したようにはならなかった。成長ではなく下降をもたらしたのだ。雇用創出は、多くの場合（むしろ常に）雇用喪失の速さに追いつかなかった。このため労働者は、保護された生産性の低い部門から、さらに生産性の低い顕在失業や潜在失業という状態に移行した。

ワシントン・コンセンサスとラーニング

アフリカでの構造調整政策は、発展途上国が西欧諸国からの支援を受ける条件として従わなければならない政策を形成する一連の経済原則に関係していた。25年以上の間、特に発展途上国の政策は、一般的にワシントン・コンセンサスと呼ばれる一連の考え方によって支配されていた。結果的に、アフリカの非工業化[2]につながった構造調整政策をもたらしたのはこのような考え方であり、これらの国の成長と国民の厚生に負の影響をもたらした。

ワシントン・コンセンサスの政策は、市場は、それ自体で効率的であり、政府介入が経済の非効率と業績悪化の主原因である、という前提に基づいていた。したがって、改革計画の第1項目は政府の市場介入を排除することだった。政府の唯一の（すくなくとも、主要な）経済的役割は、価格の安定性と財産権（契約の施行を含めて）を保証することだった[3]。

このため、ワシントン・コンセンサスとその基盤となるイデオロギーは、市場の失敗に深い注意を払っていなかった。市場の失敗をしぶしぶ認めたときでも、「政治経済的」理由により、政府には市場の失敗を是正する能力がないという立場だった。

本章は、このような考えが両方とも間違いである理由を説明する。市場の失敗は蔓延しており、政府は（発展途上国でさえ）状況を改善できる。そして、市場の失敗を「完全に」是正できなかったとしても、事態を改善はしてきたのである。

産業政策には反対の立場をとる上で、ワシントン・コンセンサスの政策は静学的効率に焦点を当てた。これらの政策は、イノベーションとラーニングがもたらす結果が何かを考えようともしなかった。

たとえラーニングと技術進歩があったとしても、それは外生的なものであり、政策の範囲外、ワシントン・コンセンサスが焦点を当てていた経済政策の及ぶ範囲には間違いなく入らないと考えられていた。このことは、発展がラーニングと経済的転換と非常に関係が深いという、すでに指摘したことを考えると、驚くべきことである。

ラーニングと画一的政策

ワシントン・コンセンサスに対する批判のひとつは、ひとつの政策がすべてに適応できるとする、画一的政策を押しつけているという意見だ。ラーニング・ソサイエティを構築することを考えるとなおさら、そうした画一的政策は不適切かもしれない。

「ラーニング」で重要なのは、ラーニングがそれぞれの地域で発生するものであり、そのため文化や経済的慣行での地域性に適応させなければならないことである。このため、ある環境でうまくいく「ラーニング」方法でも、別の環境ではうまくいかない。たとえば、東アジアなど、政府と企業との密接な関係が発展に役立ったように思われる国もある。潜在的にある利害対立が抑えられ、効果的な協力関係から大きな便益が生まれている（World Bank 1993 参照）。しかしこのような関係は「クローニー・キャピタリズム」に発展しやすく、それに付随して汚職が発達の阻害要因になるかもしれない[4]。政府との関係を保つ方法に関するラーニングは、多くの国で重要な価値をもつ。しかし要求されるスキルには、入札プロセスに関連するものもあれば、人間関係に関するものもある。アメリカの企業は、海外腐敗行為防止法[5]に適応するよう学ばなければならない。労働規範も国によって異なり、人事政策はこのような違いを考慮しなければならない。流通経路の違いはもとより、消費者の好みや規範に違いがあるため、マーケティングについても異なる「ラーニング」が必要になる。最も重要で、おそらく最も明らかなことであるが、生産要素の相対価格が異なっている点である。このため、別の要素に対してある要素の使用を減らす方法についてのラーニングからの収益は異なる。

国によって違いがあることからも様々な意味合いが考えられる。それは、ある企業のラーニングが、外国の企業よりも同国内の別の企業へスピルオーバーしやすい理由を説明する助けになる。ある国のラーニングは、外国での生産とあまり関連しないのかもしれない。

また、公企業がうまく機能する国もあればそうでない国もある理由の説明になるかもしれない[6]（もちろん、うまく機能するとは、ラーニングと適応ができるという意味である――またより広範囲にラーニング・ソサイエティを構築している国々、すくなくとも、ラーニングが社会の重要な部分に浸透している国では、公企業でもラーニングを行い、適応することができる）。

これはグローバリゼーションの限界を説明するのに役立つかもしれない。ローカル企業は、ローカルな環境についての知識をより多くもっているという意味で比較優位をもっている（Greenwald and Kahn 2009）。多くの金融情報は主にその地域だけで利用できる。たとえ情報が入手可能であっても、海外投資家がアメリカの住宅ローンについて学ぶときのように、外部者はその国独自の制度的構造の細かな差異についてあまり理解できないだろう。このため、効果的に資本を配分するには、地元の金融機関が必要になる場合が多い。

残念ながら、資本市場と金融市場の自由化を推し進めたワシントン・コンセンサスの政策は、このローカルな知識の重要性を考慮に入れていなかった。外国の銀行は、より安全だと思われていたため（そして一部のケースでは、政府の潤沢な資金で暗黙の保証がついていたため、そうだったのかもしれない）地元の地方銀行から預金者を奪うのに成功した。しかし外国銀行が得る、地方の中小企業に関する情報は、地方銀行に比べれば劣っている。このため、融資が政府、消費者、そして（地方の独占企業や寡占企業を含めて）国内の大企業に偏向するのは自然なことだった。しかしそうすることで、地域のラーニングと起業家精神は弱体化し、成長も弱まったかもしれない。(7)

発展途上国の産業政策と特有の環境

発展途上国においては産業政策が、先進国以上にもっと重要な役割を担うべき理由は他にもいくつかある。最初の2つの理由は、発展途上国が今後数十年の経済構造となる基盤を作っているところであることに関連している。

法的フレームワーク――すなわち社会と経済を統治する法律や規則――が経済を形成することをこれまでも強調してきた。このフレームワークはある種の産業政策である。だが発展に重要なことは、このフレームワークがないときには、こうした法律を立案することであり、そしてある場合でも、植民地時代からの遺産として受け継がれていることが多い法律の改革である。発展途上国は、選択する法的フレームワークが現在自分たちの経済を形成していることを認識しなければならない。それは途上国の将来にも重要な影響をもたらすのである。

同様に、物理的インフラへの投資は、一部の民間投資の収益を増加させるが、別の投資の収益を減少させる。港や道路建設の開発投資は、周辺地域を発展させるが、その投資が行われなければ開発されたかもしれない地域は犠牲になる。

こういった例ではどちらの場合も、（自分たちの利益に役立つ制度的インフラと物理的インフラのために）

ロビー活動をする団体は現在存在する企業である。異なる制度的また物理的インフラの下で存在するかもしれない企業には発言権はほとんどないか、まったくない。

すでに、すべての国に産業政策があると指摘した――しかし、先進国が選択する産業政策は、自分たちの経済、もしくはその国の特殊な利益団体を発展させるために選択されたものである。発展途上国にとって、たとえ先進国からのこういった考えを借用する方が簡単だとしても、そして先進国から発展途上国への知識の流れを増加する産業政策を設計することが可能だとしても、国境を越えた知識の流れを強化することが、発展途上国の産業政策の唯一の焦点になるべきではない。たとえば、環境面での影響はすべての国にとって重要であるが、発展途上国にとって特にそうである。天然資源と環境に「低い価値がつけられている」ことは、環境や天然資源に（ラーニングに投入されるものも含めて）資源を配分するインセンティブが不十分になるということである――このため、より多くの資源が労働を節約することに費やされることになる。

このことは、先進国と発展途上国の違い、そして発展途上国が、自分たち独自のイノベーション政策とその国固有のラーニングを発達させる産業政策をもつことが重要になる理由に注目させる。先進工業国経済でのイノベーションの多くは、労働節約に向けられている。しかし多くの発展途上国では労働余剰があり、失業が問題となっている。労働節約的イノベーションはこの重要な社会的課題を悪化させることになる（第6章参照）。

労働節約的イノベーションが失業につながらない場合でも、賃金低下という分配面で負の影響があるだろう。格差がすでに大きい多くの発展途上国では、これは重要な問題である。

この分析から2つの理論的な考察が考えられる。第1に、第3章で強調したように、イノベーションが重要であるときは、過去の出来事すなわち歴史が重要となる。今開発されている技術は、将来利益をもたらす技術発展に影響を与えることになる。

第2に、発展途上国における要素価格は先進国とは異なっている。そしてどちらの国でも様々な市場の失敗により、要素価格はシャドウプライス（影の価格）とも異なっている。

これらの考察から3つの重要な政策的合意が得られる。先進国でも発展途上国でも、産業政策は戦略的でなければならない——すなわち、現在のその国の状況だけではなく、長期的に可能性がある状況をも考慮に入れるべきだ。重要なことは、静学的比較優位ではなく動学的比較優位である（この部分の詳細は後で説明する）。第2に、企業と政府のそれぞれが行うイノベーションの方向性は両方とも、先進国と発展途上国では異なる。第3に、先進国でも発展途上国でも、政府がイノベーションとラーニングの方向性を形成する必要がある。第6章で強調したように、経済がイノベーションの方向性——たとえば、資源節約型か労働節約型のどちらにするか——を選択する。この選択が希少価値を——たとえば、要素価格が真の希少性を反映する、すなわち市場価格と影の価格が同じである場合には、異なる要素の相対的割合がどうなるかに——反映する。

3——産業政策の目的

ラーニングを通じて成長を促進する上での産業政策（本章でこれまでに説明したように広く理解されている産業政策）の役割が本書の着目点であるが、政府は同時に他の社会的・経済的影響を認識しなければならない。産業政策は、通常は成長を促進するものとして考えられているが、もっと広く理解されるべきだろう。すなわち、ルールや規制で定められた市場のインセンティブが、公共目的と合わなくなっている経済の部門間配分（または技術の選択やイノベーションの内容の選択など、その他の生産要素）を変える政策でもある。政府は、雇用や分配そして環境について心配するが、市場は多くの場合そのように考えない。このため、高い失業率が続いている国では、明らかに市場プロセスに何か問題がある。すなわち、労働市場では需給が均衡していない。その理由が、市場に内在する限界（たとえば、効率賃金を生じさせる不完全情報[8]、組合、もしくは政府（たとえば最低賃金）のいずれに関係するとしても、持続的な失業は根底にある市場の失敗を「是正」することが容易ではないことを意味する。失業の社会的コストは非常に高くつく可能性があり、経済をもっと労働集約的部門に移行させたり、もっと労働集約的プロセスを活用させたりするように、政府が奨励することは適切であろう。

構造転換

開発には経済の構造転換が必要であるという認識がますます強まっている（Lin 2010, 2012; Lin and Monga 2014; Stiglitz 1998b）。市場そのものは、このような構造転換をあまりうまく行えない。立ち退かされている部門――また他の部門に移らなければならない資源――は、通常大きな資本損失と所得損失を被り、移動のために必要な投資を行うことができない。また（情報の非対称性のため）広く知られた資本市場の不完全性は外部資金へのアクセスを制限する（Delli Gatti et al. 2012, 2013）。ひとつの部門から他部門への容易な資源の流れを阻害する主な要因のひとつは、もちろん適切なスキルの欠如である。「ラーニング」にますます着目することは、労働者の適切な能力を向上させる政策につながるだろう。

格差

多くの発展途上国では格差が大きいという特徴がある。[9] 産業政策は非熟練労働者に対する需要を増加させ、賃金を上昇させ、失業率を低下させることで、格差の大きさに影響を及ぼすことが可能だ。分配に焦点を当てる政策は、伝統的には課税と所得移転が中心だったが、課税・所得移転前の所得分配を変える政策の方がより良い（またより効率的）かもしれない。このような政策は、歪みをもたらす再分配政策によってもたらされる負担を軽減する（Stiglitz 1998b）。

しかし社会正義の観点からだけでなく、拡大する格差を心配すべき理由は他にもある。格差は政治的かつ社会的な不安定さを高める。さらに、格差が経済成長の低下、経済的不安定性の拡大、経済の弱体化につながることは、ＩＭＦ内部も含め、広く認識されてきた（Stiglitz 2012c, 2011; Berg and Ostry 2011, そしてその論文中の参考文献参照）。負の影響が発生する経路は多くある（たとえば、格差が国内の非貿易品に対する総需要を下げ、中央銀行は、金利を下げたり規制や法執行を緩和したりするなど、これを相殺するための措置をとる。このことが持続不可能なバブルを発生させる）が、インフラや教育、そして技術のために膨大な公共投資を必要とする発展途上国にとっては、ひとつの経路が特に重要な意味をもつ。

格差がほとんどない社会では、国家の役割は公共財の提供と市場の失敗の是正のみである。格差が大きい社会では、利害が異なる。分配面の争いが必然的に激化し、富裕層は再分配を阻止するために、政府の権限を制限しようとすることが多い。しかし彼らは、政府の権限を制限する過程で、社会に役立つ仕事をする政府の能力までも抑制してしまう。本章や別の章でも論じてきたように、政府は、蔓延する市場の失敗を是正することで、どのような経済でも重要な役割を担う必要があり、「創造的経済」では特にそうである。

したがって、我々のこの包括的でない成長に対する批判は、すべての人びとが能力を活かして生活することを保証できないことが、国の最も重要な資源である人間の才能を無駄にしているという点だけではない。非包括的成長は、高度の成長戦略を持続させない民主主義に導く可能性がある。格差の拡大が、政府の権限をより制限し、それがさらに格差を広げて成長を鈍化させる、という悪循環になるかもしれない。

4 ― 貿易政策

本書の前半で論じてきた産業政策の多くには政府支出――拡大すべき部門や、ラーニング部門の競争力強化のためのR&D投資や教育への補助金――がともなうことになる。しかし発展途上国の政府は（そして先進国の政府でさえ）、歳入を増やすことが難しいときがある（たとえば、Aizenman and Jinjarak 2009 参照）。一括税がない場合、すべての税は歪みをもたらすため、助成金を提供するには実質的なコストがともなう（前章での我々の分析は、最適な介入を設計するにあたり、これらのコストを考慮に入れていた）。

このため政府が、歳入をどう使うかというよりも、歳入を増やす手立てを考える経済を形成しようとするのも自然である。関税や割当入札制などがその例である（Dasgupta and Stiglitz 1971, 1972, 1974;

Emran and Stiglitz 2005)。このような例から、産業政策の一部として貿易政策が広く活用されていることが明らかになるだろう。

貿易政策に頼ることで、いくつかの問題が発生する。第1に、自由貿易を支持する理論的見解が広く受け入れられている――アダム・スミスと彼の重商主義への批判にはじまり、比較優位の理論を主張したデヴィット・リカード、そして、ジョン・スチュワート・ミルなどの19世紀の自由主義経済学者に受け継がれた。Samuelson（1938）は、自由貿易の社会的便益を理論的に証明した。そして、本章の最初に論じたように、20世紀後半の新自由主義思想が、この見解を後押ししたのだ。

しかし、自由貿易が望ましいという結論を導くためには厳しい仮定が必要であり、この前提条件はその結論の適用範囲が限定されることを明確にするだけである。この理論は完全市場を想定している――すなわち、完全競争、完全なリスク市場、完全雇用、そして我々の主張で最も重要なこととして外部性がないこと、本書の主張で最も重要な、ラーニングの外部性もないこと。これらの仮定のうちのひとつでも抜けてしまうと、自由貿易は、望ましくなくなる。[10] 第8章では、ラーニング・エコノミーでは成長と長期的な厚生が、貿易介入で向上することを示した。関税をかけるべきでないという結論は、政府の歳入を増やす能力に限界がない場合でさえ成立しなかった。このため、近代経済学の発展においては、初期の想定を覆すことになった。今では、自由貿易に反対する見解がある。そしてこの自由貿易に反対する考えは、分配上の負の影響を考慮に入れると、さらに強まる。貿易自由化は格差拡大をともなってきたのである。[11]

第2に、理論的想定がどうあれ、実証的に貿易が経済成長にプラスになることは、広く受け入れられている考えである。初期の国際比較による回帰分析では、この政治的に人気のある意見を認める研究があったようだが、さらに深く検証すると、エビデンスは結論を裏付けしていないのである。[12] ひとたび「マクロ経済的現象（通貨の過大評価やマクロ経済の不安定性）や地理的条件（熱帯地域など）を誤って貿易政策のせいにすることが修正されると、国際比較での貿易障害と経済成長との関係は意味をなさなくなる」ようだ（Helleiner 1994）。

貿易の自由化だけでは成長を保証できないことは、先進国内に存在する大きな格差を考えれば明白だろう。イタリア北部とイタリア南部には貿易障壁は存在しない（資本移動でさえ障壁はない）が、それでも継続的に大きい所得格差が存在してきた。アメリカでも、連邦政府が、北部と南部の所得の差を（なくすには程遠いにしても）縮小する政策（支援も含む）をとるまでは、そうであった。

貿易（と貿易自由化）が経済成長の成功要因の中核にはなりえないと考える別の理由もある。グローバリゼーションによって、貿易機会はあらゆるところで利用可能である。それでも、国際的に見ても（貿易が自由化されている国でさえ）、またそれぞれの国ごとに見ても、成長は特定の国や地域、また時代に起きている。この世界的な貿易の可能性が成長につながるかどうかを決定するのは、特定の地域的条件なのである。

市場の開放が成長につながる前提の多くは、成長と貿易に関して観察された相関関係に基づいている。[13] しかし、その相関関係は因果関係を証明するものではない。成長を生み出したのは貿易だろうか、それとも逆なのだろうか。この問題を掘り下げるひとつのやり方は、貿易自由化ではなく、貿易に注目することである。自由貿易は貿易の自由化である。より速く成長した発展途上国は、より多く輸出したために成長したのであって、自由化したからではない。ラーニングが向上したことでより多く輸出することに成功したかもしれないが、ラーニングは、自由化によって阻害される可能性もある。実際のエビデンスを見ると、多くの場合で因果関係は、成長が貿易を促進したという仮説を支持するものになっている。なかでも国連開発計画（UNDP 2003）は、貿易の自由化はより高い経済成長をともなわなかった、というエビデンスを示している。同様に、（武器以外は輸入関税の免税対象となる、欧州連合の「EBA」政策や、アメリカのアフリカ成長機会法（AGOA）などの下で）低開発国が直面する貿易障壁の著しい削減は、貿易拡大という意味では、期待された便益をもたらさなかった[(14)]。

（ラーニングに着目した）本書は、貿易自由化が成長にマイナスの影響を及ぼすかもしれないという結論が驚くにはあたらない理由を説明するのに役立つだろう。本章第6節では、この考え方に一致するエビデンスを示そう。

（産業政策の他の形態に対してと同様に）貿易介入に対する第3の反対意見は政治経済に関係する。たとえ理論的には自由貿易反対の想定があったとしても、貿易が成長にいいというエビデンスが非常に弱いとしても、また最も成功した国々のほとんどが経済成長の手段として貿易政策を採用していたとしても、今日の低開発国は、効果的な手段として貿易政策を使用する能力はないとされている。反対論者は、貿易政策が悪用される可能性が大きいと主張する。この反対意見については本章の後半で触れる。

産業政策の手段として貿易政策を使用する上での最後の問題点は、国際貿易協定である。近年では、世界貿易機関（WTO）がこのような政策の使用を制限しようとしてきた。WTOによる貿易政策や国内調達への制約（そしておそらく金融市場への別の制約）は、発展途上国がラーニングを促進し、海外の直接投資から十分なラーニング便益を自分たちのために蓄えたり、国内でラーニングを促進するための次善的手段を採用したりする能力を阻害した。こういった規制の提唱者は、新自由主義的イデオロギーをもち、このような規制は発展途上国にとって最善だと主張した。しかしその一方で、自分たちの成長段階では中心的役割を担っていた政策を発展途上国が使えないようにするという、アメリカや多くの西欧諸国の偽善について、誰も気がつかないでいたわけではない[15]。

本書の前半での主要な結論は、目的を絞った補助金が発展とラーニングを促進する最も効果的方法であるということだが、第8章で触れたように、(関税や割り当て、もしくは為替政策の施行による) 貿易政策も同じくらい有効かもしれない[16]。そうした介入には静学的費用がともなうが、動学的便益はその静学的費用を十分上回る可能性がある。WTOの規制が発展途上国に高い費用を課すとしても、為替調整による貿易介入は依然として望ましいことを、第8章で論じた。この後の章では、WTOの拘束を逃れられる経済を形成できる別の政策があることを示そう。

貿易政策はラーニング・エコノミーの構築に重要な手段になりうるし、これまでもそうであったのだが、ラーニングの考えからは、地域的統合を促進するための根拠も見えてくる。なぜならば、個々の国内市場だけでは、堅固な地域産業を支えるには、小さすぎるかもしれない。そのような場合には、産業の発展段階が似ている国同士を結合させ、その他の国々は共通の統一した貿易関税によって守られる自由貿易地域に発展させるのが、基本的政策の自然な拡張策として考えられる。このような拡大は、地域間の競争を高めるという追加的便益をもたらす。

紙幅の関係上、貿易政策の形態と設計についてここでは詳しく論じることはできない。すでに示した所見を詳しく述べるために2つの点をコメントしたい。まず第1に、ラーニングの観点で見ると、重要なことは、静学的比較優位ではなく、動学的比較優位である。しかしながら第1章で説明したように、これにともなう事柄は、これまで議論されていることよりももっと複雑である。実際、静学的比較優位の概念でさえ、資本や労働そして知識の（部分的）移動を考慮に入れると、広く認識されているより、もっと捉えにくいものであると論じてきた。（第1章も含めて）我々の議論から、以下の3つの明確な結論が浮かび上がる。（a）国は、他の国が発展過程で似た状況のときに行っていたことを単に真似すればいいというわけではない。辿ってきた歴史が大いに関係する。技術や国際市場の変化によって、たとえば韓国が50年前に行ったやり方が、現在同じ状態にある別の国にとってうまくいくとは限らないのである。（b）各国の（静学的であれ動学的であれ）比較優位を判断する難しさを考えると、比較優位に「逆らう」産業政策を遂行するのには慎重になるべきだという Lin（2012, 2014）の議論は、それほど役に立つ考え方とは言えないだろう。（c）国は戦略的に行動する必要がある。すなわち、歴史が重要であるのだから、今（貿易政策を使って）能力を高めることが、将来の能力向上の潜在能力に影響するという点を考慮しなければいけない。

第2に、より注意深く計画された介入のためには、より多くの情報が必要であり、またより多くの政治経済問題を発生させるかもしれない。こういった制約がない場合、より注意深く計画された介入は、現在の消費と効用の犠牲を小さくしてより高い成長を達成することで、動学的利益と静学的費用のトレードオフを改善できるが、この点を考慮に入れると、より広範な介入が望ましいということにもつながる。第7節ではさらにこの点を議論する。

5——歴史の重要性

多くの国が貿易政策と産業政策を使用して成功した事例はたくさんある。実のところ、政府が、貿易規制も含めて、産業貿易政策を効果的に活用しなかった国で経済的に成功した国はほとんどない。これは韓国のような発展途上国だけではなく、アメリカのような先進国にも当てはまる。(17) さらに、このような政策は、官僚制度が発展した国だけではなく、初期の発展段階の国もこういった政策を使用することは可能だ。東アジアの多くの国が産業政策を始めたときの経済発展状況は、今日のいくつかの低開発国より悪く、それだけではなく政治的発展状況も遅れていた。

この分野での政府の役割を理解するためには、アメリカの歴史を考えてみるだけでいい。19世紀の重要な「産業」だった農業の発展は政府が促進したものだ。電報の始まりからインターネットの開発まで、電気通信は様々な形の政府支援を必要とする。はじめの閲覧ソフトでさえ政府の支援を受けていた。同様にブラジルでも、サトウキビからのエタノール開発や航空機メーカーのエンブラエルなどが挙げられ、多くの輸出を促進させる政府の介入があった。このような事例のそれぞれのケースにおいて、政府が支援したイノベーションから得る社会的収益は非常に大きいため、経営不振のベンチャー企業の多くを支援できるのである。

第二次世界大戦後に最も経済発展に成功した国々——東アジアの国々——の成功は、主に、ラーニングの重要性とそれを促進する政府の役割を認識していたことによるものだ。たとえば韓国は、静学的比較優位をほとんど考慮しなかった。静学的比較優位で考えれば、韓国は稲作農業に集中していただろう。しかし、たとえ世界で最も生産性の高い稲作農業国になったとしても、将来性は限られていることを韓国はわかっていた。ラーニングが得られる部門と、より発展した国々との知識のギャップを埋めることができる基盤に焦点を当てることによってのみ、望んでいた成長が達成可能だったのだ。このため韓国は、補完的な産業政策と教育政策と技術政策を発展させ、それに成功した。結果的に1人当たりの所得は、40年たらずのうちに8倍以上にまで増加した。

もしも韓国がワシントン・コンセンサス政策の命令に従っていたら、産業政策を回避し、初等教育への投資を強化していただろう――その結果、よくても、中所得の稲作農業国になっていただろう。これまでの歴史を見ればわかるように、韓国のように産業政策を採用した国は成功し、採用しなかった国は苦戦した。またこれはアフリカにおける構造調整政策の影響に現れている。アフリカでは産業政策を避けたことで、非工業化が起き、成長も鈍化した。

興味深いことに、韓国の戦略は、我々が幼稚経済戦略の一部として主張してきた広範囲の輸出促進政策と、より的を絞ったアプローチ（たとえば、チップ、重工業、化学分野の促進）の混合である。もしも韓国が広範囲の戦略にのみ絞ったならばもっとうまくいったかどうかは、歴史的に事実に反することであり、その答えは議論の余地があるということになろう。

貿易介入を使用した歴史的事例

歴史的事例を見ると、ラーニングに関係する貿易規制の有効性が強く示されている(18)。最も成功した国々は、最近の成功例（東アジア）や過去の例（アメリカ含む）のどちらでも、産業政策の一環として様々な手段を活用しており、その中でも最も重要なものが貿易介入だった。そうした国は貿易規制を行っていただけでなく、こういった規制は明らかに成長戦略の一部になっていた。実際、Rodrik（2001）によれば、21世紀に最も成功した発展の3つの代表的モデルは、すべて管理貿易体制に依存していた。1960年代には多くの国が実施したのは輸入代替政策であり、1980年代には東アジアで実施された、海外に向けた工業化であり、1990年代では、中国の国家主導の資本主義である。Chang（2002）によれば、今日の先進国のほとんどすべての国が、自分たちの産業を発展させるために、関税保護と助成金制度を活用していた。そして、「自由市場や自由貿易政策を通じて世界経済の頂点に達したと考えられるイギリスとアメリカの2カ国こそが、実際には保護政策と助成金を最も多用していた」という。

もちろん、東アジアの虎（台湾、香港、韓国、シンガポール）などの国はすべて、貿易を行っていた。しかし輸出を促進し、ラーニング部門を拡大したのであって、通常理解されているような、海外からの輸入品に国内市場を開放するといった貿易自由化を行っていたわけではない。貿易介入政策がうまくいかないときもある。それらが時には、ラーニング・ソサイエティを構築する方向に社会の資源を活用するのではなく、特殊利益団体による貿易保護論者の手段として使用されてきた。しかし、過去の成功した介入の歴史から見ると、失敗は避けられないものではない。国々が過去の失敗（そして成功）から学ぶことにより、将来の介入からの収益が、過去の介入からの利益よりおそらく大きくなることが期待される。この点についてては本章の後でまた触れる。

貿易もラーニングも含めて、自分たちを海外から遮断する隔離政策を行ったミャンマーのような国がうまくいかなかったのは頷ける。

要するに、我々の分析では、東アジアの国々のように、ラーニングと技術の習得に重点をおいて、うまく設計された貿易政策は、完全な自由主義や完全な自給自足といった極端な政策のどちらと比較しても、成長とラーニングを促進する上で、はるかに良い仕事を行っていた。

戦時経済

貿易と成長とラーニングの関係は、戦時を考えるといっそうわかりやすい。戦時中は貿易が遮断されるため、多くの場合動学的便益が大きくなる時期であるようだ[19]。

我々の提唱するラーニングの観点で見れば、こういった変則的に見える事例を説明できる。国内生産に頼らざるをえないため、経済は産業生産を増加させ、その生産にともなってラーニングをも増加させた。さらに緊急の情勢により、そうでない場合に比べて、経済がラーニングをより迅速に行うことを「強制」された。

ラテンアメリカは産業政策の失敗だったのだろうか

別の意見もある。産業政策が東アジアで成功したとしても、また戦時にうまくいったとしても、ラテンアメリカ（中南米とメキシコ）では、惨憺たる失敗であった。そして南米大陸の失われた10年間を産業政策を遂行したせいにした。その結論がたとえ正しいとしても、それによって言えることは、（東アジアが行った輸出主導の成長促進政策ではなく輸入代替政策など）ラテンアメリカが行った産業政策の形に欠陥があったのであって、産業政策そのものが失敗する運命にあったわけではない[20]。

産業政策がラテンアメリカでは失敗だったと結論づけることは、良く言えば、議論の余地があり、場合によってはその結論は明らかに間違っている。産業政策の採用に最も熱心だったブラジルは、1980年以前の75年間で約6％という目覚しい成長率を達成した。この時期には産業政策がブラジルの成功に重要な役割を果たした。失われた10年は、ラテンアメリカ諸国が、オイル・ショックのあった1970年代に過剰な債務を抱えた結果である――おそらく、オイル・マネーがリサイクルされていた低い実質金利、マイナス金利ではこれ自体は理解できる。その後、アメリカが急に金融政策をマネタリズムに転換させたことで、類のない利率上昇が起きた。1980年代の失われた10年は、簡単に言うと、マクロ経済ショックの結果であり、ミクロ経済政策の失敗ではない。その後採用したワシントン・コンセンサス政策は、産業政策を回避するものであり、その後の緩慢な成長期間を引き伸ばした。たとえば、ブラジルの近年の経済回復は、政府が再び実行した積極政策によるところが大きい(Bértola and Ocampo 2012)。

中国とインド

中国およびインドのように、自由化し成長した国はどうだろうか。注意深く時期を観察すると、テイクオフは貿易自由化の前だった。本格的な貿易自由化は、趨勢成長率が増加し始めた後である。両国とも、「国内の自由化」がともなっていた。[21] 対外的な貿易障壁を維持しつつ、国内の歪みを減少させるやり方は、本書で説明したダイナミックな利益を得るための条件そのものである。

産業貿易政策が効果的であることは歴史的に示されている

要するに、歴史的に見ても産業政策は効果がある。様々な国で、様々な状況において、様々な戦略と方法を用いて、効果を出した。失敗と見えるような場合でさえも、注意深く解釈する必要がある。良い政策にはリスクがともなう。公共投資でも民間投資でもすべて成功した場合には、それは十分なリスクをとらなかったという証になるだろう。[22]

産業政策が悪用によって失敗するケースがあることは間違いない。しかし意味のある問いは、問題は政治的プロセスに内在するものだろうか、という点である。次節では、そうではなく、政治的プロセスでの制限が、産業政策のとるべき形態に影響を与えている、ということを説明する。

6――政治経済

産業政策に対する根強い批判は、たとえ市場での配分が非効率であるとしても、そして市場価格が影の価格と異なるとしても、このような市場の失敗を是正しようとする政府の試みは、単に状況を悪くするだけであるという意見である。不正使用の可能性が多すぎる、という主張だ。レント・シーキングの傾向により、悪用はほぼ避けられないと言う者までいる。たとえ政府が政策を悪用しないとしても、すくなくとも発展途上国には、政策を効果的に実行する能力が備わっていない。

もちろん、このような批判のほとんどはまた、産業政策は必要なく、民間部門に頼るべきである、と考えている。政府は、勝者の選択や市場を出し抜こうと努力することに関わるべきではない。資源配分に関する決定は、市場に委ねるべきである。アメリカ大統領経済諮問委員会の先の委員長の発言として有名であるが、ポテトチップだろうがコンピューターチップだろうが、どちらを生産するのにも違いはないのである。

こういった意見に対する我々の回答はすでに示してきた。市場の失敗は蔓延している。産業政策の目的は、こういった市場の失敗を是正することである。

悪用が不可避ではないことは明確である。不可避であるという結論を裏づける理論もエビデンスも存在しない。前節で引用した歴史的事実が、この結論とは逆の、説得的なエビデンスを提供してくれる。たしかに、政府の失敗の例はある。しかし、たとえば、2008年金融危機による大不況の前とその最中のアメリカの金融市場の失敗からもたらされた結果や大きな損失ほどの失敗は存在しない。すでに指摘したように、すべての成功した経済は、どこかの時点で産業政策を上手に取り入れてきた(Chang 2002, 2003とその論文中の参考文献参照)。東アジアの例で最も顕著である。

そしてこのことは次に、政府の統治に著しく不備がある国で産業政策は効果的になりうるか、という疑問がある。この疑問の背景にあるものは、「理想的な政府」の介入は状況を改善させるが、「現実の社会では――いくつかの稀な成功を除けば――介入で必ずしもそうなるわけではない」という考え方である。この議論では、たとえこのような政策が東アジアの成功に大きく貢献したとしても、他の国では、政策が誤用されたため、それほど成功しなかったと主張する。批判論者の意見としては、広く認知されたアフリカ諸国の統治能力の欠如を考えれば、このような介入政策は避けるべきだ、ということになる。

こういった介入批判者は、産業政策の失敗例としてラテンアメリカとその失われた10年を挙げる。しかしすでに論じたように、ラテンアメリカの失敗は産業政策の結果ではなく、負債とマクロ経済政策によるものであったのだ。さらにすでに指摘したように、韓国とその他の東アジアの国々が産業政策に取り組み始めたときには、現在介入政策の採用の是非が議論されている世界の多くの発展途上国と同じくらい、経済的にも政治的にも発展が遅れていたのだ。

問題を正しく問う

産業政策批判への強力な反論は、産業政策批判論の問題設定の仕方が間違っているということである。政府介入が失敗したケースがあったかどうかではなく、成功したケースがあったかどうかと問うべきだ。その答えは明らかにイエスである。前節の議論で実際指摘したように、産業政策を行わなかった国で成功した国は、あったとしても非常に少ない。

ある程度失敗があったとしても、収益は平均すればプラスであった。本章でもすでに指摘したように、いい産業政策はリスク・テイキングをともない、リスク・テイキングがあるのなら、ある程度の失敗は想定すべきだ。

しかしたとえ平均便益が低いときがあっても、またそのときが多いとしても、今日産業政策の採用を企図している国が考えるべき問題は、過去の成功と失敗から学べるかどうか、うまく機能する見込みがある産業政策を構築できるかどうか、という点である。

産業政策は勝者を選び出すためではない

産業政策への一般的反論が、問題を間違った観点から捉えている点がもうひとつある。産業政策は、勝者を選び出すためではない。一般的に市場の失敗を是正し、特にラーニング・ソサイエティを構築するためのものである。大規模な負の外部性（たとえば公害、もしくは金融セクターにおける過度なリスク・

テイキング）から生まれる重大な市場の失敗があり、その市場の失敗を是正するにあたって政府には重要な役割がある、ということは今では広く認識されている。政治的に極端な保守派を除けば、たとえ政府介入が完全でなくとも、大気汚染や水質汚染を抑制する、こうした介入の結果として我々の暮らしが大いに改善したということは、一般的に知られている。我々の関心は、同様に重要な正の外部性にあり、政府の政策がその外部性を（部分的に）是正するのに同じくらい効果的になりうると考えている。実際、これまでの議論でも明らかなように、（先進国や発展途上国の両方で）多くの政府が産業政策によって効果的介入を行ってきた事例がある。(23)

政治経済問題に取り組む政策

さらに、成功の事例は単なる偶然ではなかった。『東アジアの奇跡』（World Bank 1993; Stiglitz 1996; Khan 2012; Stiglitz and Uy 1996）での重要なメッセージは、東アジアの国々が、体系的手続きを活用して、制度悪用の範囲を縮小させ、成長が社会全体の便益になる企業や産業を特定できる見込みを増大させたということである。第1に、助成金は制限されていた――実際は、政府が供与した主な便益は融資へのアクセスだった（信用割当があると、信用の影の価格と市場価格には違いがある。しかし企業が融資を得た条件はほとんどが、商業ベースであった）。第2に、多くの場合政府は、融資および別の助成金の配分では競争形式を採用した。輸出市場で成功していた企業は融資を優先的に受けられた。信用配分を決定したのは利益だけではなかった。なぜなら、利潤が高いということは、独占利潤を搾取している可能性もあるからだ。一方、国際市場での成功は、より広いマーケティングや技術的能力があることを意味した。事実上、政府が、企業によるレント・シーキング（政府の補助金や融資へのアクセスから得る便益を得るための）行動を、社会的に建設的な方向に向かうように仕向けていた。レントを巡る競争は、より多くのラーニングを得て、グローバル市場でより競争力をもつ企業へと導いたのだ。（ところが他の国では、レント・シーキングは資源を、経済成長を促進する活動とは異なる方向に向けた。たとえ資源がイノベーションに向けられたとしても、そのイノベーションは成長促進的でないかもしれない。企業は、経済を安定化させるように設計された規制を回避する方法や、消費者や企業の独占的支配力からより多くを搾取する方法を学習することに、資源を費やしてきた。私的利益が社会的利益と一致しないときには、市場はうまく機能しない。そのような場合には、何度も指摘してきたように、イノベーションやラーニングのインセンティブにも歪みが生じることになる）。

統治と制度改革

産業政策には失敗例もあれば成功例もあることから、産業政策を考える国は、政策設計について注意深く考える必要がある。政策を悪用する可能性を減らし、介入を成功させる確率を増やす制度改革がある。東アジアの経験は、レント・シーキングに向かう意欲を社会的に建設的に活用した、効果的な制度設計の事例になる。ピアレビュー、競争的入札制度・配分プロセス・透明性の改善、時間制約つき事業、パートナーシップ協定の計画（それでは支援を受ける企業は公平性にかなり貢献しなければならない）など他の制度的改革は、悪用の可能性を減らし、産業政策の有効性を高めてきた。このような制度的改善は、ブラジル国立経済社会開発銀行（ＢＮＤＥＳ）のような開発銀行のパフォーマンスと関連するものも含め、過去の失敗（そして成功）からのラーニングがあることを示している。

統治の不備が産業政策の設計にもたらすもの

政治的プロセスの改革は時間がかかる。そして、十分に速く改革を実行して、特定の形態の産業政策の乱用を許容できるレベルまで減らしたり、産業政策を採用することが望ましくなるレベルまで、成功の可能性を高めたりすることは、不可能かもしれない。統治能力が欠如しているということは、産業政策を公共部門の能力と統治に合わせる必要があるということである。

ここに重大なトレードオフがある。第8章では、工業部門をより広範に促進することを中心とした幼稚経済保護論を重点的に論じた。幼稚経済論におけるインプリケーションは、貿易規制は、工業製品に広く全般的に、そして一様に適用されるべきだということである。望まれる便益は狭い範囲ではなく、広い範囲で決定されるため、特定の工業を支援することはなく、より正確にはスピルオーバーが大きい分野を特定する必要もない。為替レート介入など、より広範囲な政策で政府が気をつけることは、為替レートの決定のような為替介入によって促進されるセクターがもたらす社会的ラーニングの便益が、この介入によって損をするセクターの損失よりも大きくなることを確認するだけである――このことが正しいことを示す事例は多くある（特に、輸出主導型成長戦略の成功で実証されている）。経済内部で企業や部門は自己選択を行い、より大きいラーニングがある企業や部門の拡大が経済のダイナミズムを向上させる。

一方、より的を絞った介入は、もしもうまく設計され、実行されれば、より多いラーニングとより速い成長率をもたらす。より的を絞った介入の政治経済的問題を管理できた国もある。指摘したように東アジア諸国は、介入を過去の輸出の成功経験と関連させたルールに基づいた制度を使用することによって、管理を行っていた。

結局のところ均一な幼稚経済の関税政策の有効性は、そうした政策が現実社会でどの程度機能しているかを見れば確認できる。すくなくとも表面的には、過去の事例はこの有効性を支持している。1950年代に新しく形成された欧州経済共同体の貿易政策では、比較的均一な、高い対外関税が適用されていた。このような関税障壁に守られた共同体は急速に成長した。同様に、日本、韓国、中国、台湾、そしてシンガポールなどのアジアの国々では、的を絞った介入もあり、それ自体も概ねよく管理されていたのだが、傾向としてより広い範囲に適用される貿易障壁を好み、どの国も大きな経済成長を遂げた。最後に、アメリカも初期の頃は、高い関税を広く適用し、高いレベルの成長促進に成功したのだ。

もちろん、政治経済問題を完全に「解決する」介入の形は存在しない。為替介入で便益を得る産業は、ラーニングからの便益がない場合でさえも、その介入を維持させるためにロビー活動を行うかもしれない。異論の余地はあるかもしれないが、やはり政治経済問題は、広い範囲に適用される介入の方が狭い範囲に焦点を当てた介入よりもうまく管理できるだろう。後者は、経済的に意味のある期間以上に特定の関税を維持しようとする狭い部門の特殊利益団体を生み出すことになる。適切に設計されれば、均一な工業製品関税制度のコストと便益は、広く分散されるだろう。さらに、広範囲に適用する工業関税制度は、ある程度それ自体が制約になる。成功した国内の工業は輸出を始めるので、自然に自由貿易に傾倒するようになる。

政治経済的批判への方法論的反論

産業政策に対する政治経済的批判へは概念的側面からの反論もできる。こういった政治経済的反論が正しいか正しくないかにかかわらず、その結論は政治的なものであって、経済的なものではない。そして政治的分析は多くの場合経済的な分析より単純である。

さらに、政策の他のすべての側面について同じような疑問が生まれる可能性がある。多くの政府は、金融政策や金融規制を上手に活用していない。その誤用が統治の問題に帰するケースもある。一部の先進工業国では、規制当局や中央銀行が、金融市場の特殊利益団体の影響を強く受けていることがよく指摘されている。このことが2008年の世界的経済危機で重要な役割を演じたのである（Stiglitz 2010b; Johnson and Kwak 2010）。しかしこのことは、政府が金融政策や金融規制を使用しない理由にはならない。

自由化と政治経済

最後に、自由化そのものは政治的なアジェンダである、という点を明記しておく。すでに論評したように、市場は何もないところに存在するわけではない。ルールと規制は常に存在するもので、それは自由化された世界でも同じである。そして、そのルールと規制の設計が市場を形成するのである。アメリカとイギリスで金融市場を「自由化」し規制緩和する過程において採用されたルールと規制は、金融当局の（究極的には納税者の）暗黙の保証を得た肥大化した金融機関を作り出すことになった——経済を歪めた規制緩和と金融機関に有利な規制という、産業政策の一例である。

7——産業政策に関する一般的考察

セカンド・ベスト理論

産業政策は、ない場合と比較して消費を歪める。（ワシントン・コンセンサス政策のような）標準的経済学は、このような政策介入のコストを強調する。市場の失敗がある（ラーニングの外部性があるときには、いつも市場の失敗がある）ときには、介入から便益があることを我々は強調してきた。最適な政策は、限界便益と限界コストを比較する。

セカンド・ベストの経済学がここでは特に関係してくる。R&Dとラーニングは市場の不完全性をもたらすが、歪みと表現されるときもある。資源が「ファースト・ベスト（最善）」な方法で配分されないのである。ある市場においてより良く計画された歪みは、別の市場の歪みを部分的に相殺する可能性がある。

我々は、歪みという用語を注意深く使用している。一般的な使用法では、政府は歪みを排除しなければならない。しかし、この用語が使用されるようになるにつれて、単に古典的モデル（たとえば完全情報のモデル）からの乖離を表現するようになった。情報は本質的に不完全であり、この不完全性は法律ではなくせない。研究にとって本質的な規模の経済から生まれる市場支配力も、法律でなくすことはできない。第5章で指摘したように、市場構造とイノベーションを同時に内生化することが非常に重要であるのは、このためである。同様にR&Dにともなうコスト（または、ラーニングへ「投資」するための生産拡大がもたらす「損失」）も無視できない。それらのコストは支払われなければならない。独占レントは、そのためのひとつの手段であるが、ここで論じるように、理想的なやり方からは程遠い。

現代の公共経済学でよく言われるように、最適な介入の性質は、政府が行う手段と政府の力に依存する。その政府が独占を廃止できるか、また独占の歪みを生み出す行為をやめさせられるかどうかが、研究とラーニングの望ましい量に対する示唆を与える。政府が、一括税ではなく、歪みをもたらす課税によってのみ、研究やラーニングへの助成金や支援を与えるための税収を得ることができる場合には、違いが生じる。しかし政府が、歪みをもたらす税によってのみ歳入を得る場合でも、それを行うと同時に、社会的厚生を高め、イノベーションのスピードを向上させるために、その収入を使用する方法がある（しかし、イノベーションへの最適な投資は、一括税よりも、歪みをもたらす課税の場合の方がより少なくなりそうである）。

産業戦略

産業政策における重要な課題は、方向性（たとえば、韓国は稲作で比較優位を強化することに努めるべきか、もしくは別の部門に比較優位を作るべきか）だけではなく、その行動の規模も関係する。政府は、少しずつ、そのままでもいずれ起きるかもしれない進化のプロセスを軽く後押ししながら、類似の技術（製品）を進めるべきなのだろうか。もしくは、もっと大胆な行動をとるべきだろうか。後者はリスクがより高く、成功すれば収益はおそらく大きいが、失敗の確率もより高くなる。

我々は、この重要な決定を正式にモデル化していないので、以下のコメントは示唆的なものにすぎない。飛躍が大きければ大きいほど、ラーニングの難しさも増す。しかし便益も大きくなる。情報と知識の価値には、本質的に非凸性があり（Radner and Stiglitz 1984）、すくなくとも、適度な大きさの飛躍を行うことが得になることを意味する。すなわち、少しずつ進む漸進主義は最適ではなさそうである。

同じ理由で、企業戦略に適用すると、（たとえば、規模の経済や特定の知識から生まれる参入障壁の結果）持続可能なレントのあるプロダクト・スペース（製品空間）の一部に移動することが得になる。これはほぼ確実に、他社がしていること、してきたことに追随しない、ということになる。

我々が展開してきたラーニング理論で最も重要な考えは、過去に辿ってきた歴史が重要であるため、ラーニングやイノベーションの方向性に関わる今日の決断が長期的な影響をもちうるということである。もしも韓国が数十年前に異なる決断をしていたら、韓国の今日の経済はまったく違うものになっていただろう。現在の静学的比較優位を形成する商品も異なり、ラーニング能力も異なっていただろう。このような長期的な影響があるため、各国は、グローバル経済の発展について推測をしないわけにはいかない。我々が論じてきたように、25年もしくは半世紀前に同レベルの経済水準にいた国が行った発展モデルを、単に追従することはできないし、するべきでもない。

産業政策は本質的にリスクがともなうが、産業政策を行わないことのリスクはもっと大きいのである。

8——おわりに

本書の前半で我々は、国は産業政策をもつ以外に選択の余地がないと論じた。予算方針や法的枠組が必然的に経済を形成する。国は、経済を形成する上で、政策の影響にもっと注意深くなる必要がある——そして、ラーニングのともなう革新的経済の構築に目を向けながら、経済の構築にもっと積極的になる必要がある。

アフリカや他の地域の発展途上国にとって、再工業化を行い、世界経済にもっと統合し商品の輸出への過剰な依存から抜け出せるように経済を再構築し、所得水準を上昇させ、雇用を増やし、貧困と格差を減らし、脆弱な環境を保護しようとの試みにおいて、産業政策は特別な重要性をもつ。産業政策への反論として広く言われていること——産業政策は東アジアではうまくいったが、アフリカやその他の発展途上国では、統治能力に欠陥があるため不適切であるという反論——は、良く言っても説得力に欠け、悪く言えばまったく誤りであるという理由を説明した。さらに、発展途上国に必要なことは、企業に優しい環境を構築し、経済の形成を市場にまかせるだけではないということを説明した。こうした政策は必要ではあるが、十分ではない。

今日議論すべきは、政府が、経済の産業構造を形成する政策を遂行すべきか否かではない。必然的に政府は産業政策を行うようになり、現に行っている。議論すべきは、政府が経済を形成していく方向性、そして現在の国の制度に鑑み、それを行う最善の方法、および——制度自体の進化が選択される産業政策によって影響を受けることを認識しながら――そうした制度の発展の仕方についてである。過去には、貿易介入が有効な産業政策だった。そして、WTOの拘束が貿易介入の範囲と形態を制限するとしても、それが貿易介入の望ましさを弱めてきたわけではない。もちろん、統治の問題はすべての国に関係するものであり、産業政策のあるべき姿と適切に使用できる手段を形成する上で重要になる。為替政策など、広範囲の介入政策を支持する議論の有効性は、統治の問題を考慮に入れると、さらに強まる。

このような政策の潜在能力に対する認識が遅れはしたが、時機を逸したわけでない。なぜなら、グローバル経済が変化したおかげで、出遅れてしまったアフリカや他の国々が、ついに、世界の他の多くの国との生活水準のギャップを縮めることができるように、自らの経済を転換するまたとない機会を得られるようになるかもしれない。

本章は、一部は、Greenwald and Stiglitz（2014a, 2014b）と、Charlton and Stiglitz（2005, 2012）を基にしており、これらの論文から多く引用している。

注

（1）Stiglitz（1998c）では、変化が可能であることを認識し、それを達成する方法を学習する社会への「変革」として、発展を捉えている。

（2）この点については少し注意を払う必要がある。Williamson（1990）は、ラテンアメリカに押しつけた政策としてワシントン・コンセンサスを位置づけたが、こういった考え方の形成のはるかに前にアフリカの構造調整政策は始まった。しかしウィリアムソンが明らかにした、この経済学と経済政策の根底にある考え方が、国際的経済機関で長い間支配的であった開発理論であり、この考え方が適用されたのはラテンアメリカだけではなかった。ウィリアムソンは、実際にはその後ワシントン・コンセンサスとされた考え方と距離をおいていた。たとえば、彼は資本市場の自由化にいつも慎重であったが、資本市場の自由化は、彼がワシントン・コンセンサスと見なす政策の一部ではなかった（Stiglitz 2008c; Williamson 2008, 他、Serra and Stiglitz 2008 参照）。ワシントン・コンセンサスに関してさらに深めた議論は、Stiglitz（1998a, 1999c, 2002a）参照。

（3）すくなくとも我々のラーニングの考えでは、この対応策でさえも間違った方向に導く可能性がある理由は第11章で説明する。重要なことは価格の安定以上に実物的安定性であるが、価格の安定性への過剰な関心が、実物的安定性を損なわせてきたかもしれない（Stiglitz et al. 2006）。

（4）ある社会では腐敗と見られることが別の社会では同じように見られないかもしれないことも付け加えておこう。選挙活動への多額の寄付や「回転ドア」を認めるアメリカの制度は、自らに有利な法律を「買う」という行為にも見え、たとえ、茶封筒にお金を詰め込んで政治家に渡すというわけではなくても、多くの外部者は、この制度を腐敗のひとつと見るかもしれない。

（5）発展途上国の企業は、別の発展途上国の政府と交渉する上での知識で優位性をもっているかもしれないと、Dixit（2012）は指摘している。

（6）もしも公的企業と私的企業の業績に違いがあるとしても、それは単にインセンティブの違いでは説明できない。なぜなら、両方とも一般的にほとんどの個人は他者のために仕事をしており動機づけされていなければならないからだ（たとえば、Simon 1991 参照）。「権威と組織の特定化に関する検証は、目的と従業員が受ける物的報酬の関係性が、仮にあったとして、それが、極めて間接的であるか希薄であるとしても、組織が極めて生産的になる理由を示すのに役立つ。特に、注意深く行われた比較研究は一般的に、営利組織、非営利組織、公的機関間での生産性と効率性の組織的違いをほとんど見出せない理由を説明する助けになる」（Simon 1991: 39）。

（7）Rashid（2011, 2012）, Detragiache, Tressel and Gupta（2008）では、この結論の強い裏づけとなるデータと実証分析を提供している。一般的理論は Greenwald and Stiglitz（2003）参照。

（8）Shapiro and Stiglitz（1984）, Stiglitz（2002b）とそこで引用されている参考文献参照。

（9）データの制約により、格差を追跡することは難しい。『アフリカ・プログレス・レポート』によれば、アフリカの24カ国のジニ係数は42以上で、中国の水準を上回る。さらに多くの場合、最近の成長は貧困の減少と連動していないと指摘している。つまり、格差をもたらしている。「多くの国で、経済成長は格差を増大させている」（Africa Progress Panel 2013: 16）。

（10）たとえば、Newbery and Stiglitz（1982）参照。論文では、不完全なリスク市場の場合には自由貿易がリスクを大きくするため、人びとの暮らしを悪くする（すなわち、それはパレート劣位である）ことを指摘している。

(11) 先進国に関してはこれが当てはまるという確立された理論的想定がある（Stolper and Samuelson 1941）が、発展途上国に関してさえそうだというエビデンスがある（Stiglitz 2006a 参照）。貿易自由化はしばしば失業率の増大をともなうため、負の分配帰結があるのは当然である。最下層の労働者は解雇されやすく、高い失業率は賃金の下方圧力となる（Furman and Stiglitz 1999）。貿易自由化の負の影響は、金融資本市場の自由化政策を同時に行うことでしばしば悪化し、経済的不安定性が増大した（Stiglitz 2008a, 2010e, 2012a 参照）。自由化の格差への負の影響の可能性についてのより詳しい議論については、World Bank（2005），Topalova（2010）を参照。

(12) たとえば、Rodriguez and Rodrik（2001）参照。Wacziarg and Welch（2003）では、調査した国の約半数が、自由化の後、ゼロもしくはマイナスの経済成長を経験していたことがわかった。

(13) 計量経済分析（クロスカントリーの回帰分析）で特に影響力が大きい研究がいくつかある（たとえば、Dollar 1992; Sachs and Warner 1995）。しかしこの論文の著者は結果の評価に注意深いが、他の論文はそうではなかった。

(14) Charlton and Stiglitz（2006, 2013）参照。サハラ以南のアフリカの世界輸出に占めるシェアは、１９８０年の３・９％から、２００６年には１・９％まで下がった。そして最貧国はさらに低く、その平均的シェアはこの期間に０・06％から０・02％まで下がった。その説明として指摘されていることは、供給制約やインフラの整備不足など貿易の非関税障壁が他にあるという点であり、これが「貿易のための援助」の根拠になっている。

(15) 特に、Chang（2002, 2003）参照。さらに、関税を減らした発展途上国は、それによって生じた税収減少を、たとえば付加価値税によっても、埋め合わせできないでいる。

(16) 実際、課税（もしくは補助金）に制約があるもとでは、（国内生産財に比較して）貿易財への差別的課税が一般的には望ましい（Dasgupta and Stiglitz 1971, 1974, 2000; Emran and Stiglitz 2005）。これらの結果は、（たとえば中間財や資本財など）特定の財の自由化が便益を生むことを示す研究と整合的である（Estevadeordal and Taylor 2008）。自由化の影響は、その経済の状況と構造にも依存する。すなわち、すでに失業率が高いときには、たとえ別の状況ではプラスの影響になる場合でも、自由化が負の影響を及ぼすことになるかもしれない（Charlton and Stigligtz 2005）。

(17) Irwin and Kroszner（1999）では、１９４０年代から始まった高関税障壁での産業化への長期的支援から共和党が行った方向転換がまとめられている。

(18) もちろん、貿易介入がうまくいかないこともある（貿易介入は、社会の資本をラーニング・ソサイエティ構築に再配分するのではなく、特殊利益団体による保護手段として使用されてきた）。しかし、歴史的に成功した介入からわかることは、失敗は避けられなくはないということだ。望ましくは、国々が過去の失敗（と成功）から学び、将来の介入からの利益が、過去の介入からよりも大きくなることである。

(19) 開拓されていない膨大な量の潜在的生産性が存在することは、生産高を急速に増やす必要性があった、歴史的に特別な状況によって確認されたことを第2章同様に指摘した。

(20) さらに、1960年代のラテンアメリカと1980年代と1990年代に東アジアが直面していた状況は極めて異なる。輸出成長戦略が1960年代にはうまく機能したかどうかは明らかでない。

(21) インドのケースについては、Rodrik and Subramanian (2005) 参照。Rodrik (2001) は、1975年から1980年代にかけて輸入関税が上昇したにもかかわらず、すべての発展途上国と比較して、成長率は現実的には増加したと指摘している。

(22) すでに指摘したように、アメリカの研究への公共投資は極めて高い収益をもたらした (Stiglitz and Wallsten 1999; Council of Economic Advisers 1995 参照)。

(23) アメリカ政府の科学技術への投資からの収益率は、民間部門のこの分野への投資よりも高い (すなわち、他の分野への民間投資の収益よりもはるかに高い。Council of Economic Advisers 1995 参照)。

Financial Policy and Creating a Learning Society

第10章

金融政策とラーニング・ソサイエティの構築

輸入工業品に対する広範な貿易障壁を支持する説得的な論拠があるなら、その理屈は、同様に資本移動に対する規制にも当てはまる。国内の資本と金融サービスはラーニングに役立つ。対照的に、外国人が提供する金融サービスは、投資とラーニングを国外に振り向けることになり、結果的にラーニング・ソサイエティの構築を阻害する。同じ理由で、国内での費用が低い資本の利用可能性は、その国のラーニングへの投資を促進する。本書の前半で指摘したように、ラーニング行動を補完するものは奨励されるべきであり、(資本流出を規制し) 国内の資本コストを下げることがその役割を果たすことになる。かつてアローが仮定したようにラーニングが投資量に直接関係する場合には、特にその傾向がある。信用割当がある経済では、資本へのアクセスが産業政策の重要な手段となる。

金融政策とラーニングはさらに関連がある。金融部門と金融政策の設計に不備があれば、マクロ経済を不安定にし、第4章で指摘したように、マクロ経済の不安定性はラーニングを阻害する（金融政策とマクロ経済の不安定性との関連に関する分析は後の章にまわすことにする）。

要するに、政府政策の主要な目的は、ラーニングを促進することによって、ラーニング・エコノミーの構築に役立つ金融部門を作ることであるべきである。（ワシントン・コンセンサスで提言される政策のような）標準的政策は、金融部門のラーニングへの影響を単に無視してきた。その結果、ラーニングに貢献しないだけでなく、ラーニングに有害と思える金融部門を促進してきた。本章では、金融部門の政策とラーニングの様々な関連性を簡単に検証する。我々の分析からは、従来の知見とは極めて異なる政策提言が生まれた。この分析の基礎となっているのは、外部性が普遍的に存在しているということである。最近の研究では、金融部門内および金融部門と実体経済間の外部性の全般的重要性を強調しているが[1]、我々が本書で強調するのは、ラーニングの外部性があるため、私的便益が社会的便益とは大きく異なる場合が多いということである。

本章は4節からなる。第1節は、国内市場を海外の金融機関に開放するという、金融市場の自由化についてである。第2節は、国内外へ資本の自由な流出を認めることを目的にした政策である、資本市場の自由化を中心に議論を進める。第3節は、産業政策のひとつの手段としての金融政策の問題を取り上げる――ラーニング部門の発展を奨励するには金融部門をどのようにして形成するのか、も議論する。

労働と資本にはある種の対称性がある。ラーニング・エコノミーの構築のためには自由な資本の流出入を制約する必要があるのなら、労働移動を形成するための議論はいっそう説得力のあるものであるはずだ。本章の最後の節では、この複雑な問題の重要な点をいくつか取り上げる。

1――金融市場の自由化

情報の外部性は、金融市場の自由化に関する議論の中心的部分である。西欧の政府は（直接的に、もしくは国際的金融機関を通して）発展途上国に金融市場の規制緩和と自由化を強要してきた。規制緩和はもちろん、そもそも金融部門の規制を必要とすることになった、市場の失敗を無視していた。この問題に関しての詳細な議論は本書の枠を超えたものであるが、以下の点を指摘しておきたい。金融部門の行動は、経済全体に大きな外部性をもたらしうるし、実際に大きな外部性を与えている。[2] 金融部門は、リスクのともなう行動を過剰に行う傾向がある。そして結果的に、規制のない経済や規制の弱い経済では、変動が過剰になりやすい。この不安定性は社会に大きなコストをもたらす――コストの多くは明らかに労働者が被るが、国庫の負担にもなる。すなわち、国が事態をより悪くしないように銀行を救済するという意味では直接的なコストであるが、同時に、景気後退が歳入を減らし社会保障関連支出を増やすため、政府予算に大きな影響を及ぼすという意味で、間接的なコストをもたらす。

金融部門の自由化は、その国の金融市場を、海外の銀行や金融機関に開放することを主眼とする。これは、ウルグアイ・ラウンド貿易交渉での中心的合意事項のひとつだった。皮肉にもアメリカは、他国に市場を開放するように強要していた時でも、国内銀行には他州に支店を出す州際銀行制度をまだ認めていなかった。このような規制は（最終的には1994年に撤廃されたが）[3]、19世紀に導入されたものだった。それは、アメリカ東部以外の銀行が、もしもニューヨークの大手銀行が自分たちの市場への参入を許可されたら、預金をもっていってしまい、東部以外の地域の発展が遅れてしまうと心配したためである。これは正しく、金融市場の完全自由化に抵抗してきた多くの発展途上国の抱えるもっともな懸念と同じ類である。

金融市場の自由化を正当化する当初の理由のひとつは、発展途上国の国内銀行が、欧米の銀行の優良な業務を学習できる、というものだった。金融危機後では、この議論にはあまり説得力がなくなった。彼らが学習したかもしれないことと言えば、略奪的な貸し付けや不正なクレジット・カード業務などで、より効率的に貧困者を搾取する方法や、簿外で不正な会計処理を行う方法であろう。しかし、こうした社会的に非生産的なラーニングには負の外部性がともなうことは間違いない。

Rashid (2011), Yeyati and Micco (2007), Detragiache, Tressel and Gupta (2008), Mian (2006), Bayraktar and Wang (2004) で示されたエビデンスによれば、金融市場の自由化は発展途上国のより速い成長をともなうことはなかった。これらのエビデンスをさらに詳しく見ると、そうなる理由がわかる[4]。外国銀行の中小企業への融資は少なく、それにはもっともな理由がある。

仮に、イギリスの銀行がラテンアメリカに支店を開いたとしても、その管理者は、ラテンアメリカでの投資機会よりも、イギリスでの投資機会についてはるかに多くのことを知っている。したがって、情報の非対称性を考慮に入れれば、金融資源を受け取り、それをラテンアメリカからイギリスに移すのは、自然な対応になる。ラテンアメリカで融資する場合には、独占企業など国内の大企業や政府向け融資など、情報が少なくて済む分野になるだろう[5]。

幼稚経済論が工業部門の保護を主張したように、本書の分析では、金融市場の保護のために同様な幼稚経済論を提案する。すなわち、国内経済の特定の事柄と状況に焦点を当てて、資源配分とリスク管理において国内の能力を発展させることが望ましいのである。銀行の場合には、たとえ国内の金融機関の方が（資本の配分、リスク管理、取引費用の低さの点で）能力があったとしても、外国銀行と取引する国内預金者が、国内銀行よりも外国銀行の方がより安全だと信じている場合[6]には、外国銀行が有利になるかもしれない。外国銀行は、本当に経営が健全であるから、または単に預金者（や外国銀行の利用者）が、金持ちの政府が（後ろに）ついていると[7]信じているから、より安全なのである。こういった政府は、その国の銀行を救済する能力も、進んで救済しようとする意思ももっている、という信頼は、２００８年の金融危機では概ね正しいことが証明されたのだが、アルゼンチン危機ではそうではなかった[8]。このような考えの正当性は別にして、人びとがこのような考えをもつ限り、国内銀行への預金にはより高い金利を要求するだろう。要するに、こういった考えは、国内の金融機関を不利な立場に追いやることになる。

それならば、このような考え方を実証的に検証してみたいと思うであろう。そして、それができる資料もある。昔の南部同盟国の諸州（アラバマ州、アーカンソー州、フロリダ州、ジョージア州、ルイジアナ州、ミシシッピ州、ノースカロライナ州、サウスカロライナ州、テネシー州、テキサス州、バージニア州）は、アメリカでは発展が遅れていた地域だった。アメリカに州法銀行しかなく、州際銀行制度のなかった時代に、これらの州の相対的な発展度を見ることで検証できる。これは基本的には、１８５０年から１８７０年までの20年間の制度だった（この期間には他にも大きな変化があり、最も有名なものは南北戦争に関することである。このためより長い期間での成長を検証した方がよいであろう）。

1850年から1870年の間に、相対的所得、つまり、アメリカ全体の所得に対する南部諸州の所得の割合は15%上昇した。[9] 成長率は、ジョージア、バージニア、ノースカロライナなどの比較的裕福な州よりも、アラバマ、ミシシッピ、サウスカロライナなどの貧しい州の所得の増加の方がわずかに高かった。1870年から1890年のその後の国法銀行の時代を見ると、成長の速度ははるかに遅くなった。平均6%であり、しかも成長率はバージニア、ジョージア、ノースカロライナなどの豊かな州に偏っていた。実際、アラバマ、ミシシッピでは所得はほとんど上昇しなかった。何が起きていたかを推測するのは簡単である。地方銀行しか存在しないときには、その地域の預金はその地域の企業に貸し付けられ、地域の金融機関には企業の中から良い貸付先を選ぶ上での判断力を向上させるインセンティブがあった。国法銀行制度では、[10] 資金は貧しい州から流出してしまうが、そうした州は、低レベルの人的資本と乏しいインフラに苦しんだ。

同様のパターンが、今日の発展途上国に見られる。金融市場の自由化により、外国銀行が国内銀行から資金を吸い上げた——もしくは国内銀行は預金高を維持するために高い金利を払わざるをえない。しかし、すでに指摘したように、外国銀行は国内の中小企業の融資を判断するための情報は少なく、能力も十分でない。したがって、資金は、(外国銀行がより多くの情報をもつ)自国に流れるか、もしくは自国と似ているか、自国と貿易や金融上密接な結びつきのある国に流れる。発展途上国内に残った資金は、より「安全な」投資に見える方に配分された——すなわち、国内の独占企業や寡占企業、そして政府への貸し付けである。[11] 国内銀行がより高い利率を支払うことで預金高を維持する限り、追加的費用はその地域の借り手にかかり、地域の中小企業に不利益をもたらすことになる。

2——資本市場の自由化

資本市場の自由化（資本の国内外への自由な移動を許可すること）[12]は、長い間開発政策の中で最も議論の分かれる部門のひとつだった。IMFは1997年に、自身の憲章を改訂し資本市場の自由化を国々に強制するのを認めようとしていた——それは、ちょうど東アジア金融危機が発生したときであった。この危機は主に、東アジアでの資本市場の自由化の結果である——それは、当初資金の大量流入を引き起こし、景況感が変わると流出に転じたのである（Stiglitz 2002a; Furman and Stiglitz 1998）。興味深いことに、15年後、2008年世界金融危機後になるが、IMFは見解を改め、資本管理がマクロ経済の安定性に重要な役割をもつことを認めた（IMF 2012b）。

皮肉なことであるが、資本市場の自由化はより大きい安定性と成長の両方をもたらすと想定されていた。（社会通念として受け入れられ、ワシントン・コンセンサス政策の基盤にもなっている標準的理論では）資本は、必要なときに国に流入する——反循環的に移動する。そして資本は、資本労働比率が高い先進国から、資本労働比率が低い発展途上国へ流入し、結果的に途上国のGDP成長率を上昇させ、全世界の効率を高めるはずだった[13]。この両方の点で、標準的理論は正しくなかった。資本流入は概ね、順循環的だった。全体で見ると、資本は発展途上国から流出した。そして、結果的には当然のことだが、資本市場を自由化した国々は、経済が不安定になり成長率は低くなった[14]（資本の流れは順循環的であることを示す多くの実証研究がありながら、このような理論が支持を得ていたことは驚きだった）。

次章では、資本市場の自由化がマクロ経済の安定性に及ぼす影響を簡単に説明する。ここでは、投資の構造――したがってラーニング――への影響に焦点を当てる。

東アジア市場の特異な点は、貯蓄率が非常に高いため、（他の発展途上国と違って）資本流入をそれほど必要としていなかったことである。何が起きたかというと、資本が流入し、そしてそれらが同時に流出した。東アジアの国々は概して、貸付利率よりはるかに高い利率で借りていた。それらの国は、アメリカ国債に「投資」したのだが、借り入れは民間の（海外）金融市場からである。事実上は、資本市場の自由化で、資本配分が西欧の金融機関にまかされることになった。しかし、銀行に関する我々の分析ですでに示したように、このような海外金融機関には、地域の状況についての十分な情報がなかった。いくつかの国の例で見ると、資金は特に不動産分野に流れ、これが不動産バブルを引き起こすきっかけになった。このように、資金はラーニングが少ない部門に流入したのである。(15)

資本市場が自由化されてから、危機は定期的に発生した（東アジアの金融危機がほんの一例である）が、（ラーニング・エコノミーを構築するという観点では）危機の後に、経済構造にさらなる負の影響があった。根拠なき熱狂の高まりと共に、資金は新規に自由化された経済に流入したが、風向きが変わると資金は流出した。為替レートの急落が通貨危機を引き起こし、多くの場合、このことが金融危機と経済危機につながった。次にタイで起きたことはこの負の影響をよく示している。ＩＭＦの「救済」計画――それは、海外の貸し手を救済するためであり、タイ経済を保護するための計画ではない――は、高金利と政府支出の大幅な削減を要求した。結果的に、タイ経済は大きく下降し、国内の中小企業が特に厳しい打撃を受け、（教育や医療健康などの）人的投資が大きく削減された。事実上、外国通貨で融資を受けていた企業が借金を返済しやすくなるように、通貨の下落を食い止めようとしたことは、国内企業を犠牲にしていた。この場合、政策介入が特に不幸な結果となった。救済策は為替レートにはほとんど効果がなかった。たとえあったとしても、外国通貨建ての融資のほとんどは不動産向けであり、不動産業界は、不動産バブルの崩壊ですでに壊滅状態で、たとえ通貨が安定したとしても立ち直れなかっただろう。しかし、高金利は中小企業の多くを倒産に追いやった――それらの企業は、その収益がタイ通貨バーツで発生する活動の資金調達のために外貨建ての借金をするという賭けを一度も経験したことがない企業である。そして経済の成長見込みに対するダメージは、長く続くかもしれない。

危機を経験しなかった国でさえ、資本市場の自由化は、「ラーニング」に直接的影響を与えた。資本配分が欧米の金融機関にまかされたため、資本配分やリスク管理などのプロセスについて発展途上国内でのラーニングが減少した。

資本の流出

近年の資本市場の自由化の議論のほとんどは資本流入を認めるかに焦点を当てている。しかし歴史的に見ると、資本流出に対する規制の方がもっと重要である。

中国は、海外からの直接的投資の流入を許可しながらも、資本流出を制限した。こうした資本市場への規制はほぼ間違いなく、規制のない場合よりも資本費用を低くし、国内投資を促進する効果をもった。もしもアローが指摘するように、ラーニングが生産よりも投資に関連しているとすれば、結果的に、多くのラーニングが生まれることになる。

（本書の見方から）一般的に言えることは、投資に外部性がともなう場合には、資金が海外に投資されると、国内の企業はその外部性から（すくなくともそれほど多くの）便益を得られない。

3——金融と産業政策

市場が資源を「ラーニング」に効率よく配分できない理由のひとつは、資本市場の制約と不完全性にある。R&Dは担保物件として扱いにくく、[16] そして最適なラーニングには、価格が短期限界費用と等しくなる生産量よりも生産を増やす必要がある。特に発展途上国では、情報の不完全性はしばしば、信用割当と資本割当をもたらす。

政府による金融部門の規制——そしてある場合では、政府による金融資源の直接管理——は、ラーニング・エコノミーの構築に資源を向ける効果的な政策になりうる。通常民間部門が金融を支配している国と見なされるアメリカにおいてさえも、米国輸出入銀行、中小企業庁などのように、金融資源を管理する上で政府が重要な役割を担うことがある。興味深いことに、東アジア諸国での産業政策の重要な手段は、金融へのアクセスであり、多くの場合、助成金利でさえなかった（Stiglitz and Uy 1996）。金融を「ラーニング」部門に向かわせることで、全体の経済成長が高められる。金融政策の設計において、「ラーニング」の別の側面がいくつかある。以下では、その重要な点のいくつかについて論じよう。

金融制約[17]

たとえば、産業部門へ重点的に融資する、活発な金融部門を構築することは容易ではない。通常銀行は、売り買いされる商品を担保にした企業間信用など、非常に短期の融資を重点的に扱う。融資の成功の鍵は情報である。すなわち、誰がいい借り手であるかを識別し、そして資金が申請どおりに使用されているか、返済の可能性を高めるように借り手が行動しているか、を確かめるために借り手を監視するのである。今ではよく知られている理由により（Greenwald and Stiglitz 2003）、このような情報は（銀行やベンチャー・キャピタルなどの）金融機関で最もよく生み出される。危機の前にアメリカが、証券化に基づく市場ベースのシステムを発展させようとした試みで鮮明になったように、資本市場は、こういった金融機関ベースの金融取引に取って代わることはできないのである[18]。

しかしこのような機関内には、重大なエージェンシー問題が存在する（経営者は、株主などの他のステークホルダーを犠牲にしてでも、自分たちの満足度を上げるように行動する）。そして金融機関の行動、特に大銀行などには、極めて大きい外部性がある（ひとつの銀行が倒産すると、他の銀行にも大きな影響を及ぼす）。それが、世界のどの国でも政府が銀行に厳しい規制を行う理由である。大事なことは、どのような規制が長期的経済成長を促進する上で最も効果的なのかである。

２００８年の金融危機後の文献の多くは、マクロ経済の安定性を保証するために、どのように過度なリスク・テイキングを回避するかということに重点がおかれてきた。我々は本書では、経済成長を促進させるような条件で「正しい」部門に資金を流れさせるには、どのようにすればよいか、というもっと基本的な部分に焦点を当てる。

東アジア諸国は、すでに指摘したように、この点に関して非常に成功した事例だ。そうした国が使用した政策のひとつが金融制約だ。銀行業務への参入と預金金利の両方を少しばかり規制した[19]。金融制約は、銀行の業務許可の価値（フランチャイズ・バリュー）を高めたため、銀行により慎重な融資を行わせることになった。金融制度の安全性が増したことは、多少低い金利による負の影響を相殺して余りあるため、金融部門への資金の強力な流入が保証された（東アジア政府は貯蓄を奨励するために別の政策も行ったため、預金者に支払われる実質的利率は低くても、貯蓄率は非常に高かった）。

銀行業界には（おそらく、政府の圧力もあり）十分な競争があったため、低い預金金利は、より低い貸付金率に転換され、[20] その一方で、インセンティブ（と政府の圧力）によって、利ざやのほとんどは再び銀行に投資され、将来にわたり融資を拡大できるようにした。銀行業務の価値（フランチャイズ・バリュー）が高まり銀行はより慎重な行動を選択するようになった。

要するに、政府の政策があることで、もっと長期融資に重点をおくことができる余裕のある、安定的な銀行システムがもたらされた。政府の政策は積極的にラーニング部門への融資をさらに奨励するようになった。

ラーニング部門への信用アクセス

前節でも指摘したように、外部性および他の市場の失敗が広まっていることから、たとえばラーニングの外部性の結果として、資金が長期的成長に最も貢献する部門に向かうとは限らない。資金の流れを形成するために、規制政策は活用できる。たとえば不動産貸付や消費者ローンに向けられる資金の最大額や、工業部門に向けられる資金の最低額などを設定する方法である。租税政策や規制政策（デリバティブやクレジットカードに関連する政策など）によって、銀行が人的資源と金融資源を、投機的行動や略奪的融資ではなく、富を創出する融資活動に投入するように奨励することもできる。

資金の流れが情報に依存していることはすでに指摘した。そして政府の政策は、たとえば、銀行に都心部以外にも支店を開設させるなどによって、情報の流れの形成を助けることができる。

広範な規制は（特定の企業に融資を向けるという、より狭く焦点を絞った政策と違い）、政治経済的な面で利点がある。銀行は、特定の企業に資金を投入するように監視されることはない。特定の業界の中で、最も返済の可能性の高い、最善の借り手企業を見つける必要がある。指摘したように、ここにもトレードオフが存在する。このような広範な規制は、最も高いラーニング外部性をもつ企業をターゲットとすることができないかもしれないが、政治経済的な利点はこの非効率を相殺できる可能性がある。

しかしながら、特にラーニングが重要なときに、最も社会的に生産性が高い方法で資金を配分することを民間部門を当てにし、乱用を阻止するため、また私的収益と社会的収益が広い範囲で異なることから生じる市場の失敗を部分的に是正するために、規制政策を使用することは、政府が直接資金を配分するよりも効率性が下がる場合があるかもしれない（民間部門は希少資本をより上手に配分できるという仮説は、2008年の金融危機をもたらすことになった様々な出来事によって、明確にその根拠を失った）。このため、多くの発展途上国にとっては、他部門に大きな外部性をもたらすと考えられるプロジェクトや企業に資金を流入するように管理するには、開発銀行が重要で効果的な手段であることがわかった。初期の開発銀行は、社会的収益の低い融資を、政治的目的で行ったことで批判を受けていたが、最近では世界中の国々が、このようなエージェンシー問題や政治経済的問題を処理する方法を見出してきた。[21]

政府が資本の一部を提供するか、特定の部門（小規模企業やR&Dベンチャー）への融資にともなうリスクの一部を吸収する、という「妥協案」はいくつかある。特に政府はマクロ経済的リスクの一部を吸収し、政府が経済を完全雇用またはそれに近い状態に維持するという想定の上で、銀行には商業上のリスク、そのプロジェクトの実行可能性、に集中するように仕向けることもある。[22] このような折衷案は、ときに政府プロジェクトで発生する政治経済的問題を回避するために設計された。収益を得るかわりにリスクの一部を負担する用意がある民間の貸し手がいた場合にのみ、資金が提供されることになる。

新規企業と中小企業にとっての信用アクセス

Emran and Stiglitz（2009）は、誰がいい起業家であるかについてのラーニングの重要性を説いた。第3章で指摘したように、「引き抜き」があるため、貸し手は誰がいい起業家であるかを特定したことで得られる便益を専有できないかもしれない、という問題がある。高い評価を得た起業家は他の銀行（企業）によって引き抜かれる。たとえ最初の貸し手がその起業家に融資し続けるとしても、他に負けない低い利率で融資せざるをえないかもしれない――実力がわからず、起業家に融資するため一部は能力がないことが後で判明する。そのことによる損失を埋め合わせるには金利は低すぎるかもしれない。[23] 結果的に新規の起業家への融資は過少になる。しかし政府の規制はこの問題を緩和できる。たとえば、銀行業務への新規参入を規制する、などの方法である。しかしこのような規制には、経済コストが発生し、政府がもっと直接的に介入する方が望ましくなるかもしれない。これが、アメリカも含め、多くの政府が中小企業への融資を促進するための政府出費プログラムを設けている理由のひとつである。直接融資する場合もあれば、リスクの一部を負担する場合もある。

中小企業では従業員の離職率が高いので、それらの企業でのラーニングの外部性は特に重要である。中小企業の従業員は、比較的短期間で別の企業に移る可能性が高く、結果的に取得した知識も彼らと共に他企業に移ることになる。

4――おわりに：労働移動の規制に関して

本章は、国内でも国際間でも自由で規制のない資本移動が望ましいという主張に疑問を投げかけた。政府の金融規制には、マクロ経済の安定性を増すだけではなく、経済構想にも影響を与えるという役割があることを示した。金融市場と資本市場の自由化によって、結果的に、ラーニングの外部性を創出する部門への資源が少なくなり、そのため経済成長を低下させることが多かった。外国の金融機関よりも国内金融機関による融資の方が、より強いスピルオーバーをもたらす可能性が高い。資本の流れや外国企業による金融サービスの提供を規制することは、多くの場合、外国の金融サービスの輸入に対する効果的規制となる。また工業製品輸入の規制が望ましいと論じたように、外国の金融サービスの輸入規制に対しても、よりいっそう説得力のある議論がある。

金融政策はまた、産業政策の重要な手段にもなりうる。しかし政府が、たとえある部門を促進したり別の部門を抑制するために、直接的に金融部門を用いないときでも、もっと広範な金融政策を用いて、融資、特にラーニングの外部性を生む活動への融資にもっと重点をおく金融部門を構築するのを助けることも可能だ。民間金融機関への規制は、このような目的を達成するのに効果的やり方であるものの、政府は、政府経営の金融機関（開発銀行）や、民間機関に部分的保証を提供する政府プログラムなどのように、こうした規制以上の対応も必要ではないか、という点も指摘した。

国境を越える自由な労働移動にも、異論があるかもしれないが、さらに説得力ももって、同じ議論が適用できる。たとえば、頭脳流出問題(24)を考えてみよう。ラテンアメリカの経済成長に成功した歴史が、1965年にアメリカの移民法が改正されたのとほぼ同じ頃に消滅したのは、おそらく偶然ではないだろう。事実上、この新しい政策によって、ラテンアメリカで最も優秀かつ有能な人びとが、アメリカ「から仕事を輸入する」(すなわち、アメリカで仕事を得る)ことが可能になった。同時に、彼らがラテンアメリカに留まっていたら行っていたはずの、有能な人材によるラーニングを地元に広めることがなくなったのである。

我々は、必ずしも、外国への移住規制に賛成しているわけではないことをここで明記しておきたい。経済成長への影響——つまり外部性——の存在を無視すべきでないことを指摘したまでである。このような費用を一部緩和する政策もある。たとえば、国外移住者に、人的資本への投資費用を返済させる国際協定などだ。しかし、こうした政策は、移民のもたらす財政的影響に部分的に対処するものであるが、ラーニングの外部性に関するもっと根本的な問題には正面から取り組んでいない。

同時に、移民が帰国するときにはお金を持ち帰る——移民と開発に関する最近の文献でしばしば取り上げている問題——だけでなく、知識(「文化的送金」と呼ばれることもある)も持ち帰る。移民の適切なシステムが設けられれば、知識とラーニングの国境を越えた移動を促進することができる。したがってラーニング・エコノミーの構築の助けになる。

注

（1）このような外部性の存在が金融部門への規制の根拠になっており、このような外部性を適切に考慮に入れることができなかったことが、２００８年の金融危機とその他の金融危機の説明の重要部分になっている（Stiglitz 2010b 参照）。

（2）融資活動の中心になるのは情報の問題である。すなわち、信用度の評価と資金の使い道の監視（モニタリング）である。不完全情報と非対称情報という特徴――金融市場の中心をなす特徴――をもつ市場には必然的に外部性が存在し、その結果市場配分は（条件つき）パレート効率ではなくなる（Greenwald and Stiglitz 1986 参照）。実際、次章で扱うマクロ経済の不安定性をともなう外部性以外に、多くの種類の外部性が存在する。行動（投資）が融資の制約、自己選択の制約、インセンティブ適合性制約、そして価格差別化に影響を与える。

（3）１９９４年州際銀行業務効率化（リーグル・ニール法）によって。

（4）Beck, Demirgüç-Kunt and Martinez Peria（2010）も参照。反対のことを示す実証研究がある（Clarke, Cull, Martinez Peria and Sanchez 2005 参照）。

（5）情報格差により、自国よりも発展途上国でのプロジェクトには、より大きな主観的リスクがともなう可能性があるため、融資を促すのに必要な期待収益は、それに応じて高くならざるをえない。外国の貸し手は、国内の借り手に対する競争で勝者の呪いが起きることを知るため、状況はさらに悪くなる。（より良い）情報をもつ地域の貸し手がいれば、外国の貸し手は、より良い情報をもつ国内の貸し手が進んで融資する利率よりも低い、非常に低利率の貸付を提供したときだけ、「獲得」に成功する。

（6）借り手でさえも、貸し手のビジネスの寿命が気になる。融資は情報集約的である。借り手が貸し手との関係を発展させると、貸付市場は特に不完全なものになる。もしも貸し手が不況で倒産すると、借り手は資金を得る別の手段を探しにくくなる（Jaffee and Stiglitz 1990; Greenwald and Stiglitz 2003）。

（7）実際どの国においても、その国の銀行制度を支えるのは政府である。銀行とそうした銀行の主権国のクレジット・ディフォルト・スワップの、スプレッドの相関性は高い（IMF 2012a）。貯蓄者の考えがいつも完全に合理的なわけではないことは、アルゼンチンと２００８年の世界的金融危機が証明した。政府がいつも望まれているようなやり方で救済するわけではないことが示された。

（8）アイスランドは興味深い事例である。なぜならば、イギリスとオランダの預金者は、自分たちの資産は安全だと明らかに感じていたが、「合理的」な分析によれば、この小国がそうした預金者を保護できる能力は極めて限られていることは明白だった。オランダとイギリスの政府はアイスランドに強力な圧力をかけたが、最終的には失敗だった。

（9）戦争による破壊と貿易への障害を考えれば、これは驚くべき結果だ。

(10) アメリカが完全な「全国的銀行」を作ったのは１９９０年代だが、１８６３年には、国家認可銀行（アメリカ財務省下にある通貨監督庁）の規制制度を定めた国家通貨法により国法銀行制度は作られていた。これらの新しく設立された国の認可銀行は、州外から資金を得ることができた。そして、州を越えて自由に営業ができる銀行ほどは、資金が自由に流動しなかったが、以前の制度よりは自由に資金が流れるようになった。

(11) さらに最近では、一部の外国銀行が消費者融資に力を入れ、情報の少ない消費者からうまく搾取するやり方の「ラーニング」を活用しており、もっと搾取していたその地域の貸し手に取って代わることさえある。

(12) このため、金融市場の自由化とは、海外金融機関への市場の開放と、より一般的な金融市場の規制緩和であり、資本市場の自由化は、資本の国内外への移動に重点をおいている。資本市場の自由化に関する議論は、通常は、直接海外投資ではなく、短期資本の流出入（銀行融資、証券投資）に焦点を当てている。

(13) たとえば、Prasad et al.（2003）とKose et al.（2006）参照。これらの著者にとっては、金融市場がグローバル経済に統合されていた国の多くでは不安定性が下がらなかったという事実は謎だった。Stiglitz（2008a）が指摘したように、情報の不完全性と非対称性（内生的資本市場の不完全性）のあるモデルでは、順循環的な資本流入が簡単に説明できる。さらに一般的には、有限期間の生きる個人のモデルでは、資本市場の自由化は消費の不安定性を増幅させる（標準モデルは、無限に生きる個人を想定していた）。

(14) Stiglitz（2000a, 2002a, 2006a, 2008a）参照。Stiglitz et al.（2006, 2008）とそこでの参考文献参照。

(15) タイでの事例もある。短期資本流入と海外直接投資の間には重要な違いがある。短期資本流入の主な影響は為替レートの上昇であり、これが輸出部門に打撃を与える。海外直接投資は、ラーニングとラーニングの外部性がもっと多い部門に投入されるかもしれない。

(16) 前半の議論では研究のための資金調達に対する他の障害も指摘した。借り手は貸し手が進んで資金を提供する気になるだけの十分な情報を開示しなければならないが、貸し手は研究からの収益を自分のものにするために、そのアイデアを「盗む」かもしれない。

(17) 本節は大部分をGreenwald and Stiglitz（2003）に依拠する。Hellman, Murdock and Stiglitz（1996, 1997, 1998, 2000, 2002), Honohan and Stiglitz（2001), Murdock and Stiglitz（1993), Stiglitz and Uy（1996）参照。

(18) 情報（もっと一般的に言えば知識）は公共財であることがその理由の一部である。仮に資本市場が本当に、擁護者が主張するように情報面で効率的であるなら、情報を集めるインセンティブはまったくないだろう。誰もが、他の人の情報投資にただ乗りしようとする。証券化はリスク分散の改善につながったかもしれないが、信用度評価とモニタリングのインセンティブには負の影響があり、これらの効果が破滅的影響を及ぼした。一般理論については、Grossman and Stiglitz（1976, 1980）を参照。証券化がもたらす問題に関する議論と、リスク分散を改善するという主張が間違っている理由の説明については、

(19) Stiglitz（1992, 2010b）を参照。

(20) 金融制約（financial restraint）は、金融抑圧（financial repression）とは区別する必要があり、後者は通常実質的なマイナス金利をともなう。金融制約に反対する標準的議論で、それにともなって（実質）金利が低くなると、貯蓄率が下がるという意見がある。しかし興味深いことに、東アジアの国々では貯蓄率が非常に高い。これは、貯蓄の利子弾力性が非常に低いためだと思われるが、一部には政府の政策が金融貯蓄の安全性と利便性の両方を強化しているためだと考えられる。

(21) 貸付金利の低下は企業の株価を上げる助けになり、企業がよりリスクの高い投資をともなうことが可能になる（Greenwald and Stiglitz 1993）。

(22) さらに、民間銀行が「関連」融資を行っていることもより広く認識されている。特に民間銀行が経済で大きな割合を占めているときは、納税者が結局はコストを支払うことになる。この場合、公的機関と民間機関の区別は曖昧である。実際は公的機関のモニタリングは民間機関をモニタリングするよりも簡単である。

(23) 言い換えると、我々は、マクロ経済の状態に関連したアロー＝ドブリュー証券の構築を提案しているのである。こうしたリスク商品を作ることは比較的簡単であるはずだが、政府も民間部門もこれを行っていない。

(24) さらに、Stiglitz and Weiss（1981）で指摘されているように、逆選択とインセンティブ効果があるため、銀行が第1期に請求できる利率には制限がある。

ある発展途上国の首相が議論したように、これは他国の知的財産を別の国がとる最も重要な事例である（Stiglitz 2006a 参照）。

Macroeconomic and Investment Policies for a Learning Society

第11章 ラーニング・ソサイエティのためのマクロ経済政策と投資政策

第4章では、マクロ経済変動がラーニングを促進させる経済（ラーニング・エコノミー）には好ましくない主な理由を、したがってそうした国の経済をより大きく変動させる政策が、それらの政策がもたらす他の効果の良し悪しにかかわらず、なぜラーニングにマイナスの影響をもたらすのかを、説明した。

本章では、政府のマクロ経済政策と投資政策がラーニング・エコノミーの構築にどのように役立つか、という4つの大きな問題を概観しよう。第1に、金融市場と資本市場の自由化を考える。前章では、このような政策は、政策が経済の構造に影響を及ぼす結果、望ましくないかもしれないという理由を説明した。そうした政策は、ラーニングを遅らせるように経済構造を変えてしまうのである。本書では、情報理論の分析を活用し、このような自由化が、マクロ経済の不安定性の増大と構造的に関係するかもしれない理由を説明する。第2は為替政策を見る。国際的に産業貿易政策がますます制限される中、為替レートの調整がますます重要な政策手段となってきている。さらに、為替レートの水準とボラティリティ（変動幅）の両方での政府の為替管理の有無やその方法が、経済構造とラーニングの程度、そして経済成長率に影響を及ぼす。第3は海外直接投資（FDI）について、すなわちラーニング・エコノミーを促進するためのその活用方法とタイミングについて考える。（前章と本章第1節では、FDIというよりも、金融の流れに重点をおく）。第4は、政府投資の役割について検討する。

1 金融政策とマクロ経済の安定性

資本市場の自由化が、しばしばマクロ経済の不安定化をともなうことは広く認識されてきた。資本市場自由化の提唱者、特に（いかなる情報の非対称性も存在しない）完全市場を想定した標準的な新古典派モデルに固執した者にとっては、これは奇妙な現象に見えたことだろう。もちろん、現実の資本の流れのパターンを観察していた者にしてみれば、もしも資本市場の自由化で経済が安定化したならば、むしろその方が不可思議なことだっただろう。資本の流れは順循環的な傾向があるのだから。

この後の議論では、資本市場の自由化が経済の不安定性をともなう場合が多い理由のひとつを示そう。

海外投資家がある国に、お金を国内投資家と同じように投資すると想像してみよう。たとえば銀行システムで見ると、国内投資家は海外投資家よりも国内の状況がよくわかる。彼らは経済問題であれ政治的問題であれ、どの問題が簡単に解決できて、どの問題ができないのか、より良く理解している。企業が倒産したとき、国内投資家は、その失敗がその企業固有の出来事のせいか、もしくは組織的な効果によるもので、ほかの企業にも連鎖しそうか、をより詳しく確認できる。このため、国内に問題があるとき、国内投資家は海外投資家が行う前に海外に資金を移動させる。しかし、海外投資家はこのように不利な立場にあることをわかっている。すなわち、情報の非対称性があり、その観察でも間違うことがあることを知っている。したがって彼らは、資金をもち出す限界を低く設定する。このため、ほんの少しの不都合な兆候でも、海外投資家による大量の資金流出につながる可能性がある。

事実上これには3つの含意がある。第1は、資本移動を規制している国はより安定的である（Stiglitz and Ocampo 2008 とその論文中の参考文献参照）。

第2は、海外投資家は情報量が少ないので小さな兆候にでも反応するため、危機は海外投資家によって引き起こされることの方が圧倒的に多い[1][2]。

しかし第3の含意は最も意外なことであるが、金融サービスの「輸出」（つまり金融サービスを外国人に売ること）に成功するのは小国である。小国では、外国人投資家より情報で優位な立場にある国内投資家はほとんどいないため、不安定性と、国内と海外投資家間の情報の再分配の問題がそれほど深刻にならないのである。おそらくこの点が、スイス、ルクセンブルク、アイスランドのような小国が、（圧倒的に）金融センターになっている理由かもしれない（しかし、このような国も大きな犠牲を払って学習したように、巨大な金融部門をもつことには、マクロ経済の安定性を保つことも含め、実質的なコストがともなう）。

金融市場の自由化

金融市場の自由化は、資本市場と同じように、マクロ経済の安定性を高めるはずだった。強力な国際的銀行は、たとえば、国内の金融機関が困難に陥っている発展途上国に継続して資金を注入することができ、また進んでそうするだろうという想定だった。[3] ところが、そうしなかったことを示すエビデンスがある（Rashid 2012）。前節でその理由のひとつを指摘した。外国銀行は情報面で不利な立場にあるため、不都合な兆候に反応してすぐに資金を引き揚げる傾向がある。

もうひとつの理由として、外国銀行が特に国内の金融部門で大きなシェアを占めると、経済的不安定要因のひとつになりうる。外国銀行は海外の借り手に関して情報が少ないため、こういった融資のリスクが大きいと見なす。外国銀行は、（本国での経済危機のケースのように）負のバランスシート・ショックを経験しているときには、いっそうリスク回避的になり、海外への融資を含め、リスクの高い融資を控えることで対応する（Greenwald and Stiglitz 1993, 2003）。[4] この傾向は、政府が銀行を救済するために資金を投入する（もしくはそうする可能性がある）ときには、政府の圧力によりさらに強まる。こういったベイルアウト（救済）は、国内の融資の流れを維持するために必要だという考えで正当化されたが、人びとは、資金が海外ではなく、自国内に向かうと期待する。したがって、銀行が希少な貸付資金を国内の借り手に配分するよう期待される。２００８年の世界金融危機にこのことが起きたことを示すエビデンスがある。

もちろん、その結果的として、金融市場の自由化が、問題をひとつの国から別の国へと伝播させる可能性がある。これが、マクロ経済の不安定性が国境を越えて広がる重大な経路かもしれない。実際、金融市場が世界的に自由化された時期、発展途上国経済で発生した不安定性のほとんどが、海外要因によるものだったことを示すエビデンスがたくさんある。資本流入の変動とグローバル・リスクプレミアムが、マクロ経済の不安定化の主な原因になってきた。

2——為替政策

為替政策は、為替レートの水準とそのボラティリティ（変動幅）に関してである。

為替レートは経済の競争力、すなわち輸出企業の輸出力と輸入競争企業の輸入競争力に影響を及ぼす。（たとえば、資本流入や海外からの援助の結果として）為替高になると、その影響は深刻である。仮に為替レートが25％上昇した場合、（短期的には）生産性で埋め合わせる方法はほとんどなく、賃金やその他の投入価格を調整することで相殺することもできない。さらに、（金利の大きな変動にともなって起きるような）重大な履歴効果（ヒステリシス）がある。為替高の結果競争に負けたため倒産した企業は、その後為替が下がっても息を吹き返すことはない（資本市場が不完全であると、中小企業は特に、危機を乗り切るのに必要な資本を得ることができないだろう）。

為替レートのボラティリティは、マクロ経済の不安定性と密接に関係する——為替のボラティリティは不安定性の原因でも結果でもある。変動為替相場では、将来の為替レートに関する予想の変化が大きな資金の流れを誘発し、現在の為替レートを大きく変化させ、それが、貿易などマクロ経済に大きな影響を及ぼすことになる。

同様に、新興市場や最貧国では特に、企業（特に国内の中小企業）が為替レートのボラティリティをうまく処理するには費用がかかる。このような国のほとんどでは、企業が為替リスクをヘッジし回避できる市場は存在しないかもしれない。しかし、たとえ回避できる市場があったとしても、それを行うには費用がかかる。

すべての国には、好むと好まざるとにかかわらず、その国の為替政策がある。為替相場に直接介入しないという方針も、政策のひとつだ。この政策ではボラティリティは高くなり、為替レートを他国の決定に任せる。その結果として、為替レートが最も変動している国には、このような政策を採用している南アフリカなどが含まれる。

為替レートは市場で決まるべきだという意見もある。しかし、やはり否が応でも政府の政策がその中心になる。たとえば、金利の上げ下げは為替相場に影響を与える。海外からの資金の流出入への規制を変更すれば、為替にも影響を与える。ほとんどの国には海外からの投資や海外への投資に様々な規制があるため、ある意味、為替相場には「自由市場」は存在しない。このような規制や金利、そして直接介入によって、ときには意図的に、またときには意図せずに政府は為替レートを設定しているのである。

最も重要なことは、アメリカのような大国が政策を変更すると、世界中の他のほとんどの国の為替レートに影響を及ぼすという点だ。このため、アメリカが最初に量的緩和政策をとったとき、世界中の通貨が増価し、アメリカが量的緩和を減らし始めると、やはり世界的に影響を及ぼした。各国が直面する問題は、為替レートを市場に任せるかどうかではなく、為替レートを連邦準備制度理事会（ＦＲＢ）に任せていいかどうか、なのである。

そして、為替政策は産業構造に影響を与える。一部の分野、技術、企業は他よりも活動を抑制される。積極的に為替レートを管理しない政策ではそうでない場合よりも、結果的に為替レートの変動が大きくなり、マクロ経済が不安定になり、また小規模の貿易財産業が大企業に支配されやすくなる。アフリカの例で見ると、資源が豊富にある国々が為替を上昇させる決断をしたことで、非工業化そして農業部門の弱体化がもたらされることになった。

為替政策は、（本書の前半で説明したように）それ自体産業政策の一手段であり、また他の産業政策の補完的役割を果たすことにもなる。為替レートが競争的水準でなかったり、またその変動が大きかったりすると製造部門を促進するために設計された政策は、効果を発揮しない。南アフリカの一部の地域で見られたことであるが、2014年初頭には為替が大きく減価したが、製造部門は成長しなかった。しかし、これには理由がある。過去の変動率の高さからどの企業も、その為替レートがそのまま維持されるとは思わなかった。現在の為替だけを見て参入するような愚かなことはしないのである。

この分析にはいくつかのインプリケーションがある。第1に、政府は資本管理など、為替レートの変動を小さくする政策を採用する必要がある（より一般的には、資本収支管理のための様々な方法を取り入れなければならないということである）[5]。

第2に、政府は、国内企業の競争力を高め、輸出部門と輸入競争部門を拡大させるために、為替レートを「低く」維持する必要がある。通貨安は、ラーニング弾力性が高く、より多くのラーニング外部性を生み出す製造などの輸出部門を促進するためこの政策は特に重要となる（通貨安によってその国の経済が完全雇用に近づくのなら、さらにマクロ経済面でも、ラーニングの面での便益があるかもしれない）[6]。

しかし産業政策に関しては、政府は、為替レートを低い水準で安定化させるための介入の方法に注意を払う必要がある。（IMFのやり方のように）金利を上げ為替レートの大幅な下落を回避する場合には、外貨建ての負債がある企業は助かるかもしれないが、同時に、より堅実で国内融資のみで資金調達を行う企業を倒産に追い込むかもしれないのである。東アジア危機で明らかになったように、その影響は、（国際市場へのアクセスがないため、通常海外からの融資を受けない）中小企業には特に深刻になる（Furman and Stiglitz 1998）。繰り返しになるが、知識およびラーニングの構築と伝播で中小企業が重要な役割を担っている場合には、このような政策は特に反生産的になる。いずれの場合でも、為替介入の是非とその方法が経済構造にそしてラーニングに影響を与えることを、政府は認識しなければならない。

為替レートを安定化させ、さらにそれを低く維持する別の方法があり、費用も少なくてすむかもしれない。低金利政策は、為替レートへの影響を通じて直接間接両面で国内企業に利益をもたらす。結果的に準備金を累積させる直接介入は、通貨を安定化させると同時に金利の変動を回避する上で、特に有効な方法かもしれない。

短期であればともかく、実質為替レートを押し下げることは不可能だという意見がある。しかしそれは考え違いだろう。直接介入によって、為替レートを「市場」価値以上に上昇させることは不可能だ。そうするには、米ドル（もしくは別の国際決済通貨（ハード・カレンシー））を売却しなければならないが、準備金として保有するそれらの通貨の備蓄には限度があるからだ。しかし通貨安にするには、自国の通貨を売るかドル（または別の国際決済通貨）を購入すればよいので、これは簡単にできる。

為替レートの水準とボラティリティに影響を与えることができる政策手段は多くある[7]。すでに指摘したように、各国への通貨の流出入に影響を与える規制は、為替レートにも影響を与える。このため、外国企業が投資しやすくすることは通貨高につながり、投資しにくくすると通貨安になる。海外からの直接投資政策を評価する際には、市場、技術もしくは訓練へアクセスできることから得る便益と、(ラーニングのマイナスの影響も含めて)為替レートの上昇から他の経済部門が被るコストを比較検討する必要がある。資本市場の自由化は同様に、資本の流入と通貨高を誘発する可能性がある。同じ理由で、市民の海外投資の規制を緩和すると、為替レートを下げ、短期的な通貨の流出入を困難にし、魅力のないものにするため、結果的に為替のボラティリティを増大させてしまう。

産業政策のより広範なメカニズムを提供するのが通貨安政策であり、企業はその低い為替レートで競争できるかどうかを自身で判断する。政府は広く、輸出産業にはより多くのラーニングの外部性があり、その分野は他の業界よりも促進されるべきであるということを認識しているが、どの部門、またどの企業を支援すべきかを細かく特定する必要はない。それは市場が決定するのである。

これには利点もあれば欠点もあり、それについては本書の前半でも簡単に指摘した。ターゲットをより細かく調整すれば、全体的(ダイナミックな)効率性は向上することができるが、結局のところ、個々の企業や部門は他の企業・部門に発生させる便益を考慮に入れないのである。より重点を絞ったアプローチは、個々の部門での研究やラーニングにともなう外部性を相殺するかもしれない。その一方で、政府が部門を特定しようとすると、より深刻な「政治経済」問題に直面する可能性がある。

このような政策手段を用いる上で2つの問題がある。第1に、実際に重要なのは実質為替レートである。問題は、政府がたとえごく短期間でも、実質為替レートに影響を与えることができるか、ということである。ここで重要なことは、「経験」の豊富さとそのスピードである。大部分の財を輸出し輸入している開放経済では、名目為替レートを低くすると名目物価が上昇することになり、たとえば金融当局が、将来のインフレを防止するために行動を起こさない限り、為替レート低下からの便益が消えてしまう。しかし、そうした行動自体には（失業率上昇などの）コストがともなう。しかしながら明らかに多くの国が、長期間にわたり実質為替レートを低く維持し、そうすることで同時に経済成長を促進してきた。

第2は、それぞれの介入のコストがどれくらいで、便益がそのコストを上回るのかどうか、という点である。直接的介入によるインフレ抑制はコストが高すぎると心配する意見がある。東アジア諸国は、高いインフレに直面することも、インフレ回避に高いコストを払うこともなく、長期間にわたり為替市場に介入してきた。しかし、すくなくとも中国では、別の懸念が生じている。中国は貨幣価値を低く維持するために、収益率の低い米ドルを購入してきた。さらに悪いことに、ドルが中国元に対して減価しているため、中国は（帳簿上）キャピタルロスを被っているのである。

しかし準備金のコストは誇張されることが多かった。準備金は、ドル購入のために国内通貨を売却することによって生まれる（しかし国内通貨を発行するのにコストはかからない）。もしも為替管理を行わなければ、準備金もない。重要な実質的コストは、ドルが購入されたときと売却されたときの為替レートの差から発生する。準備金の収益を増加させることができる政策がある。たとえば、もしも準備金を長期間保有するのであれば、短期ではなく長期の負債をもつことと、政府債購入ではなく分散型株式投資証券を購入することである。(8)

産業政策は、このようなコストを回避する（そして実際に、［実質］為替レートを下げるよりももっと焦点を絞ることができる）方法で相対的価格に介入できる。たとえば（金利助成などの）部門を絞った助成金や幼稚産業保護政策である。しかしすでに指摘したように、この種の産業政策の使用は、国際貿易協定で禁止されている。唯一残された方法が為替レートなのかもしれない。

いずれの場合も、通常、便益に比べるとコストは小さい。実際、便益の方が非常に大きいため、たとえその後準備金を使用しなかったとしても、準備金を蓄積することが、国の利益になることが示される。基本的には、お金を無駄にしているように見えるが、国がより豊かになり人口が高齢化すると、蓄えた準備金――近代のラーニング・エコノミーへの転換を促進した準備金――は非常に大きな価値をもつことになる。

3――投資政策

成功した国のいくつかでは（すべてではないにしても）、海外からの直接投資（ＦＤＩ）が重要な役割を担ってきた。金融へのアクセスが制限されている国では、ＦＤＩが資金の重要な供給源となる。しかし貯蓄率が高い国においてさえも、ＦＤＩを擁護する人びとは知識の移転という点で価値があると主張している。しかし知識の移転は自動的には行われない。重要なラーニング・スピルオーバーを生み出すＦＤＩもあればそうでないものもあり、ＦＤＩ以外で知識が移転する方法もある。ＦＤＩは知識を得るひとつの方法かもしれないが、別の方法もあるかもしれず、それらは同時により多くのラーニングを誘発する。そうなるかどうかは、ＦＤＩを決定する許可ルールにかかっている（この点については後ほど説明する）。

経済発展で最も成功した世界中の国を見ると、（韓国や日本など）ＦＤＩがほとんどなく成功した国もあれば、ＦＤＩが重要な役割を担った国もあるという点に気をつけるべきである。しかしほとんどの場合、ＦＤＩに依存している国は、サムスン、トヨタ、ソニーのような世界的企業を生み出すことには成功していない。

外国企業はラーニングの促進において利点もあれば不利な点もある。一方では知識は多くの場合、企業の壁を越えるよりも、同じ企業内でより自由に移動する。このため企業内の知識は、国境を越えて知識が移転する最も効果的な方法である。

もう一方では企業は、企業内で伝播する知識が企業の枠を越えて外に漏れないように制限する工夫をする。だがこのような努力にもかかわらず、知識は伝播してしまう――そしてこのことが実際に、ＦＤＩの促進が正当化される重要な理由のひとつなのである。

しかし企業は、知識を企業内に留めおくことは、国外ではいっそう難しいと思うかもしれない。したがって、国境を越えた知識の流れを制限するために、たとえば、発展途上国により遅れた技術を使わせようとするかもしれない。この場合ＦＤＩは、発展途上国が知識のギャップを縮めるための最適な方法ではないかもしれない（西欧企業や西欧政府は、もし発展途上国が知的財産権をもっと効果的に施行すれば、途上国でもっと積極的に先進技術を使うだろうと主張するときもある。しかしこの仮説を支持するエビデンスはほとんどない。次章では知的財産権についてより広範に議論する）。

多くの場合、おそらくほとんどの場合で、企業家のスピルオーバーは、外国企業よりも国内企業間の方が大きい。というのも国内企業はその地域社会により根づいているからだ。したがって、外国企業が国内では利用できない知識やその企業がなければ得られない知識を提供するなど、外国企業に明確に関連した、強力なラーニングからの便益がある場合を除けば、政府の政策は、外国企業より国内企業に何らかの優先権を与えるべきだろう。

FDIを活用してラーニング・エコノミーを構築しようとする政府が向かうべき質問は、次のことである。どのような種類のFDIが最大の便益を生み出すのだろうか。第3章で議論した地域化された技術変化の理論（Atkinson and Stiglitz 1969）によれば、ひとつの技術に関連するラーニング・スピルオーバーは、「類似」の技術に対してより大きくなる傾向がある。重要なことは、ひとつの技術が別の技術の改善に役立つ関連性と、ひとつの技術を採用して別の技術を学習するための能力である。よって明らかに異なる技術を使う同じ部門内よりも、類似した技術を使う異なる部門間で、スピルオーバーが強くなるだろう。したがってジャスト・イン・タイムの在庫管理は、在庫が重要な役割を果たしている多くの部門に便益をもたらすことになる。

たとえば採掘技術などで用いられる知識の多くは、別の経済部門のほとんどでその関連性は限られる。このため、資源採掘に関連するFDIのラーニング便益は、製造業などに関係するものと比べると、はるかに限定的になる。このことが、多くの資源依存型経済では天然資源部門からその他の経済部門にスピルオーバーがなく、「デュアル」エコノミー（二重経済）のままである理由を説明してくれる。このことが正しいならば、アフリカで支配的であるこの部門のFDIのもたらす便益は、別の部門のFDIよりもはるかに少なくなることになる（しかし、第9章で強調したように、天然資源経済で産業政策が重要な役割を果たす方法はある。スピルオーバーが限られているのは一部には、適切な産業政策の欠如の結果と言える）。

同様に、輸出加工部門の便益は（それらが生み出す直接的な雇用創出や限られた税収以外には）期待はずれになる場合が多い。他の経済部門とのつながりが弱いためスピルオーバーが限定的である。低技術で労働集約的生産過程は、どのような場合でもスピルオーバーがほとんどない。その一方で、政府が支援する工業団地やリサーチ・パークは、関連する企業集団の活動を促進し、ラーニング・スピルオーバーを生み出すと共にそれを獲得することで、成長を促進できる。

最も簡単なのは類似の技術を学習することだが、そのようなラーニングから得る便益は、(追い抜き競争と呼ばれることがある) もっと大きな一歩を踏み出すことで得るものよりも限定的になる。したがって、これには複雑な最適化問題がある。踏み出す一歩が大きければ大きいほど、そのコストと便益が増える。さらに企業は、前進する上で最大の学習が期待できる技術の方向に進みたいが、現在おかれている状態からそれを判断することは必ずしも簡単ではない。韓国と日本の産業発展は、当時採用していた技術からはかなり大きく進化しなければならない戦略であった。

ラーニング促進のためのFDIの規制と政府助成金

FDIへの政府助成金は通常、それによって生み出される政府歳入と雇用創出の2つの観点で正当化される。しかし我々の分析ではもうひとつの理由がある。ラーニングだ。しかしそうだとすると、スピルオーバーが大きい部門や技術、またそのようなラーニングの可能性を高める経営を進んで行う企業に対しては、助成金を多くすべきだ。

政府の政策は、スピルオーバーの量にも影響を与える。強制的雇用・訓練プログラムや国内調達制度 (現地で資源を手配する強制プログラム) の義務化は、ラーニング・スピルオーバーにつながりやすい。マレーシアでのFDIの成功は、一部にはこのような条件をつけたおかげだ。ラーニングの便益は歪んだ配分の社会的コストを上回ることがある。

注目すべきは、貿易投資協定では通常、このような類の介入の使用を制限し、外国企業に国内企業と同等の扱い――一部のケースでは優先的扱い――を主張してきたという点だ。(9)ワシントン・コンセンサスや新自由主義的政策の別の側面と同様に、このような規定はラーニングの観点から再検討する必要がある。

対外投資

中国やその他の新興市場は、ますます海外企業の買収に関与している。これは、知識を獲得する別の方法と見ることもでき、ときには最も効果的な方法である。企業の所有権を獲得することで、その企業の技術を移転させる権利が与えられる。新しい所有者は、その技術を獲得し、自分たちの国へ生産を移転させようとするかもしれず、本国でラーニングが生まれるかもしれない。結果として、特定の部門で技術的先駆者であった国が支配的地位を失うこともある。もっと広範に社会的ラーニングの観点で見ると、そうしたラーニングの場所も変わることになる。買収した企業の本国で、より多くのラーニングが発生するだろう。

中国のラーニング戦略について多くのことが言える。第1に、中国は、教育投資と中国への海外直接投資（FDI）を通じて、ラーニングの能力を発展させた。海外政府や外国企業が、中国と中国企業を競争相手として脅威と見なすようになってからは、海外企業の買収に比べると、(限界費用で見ると)FDIによるラーニングの効果が薄れた――そして中国は潤沢な資金が蓄積してきたため、この海外企業買収を実行することがますます可能になってきた。現在のところ、「ゲームのルール」は概ね中国に有利に働いている。技術の取得や生産場所の変更など、たとえ買収の意図や結果が明らかだとしても、企業買収に関しては比較的規制が少ないからだ (例外はアメリカのハイテク部門買収に関する規制である。しかしここでも、アメリカのハイテク部門の輸出規制によって、中国はそうした規制のない別の国から技術を取得し、独自の能力を開発するモチベーションを高めることになった)。

4――政府の投資政策と支出政策

すでに論じてきたように、政府は産業政策の問題を避けて通ることはできない。教育やインフラなどの公共投資の方向性について決めなければならないからだ。このような決定は、その後政府の決定の影響を受ける、将来の経済の方向性についての考えに基づくべきである。しかし我々が関心のある政策は、これだけにとどまらない。なぜなら政府は、市場配分の欠陥を部分的に補うために支出政策を用いることもできるからだ。政府は、ラーニング部門を補完する公共財とインフラを提供できる。政府は、ラーニングを促進させるような調達政策を計画することができる。特にその生産が高いレベルのラーニングとラーニング・スピルオーバーをともなう場合には、政府が購入する製品は国内で生産されることを要求するのである(WTOが定める政府調達協定には、加盟国の多くはまだ調印していない。実際、43カ国だけである。加盟国は、このような協定が、ラーニング戦略を実践する能力を制限する可能性があることに注意する必要がある)。

本章では、ラーニング部門での民間投資を支援するための公共投資やマクロ経済の安定化によって、ラーニング・エコノミーの構築に資する環境を作る上での、政府の重要な役割を説明してきた。

実際、政府の政策のすべてをラーニングの観点で見直すことはできるが、それをすることは本書の枠を超えるものである。しかしながら、特に次の4項目については言及しておく。

教育

まず教育である。想像力を発揮できるように若者を教育すること、および学習方法のラーニングと生涯学習に重点をおく教育システムは、何よりも重要である。人生の初期段階での学校などの教育機関におけるラーニングに多くの重点がおかれているが、それ以上に職場など、他の場所で行われる教育の方がはるかに重要だ。このような異なる形態の教育の補完性を認識し、そしてお互いに補完的である正規の学校教育制度と職場内訓練制度を合わせて、全体のラーニングを最大化するように計画することが、ラーニング・エコノミーの構築には不可欠である。

正規の学校教育制度で行われるのは、ラーニングのほんの一部にすぎないが、政府は確実に、この学校教育がその後の人生のラーニングのための適切な土台を作るようにしておかなければならない。この2つの関係は、イノベーションのペースが速まり、労働市場が変化し、そして技術が変化すると共に、変わることになる。たとえば、「古い」教育モデルでは、一部には将来のラーニングの基礎として、後の人生で役に立つと教師が思った知識を学生は詰め込まれることになる。

変化のペースが速いため、学校で得た知識は20年後、もしくは10年後には適用できないかもしれない。そして今日では人びとは、教師が優秀な生徒に教え込もうとする知識よりはるかに多くの知識を、インターネットで得ることができるのだ。教育はラーニングの重点を、このような情報の宝庫にどのようにアクセスし、それをどう評価し理解するかにおく必要がある。

「古いモデル」ではいい企業は職場内訓練を提供した。従業員の離職率が一般的に低かったので、企業内訓練も利益になった。現在では離職率が高いため、企業は自分たちが提供した教育や訓練の一部しか専有できない。したがってラーニングの負担は、個人や政府に移らなければならない。

幸いにも、大規模オープンオンラインコース・ムークス（ＭＯＯＣＳ）など、高品質かつ無料の教育がインターネットで利用できる新しい技術が開発されている。将来的にこれがどう展開されるかはまだわからないが、このような新しい技術と制度によって、人びとは自らの興味や能力、そして変容する市場の認識に合わせて、自分用のラーニング・プログラムを作り上げることができる。

こうしたラーニングについての考え方は、発展途上国の教育に関する考え方に特に深い影響を与えている。「古いモデル」では、効率性と公平性の両方を考えると、すべての人びとに初等教育を提供することを優先させる必要があると主張される。

しかし、我々が主張しているように、発展途上国と先進国を分けるものとして、他のどの違いと比べても知識のギャップが同じくらい重要であることは認められている。教育制度はこのギャップを埋めるように計画されなければならない。つまり、先進国から知識を吸収するためには、中等教育および高等教育を受けた人びとが十分な数だけいなければならないのである。

初等教育制度でさえ、ラーニングの観点から再設計されるべきだ。基本的な読み書きと計算能力は必要だが、それだけで十分ではない。（伝統的な植民地下また植民地後の教育の一部のように）イギリスの過去の王などについて学ぶことは、様々な肥料に関連するリスクや便益を学ぶことほど重要ではない。子どもは、自分たちが生活している環境に関連するスキルを学習しなければならない。アフリカの農村部にいるほとんどの人はそのまま農村部に残るので、彼らの教育は、田舎では存在しない都市の仕事のために人びとを訓練するのではなく、田舎の暮らしを向上させることに向けられるべきだ。(10)

教育に関しては第13章でまた触れる。

社会的保護

第2の政策領域は社会的保護である。通常人びとは、社会的保護制度を、我々の提唱する「ラーニング・ソサイエティ」政策のフレームワークの一部として考えていないが、実は一部である。なぜならラーニングにはリスクがともなうからだ。本章と第4章で論じたように、リスクはラーニング・ソサイエティを構築する上で負の影響をもたらす。けれども重要なことは、リスクの大きさではなく、リスクをどう管理するかという点である。社会的保護システムが整っている社会では「試行錯誤」のもたらすマイナスの影響は小さくなる。まとめると、より良い社会的保護システムがある社会では、より多くのリスク・テイキングが行われる。(11)

法的フレームワーク

リスク・テイキングに影響を与える、国の法的フレームワークと経済的フレームワークには別の側面もある。破産法は個人にやり直しの機会を与えるため、よく設計された(特に債務者に好意的な)破産法は、リスク・テイキングを奨励することになる。このような破産法は、より良い融資を促進するかもしれない。アメリカの住宅ローン市場での最悪の貸し付けが行われたのは、アメリカが債務を減免し難くするように破産法を「改革」したために、発生したのであり、偶然ではないと多くの人は考えている(Stiglitz 2010b)。すでに指摘したように、設計に不備のある破産法は、営利目的の教育機関の略奪的教育ローンに対する規制の不備や、公的教育の費用高騰と相まって、高等教育への投資を抑制させている。

イノベーション・システム

その国がラーニング・ソサイエティになるかどうかを決める鍵となる経済的フレームワークと法的フレームワークの大事な点は、その国の「イノベーション・システム」であり、それには教育だけではなく研究への明確な投資を支援する一連の法律と制度が含まれる。政府による基礎研究への投資が最も重要であり、この基礎研究は、人びとがさらに発展する機会を提供するために多くのことに役立つ。このような発展にどうインセンティブをもたせるか、どう資金援助するか、その知識をどのように共有するかが、ラーニング・ソサイエティの構築に大きく関係する。どの国でも、イノベーション・システムの中心的な特徴のひとつは、知的財産権制度であり、この点が次章のテーマとなる。

注

（1）通常は、海外投資家の方が不利益をもたらす情報には敏感だが、国内投資家には内部情報へのアクセスがある。このためその内部情報が、海外投資家が反応する不利益な兆しが公になる前に、国内投資家に撤退することを知らせている状況もあるかもしれない。1994年から1995年にかけてのメキシコ通貨危機では、最初に通貨を国外にもち出そうとしたのはメキシコ人たちだったようだ（Lederman et al. 2003）。

（2）もちろん、別の説明もある。たとえば、税金逃れの増加による国内税収の減少よりも、海外収入増が上回るため、タックス・ヘイブン国になるインセンティブは高くなる。

（3）これは、地方銀行システムの脆弱さと、大規模な国際的銀行の脆弱さとの相関性が高くないためである。

（4）銀行が非常に資金不足になったため「復活に賭ける」という場合は、例外である。

（5）本章と第4章で指摘したように、安定した環境があることでラーニングは得をする。

（6）これはほとんどの発展途上国に当てはまる。低い為替レートは国をインフレ上昇にさらすという批判がある。これに対しては2つ指摘する点がある。第1にそれは、中央銀行が相殺する行動をとらなかった場合だけだ。経済がすでに完全雇用であるなら、為替レートは産出量の構成に影響を与え、産出量をラーニング部門にシフトさせる場合さえある。第2にインフレは、為替レートの水準から影響を受けるのではなく（相対価格に影響を及ぼすが）、為替レートの変動から影響を受けるのである。

（7）これらの問題についてのより広範な議論は、Erten and Ocampo（2013）, Gallagher（2014）, Guzman, Ocampo and Stiglitz（2014）, Ocampo and Erten（2014）参照。

（8）Guzman et al.（2014）参照。

（9）海外の投資家に国内企業よりも多くの保護を提供する投資協定もある（Stiglitz 2006a, 2008e 参照）。

（10）これは、世界銀行の1999年世界開発報告『Knowledge for Development（邦訳：開発における知識と情報）』の中心的概念である。

（11）さらに、基本的な生存維持で手一杯の人びとはラーニングの能力が他の人びとより少なくなる。このため、良い社会保障制度は個人のラーニング能力を高めることになる。

Intellectual Property

第12章 知的所有権

本書で展開した一般化概念の適用例として最後に論じるのは、知的所有権である。知的所有権（ＩＰＲ）は、イノベーションを促進するインセンティブを与えるための制度とされている。したがってＩＰＲに関する議論は、ラーニング・ソサイエティの構築を中心とした政策分析にまさに当てはまる。懸念していることは、世界で支配的になってきた知的所有権制度の規定（それはウルグアイラウンド国際貿易協定にあるＴＲＩＰＳ規定に反映されている）がラーニングを最大化しないことだ。これは、発足の時から明確だった。この知的所有権は、社会的イノベーションや社会的厚生を向上させることに主要な重点をおくことによらないのは明確だった（最もＩＰＲを支持する文面ではそうは言ってないが）。ＩＰＲはアメリカや他の工業先進国のラーニングや進歩の速さを最大化しなかった。発展途上国にとっては、さらに悪くなった。むしろ、エンターテインメントや医薬品産業のレント（超過利潤）を最大化するように設計されていた。

本章では、このような標準的ＩＰＲ規定がラーニングを最大化しない理由のいくつかと、それに対して何ができるかについて説明しよう。発展途上国に及ぼした結果について言及すべきことはたくさんあるが、アメリカ国内でさえも不満足な点がある。たとえば、ソフトウェア業界の多くが改革を求めて闘ってきた。本章の最後で触れるが、近年アメリカの知的所有権には実際に大きな変化が起きてきたが、これは法的な変化ではなく裁判の判決を通じた変化である。

1――知的所有権および社会的便益と私的収益の関係

本書ではラーニングの外部性を強調していることから、知的所有権は厳しいほどいいという、一般的通念を我々が支持すると思われるかもしれない。すくなくとも、厳しい知的所有権制度があると、イノベーションからの収益の多くは開発者が手に入れることができるように見える。このことで社会的便益と私的収益のギャップが減少する。

問題は、私的収益と社会的便益の違いは複雑であり、本書の第Ⅰ部でも触れたように、ＩＰＲを厳しくしても、イノベーションが増えず、もっと一般的には社会的厚生を低下させるかもしれないのである。イノベーションの速度を上げるか、社会的厚生のレベルを上げるようなイノベーションに資金を供給し動機づけを行う別のやり方があることは、本章後半で触れることにする。ＩＰＲ制度の設計に不備があると、問題は悪化する。現在のＩＰＲ制度の問題の一部は、次節で論じる。ＩＰＲ制度の改革によって改良できる。

ＩＰＲによって経済システムに導入される歪みには、次の２種類がある。すなわち、ＩＰＲは静学的非効率を生じさせる。そして（特に不適切に設計された）ＩＰＲ制度はイノベーションの速度を阻害さえする。

静学的非効率性

第６章で指摘したように、知識は公共財であるため、知識の利用やその伝播を規制することは非効率性を生むことになる。さらに、ＩＰＲは、その知識（特許）の保持者に、その知識の使用の独占権を与える。つまりそれは知識に対する独占力を与えるため、生産で独占力が生じ、生産の歪みを生み出すことになる。

静学的費用が特に高くなる状況がある。たとえば、独占製薬会社がつける薬の価格が高くて、公的健康保険制度のない国の貧しい者には自分の命がかかっている薬でも手が届かなくなり、このことで多くの者が無用な死に至ることがある。また政府予算が限られている発展途上国では、政府が製薬会社に独占価格を支払ってしまうと、他に、健康維持のためや、より広い開発目的のための予算があまり残らなくなる。

通常ＩＰＲの擁護者は、よく設計されたＩＰＲ制度ならば、このように広く認識された静学的費用はよりペースの速いイノベーションの便益によって相殺されバランスがとれると主張する。しかしこれから説明するように、ＩＰＲはイノベーションのペースを速めることがないかもしれないのである。

かもしれない。

動学的非効率性

第5章と第6章では、独占では単に生産が少なくなるため、イノベーションに従事するインセンティブが社会的に最適な量より少なくなる理由を説明した。ここではさらに、より厳しい知的所有権制度があると、生活水準の向上につながらないかもしれない理由を説明する。第1に、独占はイノベーションの増加にはつながらない。第2に、イノベーションが生まれても、その方向が望ましくないかもしれない。

より厳格なIPRはイノベーションの増加に貢献するだろうか[1]

シュンペーター的競争がイノベーションを刺激するという、シュンペーターの考えが間違っている理由は、すでに説明した。すなわち、現在の独占企業は、潜在的な競争相手より十分優位な立場にいるため、相手は競争に加わろうとしなくなり、また独占企業も現在の地位に満足してしまっている。IPRがより厳しくなると、独占力はより強くなるので、厳格なIPR制度がこうした状況をさらに悪くし、市場がより競争的でなくなる可能性がある。[2]

また、独占企業が、イノベーションを抑制する様々な参入阻止手段を講じ、参入障壁をどのようにして作るかを見てきた――マイクロソフトの例がそれをうまく示している。マイクロソフトは、パソコンのOSを管理することで、アプリケーションの提供の競争を妨害する（実際これを実行した）か、すくなくともその競争を減らすことができたのである。マイクロソフトは、自身の優位性の脅威になるイノベーションを妨害するために、極めて強硬な行動に出たのだ。

独占が生産を抑制するため、イノベーションの水準が社会的最適水準より少なくなる点（ただし、競争がある場合で、各生産者の生産水準がさらに少なくなる場合よりも多い可能性もあるが）を指摘した。

本書の主題は、知識には常にスピルオーバーがあるが、市場の参加者がイノベーションへの投資を決めるときにこの社会的便益を考慮に入れない、という点である。ひとつの部門のイノベーションが別の部門のイノベーションにまったく利益をもたらさない場合で、独占の継承があるシュンペーター的競争でも同じことが言える。この場合、t時点で発生するイノベーションは、継承企業のイノベーションの基点になるが、技術革新者は次に続く独占企業にもたらす便益を考慮に入れない[3]。

より厳格なIPR制度がイノベーションのペース向上につながらない理由はほかにもあり、これからそのいくつかについて簡単に説明していく。

後続のイノベーション

最も重要なことは、知識の生産やラーニングにとって最も重要なインプットは知識である、という点だ。どのイノベーションも、それまでのイノベーションが基礎になる。したがって、ラーニングを最大化するには、生産者の便益と、その後の（後に続く）使用者[4]への潜在的便益をうまく両立させなければならない。たとえば、製薬業界では企業は、他者が後続の研究で自分たちのイノベーションを使用できないようにしたいが、自分たちの研究では他社のイノベーションを確実に使用できるようにしようと努める。知的所有権制度を創設したときの本来の「合意」の一部はこのような懸念からだった。特許という保護を求める者には、他社がそのイノベーションを再現できるだけの十分な情報を公開することが求められた。他社は、たとえ開発にあたってその製品自体を使用できないとしても、自分たちのラーニングにその知識を使用できる。しかし実際には、情報公開は多くの場合不十分であり、知的所有権の保護を求めた企業が、同時に情報公開に厳しく反対している（マイクロソフト社の例が最も有名だ。ソースコードの公開を拒否したが、公開が義務づけられたとき、厳しい罰金が科されてやっとそれに従った）。

共有知識の囲い込み

いかなるアイデアも、他の何らかのアイデアをもとに構築される。特許は新しい知識のみを保護するためのものである。しかし、（はっきり境界線を引ける土地とは違い）知識の境界は明確ではなく、必然的に、特許はある程度既存の知識にも拡大されてしまう可能性がある。このような場合、特許は特許保持者には利益をもたらすが、特許は、それがなければ自由に利用できた知識を使って生まれたかもしれないイノベーションを妨げるため、負の社会的収益が生じる。ボイルはこのような特許を「コモンズ（共有地）の囲い込み」と表現した（Boyle 2003）。

後ほどさらに議論するが、標準的知識に特許を与えることは、知られている知識にまで特許が拡大された最も極端な事例だ。

もちろん、特許はすでにある知識に対して認められるべきではないのだが、既存の知識との境界を明確に区別することが難しい場合が多い。もちろん、「特許」知識について、特許審査官が知らないかもしれない。特に、標準的な知識の場合には論文として公表されていないかもしれない。広く知られ「共有知識」と考えられるような知識を論文などで公表するのは、むしろ簡単ではないだろう。

秘密主義の奨励

科学の基本モデル——極めて生産的であるとわかっているモデル——には、知識の公開と共有が求められる。しかし知的所有権は、知識の伝播と伝達を妨げるだけではなく、ラーニングの阻害要素となる秘密主義を奨励していることにもなる。実際、ＩＰＲがバイ・ドール法の施行によって、大学での研究にまで拡大されたため、本来であればそうした機関の特徴となっていた公開性と正反対の文化を奨励することになった。(5)

訴訟リスクと曖昧な境界

すでに述べた通りの知識の境界の明確な定義の欠如は、こういった問題を悪化させる。4輪型自走車に対するジョージ・ボールドウィン・セルダンが最初にとった特許は、このようなタイプの車すべてを含んでいたのか、またはそうすべきだったのだろうか、あるいは、彼が描いた設計図のものだけだったのだろうか。(6) すべての知識はそれまでの知識に基づいていることから、我々は難しい問いに直面する。新しいアイデアはどのようなときに、古いアイデアを少し変えただけでも古いアイデアの異なった表現または違った表し方にしただけでもなく、本当に新しいと言えるのだろうか。特許法は、この疑問に対して「新規性」と「自明性」という基準で対応してきた。しかし必然的に曖昧さは残り、基準の設定には、これまで何回も議論してきたように、将来のイノベーションへの弊害と、（主張されているような）誘発されるイノベーションの便益とを比較するという問題が発生する。このため特許の範囲の定義には常に重大な問題が生じる。(7)

明らかに、特許庁にとって、科学分野のほとんどとまで言わなくとも多くの人が、こうした問題が適切に考慮されていると納得できるように線を引くことは難しい。現在の生産者が重要視され過ぎ、将来の使用者はほとんど考慮されていない。

境界を定義することの難しさが訴訟を引き起こす。弁護士は曖昧性によって生まれる問題を認識し、それを利用し儲けてきた。訴訟と訴訟に関連する不確実性がイノベーションの阻害要因になっている。問題は特許庁の資金不足によっても悪化する。それは、特許審査官が特許を調査する時間を制限するため、結果的に特許の過剰認可につながっている。特に、本章で後に説明するイーベイ（ｅＢａｙ）事件以前は、このような「弱い」特許（異議申し立てに対処できない可能性の高い特許）を受けた者でも、他の開発者から膨大なレントを引き出すことができた。それは、イノベーションにマイナスの影響を与える（Farrell and Shapiro 2008）。

特許の藪と呼ばれる問題⑧

今日ほとんどの製品は非常に複雑であるため、生産には多くの別個の知識を使用することになる。知識のそれぞれが特許で保護されている場合には、複雑な交渉問題を生じさせる。このように別々のＩＰＲをそれぞれ所有する者が合意しなければ、その製品は生産できなくなる。

問題はさらに深刻だ。たとえば、ソフトウェアのプログラムを生成する者は、たとえ完全に独創的に行ったとしても、プログラムの過程で、何十万ものソフトウェア関連の特許のひとつを侵害するかもしれないリスクや、特許侵害に近くなり訴訟にもち込まれる可能性が高くなるリスクに直面する。次々認可される無数の特許の情報に追いつける者はいない。仮にいたならば、研究に従事する時間をとるのは難しくなるだろう。この意味で、特許制度自体がイノベーションへの障害になっているのである。

イノベーションへの障害としての特許の藪は長い間認識されてきた。20世紀初頭には、ライト兄弟とグレン・H・カーティスによる特許を巡る対立で、飛行機の開発が妨げられた。アメリカで進展が起きたのは、政府が強制的に特許プールを創設した第一次世界大戦の時だった。[9][10]

ホールドアップとパテント・トロール

さらに最近ではある種の分野が発展してきた。すなわち（パテント・トロールと呼ばれるもので）企業は、特許を買取り、誰かが、自分たちの特許を侵害するかもしれない製品を首尾よく製造してくれるのを待つのだ。そのような製品が見つかれば、訴訟を起こし、事実上その製造者から賠償金をまきあげる。彼らが自分たちの利益を増やそうとする限り、真の開発者にはほとんど利益が残らなくなる。

このホールドアップ問題は、特許の所有者には、たとえ正当性が疑われる特許であろうとも、誰にもその知識を使用できないようにする権限を認めている、現在の特許システムの規定によって深刻になっている。[11] ブラックベリー訴訟がいい例である。この企業は、係争中の特許所有者によって賠償金を請求された。ブラックベリーは、公平と思える（寛大すぎる）和解案を提案した。その特許が有効でないとわかった場合には、支払いの一部は返金されるというものだ。だがこの提案は拒否された。ブラックベリーには、条件を受け入れるか、販売停止するかのどちらかしか選択肢はなかった。

アメリカでは、最高裁によるイーベイ対メルクエクスチェンジ社の訴訟に対する革新的判決が、このような訴訟に大きなインプリケーションを与えた。[12] かつては、特許は通常差し止め命令によって守られてきた——他の誰も特許所有者の許可なしに特許を侵害することはできず、所有者は好きなだけ

「レント」を引き出すことができた。他の多くの法律分野では、誰かの権利や所有権を侵害するとそれに対して補償がなされるが、このケースはそれらとは対照的である。最高裁は、特許の所有者が、特許を侵害するかもしれない者を事実上、市場から排除する行動をとったときの、過剰施行、と呼ばれる行動の影響に対して疑問を投げかけた。イーベイの裁判では、最高裁は、4基準が満たされた場合のみ、恒久的差し止め命令が認められるという決定を下した。[13]

［特許の］原告は以下のことを立証しなければならない。（1）原告が回復不可能な損害を被ったこと、（2）その損害を回復するには、金銭的賠償等の法律上の救済手段では不十分であること、（3）原告と被告の損害状況を比較考量した上での、公平な救済が保証されること、（4）差し止め請求を認容することが公序に反しないこと。

知的所有権を保護するための極端な排除の例は、いまだにアメリカの貿易法の一部として存在する。そこでは国際貿易委員会がアメリカの知的所有権を侵していると見なした場合、その企業はアメリカへの輸入から違反商品を除外しなければならなくなる。[14]

厳格なＩＰＲが、生活水準のより速い向上に貢献しない別の理由もある。たとえより厳格なＩＰＲがイノベーションへの投資を増加させるとしても、奨励されたイノベーションが別の研究投資配分と同じだけ長期的厚生に貢献しないかもしれない。イノベーションのパターンでの歪みは、イノベーションからの社会的収益と私的収益の顕著な違いから生じている。

社会的便益と私的収益の乖離、および歪んだインセンティブ

イノベーションからの社会的便益とは単に、イノベーションがない場合に比べてその製品が市場により早く現れたことを意味する、ということをこれまでの章で指摘した。私的収益とは、技術革新者が受け取るレント（の増分）である。ほとんどのイノベーションは、社会的厚生の向上よりも、レントを追求し、かつ維持することに向けられる。社会的便益と私的収益にはほとんど関連性がないだけではなく、より厳格なＩＰＲ制度はこの乖離を悪化させ、このため、希少な研究資源の配分をより不適切にするかもしれない。この乖離には以下のような特徴がある。

市場支配力の強化

多くの特許（とそのための研究）は、性能がより良く、消費者に高く評価される製品や、より安価な製品を生産することにそれほど重点をおいているわけではなく、むしろ市場での優位性を拡大するなど、市場支配力を強めることを重視している。このひとつの形が「エバーグリーン戦略」と呼ばれるもので、特許保持者が、特許、したがって市場での優位性を延長するために、その製品（製薬）にかなり明らかな小さな改良を加えるのだ。たとえば、製薬会社は、特許期限が切れる頃に、その薬の持効性薬剤を導入し特許をとろうとする。特許があるため、他の生産者はそれができない。そして持効性薬剤の方が優先されるため、特許の有効期間が大幅に延長されることになる。

製薬会社は、ジェネリックを撃退し自分たちの特許の有効期限を延長する方法を熟知している。そうする際に、さらに多くの規制を設けている貿易協定をもっと利用できる。最も効果的でかつ歓迎できないものはデータの独占権だ。ジェネリック薬品の生産者は通常、その製品の安全性と効力を示し

て、薬剤の承認を得なければならない。これは本来であれば容易であり、安全で効力があると証明されていた特許製剤と同等であることを示せばいいだけのはずだ。しかし製薬会社は、それが事実上自分たちのデータを（そのデータが政府によって一部は作られたり、政府支援によるものであったりする場合でさえ）使用しているので、自分たちの知的所有権を侵害していると主張する。しかしすでに効用と安全性が証明された製品がある場合に、偽薬を使ってジェネリックの治験を行うことは倫理に反するため、ジェネリック製薬の製造者にそのデータの使用を許可しないことは、彼らの参入を妨害する効果的方法になる。アメリカと発展途上国の間の貿易協定にはデータの独占権条項が含まれている（Charlton and Stiglitz 2005）。

特許は市場参入の障壁として利用することが可能であり、実際そのように利用されることが多い。特に、その特許の適用範囲が広い場合やひとつの部門での独占力が別の部門の独占力に影響を与える場合（たとえば、マイクロソフト社は、パソコンのOSに優位性があることから、ワード・プロセッシングなどのアプリケーションにも優位な立場を拡大できた）には、私的収益が社会的便益をはるかに上回ることになる。このようなイノベーションからの社会的便益はマイナスになる可能性さえある。

特許の回避

同時に特許は、他の企業が特許に近いイノベーションを行おうとするため、社会的価値が限られた研究を生むこともある。だが（すでにある特許を巧みに回避して独占的レントを共有するためだけに設計された）「類似品」のイノベーションの社会的便益はゼロである。[15]

まとめると特許制度は、開発者にその限界的貢献に基づく報酬を与えないだけでなく、技術革新者に対して歪んだインセンティブを与える。すなわち発明は、最初に市場支配力を獲得するために行われ、それから他社がその人為的に作られた市場支配力を圧倒するために行われることが多い。

伝統的知識の特許化

特許制度から生まれる歪みは他にも多くある。ウコンの薬用使用など、伝統的知識に特許を与えることの社会的便益は相対的に低く、マイナスにさえなるかもしれない。知識はすでに存在しており、（特許審査官以外には）広く知られていたのだから、このような特許が新しい知識を生み出していないことは明らかである。しかしこのような特許が知識の使用を阻害するため、高いコストが生じる。（もちろん、伝統的知識の供給源の別の部門への移動など、知識の伝達による便益はあるが、このような便益は通常ＩＰＲによって与えられるわけではない）。

社会的に非生産的な特許競争

特許は、最初に発見した者（言い換えると、特許を最初に申請した者）に与えられる。そしてこれが、1番になるための競争に拍車をかける。ヒトゲノムの解読の場合、十分な資金を得た国際的努力が、組織的な科学プロセスによって行われていた。しかしこうしたプロセスを省き、市場価値の高い一部の遺伝子を特定化し、より系統的なアプローチを打ち負かそうと競い合う企業が現れた。ミリアッドは、乳がんに関連する遺伝子でこれを成功させた。わずかに早くこの知識を得たことによる社会的便益は非常に限られているが、それはこの知識の使用に対して設定された障壁（言い換えると、料金）の社会的費用によってさらに小さくなってしまった。

間違った価格づけと、よこしまな動機

市場経済では、価格が資源の配分を導くことになっており、これにはイノベーションへの資源配分も含まれる。しかし、その価格設定が正しくない場合には、私的収益は社会的収益と一致しない。

金融業界は、すでに何回か言及してきたが、その最も明らかな事例だ。金融業界では、イノベーションからの利益のほとんどは、（外部性を減少させるため、金融の安定性を向上させるため、そして不正取引や略奪的貸し付けや市場操作を阻止するために設けられた）規制をすり抜けることから生まれている。このような金融イノベーションは（特許で保護されていなくても）非常に大きな利益を生み出したが、経済にはマイナスの影響をもたらした。

同様に、環境を保護するイノベーション（たとえば温暖化ガス排出削減など）への過少投資問題がある。これは単に排出に対して市場価格が設定されていないためだ。しかし失業率（特に非熟練労働者の失業率）が高いときに、その非熟練労働者の需要をさらに減少させるイノベーションには過剰に投資されている――このため、失業率はさらに上がり、社会的費用が増えることになる（第6章参照）[16]。

知識プール

イノベーション（そして生活水準の向上）のペースを決める最も重要な要素のひとつは、機会集合、すなわち使用できる知識プールである。すべてのイノベーションは知識プールを大きくする。しかしIPRがあると――「コモンズの囲い込み」問題、特許の藪問題、ホールドアップの可能性なども含め――イノベーションが発生するごとに、事実上誰でも利用できる知識プールから知識が取り出されている。最終的な効果は曖昧だ。本書の前半で指摘したように、マイナスの影響をもたらす可能性も

ある。モデルでは厳格なＩＰＲ制度が、公的に利用できる知識プールに与えるマイナスの効果が非常に強く、イノベーションの速度は減少することになった。

本節では、静学的費用と潜在的な動学的便益を明らかにした。厳格なＩＰＲ制度の提唱者は、通常この静学的損失を過小評価し、動学的便益を過大評価し、「バランスをとること」を無視している。ＩＰＲが独占力を作り出すことに言及しながらも、彼らは、（前述のように）このような独占力が持続する傾向があり、独占力を維持させようとすることが資源の配分を歪ませることを示した研究のことを無視して、独占が短期的なものであることを強調した。また下手に設計されたＩＰＲ制度はイノベーションを阻害さえするかもしれない。

本章後半では、イノベーションのための資金調達とインセンティブの付与の方法が他にもあることを説明する。しかしながらまず、ＩＰＲ制度の改革がどのように、イノベーションを増やしながら、ＩＰＲ制度のマイナスの影響を減らすかを議論する。

2――ＩＰＲ制度の改革⒄

ＩＰＲ制度は1種類ではない。その内容が重要であり、それぞれの国には異なるルールがある。本書は、ラーニング・ソサイエティの構築について論じている。一部のルールは他よりも、ラーニング・ソサイエティの構築に多く貢献する。その影響は直接的なものもあれば間接的なものもある。（長期の広範囲の独占など）独占を容認するルールは、競争にマイナスの影響を与えるためイノベーションを減かもしれない。

速させる。バイ・ドール法は、大学内の知識の流れとコモンズ（共有地）への知識の流れを減少させたかもしれない。

IPR制度での多くの細かい側面がそれぞれ重要である。たとえば、どのように特許が与えられるか、特許を与えるために使用される基準、特許の期間と適用範囲、特許への規制、特許権がどのように守られるか、特許認可を管理するルール、などである。それぞれの側面において、複雑なトレードオフが存在する。たとえば、一方ではイノベーションのインセンティブをもたらすが、もう一方では知識の伝播での非効率性をもたらし、後続のイノベーションの阻害要因になっている点などである。数学の定理や基礎研究の洞察に特許を与えることに対する反対意見は、広く合意されているが、その理由のひとつは、特許化による不利益が利益をはるかに上回るためである。ビジネスのプロセスに関する特許などの別の特許も、（たとえば訴訟リスクに関連したものなど）別の費用を発生させる。

IPR制度に関する最近の変更の一部は、必ずしも費用と便益を注意深く比較考量していない。著作権の有効期間の延長（著者の死後70年）は、インセンティブの改善からのいかなる便益よりも多くの費用をもたらしただろう。

その一方で、最近の裁判所でのいくつかの判決では、これまでの特許制度の非効率の一部を認めたことを示すものだ。すでに言及したイーベイ訴訟への判決がその一例である。

「新規性」と「非自明性」に関する基準の曖昧さから、特許保持者は、自分たちの特許を「エバーグリーン化」でき、特許期限を延長できる。特許期限の最適期間に関して極めて正当な論争がある[18]——しかし特許期限の延長に関するこのような間接的なやり方は、ほぼ間違いなく、関連するイノベーション面での便益よりも費用の方が大きいだろう。発展途上国における薬の場合には、その費用は特に高くなるだろう。

非常に広い範囲に適用される特許（たとえば、最初のアメリカでの自動車の特許のように）がある。その適用範囲が大きいほど、当然ながらその特許の価値は大きくなるが、後続の発明者への妨害も大きくなる。

ＩＰＲ制度には、便益に比べて費用を下げる側面もある。すでに指摘したが、歴史的に特許を取るためには知識は開示されなければならなかった。すなわち、原則的には、その知識を他者が研究のために活用できる。特許権は交換であると見ることができる。「社会」が情報の開示を求めるかわりに一時的に制限された独占権を認めるのである。さらに最近では、ソフトウェア業界の一部の企業が、開示なしの、より強い知的所有権を求めている（最終的には、企業秘密に依存することを選択し、知的所有権の保護を求めないことを選択する企業もある）。

ＩＰＲ制度の設計に関する重要事項

特許として認められるもの

特許が与えられるのは特定のものに対してだけである。たとえば、申請では、新規性の基準を満たしていることを示さなければならない。新規性を満たす場合でも、定理については特許は与えられない。特許の認可を、薬品を製造するプロセスに限定し、分子そのものには認めない国もある。最近では、アメリカの最高裁が、自然に生まれる遺伝子には特許を認められないという判決を下した[19]。他の多くの国がこの立場をとっている。アメリカのビジネス・プロセスに特許を与えるやり方は、特許の範囲をあまりにも拡大しすぎていると、広く批判されている。

所有権の範囲

よくある誤解は、ひとたび特許が取れると、その有効期間には何をしてもよく、独占権を際限なく行使する権利が与えられる、というものだ。一般的に所有権は、その保持者に無制限の権利を与えるものではなく、与えるべきでもない。そして知的所有権に関しては、特にそうである。知的所有権は、それ自体が目的ではない。知的所有権は社会的構築物であり、社会的厚生を向上させるという目的を達成するための手段なのである。そして、その達成には注意深い目標設定と計画が必要となる。

公共利益の問題が一般の所有権を制約する事例は多くある。一般的な原則としては、所有者は、その所有権を使って他者にマイナスの影響を及ぼす可能性のあることを行うことはできない。

アメリカの特許法は、政府の使用に対しては、特許保護の例外を設けることによって、この問題に対処している。合衆国法典28巻1498条（28 U.S.C. 1498）では、政府の特許や著作権の使用を認めている。この権利は、委託業者、下請け業者、政府で働く従業員が利用できるようになっている。この正当性に関しては多くの議論があるが、1990年代に合衆国連邦請求裁判所が示した見方が多くを語っている。裁判所は、特許には制約があると考えた――期限の制約と同じように、使用の制約もある。政府の使用とは、政府が特許を許可するときに、政府に一部の権限を留保していることである。「政府は、すでに所有するものを「受け取る」ことはできない。政府は好きな時に、特許化された発明に対する、強制的かつ非排除的なライセンスを利用できる絶対的な権限を「もっている」」[20]。別の裁判所がこの解釈に異議を唱えたが、請求裁判所の決定では、たとえ先進産業国であっても、より厳しい知的所有権の費用と便益に鑑み、利害を検討する際には、一般人は、こうした知的所有権は厳しく制約されるべきだという結論に達する、と判断した。

したがって問題は、より広い社会的目的を進化させるために知的所有権が制限される必要があるのかどうか、ではなく、どの程度、また、どのように制約されるべきか、ということになる。

知的所有権に限界を設けることによって、市場での権限乱用を削減する

定義によって、知的所有権は、知識の使用に対する独占権を与えるが、これは、独占力の乱用を認めるものではない。しかし、独占力の乱用とは何を意味するのだろうか。適切な改善策はどうあるべきだろうか。マイクロソフト社がパソコンのＯＳに対する市場支配力を別の領域にも及ぼして境界を踏み越えたことは、広く知られている。特に懸念されるのは、その過程で、イノベーションが実際に阻害されたかもしれない点だ。アメリカとヨーロッパの独占規制当局はこの点において意見が一致しているものの、異なる対応策を提案している。おそらくこれは、一部には静学的影響と動学的影響を「比較する」ことでの判断が異なるためであろう。[21]

権利を乱用した反競争的行為への対応策のひとつとして、ときには特許プールを形成することで、有効に強制実施許諾を要求し、特許の使用を制限してきた。１９５０年代のＡＴ＆Ｔに対する独占禁止法違反訴訟の同意判決では、ＡＴ＆Ｔは、使用を希望するいかなる者にも特許を利用できるようにしなければならなかった。[22]

別の改革で一部の学者の賛同を得ている提案は、乱用を制限し、市場の競争力を増加させ、イノベーションに刺激を与える方法として、知的所有権保護の有効期間を限定することである。仮にマイクロソフト社のＯＳが３年間の有効期限しかなければ、その後のそれぞれのリリースに著しい改善を加えようと駆り立てられるようになっただろう。[23]

繰り返すが、明らかなことは、適切なバランスとはどのようなものかという点に関しては、先進国間でさえも一致した意見がないということである（新興国と発展途上国は、特に独占化については注意を払う必要がある。市場は完全ではないため、部門によっては独占化の脅威がより大きくなる。すでに説明したように、独占はひとたび形成されると、持続する傾向がある）。

強制実施許諾

過大な独占に対する懸念からの制約の他にも、特許権を制約できる重要な2つの例として、公衆衛生に脅威が存在するときと、地球温暖化に対処するときがある。1992年のリオ宣言は、排出削減に関連した技術へのアクセスを得るための強制実施許諾を認めることで、気候変動問題に対処するフレームワークを構築した。1994年の知的所有権の貿易関連の側面に関する協定（TRIPS協定）では、生命を救う医薬品に強制実施許諾を認めた（しかしながら、この規定の有効な実施は困難になっている。なぜならばアメリカでは、強制実施許諾を執行する意思を示した政府に対して、それを取りやめるように繰り返し強い圧力をかけているためだ。これは、世界的市民社会運動で、生命を救う医薬品の場合には強制実施許諾を執行する権限があることを明記する国際的合意を得るのに成功した後でさえ、この状況は続いている（Charlton and Stiglitz 2005; Stiglitz 2006a 参照））。

特許の認可と執行のプロセス

特許の認可と執行のプロセスは、制度の内容が重要であることを最もよく示す事例である。それぞれの国が異なる方法でこの問題に対処している。ヨーロッパでは、異議申し立てのプロセスが存在する。特許が認可されるべきでないと考える者は、その特許が認可される前に特許庁に自らの意見を表明する機会が与えられる。アメリカにはこのような規定はなく、そのために過剰な特許化への偏向が強まっており、これはまさしく特許制度の構造に起因するものである。すでに指摘したように、特許は知識を私物化するものである。しかし特許に異議を申し立てることは、そうでなければ私的財になったものを公共財に転化させることになる。したがって異議申し立てそのものが公共財であり、そして別の領域でもそうであるように、民間部門ではこのような公共財の提供には十分な投資が行われない。

ラーニングを促進するようなIPR制度を設計する

本章でこれまでに、IPR制度の設計に関する多くの中心的な課題を明確にした。選択が、経済における競争レベル、および薬剤へのアクセスとその入手しやすさに影響を与える――その結果、市民の健康と（ほとんどの国では、医療費の大部分は政府が支払うため）政府予算の両方にも影響を及ぼす。しかしながら本書の関心はイノベーションとラーニングである。

IPRの直接的影響は知識の流れを妨げることであり、したがってラーニング・プロセスも阻害する。秘密主義の奨励という間接的な影響があることも見てきた。大学のような伝統的にオープンな機関にまでIPRが拡大されるときには、特にマイナスの影響を及ぼす可能性がある。これらの負の費用を相殺するのが、イノベーションと情報の入手に対するインセンティブの強化となる、という主張がある。IPR制度の設計に不備がある場合には（そしてアメリカなどほとんどの国には、うまく設計されたIPR制度がない）、そうした効果は限定的になるだろう――さらに悪いことに、イノベーションが抑制されるかもしれない。そして、R&Dのインセンティブが向上した場合でさえ、研究は、生活水準を向上させる方向には向けられないかもしれないし、ましてやイノベーションのペースの向上には向かわないだろう。

本節では、IPR制度の設計に関する重要な項目の概要を述べた。設計に不備のあるIPR制度は、すべてを考慮に入れると——すなわち、インセンティブの向上による便益と、これまで指摘してきた他のすべてのマイナスの影響を考慮に入れると——イノベーションのペースを遅らせることになる。適切に設計されたIPRでは、その便益と費用のバランスが変わるだろう。

しかし本章ですでに論じたように、IPRは、R&Dとラーニングのための動機づけと資金調達を行うひとつの方法にすぎない。IPRは一国のイノベーション・システムの一部と見るべきであり、IPRと別のアプローチのバランスをとる必要がある。この点が次節のテーマとなる。

3——IPRと国全体としてのイノベーション制度(24)

これまでは、我々の議論はIPR制度が潜在的に抱える欠陥に焦点を当ててきた——すなわち、IPR制度は静学的非効率性を生み、過度に厳しく、設計に不備がある所有権の場合には、実際にイノベーションと経済成長を阻害するかもしれない、という点だ。このことから自然に以下の重大な疑問に行き着く。知識の生産と、その資金調達のためにIPRに代わる、さらに良い制度があるだろうか。

IPRに代わるもの

より厳しい知的所有権を主張する者は、IPRがイノベーションには不可欠である、という印象を与える。だが、イノベーションの資金を調達し、それに報酬を与える方法が他にもたくさんあることは、ほんの少し考えればわかるはずだ。たとえば、特許や著作権以外にも、(企業秘密、先発者優位など)イノベーションの利益を専有する他の方法があり、多くの部門でこれらの方法は極めて効果的だ。実際、すでに指摘したように、最も重要な知識の進歩の多くは、知的所有権で保護されていないし、金銭的利益に動機づけされていたわけでもない。コンピューターの基礎を提供した基礎数学の進歩や、現代医学の多くの発展の基礎となったDNAの発見は、まさに、数ある事例の中の代表的な2つの例にすぎない。

政府資金による研究

研究に資金提供するもっと重要な別の方法のひとつは、政府支援である。アメリカなど多くの政府は、基礎研究の多くに資金を供給しており、製薬会社はそれを基に自分たちのイノベーションを行っている。1990年代以降の無数のイノベーションを生み出したインターネットは、アメリカとヨーロッパの政府が支援し、主にこれらの政府が行った研究が基礎となっている。アメリカで成功したイノベーションの非常に多くのものが、大学に隣接する研究開発地区で生まれていることから、こういった企業が大学で生まれる知識から便益を受けていたことがわかる。そして大学の研究は、概して、財団や政府および大学への基金から資金を受けており、利潤追求によるものではない。

一般的には、Mazzucato（2013）が『企業家としての国家』（邦訳は２０１５）で説得的に示したように、大きな変革をもたらすイノベーションと、より小さなイノベーションを促進する上で国家が重要な役割を担ってきた。そして、この両方のイノベーションの積み重なった影響が現代の経済を作ってきたのだ。

オープン・ソース

さらに最近では、オープン・ソース運動が重要なイノベーションソースになっている。この動きは、最初にソフトウエア業界で成功し、現在ではバイオ技術など別の領域でも、その有効性が示されている（Henry and Stiglitz 2010; Hertel, Krishnan and Slaughter 2003; Lerner and Tirole 2002; Weber 2005）。このオープン・ソースの活用によって、本来は学問の世界での特徴であった共同的研究の性質が注目されより強化された。そして、このオープンな構造が、後に続く研究を促進させた——これは後続研究をやめさせるか、すくなくともより困難にする特許制度とは対照的である。大学の世界のように、非金銭的利益が研究の意欲を高める上で重要な役割をもつ場合もある。別のケースでは、企業が利益を専有するための様々な方法を考えてきた。たとえば、サービスの販売や、オープン・ソースからのソフトウエアを特定の顧客のニーズに合わせる、などの方法だ。

賞金制度

賞金制度は、特許制度に代わるひとつの代替案になる。賞金はイノベーション、すくなくとも、告知した目的に合うイノベーションを考え出した人に与えられることになる。(25) たとえば、エイズやマラリアの治療薬かワクチンを発見した者は多額の賞金を得ることになるだろう。既存の薬剤より副作用がわずかに少ない（が効果が同じ）製薬を考えた者は、少額の賞金を得られる。賞金の規模はその貢献の程度によって決定される。

このアイデアは新しいものではない。(26) イギリスのロイヤル・ソサイエティ・オブ・アーツは100年以上前から、必要な技術の発展の動機づけのために、賞金制度を提唱し活用している。たとえば、かつて、煙突掃除のために小さくて栄養不足の子どもが煙突内に潜り込まされており、この掃除人の代わりになるものが必要だった。このような掃除は子どもの健康に良くないが、煙突内を掃除しないと火事のリスクが増え、結果は深刻になる。このため、王立協会が煙突を機械で掃除する方法を発明した者に賞金を約束した。賞金がインセンティブとなって成功した。(27) 特許制度でも機械の開発の動機づけになったかもしれないが（実際はならなかったが）、その場合でも問題が発生しただろう。すなわちその特許の保持者が使用に高い料金を請求して、そのイノベーションからの収益を最大化しようとしたかもしれないからだ。そうなれば、金銭的余裕がある裕福な家族だけがその機械装置を使用することになり、若い掃除人の健康は引き続き危険にさらされていただろう。賞金制度があったことで、すべての人びとがこの社会的に意味のあるイノベーションの便益を享受できた。

現在の特許制度は、もちろん、ひとつの賞金制度と見ることはできる。しかし、その「賞」が独占力を与えることであり、独占力があると、知識の使用を制限しようとするインセンティブが生じるため、特許は非効率な制度となる。望ましいイノベーション制度の特徴のひとつとして、アイデアやイノベーションは、ひとたび開発されると、広く使用されかつ伝播されることが挙げられる。特許制度は知識の使用を制限するように計画されている。賞金制度ならば、競争市場が効率的な伝播を保証する。

すなわち、多くの人びとに使用許可を与えることで、競争力を活用して、価格を下げ、その知識の使用を拡大することになる。特許も賞金も両方とも、市場要因が働く。すなわち、一方は知識を制限して価格を上げるという独占のインセンティブであり、もう一方は、価格を下げ、知識の便益を広く拡大するという競争市場の力である。(28)

さらに、賞金制度は、宣伝のために無駄なお金を使う、また独占利潤を増やすために反競争的行為を行うインセンティブを減らすという利点がある。製薬会社は、研究に費やすよりも多くのお金を広告とマーケティングに使用する。このようなマーケティング費用は、需要の弾力性を小さくするために計画され、それによって特許保持者は価格を引き上げ、独占利潤を増やすことができる。社会的見地から言えば、このような出費は浪費である。

この特許制度もまた、研究のパターンに歪みをもたらす。製薬会社は、貧困層の間で蔓延しやすい病気の薬の開発に対しては十分なインセンティブをもたない。単にそのような薬はお金にならないからである。この問題への対処として広く議論されている案は、買取保証基金である。世界銀行やゲイツ財団が、エイズやマラリアなど、発展途上国を悩ます病気のワクチンや治療薬を開発した企業に、その製薬購入のために10億ドルや20億ドルを保証する、というものだ。実際に確実な市場も存在する。10億ドルや20億ドルの製薬の購買保証は賞金として機能し、この多額の保証金額は研究に対する明確な動機づけを行うだろう。しかしながら、保証額を超える購入に対してもすべての人びとが妥当な特許料で特許にアクセスできるようにするという約束がない限り、この買取保証基金には独占的な特許制度の非効率性が残ることになる。発見者は、独占価格を請求することで独占利潤という「賞金」を獲得することになる。買取保証基金を通じて薬剤を得る貧しい者は、もちろん、その独占価格を支払うことはない。しかし基金には限度があり、すべての基金を使い切った後では、前述のような約束がなければ、たとえば、買取保証基金で購入されていたマラリアの薬を市民に提供したい政府は、今度は独占価格を全額支払わなければならなくなる。

この薬の独占価格での購入に資金が費やされれば、その分、その国の別の健康ニーズ、または基礎研究や教育（それらは社会的ラーニングの強化に大きい便益をもたらす要素だ）の支援のために使えなくなる。この買取保証基金用の資金を活用して、賞金を提供し、薬の提供競争を刺激するやり方や、その薬の特許を購入して、手頃な使用許可料を支払って製造しようとする企業に生産させるやり方の方がはるかにいい。

他の市場メカニズム

もちろん、研究に動機づけを与えるこうした明確な制度（特許や賞金など）がなくても、企業は研究やラーニングを行う。企業は、先発者優位や企業秘密による利点など、ＩＰＲと異なるメカニズムで、市場で自然に生まれる利益を専有する。特許制度へのアクセスが可能であっても、このような市場メカニズムに頼る業界もある（一部には、特許法の開示要求を懸念するためである）。

最後に明記すべきは、知的所有権の議論が、おそらく金銭的動機を重要視しすぎているという点である。第3章で指摘したように、たとえすべてではないとしても多くの重要な進歩は、純粋な知識への探求と仲間からの評価などで動機づけされていた（たとえば、Dasgupta and David 1994 参照）。

代替的イノベーション制度の比較

イノベーションとラーニングの資金調達と動機づけを行う別の方法について簡単に説明してきた。オープン・ソース、賞金、そして、（基礎研究を支援する上でおそらくイノベーション制度の最も重要な要素である）政府支援の研究と助成金を含めたイノベーション制度の一部として、知的所有権を位置づけるべきである。これらのそれぞれには長所と短所がある。

いかなるイノベーション制度も、資金調達と（研究資金を得る者の）選択とインセンティブの問題を解決しなければならない。さらに、研究活動の協調の問題もある。異なる制度では、知識の伝播について異なるインプリケーションがあり、取引費用も様々である。

どの国にも、代替的な制度がある。代替的制度の特質が、その国がラーニング・ソサイエティの構築にどの程度成功するかを決定する。これが――市場参加者が直面する不確実性と取引費用を含めて――制度の革新性と効率に影響を与える。我々の見解では、現在のアメリカの制度では、特許に重点がおかれすぎている。表12・1は、代替制度の特徴の一部を表にしたものである。

選択

表の最初の項目は選択である。イノベーション制度が直面する問題のひとつは、研究プロジェクトに従事する者を選択する方法だ。特許と賞金制度の利点は、「オープン・ソース」と同様に、選択が分権的に行われ、自己選択による点だ。自分が最も適任だと思う研究者が、研究に着手する決断をする。彼らは、その賞金（正式な賞金または特許による賞金）を勝ち取る可能性がある、またはラーニングの発

表12.1　代替的な制度の比較

イノベーション制度					
特徴	特許	賞金	政府の資金援助研究	オープン・ソース	非IPR型市場メカニズムの専有
選択	分権的自己選択 協調なし	分権的自己選択 協調なし	官僚的選択協調は可能	分権的自己選択 ときに「自己」協調	分権的自己選択 協調なし
資金調達（税）	大きい歪み 不公平	歪みが少ない 可能性あり より公平	最も効率的	資金不足の可能性 財団、政府によるか、また別の行動の副産物として	特許よりも歪みは少ない 可能性大
リスク	訴訟リスク	リスク小	リスク最小	限定的	限定的
イノベーションのインセンティブ	強いが歪み大	強い、歪み小 明確に定められた目的必要	非金銭的インセンティブ大	強い しばしば 非金銭的	強い、歪み小
伝播のインセンティブ	限定的―― 独占	強い―― 競争市場	強い	強い	限定的―― 利益は秘密主義の程度に依存する
取引費用	高い	もっと低い	もっと低い	低い	低い

展に貢献できる、と信じて自分の資金を賭けて投資を行う。同じ研究者（や官僚）が最適な研究者を選ぶことになる政府支援の研究と比べると、賞金制度や特許制度にはこのような利点がある。さらに、研究助成の決定過程において「虜《とりこ》」になる懸念もある。たとえば、科学や技術の進歩とは異なる、または逆行するアジェンダをもつ政治経済的利益集団に取り込まれる心配である。

資金調達

資金調達に関しては、特許制度（IPR）は、比較する制度の中で最も好ましくないものである。IPRは研究資金を供給する方法のひとつとして考えられる――資源配分を非常に歪める方法ではあるが、限定された期間、価格が限界費用を大きく上回り、結果として得られる独占利潤はインセンティブをもたらすだけでなく、イノベーションの資金も提供する。この価格と限界費用のギャップは税金であり、その税収の一部が研究資金に使用されている、と考えることも可能だ。過去75年の間、(税による) 収入を増やす最適な方法について多くの研究が行われてきた。IPRによる隠れた課税は (たとえその収入のすべてがR&Dに投入されるとしても) 収入を増やす最適な方法ではない。その第1の利点は、これが応益税になる点である。すなわち、イノベーションからの便益を得るものだけが支払う税である。しかしほとんどの領域では、応益税を採用していない。これは主に、このような税にともなう追加的歪みに一般は「公平性」のわずかな向上分の価値があると見なされないためである。命を救う薬剤に関しては、このような議論はいっそう説得力をもつ。なぜならば、その薬が必要な者は一般的に、すでに病気に苦しみ生命の危機にさらされているためである。このような状況で、生きるための薬に代金を患者に払わせることで「応益税」を課すことは、非効率であるだけでなく、不公平でもある。薬の場合には「独占税」は、別の理由でも研究資金を得る上で非効率な方法である。収入の大部分は本来の目的に使用されない——研究ではなく、マーケティングと広告に使用されるのである。

アメリカでは、薬剤の研究資金を供給するための独占的な価格づけによる消費での歪みは、健康保険がある者やメディケア (高齢者医療保険制度) の対象者には限定的になるだろう。薬剤費も含めて医療費のほとんどは、第三者によって支払われ、そのため価格弾力性がごく小さくなるためである。しかしながら国際的にはこれは正しくない。政府が薬剤費用のほとんどを支払っているすべての国では、独占的な価格づけは一般納税者から製薬会社への所得移転をもたらすことになる。アメリカにおいてさえも、独占収益を蓄積しようとするレント・シーキングから発生する大きな歪みがある (歪みは研究の傾向にも表れる）。しかし、特に発展途上国では（そしてアメリカなどの、政府が生命を救う薬剤へのアクセスを保証していない先進諸国でも）、高い価格のせいで実際に、多くの人びとがそうした薬を手に入れることができなくなっている。健康保険に入っていない貧困層はどこでも、独占的価格の結果、必要な薬剤を手に入れることができなくなっている——貧困層が特に独占の負担を強いられている。より一般的には、実質的な応益税は逆進的になっている。より公平な資金調達は累進的であり、より多く支払う能力がある者がより多く——所得のより多くの割合を——支払うべきだ。実際、個人が薬剤費用の多くの割合を負担しなければならない国では、生命を救う薬に関しては、そのような病気に苦しむ苦難をかかえた貧しい人びとを援助するためには、限界費用を上回る価格は請求しないことが望ましい方法であると言えるだろう。限界費用に等しい価格づけとあわせた基礎研究への直接支払制度は、現在の状況をより透明にし、より公平な資金調達制度となり、またより良い資源の配分につながるだろう[29]。

まとめると、特許制度は、資源配分の歪みが大きく、研究の支援資金を調達する方法として不公平なものである——たとえば病気の者に独占価格を請求することになる。

インセンティブ

特許制度はいい動機づけを提供する、という点がよく言われている特許制度の主な利点だ。特許制度では、イノベーションのインセンティブが強いが、歪みがある。他方、賞金制度は、同等のインセンティブを提供でき歪みが少ない。すでに指摘したように、特許制度ではインセンティブには歪みが生じる。それは、既存の特許に類似した研究に従事したり、その特許の有効期限を延長させることに資金を費やしたり、ホールドアップを行ったり、知識のコモンズを囲い込んだり、また市場支配力を拡大し強化したりするインセンティブも存在するためである。こうしたイノベーションの歪みが、マーケティングのための出費や需要の弾力性を小さくするか、市場の支配力を拡大し強化する試みなどによる他の市場の歪みに加えて、存在する。

さらに、これまでの章では、特許制度でのイノベーションが実際には非常に限定的になることを説明した――実際、特許制度はイノベーションにはマイナスの影響を及ぼすかもしれない。なぜならば、特許制度が独占企業を生み出す助けとなり、独占企業のインセンティブが弱められるためである。さらに、特許の藪とホールドアップは、既存の独占企業が他者の革新的参入を妨害しようとする行為であるため、それらはイノベーションにマイナスの影響をもたらすことになる。そして特許は、後続研究に著しい阻害要因を作り出す。

リスクと協調

研究には本質的にリスクがともなう。研究は未知への探求だからである。しかしながら制度が異なれば、そこで研究に従事する者たちが直面するリスクの性質も大きく異なる。さらに、特許と賞金の両制度の欠点のひとつは、協調の欠如である。社会的に見ると、過剰に重複するリスクが存在する。(30) 協調の欠如は研究費用を増加させることになる。

各研究者が直面するリスクのひとつに、他にどのくらいの人数が同じ研究に従事しているのかを知らないという点が挙げられる。その人数が多くなると、他の誰かが先に発見し、特許または賞金を取ってしまうリスクが増えることになる。政府資金による研究であればもっと協調が可能になる。

協調は研究者や研究プロジェクトの数だけではなく、研究プロジェクトの代替的制度にとっても重要である。最適な代替案は、実行されている他のプロジェクトを所与として、各プロジェクトの限界的貢献――発見の可能性が増すかどうかや、このプロジェクトが行われない場合よりもその発見が早くなるかどうか――を考慮に入れる（第6章での議論参照）。

特許制度にともなうリスクをもたらす他の重要な要因についても説明した。たとえば、結果が不確実で高額な訴訟のリスクである。

このため、リスクと協調に関しては、特許制度は最悪である。他方、政府資金制度は、アウトプットよりもインプットに対して支払うという利点があるため、最も優れている。すなわち、研究者たちは、研究のために費やした時間と他の資源に対して支払いを受ける。それに対して賞金制度や特許制度では、研究者は、研究が――ライバルよりも先に――成功した場合だけ報酬を得るのである。

特許制度は、不確実要素が加わるため、賞金制度よりもリスクが高い。なぜなら、その「賞」の価値は、特許の勝者が得ることのできる独占レントの大きさに依存するからである。

リスクが重要となる理由のひとつは、均衡では消費者が、研究者の負担したリスクの支払いを行わなければならないことである。個人および企業はリスク回避的であり[31]、リスクを負わなければならない場合には、それに対して補償されなければならない。特許制度では社会がそのリスクの費用を非効率な方法で負担することになる。政府資金による研究制度では、リスクが低くなるだけではなく、社会全体がより効率的な方法でリスクを分担する。

取引費用

IPR制度を運用することにともなう取引費用は非常に高い。アメリカでは研究に支出されるよりも、IPRの弁護士（特許取得、特許権請求の執行、他者による特許権の請求に対する抗弁などのため）に費やす費用の方が高いという者もいる。正確な数字については、不可能ではないとしても得ることは非常に難しいが、取引費用は非常に高く、他の方法でイノベーションの資金調達を行ったり動機づけするよりも費用がかかることは明らかである。

伝播

イノベーション制度の中で、代替的なメカニズムの影響を評価する上で知識への広範なアクセスと伝播は最も重要な特性である（知識が公共財であることを思い出してみよう。追加的に個人や企業がその知識を使用することによっては、限界費用は発生しないのである）、そしてこの点では、特許制度は特に劣っている。特許制度は、知識へのアクセスを阻害するように設計されている。知識へのアクセスの欠如は、静学的非効率につながるだけでなく、後続のイノベーションの妨げになる。これは、ラーニング・ソサイエティの構築には大きな障害となる。（オープン・ソース、政府資金による研究、賞金制度などの）代替的制度の特徴は、知識が無料か、少額の使用料で利用可能になることである。

これらの議論から明らかなように、ほとんどの項目で、賞金制度の方が特許制度より優れている。賞金制度は、社会的価値の高いイノベーションを開発した者に高い利益をもたらす（実際、特許制度による独占権の授与にともなうランダムに得られる賞よりも、賞金制度の方が社会的利益により良く合致する）。そしてこの知識の便益は、競争的生産を通してより広く伝播される。さらにこの賞金制度は、静学的なだけではなく、独占にともなう動学的歪み——（特許保持者の独占的レントを減らすことになる）後続イノベーションを阻害しようとするインセンティブも含む——を回避する。

しかし、賞金制度にはひとつの限界がある。（健康、省エネ、炭素排出量削減など、明確な目標が定められた分野は多く存在するが）目的が明確に定められていないときにはこの制度はうまく機能しない。このため、賞金制度が特許制度に完全に取って代わることはないのである。

同時に（他のすべての研究の基盤となる）基礎研究においては、政府資金による研究は、引き続きイノベーション制度の中心であり続けるだろう。今のところこれに反する提案をする者はいない。なぜなら、特許制度で知識の使用を制限する費用は、主張されているいかなる便益をも大きく上回っているからである。今日の議論は、応用分野の研究についてのみ行われているが、この研究は、基礎研究で得られた知識を変換し応用に発展させることになる。

4——知的所有権と経済発展(32)

本書を通して強調してきたことは、先進国と途上国を分けるものは知識のギャップであり、資源のギャップだけではないということだ。最も成功した国は、このギャップを素早く効果的に減少させている。知的所有権（ＩＰＲ）——そして特に設計に不備のあるＩＰＲ——は、その国での知識へのアクセスとラーニング・ソサイエティの構築の両方を阻害するかもしれない。

ＩＰＲ制度には、静学的非効率と動学的便益のトレード・オフがあることを説明した——知識の使用のいかなる制限も静学的非効率を生み、ＩＰＲが独占力を生じさせる場合にはその傾向は強まる——しかし現在のＩＰＲ制度では、独占力の乱用や、明確な境界の定義づけの難しさから生じる問題、それによって生じる特許の藪などがあるため、その動学的便益は限定的である。ホールドアップを行う企業は特許制度を利用して、実質的技術革新者が受け取るはずだった利益を自分たちが得るように方向転換させる。協調の欠如と訴訟によってリスクは増大する。そして最も重要なことは、知識へのアクセス障害が、後続研究を遅らせることだ。しかし仮に大きい動学的便益がある場合でさえも、発展途上国にとっての最適なトレードオフは、先進国のトレードオフとは異なる。発展途上国は、先進国よりもラーニングから得る便益ははるかに大きい。直接的ラーニングの便益もあるが、今までも強調してきたように、ある産業や企業のラーニングが別の部門にスピルオーバーする場合のような、間接的便益もある。

開発指向型の知的所有権制度が必要なのはこのためである。先進工業国に適した知的所有権制度は、発展途上国や新興市場には適さない。

２００４年10月4日、世界知的所有権機関（ＷＩＰＯ）の一般総会において、このような開発指向型の知的所有権制度の必要性を訴えた。このような制度は、以下のように問いかけることで考えることが可能だ——どのように、発展途上国による持続可能なラーニングをより効果的に増大させることができるだろうか（Stiglitz 2004 参照）。

ＷＩＰＯ決議には2点の重要な考えが含まれていた。そこでは、知的所有権は「それ自体が最終目的ではない」[33]と認め、ＷＩＰＯのミッションは、「知的な創造的活動を促進する」ことであり、「技術の発展途上国への移転」であると繰り返し述べた。新しい開発アジェンダは、異なる知的所有権制度が発展途上国にどのような影響を及ぼすかを確認することを訴えた。

IPR制度の設計とより広範な国家レベルでのイノベーション制度は、状況の違いを反映しなければならない。このことから言えることは、知的所有権の貿易関連の側面に関する協定（TRIPS）で過度の調和を求める取り組みは、非常に見当違いなものであった。[34]

新興市場にとっては、知識へのアクセスは将来の成長に不可欠である。知的所有権は、その開発の障害として用いられるべきではない。責任制度（実際には、知識の使用に対して公正な価格を支払うと強制的に使用を認めること）は、知識へのアクセスを保証するひとつの方法だ。もっと緩やかな改革として、たとえば、異議申し立てがある場合には（ただし、ひとたびその特許の有効性が認められれば、適切な補償金の支払いで）その知的所有権の使用を許可するという方法があり、この方が現在の制度よりも望ましいだろう（Lewis and Reichman 2005; Shapiro 2007 参照）。

たとえば、強制的な認可がいつ認められるべきかなどを判断するための簡単なルールを立案することとは最終的には可能かもしれないが、知的所有権は特に発展途上国においては、発展の初期段階である。単純さ――また高額な訴訟を行う上での発展途上国の能力の限界――の観点からは明確な健康や競争および開発という目的がある場合には、知的所有権の制限を支持する考えが強くなるべきだ。すなわち、健康、競争、開発という合理的な目的が存在しないことの挙証責任は、特許のもともとの保持者に課すべきである。[35]

発展途上国のラーニングは、いくつかの経路を通じて起きており、そのいくつかについてはこれまでの章で議論した。たとえば、人の移動、オープン・ソース形態での知識の伝播、投資財、コピー商品およびリバース・エンジニアリング、正式なライセンス、企業内の技術の移転（たとえば多国籍企業）、海外直接投資、そして技術をもつ企業の買収[36]などである。いくつかの発展途上国（特に中国）は、R&Dに膨大な投資を開始し、広い範囲で特許制度を活用した。より厳格なIPR制度の支持者は、特許制度を強化することがイノベーションとラーニングを促進して、先進国の企業が研究に着手し、ラーニングの基盤となるより高度な生産を発展途上国に移行する意欲を向上させると主張した。しかしIPR支持者は、ラーニングが一般的に発生している経路の多くで、特許制度がラーニングを阻害するということ、これまでの多くの経路を通じてこれらの経路が今まで重要な役割を果たしてきたことを無視している。インプリケーションとして、より厳格な（そして特に設計に不備のある）知的所有権制度は、発展途上国のラーニングとイノベーションに特にマイナスの影響をもたらす、ということが言える。

5 —— おわりに

知的所有権制度は、技術革新者が利益を専有する能力を高め、研究を行うインセンティブをもたらすことで、イノベーションを促進することが前提とされている。しかし知的所有者は、ラーニングの伝播と移転を妨げ、秘密主義を拡大させるため、ラーニングを遅らせることになる。先進工業国で発展した知的所有権が特に発展途上国に及ぼす、こういった影響は、別のマイナスの影響も含めてますます認知されてきている。知識は、知識の生産において最も重要なインプットである。そしてIPRは、知識の利用可能性を制限することで、後続の知識（すなわちラーニング）の生産を妨げている。特許制度によって独占力が生まれ、独占は生産を抑制することによってイノベーションのインセンティブを低下させる。特許制度は、特許が複雑に絡み合う特許の藪を生じさせ、技術革新者を訴訟とホールドアップのリスクにさらすことになる。

この分析から2つのインプリケーションが導かれる。第1に、発展に成功するためには知識のギャップを縮めることが重要である点を考えると、発展途上国や新興市場にとって適切な知的所有権は、先進工業国にとって適切なものとは大きく異なりそうである。この分野では、他の分野以上に、ひとつの方策をどこにでも適用させるという政策は妥当ではない。

第2に、賞金とオープンソースにもっと重点をおくイノベーション制度を設計する別の方法がある。特許には役割があるが、特許制度の内容が重要である。たとえば、すぐれた特許制度は、情報開示、ホールドアップ問題、特許の異議申し立てシステムの設計での改善にもっと注意を払うべきだろう。「ラーニング・ソサイエティを構築する」という概念は、社会におけるすべての政策と制度を再検討するためのプリズムを提供する。その政策と制度がイノベーションとラーニングを促進すると想定されている場合は、特にそうである。

本章は主にStiglitz（2004, 2006a, 2008b, 2013a）、Henry and Stiglitz（2010）、およびDosi and Stiglitz（2014）に依拠している。この問題に関する文献は数多くあり、ここでの簡単な議論ではそれらについて十分に論じることはできない。上記の参考文献に加えて、知的所有権に関しては、以下の最近の文献を参照されたい（Perleman 2002; Jaffe and Lerner 2004; Lundvall 2010; Fink and Maskus 2005; Jaffe, Lerner and Stern（各年度版）; Cimoli et al. 2014; Grandstrand 2005）。

注

（1）実証的エビデンスなど、この問題に関するより広範な議論は、Dosi, Marengo and Pasquali（2006）, Dosi and Stiglitz（2014）。

（2）繰り返すが、競争が激化しても必ずしもイノベーションが増えるわけではない。しかし、第5章と第6章で指摘したように、特に（管理資本主義などの）エージェンシー問題があるため、独占はほとんどイノベーションを促進しない。1社や2社の市場では、この効果が支配的かもしれない。

（3）さらに、すでに指摘したように独占的技術革新者は、大きなイノベーションの結果もたらされる消費者余剰や高いレベルのイノベーションから生じる消費者余剰を考慮に入れない。

（4）完全情報の場合、知的所有権の保持者は、完全に価格差別化できる独占企業として行動し、使用者から知識の使用にともなう余剰を抽出できるだろう――したがって資源配分の歪みはない。しかし情報は不完全であり、知的所有権の保持者は決して完全に価格差別化できる独占企業ではない（不完全情報と独占による歪みに関する議論については、Stiglitz 1977 を参照）。

（5）この点と関連する事項に関するより広範な議論については、Mowery et al.（2001）, David（2004a, 2004b）, Dosi and Stiglitz（2014）を参照。

（6）実際、彼は自動車カルテルを組織するために特許を使用した。ヘンリー・フォードによる特許への異議申し立てがなかったら、自動車の開発は著しく遅れていただろう。この問題と特許制度の他の問題については、Stiglitz（2006a）を参照。

（7）特許の範囲の重要性に関する初期の議論については、Merges and Nelson（1994）を参照。

（8）この問題に関してはこれまでに膨大な文献がある。Farrell and Shapiro（2008）, Lemley and Shapiro（2007）, Shapiro（2001, 2010）参照。

（9）この話題については、たとえば Crouch（1989）参照。特許の申し立て争いのために、ライト兄弟の注意がさらなる設計開発から離れてしまい、飛行機の開発でアメリカがヨーロッパに遅れをとることになった。飛行機の制御に関しては、皮肉にも、何十年も前の1868年にイギリスの発明家であるマシュー・ピアース・ワット・ボールトンが特許をとっていた。特許の審査官がこの初期の特許を知っていたら、ライト兄弟の特許を認めなかっただろう。ライト兄弟の1903年の最初の特許の申請が却下されたという事実により、アメリカ特許制度の限界がさらに明らかにされるかもしれない。特許弁護士を使って再度申請してはじめて、特許が認可されたのだった。

（10）マイケル・ヘラーと共著者は、アンチコモンズという用語を使って、いかに特許がイノベーションを阻害するかという別の事例を紹介した。Heller（1998, 2008）および Heller and Eisenberg（1998）参照。

(11) 以前の制度では、特許が認可されると、特許保持者は、認可が無効になるまで他社がその知的所有権を使用できないようにすることができた。後に無効となったものもあるが、そもそも認可されるべきではなかったような多数の粗悪な特許があったため、このことが特別な懸案事項となった。こういった特許の所有者は、その特許を使いたい人びとに常識では考えられない要求をすることもできた。特許所有者は、使用許可を与えた人びとに、自分たちを訴えないように要求し、特許への不服申し立ての主要因を回避することさえできるのである。

(12) *eBay Inc. v. MercExchange, L.L.C.*, 547 U.S. 388 (2006) 事件。以下のサイトで判例文書の閲覧可能。http://www.supremecourt.gov/opinions/05pdf/05-130.pdf（２０１５年1月15日アクセス）

(13) 判決ではある程度、ライヒマンのような知的財産専門の弁護士が長い間提唱していた「法的責任制度」が創設されるようになってきた。その制度では、他者の知的財産の使用者はその代償を払わなければならないが、その知的財産の所有者は、他者がそれを使用することを排除することはできない、というものである。

(14) ２０１２年には、X２Yという小さな会社が、インテル、アップル、ヒューレット・パッカード（ＨＰ）の3社を相手に訴えを起こした。インテルの高度マイクロプロセッサ、（同じマイクロプロセッサを採用している）アップルのコンピューターすべて、そして同様にＨＰのコンピューターをアメリカの市場から排除するよう求める訴訟だ。3社のコンピューターの「パッケージング」のマイクロプロセッサがX２Yの特許を侵害していると主張した。X２Yは、これと別の特許を合わせて、数百万ドルで売却することを提案した。インテルはこれをホールドアップと見なして拒否した。排除になれば、アメリカ経済はもちろん、インテル、アップル、ＨＰへの費用は、何十億ドル規模にもなっただろう。排除の法的規定には細かい例外があった――それが公共の利益に反する場合には排除命令はなされないというものだ。しかし国際通商裁判所（ＩＴＣ）がその例外を非常に狭く定義したため、40年間で4回しか使用されていなかった。アメリカ人の知的所有権を侵害する外資企業からアメリカの企業を保護するために設計された法律が、研究にはほんの少しで弁護士に膨大な金額をつぎ込んだ企業によって、研究に何十億も費やしていたアメリカの有名ＩＴ企業をホールドアップするために用いられたことはなんとも皮肉な話だ。この排除命令に反対意見を唱えた人びとは、排除が短期的に見て経済に大きなマイナス効果を及ぼすだけでなく、反生産的で研究のインセンティブを失わせると主張した。

(15) 実際には、たとえば、副作用が少ない患者がいるなど、模倣イノベーションにはある程度の価値があることが多いのだが、それでもこのようなイノベーションからの社会的便益は、限定的であり私的収益より少ない。

(16) これを示す理論モデルについては、第6章を参照。

(17) この問題については膨大な文献がある。文献レビューとしては、Gallini（2002）など参照。

(18) たとえば、「オーファンドラッグ（希少疾病用医薬品）」の場合、イノベーションのインセンティブが大きくなることからの便益が費用より大きいと考えられたために、特許期間は延長された。しかしこのようなイノベーションを行うインセンティブを作り出すより良い方法は、賞金制度によって提供できただろう。

(19) 2010年4月に、米ニューヨーク州南部連邦地裁は、ミリヤド社が保有する乳がんと卵巣がんに関係する遺伝子に関わる特許は無効であるとの判決を下した。しかし2011年には、米国連邦巡回控訴裁判所がこの判決を覆した(Pollack 2011)。2013年に最高裁判所は、天然物である遺伝子を単離することでは特許を取得できないという連邦地裁の判決を支持した。*Association for Molecular Pathology v. Myriad Genetics*, 569 U.S. 12-398 (2013) 参照。

(20) 以下の判例参照。Brunswick, 36 Fed. Cl. at 207 (Love 2004: 13に引用)

(21) しかし、この違いを説明する大部分は、製薬業界とエンターテイメント業界の影響も含めて、政治過程の違いかもしれない。

(22) *United States v. W. Elec. Co.*, 1956 Trade Cas. (CCH) ¶ 68,246 at 71,139 (D.N.J. 1956). すでに指摘したとおり、飛行機の特許プールが対立する主張を解決するのに役立ち、飛行機のその後の開発を可能にした。

(23) タニー法と呼ばれるアメリカの法律(独占禁止法・制裁法15 U.S.C. §16)により、社会の構成員は、民事の独占禁止法訴訟に関して裁判所が受理する前に、提案された合意にコメントする機会をもつ。マイクロソフト社の訴訟に関して合意が提案されたとき、スティグリッツは、(のちにオバマ大統領の経済諮問委員会委員長になった)ジェイソン・ファーマンと共に、特許期間に制限を設けることが非競争的乱用に取り組むための望ましい方法となる理由を説明する宣誓供述書を提出した。

(24) ここでの議論は、Stiglitz (2008b), Stiglitz (2013a), Dosi and Stiglitz (2014) から引用している。Freeman (1987), Lundvall (2010), Nelson (2004) にも依拠する。

(25) 賞金制度の一般理論は、Nalebuff and Stiglitz (1983a, 1983b) で展開されている。それに続いて、インセンティブ・システムとして賞金を活用することに関して多くの文献が蓄積された(Love and Hubbard 2007; Davis and Davis 2004, そしてこれらの論文中の参考文献参照)。さらに、医療部門の研究の動機づけとして賞金制度を活用するという法案が、米国上院に提出された。そして2012年、研究開発の促進に向けた財源と協調に関するWHO諮問専門家作業部会(CEWG)が、(2003年に知的所有権とイノベーションおよび公衆衛生の関係を見るためにWHOが設置した)知的所有権、イノベーション、および公衆衛生に関する委員会と連携して、医療研究をもっと「オープンに」する別の政策と同様に、賞金制度を確立させることを提案した。さらにCEWGは、特許プールの創設と、発展途上国の医療ニーズに取り組む研究成果をパブリックドメインに入れることやオープンライセンスにして利用できるようにすることを推奨している。

(26) 最近の議論については、Kremer and Williams (2010) 参照。初期の議論は、Stiglitz (2006a) とこれまでの注に引用されている参考文献参照。

(27) イングランドの王立農業協会も賞金制を提供している。Brunt, Lerner and Nicholas (2011) は、このような賞金制度が研究への有効な誘因になっていると指摘する。

(28) もし政府が、たとえば、独占企業の利益になっていたかもしれない幾ばくかを特許保持者に与えることで特許を買い上げれば、知識を伝播するために競争的市場を活用することからの便益の一部が得られる（Kremer 1998 参照）。

(29) 本章は、ＩＰＲとラーニング・ソサイエティ構築におけるそれの影響をテーマにしている。知識の生産が最もうまくいくのは、公的か、営利目的の民間か、非営利機関か、など知識生産に関連する疑問もある。生産と資金の問題はたいてい切り離して考えることができる。生産は私的にも公的にもできるし、資金も私的にも公的にも供給される。公的資金で公的に「生産」される研究、という政府関係の研究所は極端な例だ。ＩＰＲ制度はしばしば正反対のもので、民間資金と民間融資を組み合わせた民間部門による解決策として説明される。しかしこの説明は、すでに指摘しているように2つの点で間違っている。第1に、イノベーションのほとんどは、基礎研究をベースに成り立っており、この基礎研究は公的資金の援助を得て、公的に生産されることが多く、すくなくとも大学などの非営利機関によって生産される。第2に、医療と防衛の両方の部門では、ＩＰＲ制度の下で「民間」資金のように見えるものでさえ、実際は公的資金によっている。すべての防衛支出は政府予算で賄われ、多くの国では医療支出の資金のほとんどは政府が提供しているからだ。アメリカのような、非常に市場主義の国でさえ、この部門の資金のほとんどは政府から出ている。国立衛生研究所は、公的資金で公的生産を行う団体の代表である。そして、貧困層のためのメディケイドと、高齢者用のメディケアの両制度を通じた医療への政府支出は、総医療支出の大きな割合を占めている。

(30) 「過剰」と言っているのは、複数の独立した研究を並行して行うことが実際は最適であるためである。

(31) そのエビデンスとして、情報の不完全性があるため、資本市場は企業が直面するリスクを完全に拡散していないことがある。Greenwald and Stiglitz（1990）など参照。その論文では、情報の不完全性が企業行動に与える影響を議論し、資本市場の情報問題が企業にリスク回避的行動を起こさせると主張している。（Stiglitz 1982c 参照）。リスクが市場と相関性がないときでも企業はリスク回避的であることを示す実証的データも多くある（Stiglitz 1982b 参照）。

(32) この問題に関してより広く論じたものとして、Cimoli et al.（2014）, Lewis and Reichman（2005）, Nelson（2004）, Odagiri et al.（2010）参照。

(33) 世界知的所有権機関（ＷＩＰＯ）一般総会前の２００４年9月30日、開発アジェンダの提案の序文でのブラジルによる声明書。

(34) たとえばStiglitz（2006a）参照。本章のはじめで触れたように、実際には、ＴＲＩＰＳによって世界に押しつけたＩＰＲ制度が、アメリカにとってよく設計されていたかどうかでさえ確かではない。それは、エンターテイメント業界と製薬業界の利害を反映したものであって、学問分野の利益のためではなかった。

(35) たとえば、製薬特許を認可するときには、発展途上国は、生命を救う薬や生命を延ばす薬についてはどのようなものでも強制実施許諾を与える権利を保持しなければならない。この規定を逃れるには、特許申請者は、特許がこのような医療の使用を対象としないことを明記しなければならない。そしてその後このような使用が確立された場合には、政府は、もちろん、そのような使用のための売買に限り強制実施許諾を発行する権利をもつことになる。貿易協定の議論での「開発の権利」については、Charlton and Stiglitz（2012）とIsmail（2007）を参照。

（36）Odagiri et al.（2010）および、Cimoli et al.（2014）の複数章参照。

Social Transformation and the Creation of a Learning Society

第13章 社会変革とラーニング・ソサイエティの構築

ラーニングとラーニング・ソサイエティ構築の経済学を議論してきたが、このテーマは、社会変革というより広い側面から切り離して考えることはできない。たとえば本書では、ラーニングを促進させるように産業部門構成を変える政策に重点をおいて議論してきた。しかし成功のための鍵は、人びとの考え方を変えることである。変化は可能でありかつ望ましいと、受け取られなければならない。そしてその変化の根底にはラーニングがある、と理解される必要がある。

多くの意味で、どのようにして考え方を変えるかを理解することは、どのような経済政策がラーニングを促進するかを理解するよりももっと難しい。しかしラーニング・ソサイエティの構築にあたっては、この2つの問題は動かし難い関係にある。どのような政策がラーニング・ソサイエティ構築につながるかを特定するだけではなく、それらの政策が採用されるようにしなければならない。そのためには、ラーニング・ソサイエティを構築することの利点を認識する政治システムと考え方が不可欠になる。

新古典派モデルはラーニングを考慮に入れておらず、ラーニングや研究開発への資源配分の重要性に注意を払っていないだけではなく、すべての企業がベスト・プラクティスを採用している——すなわち学習することがない——と想定している。当然ながら、新古典派モデルは、ラーニング・エコノミーの構築に必要なことを理解する上で何の助けにもならなかった。さらに悪いことには、新古典派モデルに基づく政策がしばしば反生産的で、すなわちラーニングの妨げになることを、我々は強調した。また信念や好みが固定されているとする新古典派モデルは、人びとの思考形式の変化を理解する助けにはならない。

第3章で指摘したように、啓蒙主義運動と関連した思考変革が、過去200年を特徴づける劇的な生活水準の向上をもたらした技術変化と密接に関係していたのは、偶然ではない。しかし啓蒙主義が、現代の経済社会を構築する上で重要であったのにもかかわらず、先進工業国においてさえ、啓蒙主義に反対する強い勢力も存在し、特に進化論も含めて科学の基本的教義に疑問を投げかけていた(1)。

ハーシュマンが自身の書物で強調したように、発展途上国においては、このような問題はさらに重要である（Hirschman 1958 参照）。たとえば人種とカーストは、世界の多くの場所に住む人口の大多数の人間開発を実際に阻害し、変化を妨げている社会的構成概念である。このような構成概念がどのようにして形成され、どのように変化するかに関する研究は、開発経済学研究の中心的な領域である。同様に、Myrdal（1968）の南アジア研究では実際、ある種の社会的構成概念が行動に影響を与え、その後持続する、機能不全の経済的社会的均衡と呼ばれるものの一部になったと主張されている。しかしミュルダールは、そのような社会的構造概念が作られるメカニズムの問題には取り組まなかった。彼の書物の出版後アジアで起きたことは、社会は進化できることを示すものだった。ミュルダールはまた、このような社会的構成概念が進化するメカニズムや崩壊するメカニズムという問題をも検討しなかった。

このような開発プロセスの構成概念を、経済学者がとる通常の（たとえば合理性の概念を強調する）アプローチとどのようにして調和させることができるのかについては、ハーシュマンもミュルダールも考えていない。

本章の目的は、ラーニング・ソサイエティの構築に関するこうした側面について予備的な検討を加えることであり、第3章での議論を発展させると共に、その過程で本書のアプローチと標準的経済学モデルのアプローチの関係に触れる。本章は、まえがきとあとがきの他に2節に、分かれる。まず、（変化についての信念も含め）信念の社会的進化に関する一般理論を提示する。この一般理論は、社会的硬直性と社会的変化の両方を理解するための基礎を提供することになる。この理論が「ラーニング・ソサイエティ」という考え方を構築することに対する阻害要因、およびラーニング思考の作られ方について洞察を与えてくれる。第2に、民主的イデオロギーとラーニング・ソサイエティの関連を説明する。

1──信念の社会的構成概念と社会変革の一般理論に向けて

最近の Hoff and Stiglitz（2010, 2011）の研究では、社会的進化の一般理論を構築しようとしており、そこでは、経済学の文献で主流になってきた開発モデルの根底にある、個人の行動と認識に関する重要な（しかし非現実的な）想定を明らかにしている。同時にその研究は、Myrdal（1968）がアジアの将来について行った厳しい予測が、大いに的外れになった理由をある程度説明している。ホフとスティグリッツが提示し、本書でも簡単に触れている議論は、どのような集団的信念（イデオロギーと表現されることもあるもの）が均衡になるのか、またそれらがどのように変化するのかに重点をおく。以下の分析は2つの部分に分かれる。まず、各時点で信念がどのように形成されるのか、そして均衡信念とは何を意味するのかに注目し、第2段階では、信念がどのように変化するのかを検討する。

均衡信念

我々の均衡信念の理論は、3つの重要な仮説に基づいている。

1. 個人の物の見方――個人が情報を受け、それを処理する方法――は、個人のそれまでにもっている信念（事前信念）に影響を受けている。心理学で立証されている議論では、人びとは、自分の事前信念と一致する情報については、他の情報を扱う方法とは異なる方法で、その情報を認識して処理するという。[2] 強固なエビデンスがある確証バイアスと呼ばれるこの見方は、「合理的期待」に基づくとする主流派経済学者の考え方とは明らかに異なる――合理的期待モデルでは、人びとはすべての情報を完全かつ合理的に処理すると想定されている。[3] このような理論は、心理学のエビデンスとも、人間の物の見方や信念の違いが持続していることとも一致しない。[4]

これから2つの重要な推論が導かれる。この仮説だけでも均衡フィクション（虚構）を説明するのに役に立つ。すなわち、信念が根本的に間違っているときでさえも、それが（個人にとって）自分の考えで正しいと裏づけているように思えると、それが均衡信念になる（Hoff and Stiglitz 2010 参照）。さらに、これは、異なる個人が永続的に異なる信念をもつ理由を説明している――誰にとっても、人が見るデータとその人がそのデータを処理する方法は、その人の事前信念を正しいと裏づけるのである。社会の本質についてさえも合意が形成されるプロセスは存在しないし、ましてやそれを改善するために何ができるかという点においては言うまでもない。

2.

しかしながら本書では、個人間での完全に異なる信念が持続することだけでなく、ある種の社会では、どのようにしてラーニングおよびラーニング・ソサイエティの構築に貢献するような信念が共有されるようになるのかについても考える。ここで、さらに2つの仮説をたてる。ほとんどの個人が受け取る情報は別の個人から来るものであり、彼らのその情報の受け取り方（それに対する評価）は、彼らの事前信念や社会的関係に依存する。我々の感じ方を決定する上で社会の役割はさらに深い。物の感じ方を形成する認知フレームは、主に社会的に決定される。(5) これは社会的構成概念と呼ばれることもある。しかしホフとスティグリッツが強調したように、社会的構成概念と言うとき、それが必ずしも意識的に構成されたものではないということを認識するのが重要である。「社会的構成概念」では、人びとによって集団的につくられたものすべてを指している。集団的信念は、個人の行動から内生的かつ無意識のうちに現れる。(6)

これが、新古典派モデルの考え方と最も異なる点である。(7) 情報が分類される領域でさえも、多くの場合、社会的構成概念なのである。人びとは、自分たちの「ソフトウェア」を個別に選択するのではなく、社会的な状況の中で選んでいる。潜在的に観察できる無数のデータと、そのデータの無数の処理方法から、限られたデータセットを選択し、特定の方法で処理する。個人は、社会的に構築された限られたカテゴリーによって制約を受けており、そのカテゴリー自体が、イデオロギー（もしくは信念システム）と呼ばれるものの一部である。[8]

　これらの仮説は、たとえ直面する「現実」――正しい実証的エビデンス――が同じである場合でも、なぜ違うグループで異なることを信じるようになるのか、なぜこれらの信念の違いが継続するのかを説明するのに役に立つ。

　最終的には我々の関心は、（たとえば、時間配分の方法やどこから情報を探すかなどを含めて、個人の行うパフォーマンスと意思決定など）行動を説明することである。それによって3番目の仮説が導かれる。

3．物の感じ方（信念）が行動（選択）に影響を及ぼす。[9] 自分が無力である、生産性が低い、もしくは不公平に扱われているという知覚は行動に影響を及ぼす。うまくできないと考える者は、実際にうまくできない。変化が不可能であり、変化の多くは悪くなると信じている者は、変化を容易にしたり、促進したりする行動をとらない。

この理論の真価は、この3つの仮説が相互作用を及ぼすときに生まれる。個人の行動は、起こりうる異なった事象についての、標準的なベイズの主観的確率決定理論で説明されているよりも、もっと複雑に形成された（すくなくとも異なる）信念に基づいている。

合理的期待モデルと同様に、信念が行動に影響を及ぼし、それが結果に影響を及ぼし、そしてそれが信念に影響を及ぼす。しかし合理的期待モデルとは異なり、信念が何を感じるかにも影響を及ぼし、そして情報がどのように吸収され、選別されるのかにも影響を与える。信念の形成のあらゆる段階で生じるバイアスは、物の感じ方を形成し、潜在的な均衡の集合を広げる。仮に個々が、あるグループの人びと（ある社会階層の構成員）の効率性と生産性が劣っていると考えるようになると、その信念と一致する情報は、そうでない情報よりも簡単に受け入れられるようになる。別の社会階層の人びとは、その差別的態度は差別的ではなく、「現実」なのだと思うようになる――なぜならば、それが彼らの感じ方だからだ。このような信念は、同じ集団の仲間と共有されると、いっそう強まる。さらに悪いことに、差別されている人びとが同じような見方を共有するようになるため、それが彼らの行動にも影響を与えるかもしれない。すくなくともある意味で、この信念が自己実現的になるのである。

パフォーマンスの知覚への依存は、すでに示した確証的バイアスの仮説と信念の社会的構成概念と組み合わさって、「虚構」均衡の集合を広げることになった。複数均衡の可能性がある。(10)信念が個人の行動とパフォーマンスに影響を与えるのと同様に、広く受け入れられた信念は集団的行動に影響を与える。教育の重要性と公的教育の効果が、広く確信されている場合、公的教育を支持しようとする集団的行動が起きる可能性は高まる。そしてここでも、複数の社会的均衡が存在することになる。

社会の構成員が、変化は可能であり、教育は変化をもたらすのに重要な手段であると考えている、ラーニング水準の高い均衡が存在するかもしれない。このような社会は公的投資と私的投資を行い、ラーニング・ソサイエティを維持する政策を採択する。そして得られる結果は、その事前信念が正しいと立証するものとなる――失敗する可能性の重要度が低く評価される場合は、特にその傾向がある。

しかし他に、ラーニングの水準の低い均衡に陥る社会もある。変化は可能ではないと思っている場合には、変化を可能にする投資を行わないだろう。[11]

社会的に機能しない信念と政策の継続

機能不全の信念システムが継続していることと、ラーニングにもっと貢献するかもしれない信念システムの創造を理解することは、発展途上国と同じように先進国にとっても重要である。2008年の金融危機が、我々が示す考え方の妥当性を示した形となった。市場が常に効率的で安定だという考えに固執する者は、そのような見方により懐疑的な人びととはかなり異なる見方で、この金融危機を捉えた。

市場は必ずしも効率的で安定しているわけではなく、市場の失敗は非常にコストが高くなることもあるということを、この金融危機（住宅バブルと、それに先行した無謀な融資）が証明した、というのが大方の客観的見方だ。それにもかかわらず、市場は本質的に効率的であると信じる者は、別の解釈を見出した。経済に関する膨大な「情報」を「処理する」上で彼らは、すでにもっていた事前的考えによって、市場の非効率性や不安定性を示唆する情報を度外視するようになったのだ。2008年の時点で、実際は状況が非常に悪くなっていることを無視することは不可能だったが、市場信奉者は政府を責める方法を探った――責められるべきは、貧しい人びとが家をもてるように後押しした政府の政策だと。彼らは、逆のことを示す大量の証拠を目の前にしてもなお、同じ考えを主張した。[12] こういった言い分がうまくいかなくなると、自由市場信奉者たちは、今回の危機は100年に1度の津波と同じで、このような異例の出来事を説明できる理論はないと言い放った。市場信奉者たちは、彼らのいう津波が実際には市場によって作られたということを認識できていなかったのである[13]。

このような考えは、理論を考える際にも等しく重要になってくる。情報の不完全性と不完全なリスク市場が（常にそうであるように）存在する場合には、市場は本質的に決して効率的にはならないことを示す（Greenwald and Stiglitz 1986, 1988 で示されたような）一般定理でさえも「無視される」。もちろん定理は、仮定から論理的に導かれた命題である。市場は効率的だと信じていた者は、長い間我々の分析での論理的欠陥を見つけたり、その仮定を疑問視しようとしていた。しかし理論的フレームワークは、リスク市場と情報に不完全性があるということ以外は、標準的な経済学で使用されているものだ。我々が加えた少しの修正、すなわち情報は不完全であり、リスク市場は不完備であるということ、を誰も否定できない。唯一の頼みの綱は、こういった不完全性の存在は量的には無視できるほどのものとして片付ける論法だ。もちろん市場の効率性を信じる者には、そう結論づける根拠となるデータは存在しない。そしてこうした彼らの反応を予測して、我々は分析をさらに進め、情報の不完全性は、たとえ小さくても大きい効果をもち、均衡の性質を根本的に変えてしまうことを示した（Rothschild and Stiglitz 1976；Stiglitz 2002b）。繰り返すが、自由市場の信奉者はこの我々の分析を「フレーミングする（自分たちの考え方で理解する）」方法を知っている。彼らは、この結論には理論的興味がわかないといって片付けるか、たとえ市場が完全ではないとしても、政府がその市場の失敗を修正しようとすれば、状況をさらに悪くすると反論したのだ。

社会的信念体系は、政策の形成に影響を与えるため、非常に重要だ。たとえば第12章では、知的所有権を分析した。ある種の信念体系が、知的所有権制度は厳しい方がより良いという概念に導き、それを支持したが、結果的に、我々が指摘したようにラーニング・ソサイエティの構築を阻害する知的所有権制度を作り上げることになった。経済の静学的効率に重点をおく新古典派的イデオロギーは、ラーニング・ソサイエティの構築に役立つかもしれない産業貿易政策を、政府が行うべきではないという考えを導き後押しした。金融イノベーションの美徳を信じる考えは、マクロ経済の不安定性を増大させる、またラーニング・ソサイエティをよりうまく支える資源配分を阻害する、経済政策に導きそれを支援した。

「社会的信念体系」という言葉を使っているが、もちろんこの議論では、(同じ国でも違う国でも)明らかに異なる信念をもつ集団が同時に複数存在する——サブカルチャー——ことを明らかにすべきであろう。こうした考え方の違いには、変化を望ましいと考えるかどうか、ラーニング・ソサイエティの構築に関わる別の政策と行動の有効性をどう考えるかについての信念も含まれる。

物の見方や信念の変化

信念は変化する。そして信念の変化と共に、政策と行動も変化する。啓蒙思想運動が思考形式の変化を示したが、新しい考え方はラーニング・ソサイエティの構築に貢献し、科学的探求の基盤を作り、その科学の成果が、すでに指摘したように生活水準の向上の根底となってきた。しかし啓蒙思想運動によって生まれた変化は、社会組織の分野においても同じように影響が大きかった。権力の源についての信念が根本的に変化したのだ。

信念体系がどのように変化するか——そして、意図的に信念体系を変えようとする人びと(たとえば政府)が、どの程度、またどのように変化させることができるのか——を理解することは、経済の発展論と歴史分析の中心であり、そうあるべきである。

非常に遅いペースで変化が起きるときもあれば、一見速いペースで起きているように見えることもある。たとえば何千年もの間、女性に対するある種の差別的処遇が受け入れられていただけでなく、自然なことであり、必然的に避けられないと考えられていたことを考えてみよう。しかしその後100年くらいの間に、世界のほとんどの場所で、こうした習性は容認できないと見なされるようになった。

信念体系のこのような変化は、経済環境の変化によって刺激をうけて起きることもある。しかし多くの場合、信念体系はそれ独自の進路に沿って進化を遂げる。この2つのプロセスは通常、密接に関連している。たとえば、(技術の変化や伝染病の結果)労働の希少価値が変化すると、権力者は労働者に制約を課し、経済的支配力を維持しようとするが歴史的分析はそれがどのように行われるかに重点をおくことが多い。そして信念体系が発展し、このような制約を説明し正当化するようになるのである。

ある経済環境において社会——もしくは社会のある集団——に役立つ集団的信念(イデオロギー)は、別の環境ではあまり役立たないかもしれない。このように環境が変わると、根底にある信念を変えようとする「力」が働くことになる。

特定の信念体系が、他の集団よりも特定の集団の利益に適うことは明白である。奴隷やカースト制度という概念(すなわち、特定の人種やカーストの構成員が何らかの側面で劣っているという認識)は、ある集団にとって利益になるが、別の集団にとって不利益になるのは明らかだ。

信念体系が、考え方を形成するなどの方法で均衡に影響を与えることから、エリート層は、人びとの信念に影響を与えようとする強いインセンティブをもっている(対照的に、合理的期待形成モデルなど標準的経済学の均衡では、このことは関係がなく認知フレームは何の役割も果たさないのである)。しかしエリート層は、自分たちにとって一番良い認知フレームを簡単に「選択する」ことはできない（非エリート層もできない）。認知フレームを選択し、それを他者に課すという仕事はさらに難しく、すでに言及した「イデオロギー」という、より高次の信念によって制約を受けることになる。権力をもつ者であっても概して、信念を進化させる決定要因をすべて管理することはできない。異なる文化の間では論争が常にある。

しかしながらすでに指摘したように、経済的な利害と環境は信念が変化すること――そしてある環境では変化に失敗すること――を説明するのに役立つが、その一方で信念体系もそれ自体で進化していく。アメリカ独立宣言の起草者がすべての人間は平等に創られていると述べたとき、その概念が女性や奴隷にまで拡大されることを意図していたかどうかは、不明だ。しかしながら、このような概念がひとたび受け入れられると、必然的にその意味が再検討され再解釈されることになる。

広い意味でのイデオロギー――それは、我々がそれを通して世界を見るレンズと、どの信念であれば許容可能であると受け止められるのか、の両カテゴリーを規定する――は変化する。しかし変化の速度は遅く、非常にゆっくりしているため、いかなるときもイデオロギーは状態変数として見ることができる。（黒人差別法などの）制度は受け入れられる時代もあるかもしれないが、受け入れられない時代もある。[14] それはある時代では均衡の一部だったのかもしれないが、別の時代ではそうではなくなる。[15]

制度は、その制度が正当性をもち、受け入れられるから機能するのである。制度の受け入れ可能性とそのパフォーマンスは、経済変数だけではなく、社会に関する一般的信念にも依存する。

この「認知フレーム」（イデオロギー）を状態変数のひとつとして組み入れることによって、資本および権力と富の分配だけを状態変数として扱う伝統的理論とは明確に異なる、社会変化の一般理論の一部が示される。仮に、信念が我々の言うように大きい影響を及ぼす場合、そしてそれがあるときは変化し、また変化しないときがある場合、社会的進化を理解するために重要なことは、このような信念の変化の動学メカニズム——そして硬直性が発生する環境——について理解することである。

ある意味で、硬直性の方が変化のメカニズムを理解するよりも簡単だ。すでに均衡フィクションの概念を取り上げた。すなわち、もしも個人の信念が、交流のある他者の信念に多かれ少なかれ依存する場合には、信念の持続的ナッシュ均衡が存在し、その均衡ではその信念に反する新しい情報を度外視することになる。実際、ある時代に機能していたが今ではもはや役立たない信念が、その信念を受け入れさせた昔の経済や技術が変わってしまった後でも、存続することがある。

同時に、仮にイデオロギーが変化したならば、根本的な「ファンダメンタルズ」がほとんど変化しないか、まったく変化しないとしても、均衡は変わることがある。ジェンダーに関する見方の変化は、経済に大きな変化をもたらしたが、その変化のうち技術や経済の根本的な変化で説明されるのはごく限られている（経済学の変化は、公的教育の利用可能性の向上を説明する役に立つかもしれない。しかし、公的教育の女性への拡充と、それの社会的変化に関する意味合いは、経済学と同じくらい、公平性に関する信念の変化によって推し進められたということは、ほぼ間違いない）。

次に、最近数十年間で、様々な社会の形成に非常に重要な意味をもっていた、ひとつの信念を見ていく。

2——民主主義とラーニング・ソサイエティの構築

人権と民主主義に関連する思想は、我々の経済社会を形成する上で最も重要な概念である。アメリカやヨーロッパでは、このような思想が最終的に奴隷制の廃止につながった。もっとも、この制度の存続によって利益を受ける集団は多く存在しており、制度廃止に反対するのは、廃止から経済的利益をほとんど得られない人びとだった。

民主主義の理念は権威に異議を唱える。アメリカの独立宣言に、すべての人間は平等に創られていると書かれたとき、それは身体的能力や精神的能力が同じだということではなく、自分たちの考えを思想の競争的市場に提示する権利も含め、同等の権利をもつことを意味していた。

しかしこれこそがまさに、動学的なラーニング・エコノミーとラーニング・ソサイエティを構築する上で必要不可欠な認知フレームなのである。民主主義とオープン・ソサイエティという概念は、ラーニング・エコノミーとラーニング・ソサイエティと本質的につながっている。よりオープンな社会は、より多くのアイデアを創出し、このことが刺激を与え、静止状態ではなく、動学的進化の可能性をもたらす「変異」を次々と生み出す。

残念なことに、より動学的な社会は、長期的に見ればその社会のほとんどの構成員にとって利益になる場合でも、短期的には損をする者がいる可能性がある（そして一般的にそうである）。当然ながら、損をする人びとは、なんとかしてこのような変化を阻止しようとする。多くの場合、政治的プロセスはひとつである。富と権力の不平等を維持したい者は、たとえば参入障壁を設けるなど、（経済政策や法律などの）権力と富の基盤を継続させる政策だけではなく、富と権力の不平等に正当性を主張する政策を用いてそうすることになる。したがって、（放送電波の管理、知る権利に関する法律など）メディア政策が、人びとの考え方そして公的政策を形成するための重要な道具となった。政治的過程自体も、歴史だけではなく経済によっても形成され、時代と共に進化する。特に、お金が政治的プロセスに大きな影響を与えるアメリカのような国では、その傾向がある。企業は、不完全ながら自分たちが個人の嗜好を形成できることを学んだ。さらに最近では富をもつ者は、政治的過程で自分たちにより有利な結果に導くように、このようなツールを用いて人びとの考え方を形成する方法を学んできた。そのためにはときとして、オープンさと透明度が乏しい社会の構築を必要とする――よりオープンな社会では、人びとは永続的な不平等に疑問を呈し、かつより透明な社会では、不平等が維持される非道なやり方が暴露されるかもしれないからだ。そうした場合には、経済の長期的成功は疑わしくなるかもしれない。

包括的成長

これまで、ラーニング・エコノミーとラーニング・ソサイエティを構築する重要性を述べ、その成功のためには、経済的転換だけではなく社会的転換が必要であり、また長期的には、民主的でオープンな社会の方がよりダイナミックになると主張してきた。しかしこれまでも指摘してきたように既存の格差を維持するように、民主的プロセスが形成されることもあり、一部の人びとにはそうしようとするインセンティブがある。この意味では民主的プロセスは、オープンで透明な社会とは正反対の方向に導く可能性もある。

したがって、長期的成功のために必要なことは、すくなくとももうひとつあり、それは包括的成長である。トリクルダウン経済学が機能しないことは、今では広く知られている。たとえＧＤＰが高くても、すべての人びとが利益を得ているわけでもなければ、多くの人が利益を得ているわけでもない。しかしながらワシントン・コンセンサス政策への多くの批判は、そうした政策が貧困層のためのものではない、つまり、貧困層が恩恵を分かち合っていない、というだけではなかった。逆にこの政策は、貧困層にとって不利益になっていた。（資本市場と金融市場の自由化がもたらしたと言われている）経済の変動を大きくする政策は、貧困層への不利益を生んだ。経済危機の矢面に立つのは貧困層である――その最たる例が２００８年の金融危機だった（Furman and Stiglitz 1999 参照）。失業率を高める政策は、貧困層に不利益をもたらす。貿易の自由化が仕事を減少させるため、雇用創出と起業につながる政策をともなわない限り、このような自由化は貧困層に不利益になる。貿易の自由化は、雇用破壊が起きた時には、雇用創出を保証する適切な金融政策と貿易支援策をともなうことが重要であるのは、このためである。たとえ非常にうまく機能しているように見える先進国であっても、市場はそのままでは、このことを保証するものではない。

最近の開発経済学での大きな進歩のひとつは、一部の政策が、貧困層に不利益、もしくは利益にならない経済成長をもたらすことだけでなく、（マイクロファイナンスのような広範な政策から、より効率的な調理器具の普及のような特定の政策手段まで）貧困層が経済成長からの利益を共有する可能性を高める制度や政策があることがわかったことである。

包括性と開放性に関する政治経済学

包括的成長が非常に重要である理由に関する我々の議論は、すべての人びとにその能力に見合う生活を保証しないことは、その国の最も価値のある資源である人的才能の浪費である、という標準的な議論を超えたものである。我々の考えは政治経済学をベースにしたものであり、格差が、長期的なラーニングと経済成長および包括的民主主義に有害な方法で、どのように政治過程に影響を与えるのかの分析に基づくものである。(16)

本書の前半で、どの経済においても、蔓延する市場の失敗を修正する上で、政府が重要な役割を担う必要があると論じたが、基礎研究への資金提供や質の高い教育の提供など、「創造的経済」においては特にその必要性がある。さらに、イノベーションには常にリスクがあるため、より良い社会保護システムがある社会では、個人が進んでより多くのリスクを取ろうとする。さらに、(北欧諸国のような)社会保護システムがより整っている社会は、自分たちの社会と市民をより積極的に、(開放性を高めることにともなうリスクなど)成長促進的リスクのある環境におこうとする。

ほとんど格差のない社会を少し考えてみよう。この場合、国の唯一の仕事は、共同財を提供し、市場の失敗を修正することだけである。人びとの利害が似ているため、何が必要かという点について合意が形成できる。

しかし、格差が大きい社会ではそうならない。そこでは、利害が異なる。リベラル派は国に所得再分配を望むだろう。一方保守派の高所得層は、表向きは自分たちはそのような所得再分配を阻止しようとしているだけだと主張するが、彼らが主張する政策をじっくり見れば、彼らが自分たちへの所得再分配を要求していることが明らかになる。すくなくとも、彼らは、政府が自分たちに公共財への支援に大きく貢献することを求めないようにし、また自分たちが貧困層から搾取し、公共資産から不均衡なくらい大きな割合を自分たちの利益として取ってしまう活動を妨げられないように要求する。このため、分配に関する激しい論争は避けられない。

多くの場合、このような論争は政府の機能を制約しようとする形をとる（たとえば、実際には主に金融部門に責任をもつ「独立した」中央銀行であり、たとえ公共部門で高い収益が期待できる投資機会があるとしても、政府の活動範囲を著しく制限する予算制約などである）。

多くのアメリカ国民が懸念しているのは、国が負の連鎖に陥り、格差が大きくなる均衡に向かい、その結果、経済社会がダイナミックでなくなってしまうことである。社会的保護は減少し、教育も含めた公共投資は脆弱化しているため、格差は拡大している。たとえ公的供給の方がはるかに効率がいいとしても、富裕層は、私学や私的公園、および民間の医療保険などを選択するようになる。政府が関与する範囲を限定しようとする者たちは、公共部門の効率性の改善に取り組むよりは、公共部門を貶め、その信頼を失墜させようと画策する。それに成功すれば、政府の役割を制限することに対して、したがって政府が所得再分配政策を実施できる範囲を限定することに対しても、たとえそうすることで、政府が国民全体の富を増やすための能力が限定されるとしても、より広い合意が得られることがわかっているからだ。そうなれば、格差は拡大し、公的供給に対する信頼は崩壊して、政府はあまり重要でない役割を担うことになる。このことで、最終的に最上位にいる富裕層でさえ便益を被るかどうかを判断することは難しいが、社会の大多数の人びとが大きな不利益を被ることは疑問の余地がない。

世界の国々をざっと見ても、異なる社会が異なる経過を辿っていることがわかる。北欧諸国は概して、格差が小さく、公的部門が大きく効率的であり、大多数の国民の生活水準が高い、包括的でダイナミックな経済社会の構築に成功してきた。こういった国々でも政党間で大きな違いはあるが、それでもなお、「社会契約」の基本の大部分については広い合意が成立している。最近になりアメリカは異なる経路を辿ってきた。社会的モビリティーが高い社会という一般的イメージは、統計と一致しておらず矛盾する。データではアメリカの社会的モビリティーは、多くの「昔の」ヨーロッパの国々より低くなっている。その結果としてアメリカでは、社会的異常状況の増加と共に、国民の大部分の生活水準が低下しているのである。

アメリカのような大国の政府が、公的部門の効率性と有効性を、北欧諸国が達成したレベルに近づけることができるかどうかについては、意見が一致していない。しかし本書の分析の重要な部分は、たとえ達成できないとしても、市場に任せるべきである、ということではない。政府の能力に合わせて政策手段が採用されるべきであり、その能力を向上させるように努力がなされるべきなのである。

3——おわりに

本章では、広範な分野について簡単に論じた。経済と政治と社会は相互に関連している。経済学者は（あまりにも）頻繁に、こういった広い次元で考えることを忘れてしまっていた——またすでに述べたとおり、伝統的な経済学者の考えの多くが、ダイナミックで創造的社会の構築における、最も重要な経済的要因さえも見逃していたのである。

動学的経済とラーニング・ソサイエティを構築するための必要条件として、オープンで民主的で包括的な社会の重要性を議論するとき、この条件自体が目的として重要であることを過小評価してはならない。創造性や発言の機会および安全は、すべて個人の満足度と人間の尊厳にとっての重要な要素である。経済パフォーマンスと社会発展の測定に関する国際委員会がその報告書で示した中心的メッセージは、GDPは満足度の指標として良い尺度にならないということ、そしてGDPを増やすという狭い目的に重点をおいた政策は間違っているということであった（Stiglitz, Sen and Fitoussi 2010）。

よりオープンで包括的な民主主義を構築できるための具体的な政策、およびラーニングの文化を向上させ、社会変革するための具体的な政策については詳しく論じてこなかった。経済や政治および技術での変化と、もう一方での信念体系の独自の進化が、相互にどのように関係して、啓蒙思想運動の進化を導いたのか、についても詳しく論じてはいない。この話題は本書の範囲を超えたものであると考える。さらに、啓蒙思想運動の原理とそれにともなうラーニングの考え方が、いまだあらゆる所で受け入れられているわけではない理由や、この考え方が一般的に受け入れられている国でさえも、その社会の一部ではこうした見方が広く受け入れられていない理由についても、詳しくは論じなかった。しかしながら、我々が強調してきたことは、信念（ラーニングの考え方）が個人の行動だけではなく、――社会が学習する量や、経済発展の速度に影響を及ぼす政策を含めた――集団の行動にも影響を与えるという点である。

最後に次の2点を確認してまとめとする。第1に、反対のエビデンスがあるにもかかわらず存続される信念として、均衡フィクションの重大性を指摘した。均衡として存続するフィクションの2つの事例は、（a）規制がない市場の効率性と（b）「厳しい」知的所有権の重要性に関する信念だ（規制がない市場というものが存在する——市場は市場に任せておくことができる——という考え方がそもそもフィクションなのだ。なぜなら市場はルールや規制を必要とし、そしてこのようなルールや規制は集団で同意されなければならない)。皮肉なことに、ダイナミックなラーニング・エコノミーを構築するための中心として捉えられることが多かったこれらの信念が、実際にはまったく反対の効果になっているかもしれず、特に発展途上国ではそうなっている。

第2に、政策は社会の傾向を反映するものであり、その社会の傾向は社会の構成員の考え方を反映するのだが、その一方で政策は人びとの考え方を形成する助けになることもある。リスク・テイキングを奨励する政策は、もっとリスクを受け入れようとする考え方をもたらすかもしれない。秘密主義を奨励する知的所有権制度は、透明性や開放性に高い価値を見出さない考え方につながる。

もちろん、ラーニングや人びとの考え方に影響を与えるのは公共政策だけではない——企業の様々な決定も影響を与える。企業は、企業内および企業間の知識の流れを阻止するように、秘密主義的雰囲気を醸し出そうと思うかもしれないし、オープンさ(開放性)を奨励することもできる。重要なのは、国レベルでの民主主義だけではなく、職場での民主主義である(Stiglitz 2001a, 2001b)。企業内で上役に疑問を投げかけることができる環境は、企業レベルでのラーニング文化を作るのに役立ち、その文化は社会全体の便益になりうる。このため、「ラーニング」の外部性や「技術的」外部性だけではなく、「考え方」の外部性もあるのだ。イノベーションの水準は、ラーニング環境の構築の成功にかかっているが、イノベーションの中には、ラーニング環境を強化するのに貢献するものもあるが逆の影響を及ぼすものもある。たとえば、監視能力を強化するイノベーションは、上下関係を強化するかもしれない(Braverman and Stiglitz 1986)。

本書で強調してきたことは、イノベーションの方向性も含めた、企業の決定自体が政府の政策によって形成される、という点だ。本書第12章までで議論した様々な政策の影響を考えるとき、我々は、社会を形成する上でのそれらの長期的効果を忘れないようにしなければならない。

本章は主に、Stiglitz（2010b）とHoff and Stiglitz（2010, 2011）を元にしている。

注

（1）第3章で指摘したように、一部の地域や国では、政府の政策が啓蒙思想の原則に基づくべきだという考えが、絶えず法廷で争われなければならないように見える。

（2）たとえば、Bruner and Potter（1964）は心理学の古典的実験で、すでに頭の中にある考えが、知覚的印象に対する無意識のフィルターとして作用することを示した。

（3）確証的バイアスとは、自分の中に初めからある考え方を裏づける情報を探したり、解釈したり、記憶したりする傾向である。サーベイ論文としては、Rabin and Schrag（1999）を参照。

（4）一方でそれは、どのような信念も可能であるとする「アニマル・スピリット」に基づく考え方よりも、信念の形成に対してよりしっかりとしたアプローチを提示している。

（5）この意味では、我々の分析は、個人の合理性の仮定に依存する伝統的な経済学を修正するのに、心理学の考えを活用している標準的な行動経済学を超えるものである。

（6）もちろん、社会学者は社会的構成の重要性についてずっと前から理解していた（Douglas 1986 参照）。しかし、信念と知覚、そして人びとが観察するものの間に、ある種の対応関係がある「均衡」をモデル化することには、重点をおいてはいなかった。

（7）ここで分析したものに類似した考え方を強調している経済史家もいる（North 2005 など参照）。標準的理論ではこの部門を、客観的に決定したかのように扱っている。標準的な合理的期待形成理論では、個人は関連する情報をすべて活用し、ベイジアン・プロセスによってそれまでの信念を更新すると想定している。バイアスは発生しない。

このアプローチは、人びとは、あるシグナルを思い出す確率を戦略的に選択すると想定する、非常に興味深いモデルとも大きく異なっている。Piketty（1995）、Bénabou（2008a, 2008b）、Bénabou and Tirole（2002）.

（8）観察できる変数の間には無数の相関関係が可能になる。個人は、それらの中から自分たちが研究するものを選ばなければならない。可能な相関の多くについて情報を集めているわけではない。なぜなら、我々の社会の見方が、それらが関連性のないことを示唆しているからだ。もしそれらが関連していると我々が考えるようになれば、おそらく関連することになるのだ。これは事前的確証バイアスという。Fryer and Jackson（2008）では、カテゴリー化で現れるバイアスを分析している。Loury（2002）も参照。

（9）この仮説に合致する文献は、心理学や経済学に多く存在する。Smith et al.（2008）によれば、実験の被験者に、彼らが無力であるという感情を呼び起こさせることが、複雑な認知タスクでのパフォーマンスを下げることになる。Steele（2010）が示した文献のサーベイでは、ステレオタイプと関係するアイデンティティーを想起させること、もしくは、ネガティブなステレオタイプを確認するような状況を想起させることが、個人のパフォーマンスをそのステレオタイプに近づけるとされている。Hoff and Pandey（2011）、Afridi, Li and Ren（2011）も参照。Compte and Postlewaite（2004）による実験では、心理的状態がパフォーマンスに影響することを示した。最も初期の経済理論には、効率賃金仮説があり、不公平感がやる気に影響を与え、それがパフォーマンスにも影響するとする（Stiglitz 1974b; Akerlof and Yellen 1986）。

（10）この初期の例として（前注で言及した）効率賃金仮説がある。公平感がやる気に影響を与え、やる気が行動に影響を与える。このことで機能不全の格差の持続を説明できる。

（11）ダイナミックでない社会では、官僚の所得が相対的に高くなるのに対して、よりダイナミックな社会は、革新的なスキルと特質に対する利益を向上させる、ということがひとたび認識されると、この種類の複数均衡の可能性が高まる。ラーニングが高い社会は、自立的環境を作り出す。

（12）アメリカの金融経済危機の原因に関する全国調査委員会の報告書（National Commission on the Causes of the Financial and Economic Crisis in the United States 2011）を特に参照。

（13）この問題の複雑さは、経済を再び刺激する政府の政策に対する態度の変わりやすさに示されている。リーマン・ブラザーズの崩壊後では、世界全体がケインズ的考えを支持する時期があった。しかし2年もしないうちに、「フーバー式」の財政緊縮政策へのシフトが起き、この間にこのような政策が経済成長を遅らせ、赤字削減に貢献しないという、実証的（科学的）エビデンスが実際あったにもかかわらずである。

（14）しかし、その制度を信じる者やその制度から利益を得る小集団が集まり、彼らが求めることを達成する信条を理解するというわけではない。すでに指摘したが、我々が示す理論は、信念がどういう時に変わり、どういう時に変わらないのかを適切に説明していないという点で、完全ではない。しかしこの理論は、変数が何の役割も果たしていない合理的期待形成モデルから抜け出す方向に向けて一歩前進したと思う。

（15）制度を見るときの理解の仕方でさえ、我々がそれを通して社会を見るプリズム、すなわちイデオロギーによって影響を受けている。制度は社会において、市場の「穴」を埋める、すなわち市場の失敗を修正するという、簡単な役割をもつと一部の経済学者が言う時期もあった（North 1971 参照）。Arnott and Stiglitz（1991）, Hoff and Sen（2006）などの論文によれば、（たとえば、不完備な保険市場のような）市場の失敗を解決するとされている非市場的制度も、この意味では機能しない——これらはパレート非効率な結果を導く可能性がある。
さらに最近の文献では、格差を持続させる上での制度の働きに着目している——繰り返しゲームの文脈では、ひとつの集団が別の集団に搾取される均衡が持続されるかもしれないのである（なかでも、Dasgupta 2005; Mookherjee and Ray 2003 参照）。

（16）本節で論じられた考え方についての論議では、ティム・ベズリーの議論に大きく依拠する（Besley and Persson 2009, 2010, Besley, Persson and Sturm 2010 参照）。Hoff and Stiglitz（2004a, 2004b, 2007）では、同様の考え方で共産主義から市場経済への移行社会の政治経済モデルを示した。Acemoglu and Robinson（2000）も参照。

Concluding Remarks

第14章 あとがき

私の恩師であるロバート・ソローが生活水準の向上の大部分は技術進歩とラーニングによるということを説得力をもって示し、ケネス・アローが内生的ラーニングの分析を始めたのは、60年以上前のことである。その引用の数の多さ、さらにはそれが刺激を与えた学術的研究の数から、彼らの先進的洞察は圧倒的な影響を与えてきたことがわかる。

しかし別の見方をすると、経済学の進化への影響は期待に反するものだった。実際、今日では誰もが、イノベーション経済とか知識経済という言葉を口にし、またそのうちのいくつかは本書でも触れたが、分析に関してもかなり進歩した。2つだけ例を挙げるなら、特許や特許競争およびネットワークの外部性だ。

しかしながら、たとえばソローの分析の中心となる、新古典派モデルの研究での潜在的重要性は、まだ十分理解されていない。政策へのインプリケーションとなると、主流派経済学にはさらに受け入れられていない。本書はこの隙間を埋めようとするものである。

約40年前、情報の経済学がもたらした革命が、すべての標準モデルの成果と結論に疑問を投げかけた。均衡は存在しないかもしれない。存在する場合でも、標準モデルが描く均衡からかけ離れている可能性がある。(供給が需要と等しくないかもしれない。信用割当や失業が生じるかもしれない。均衡の特徴として単一価格にならないかもしれない。価格が分散するかもしれない。価格は一貫して限界費用を上回るかもしれない。市場均衡は一般的にパレート効率ではなかった)。それらの理論と政策の両方に対する影響は極めて大きかった。

しかし情報は、特定の種類の知識と考えることができる(Stiglitz 1975a 参照)したがって知識の革命も、同じように深い影響を与えることは予想できた。本書は経済理論と政策の両方を根本的に見直すために、ラーニングとイノベーションの経済学がもつ可能性を示すことを目的としてきた。たとえば、経済学者が使用する基本的ツールの一部に疑問を呈してきた。ほとんどの企業が「ベスト・プラクティス」以下で稼働している場合に、すべての企業が効率的である——また知識が固定的である——という仮定に基づいた生産可能性曲線は意味があるのだろうか。そもそも役に立つツールなのだろうか。

我々は本書で、比較優位について再検討する必要があることを示してきた。特に、熟練労働者と資本の移動が増大する場合はその必要性が高いであろう。その国の長期的な比較優位は、部分的にはラーニングの比較能力に基づいて決まる。

ラーニング・エコノミーでは、市場経済はそれ自体で静学的にも動学的にも効率的であるという想定は成り立ちえない、という理由を説明してきた。むしろ、事実に基づく想定はそれとは逆である。これは、今よりもっと高い成長を持続可能にする政策があることを意味する。しかし経済全体のラーニングを高める政策の多くは、標準的な新古典派モデルを基にしたものとは正反対である。短期的な配分上の効率性を重視すると、成長の鈍化につながる。貿易介入も含めた産業政策は、通常望ましい政策であり、なおかつ、先進国に追いつこうとする初期段階だけではなく、恒久的な経済政策の一部でさえある。

我々は、社会のラーニング能力を向上させ、社会のラーニングを高める要因分析方法の提供を試みてきた。この分析では、Coase（1937）とは異なる、企業の境界に関する新しい理論を提示した。その理論では社会的取引費用を最小化することではなく、知識が企業内をより自由に流れることを認めて、ラーニングを最大にすることに重点をおいている。

社会的観点からラーニングを見ることの重要性を我々は強調してきた。ラーニングの外部性は存在しており、したがって外部性を考慮に入れないのは誤りである。もちろん、企業は外部性を考慮に入れない。そのことは、市場が企業の境界を定める市場均衡が効率的であり、社会的ラーニングを最大化するという想定の根拠はまったくないことを意味する。ましてや、各企業が、他企業が自分たちから学習できる事柄に障壁を設けることによって、最適に導かれるという想定の根拠など存在しない。

最も重要なのは、ラーニングに重点をおくことが、新しい見方を提供することである。この見方を通して、事実上、政策のすべての側面――現実的には、各国の法制度のすべての側面――を再検討する必要がある。そして、このことはすべての国に当てはまるが、発展途上国にとって特に必要となる。

ラーニングを取り入れた簡単な均衡モデルを構築するのは、難しい仕事であることがわかる。なぜならば市場構造と、ラーニングとイノベーション（への投資）を同時に解決しなければならないからである。たとえば、独占と競争的構造のどちらの方がよりイノベーションに貢献するかのように、これまでの標準的な疑問の提示方法は、この観点で言うと、すくなくとも部分的には誤解をまねくことになる（もちろん政府は、競争を促す行動をとることも、反競争的な活動を大目に見ることもできる）。さらに、将来の成長や産業構造についての信念が、現在の生産やラーニング、さらには産業集中にも影響を及ぼす。実際には、今日ラーニングに多額の投資をすることが利益をもたらし、結果的にさらに成長率が上がることになる高成長均衡や、低成長均衡など、複数均衡が存在するかもしれないことを示した。

我々は、マクロ経済政策と同様に、産業貿易政策のような、経済構造を直接目標にした政策を検討してきた。さらに、マクロ経済の安定性が望ましい理由は、リスク回避的な人びとが変動を好まないことや、不安定性が高まると産出量のギャップ（その国の潜在的産出量と実際の産出量の平均的ギャップ）がより大きくなりかつ格差が広がるというだけではなく、[1] マクロ経済の不安定性が、ラーニングに不利な環境を作るためである、ということを論じた。経済停滞によって強いられる経済の再構築から、どんな便益が生じるとしても、ラーニングとイノベーションの損失コストの方がその便益を上回る。金融資本市場の自由化のような政策が、ラーニングにあまり貢献しない経済構造を直接もたらしただけではなく、マクロ経済の不安定性をより大きくし、ラーニングにさらに負の影響を与えることを示した。さらに、標準的な知的所有権制度（ＩＰＲ）がラーニングを阻害することも示した。そして、ラーニングにより多く貢献するＩＰＲ制度の改革の可能性を議論した。さらに重要な点として、ＩＰＲは、より広い視点から見る必要があることを指摘した。すなわち、全国的なイノベーション制度であり、そこではオープン・ソースや賞金制度、また研究とラーニングへの公共投資はもっと強調されるべきで、ＩＰＲはそれほど強調すべきでないだろう。

政府の課税および投資政策は、ラーニング・エコノミーとラーニング・ソサイエティを促進するために活用することができることも示した。しかし、これだけではない。代替的な金融政策と制度、投資協定、教育・技術政策、コーポレート・ガバナンスや破産に対する法制度など、実に経済制度全体が、このラーニングというレンズを通して再検討し、再評価される必要がある。社会的保護制度でさえもラーニングに影響を与える可能性があることがわかっている。ラーニングへの投資にはリスクがともなう。社会的保護が整っている経済では、よりうまくリスクが緩和されるため、個人がより多くのリスクをとることができる。このためラーニングが増える可能性がある。不安はラーニングを妨げるが、良い社会保護制度は不安を和らげる。第13章の分析から導かれることは、職場がより民主的であればラーニングにより貢献するため、このような職場環境を促進する労働法は、ラーニングにより貢献するかもしれない、という点だ。

政策をラーニングの観点から再検討する方法については、本書ではそのうちほんの一部のみ言及しただけだが、我々の分析では、長い間有効とされてきた多くの想定の欠陥を指摘した。

・幼稚経済保護論があることを紹介した。（工業部門が代表的であると論じた）外部性が大きいラーニング部門を保護することは、成長の促進および厚生と生活水準の向上をもたらし、発展途上国が先進国により近づき収束するのを助けることになる。こうした保護を提供しないことは景気停滞につながる。経済が十分に成長しないとしても、このような保護を提供することは望ましいかもしれない。

・特に、産業政策の使用が制限されている場合には、ラーニング部門を促進する手段として、為替レートを活用するべきとする強力な論拠がある。ラーニングからの便益が、諦めた消費や投資のコストを上回るため、発展途上国でさえ貿易黒字を維持することが利益になる。さらに、このような介入を永続的に行うとしても、それが望ましい政策となるかもしれない。

・広範な産業政策ほど望ましい。産業政策は、勝者を選ぶものではなく、至るところにある市場の失敗、特にラーニングにともなう市場の失敗を是正するためのものである。このような政策は、企業に好ましい環境を構築するだけにとどまるべきではない。いくつかの抽象的な理論モデルで我々は、最適介入の一般定理を導き出した。

・金融資本市場の自由化は、ラーニングとラーニングの外部性が他よりも重要な企業と部門への資金の流れを結果的に弱め、かつこのような政策が金融部門のラーニングを弱めるため、ラーニングに負の影響を与えるかもしれない。

・海外直接投資はラーニングを促進するかもしれないが、その影響の程度は、たとえば、国内調達や現地雇用に関する要求などの政策に依存する。こうした政策は、標準的な理論ではしばしば批判され、また貿易投資協定では規制されることが多い。

・より厳格な知的所有権――そして特に設計に不備のあるＩＰＲ制度（たとえば、うまく設計されていないアメリカのＩＰＲ制度）――は、実際にラーニングとラーニング・ソサイエティの構築を阻害する可能性がある。それらが知識へのアクセスを妨げ、ラーニング・ソサイエティの構築を促進する開放性と正反対である秘密主義文化を奨励し、そしてイノベーターが直面する機会集合を規定する知識プールに結果的に与える負の影響が、イノベーションへの投資意欲を減退させるためである。

我々の分析の鍵となるのが次の3つの考え方である。第1は、すでに指摘したが、市場はそれ自体で効率的になると想定する根拠はないということである。実際、ラーニングの外部性の重要性を強調するとき、ラーニングにともなう数多くの市場の失敗について指摘した。さらに、産業部門での企業の拡大からのスピルオーバーは技術的なものだけではない点も明記した。（金融制度や教育制度の構築にともなう）制度的なスピルオーバーがあり、また産業への課税から得られる歳入が、ラーニングと生産性を向上させる多くの公共投資財の資金の一部として役立つことになる。（公共投資は、社会的ラーニングの便益を最大化するように配分されるべきであるという点は、第11章で議論した）。

ラーニング（イノベーション）が重要である市場は、完全競争からほど遠い可能性が高いことを指摘した。規模の不経済をもたらす様々な源を別にすれば、競争が長期的に成立する唯一のケースは、ラーニング・スピルオーバーが完全である場合である。しかしその場合、各企業が他社のラーニングやイノベーションへの投資にただ乗りしようとするため、ラーニングへの投資過少が発生する。

実際に、簡単なモデルでは、経済は独占状態に収束してしまう。（ベルトラン競争が強力である場合、規模の不経済もしくは範囲の不経済がそれを相殺する効果をもたないとき、独占が直ちに現れる）[2]。それにもかかわらずシュンペーターなどの経済学者が、市場経済の美徳を吹聴する試みは、まったく説得力のないものであることを、我々は示した。シュンペーターは、あまりにも楽観的に独占企業の短期的特質を強調した——我々の分析では、独占企業には独占を存続させる行動をとる能力とインセンティブがあり、短期的効率性にも長期的イノベーションにもマイナスの影響を及ぼすことを示した。さらに、シュンペーターの議論を引き続き、潜在的競争（市場への参入のための競争）が、市場での競争に代わって有効になるという議論も間違っていることを示した。既存の独占企業は他社の参入を妨害し、高い利潤を維持することが可能だ。シュンペーター的競争は、ラーニングとイノベーションへの効率的資源配分をもたらさない。

シュンペーターの議論のひとつである、競争激化がイノベーションを遅らせるという推論は、一般的には正しいということも説明した。しかし、独占も含め抑制された競争状態でのイノベーションの量は、社会的な最適よりも少ないだろう（事実、一般的に少なくなる）。厚生とイノベーションを向上させることができる政府介入がある。競争の度合とイノベーションの量の関係は複雑であるが（そして前提とする条件によってその関係性は大きく変わるが）、おそらく競争が重要となる本当の理由は、利潤最大化の標準的企業モデルでは説明できないとし、エージェンシーや管理資本主義、およびコーポレート・ガバナンスなどの問題が関係していることを示した。

さらに市場の失敗は、ラーニングとイノベーションの量だけではなく、その方向にも関係することを議論した。市場支配力を得、そしてそれを維持するために、あまりにも多くのエネルギーが費やされている。既存の特許をうまく回避する方法を考え出すことにも多くのエネルギーが費やされている。うまく設計された特許法があったとしても、社会的便益と私的利益は大きく乖離している。

このような歪みの事例として、労働節約のための過剰な取り組みや環境保護のための努力が不十分であることが挙げられる。結果的に市場均衡では、失業率が高くなる――イノベーションの過程で政府が適切に介入した場合の失業率より高くなる。特にこの歪みが顕著に現れるのが、未熟練労働者のれている景気後退においてである。

失業率が高くなっているが、そのような状況においても労働需要を減らすために多大な努力が続けられている景気後退においてである。

第2の重要な考えは、市場と政府は、補完的であり協働するものと見るべきだということである。これは、市場か政府という択一的選択ではなく、市場と政府が建設的に作用し合う経済システムをどう設計するかという問題なのである。実際、我々が繰り返し強調してきたことは、市場は外界と無関係には存在していない点だ。政府がゲームのルールを定めるのであり、そのルールをどう書くかが、ラーニング・エコノミーおよびラーニング・ソサイエティが構築されるかどうかを決める重要な要因のひとつとなる。たとえば、我々がラーニング・エコノミーに特有なものと論じてきた「市場の失敗」を是正する助けができるのは、政府である。政府なら、個人の学習能力とその意欲を高める教育の機会を提供できる。政府は、新しいベンチャーにともなうリスクをとるために必要な保障を人びとに与える社会的保護制度を提供することができる。政府なら、技術の主要な発展の土台となる基礎研究を支援できる。さらに、構造的にマクロ経済的不安定さと結びついた、金融市場での行き過ぎを防ぐのを助けるのも、政府なのである。

第3の重要な点は、ラーニング・ソサイエティの設計には、複雑なトレードオフが関係する可能性が高いことである。特に、静学的効率とラーニングとのトレードオフに焦点を合わせてきた。幼稚経済保護論も含めて、本書の前半で議論した政策の多くは、短期的には損失を出すが、長期には利益が出る。より厳しい知的所有権、より強い秘密主義、および労働者移動の制限は（企業が直面する機会集合や、企業が引き出すことができる知識プールも含め、他のすべての条件を一定とすると）、ラーニングとイノベーションへのより強いインセンティブをもたらすかもしれない。しかし同時に、それらは知識の流れを減少させる。知識は、知識の生産のための最も重要なインプットであるため、実際には、結果的にラーニングとイノベーションが全体として少なくなり、ラーニングへの投資さえ少なくなるかもしれない。

さらに複雑なトレードオフも存在する。もしも政府が必要な情報をもち、既得権益に関連した政治問題を回避できるのならば、政府はより綿密に政策を設計し、基本的には高い経済成長につなげることができるだろう。しかし多くの社会では、このような政策に関連して既得権益から生じる歪みがマイナスの影響をもたらすことになる。そうした社会では、為替レートの管理などの、広範囲に影響をもたらす政策の方が、より綿密な政策よりも望ましい。

しかし我々の理論的分析を歴史的経験と合わせて考えると、以下のような一般的教訓が得られる。国がラーニング・エコノミーの構築の助けになる産業貿易政策を執行するかどうかという決定には、政治経済的理由が関与すべきではない。政治経済的理由が影響を及ぼすのは、制度の選択のみであるべきだ。多くの国が、このような政治経済問題を解決する方法を学習しており、それらの成功経験は、他の国々がそこから学ぶことができるようになる。

実際、広く歴史を見てみると、成功した国のほとんどは、様々な場面で、我々の分析で提示してきたようなある種の産業貿易政策をとってきていた。

社会的イノベーションは、経済学者が伝統的に重視する技術的イノベーションに劣らず重要である。人間社会の発展は、技術的進歩と同じくらい社会的イノベーションとも密接に関係している――これには、大企業や組織的ラーニングをどのように管理するかや、産業貿易政策を通じてより広く社会的ラーニングを促進する方法に関するイノベーションも含まれる。

また、企業内にも複雑なトレードオフがある。中央集権的で上下関係の強い構造は、調整を円滑にするかもしれない（すなわち、プロジェクトの重複によるコストを減らし、より良く設計された研究プロジェクトの選択につながるかもしれない）。利益をもたらす確率の低い、悪いプロジェクトに着手するリスクを減らすかもしれない。しかしこのような組織構造は同時に、イノベーションを阻害し、良いプロジェクトを拒否する可能性を高めるかもしれない（Sah and Stiglitz 1985, 1986 参照）。

中央集権化と分権化のバランスをとることは、企業内や社会全体、あらゆるレベルで直面せざるをえない課題である。すでに指摘したように、ラーニングにともなう外部性が広く存在し、情報が不完全であることから、分権化された市場はパレート非効率になるという推定が成りたつ(3)。

しかしながら、ここでも複数の均衡があり、そのどれもが効率的でないことがわかった。経済は、イノベーションが抑制される官僚的均衡にはまっているかもしれない。もしくは過剰な自由市場均衡にはまり、不完全競争的な企業が、レント・シーキングを探そうとするイノベーションに集中しているかもしれない。

トレードオフの重要性を強調する一方で、短期的な産出量および成長とラーニングの両方を増加させる様々な政策があることも強調した。設計に不備のある知的所有権制度は、独占禁止法の執行の不備と結合すると、現在の生産量も将来の成長率も低下させることになる。

本書では、ほとんど伝統的な経済学モデルを採用しており、たとえば個人は明確に定義された選好をもつとしている。我々は、ひとつの仮定だけを変えその結果がどうなるか、を探求した。それは、（市場の構造と同様に）ラーニングが内生的であるとの仮定である。本書は、このひとつの仮定の変更がもたらす深い意味合いを探求したものである。本書の大部分において、標準的な理論の中で極めて機械的にラーニングをモデルに取り入れた。ただし、第13章で強調したように個人と社会の両レベルにおいて最も重要なことは、ラーニングの考え方をもつことである。ラーニングに対する考え方は、大部分が社会的に決定され、また社会の経験によって明らかに影響を受けるものである。しかしその国がどのような経験にさらされるのか、そしてその経験がどのように受け取られるのか、ということそのものが、信念によって影響を受ける。フィクション——個人が受け入れられていると社会に承認しているように見えるために、存続する信念体系——が存在しうる。信念がどのように形成されるのか——非論理的な信念体系が持続する理由、もしくはそれらがあるとき、急速に変化する理由——については簡単に触れただけだが、信念体系はすくなくとも部分的には社会的構造である（おそらく大部分がそうであろう）。政府の政策と個人と企業の行動は、このような信念体系によって形成される。しかし同時に、政府の政策が信念を形成することもある。ラーニング・ソサイエティを形成し、維持するために必要なこととして、広く信じられている信念が、実際にはラーニング・ソサイエティの構築を阻害するかもしれないという、皮肉な結果を我々は指摘してきた——たとえば、厳しい知的所有権制度が重要であるとの信念は、実際には開放性を低下させ、ラーニングとイノベーションに逆に働く文化を構築することになるかもしれないのである。

本書で提起した問題は、すべての国に当てはまるが、おそらく特に関係するのは発展途上国であろう。なぜならば途上国は、先進国と自国を隔てる知識ギャップを縮めようと努力をしているからだ。新古典派経済モデルに過剰に依存したワシントン・コンセンサスの政策は、ラーニングをまったく考慮しなかった。これらの政策は静学的効率のみに重点をおいており、その結果成長率と生活水準は、政策がなかった場合よりも実際にはさらに低くなった。幸いにも、東アジアなど、最も成功した国々は、こうした政策にあまり注意を払わなかった。ラーニングが開発戦略の中心だったからだ。しかし残念ながら、すべての国に選択権があったわけではない。海外支援を欧州に依存していた国々、特にサハラ砂漠以南の国々は、ワシントン・コンセンサスに準拠した政策に従わざるをえなかった。結果的に、そうした国は低成長（多くの場合マイナス成長）と非工業化を経験することになった。

我々が本書で指摘したような問題を回避できると言い張る国もあるかもしれない。標準的政策がすでに複雑なのだから、ラーニングについて心配してさらに複雑化させる必要があるだろうか、と思うだろう。たとえば、こうしたことは市場に任せておけばいい問題だという新自由主義の原則にしたがって、産業政策の問題を回避できると期待するかもしれない。しかし、そうはいかないのだ。我々が議論してきた領域のそれぞれにおいて各国が行う選択は、将来の経済成長に影響を与えるのである。

最後に振り出しに戻って考えてみよう。生活水準の向上は、経済学者の最大の関心事である配分上の効率よりも、むしろ本書が重点をおいたラーニングに関係している。このことが真実であるということは、発展途上国の人びとの厚生が大きく改善される可能性を意味している。資源の蓄積過程は、知識のギャップが縮められる速度と比較すると、ペースが遅い。

しかし物質的な生活水準の向上よりもっと考慮すべきことがある。停滞した社会とダイナミックな社会では大きな違いがある。すなわち、人びとが生存のため基本的生活必需品を得るために必死になっている社会と、人びとが自分たちの可能性を十分に発揮し、現代のテクノロジーが提供する繁栄を謳歌している社会の違いである。

ラーニング・エコノミーとラーニング・ソサイエティを構築するのに役立つものとして、本書で議論してきた政策は、現在と将来の生活水準をさらに向上させながら、経済と社会の発展に貢献するように、経済だけではなくより広く社会を形成するだろう。

注

（1）Stiglitz（2011）とそこでの参考文献参照。

（2）すでに指摘したように、企業がはじめはまったく同じ状態であり、それが続くという、ナイフ・エッジの状況の可能性もわずかにはある。しかし、これは非常に不安定である。1社が他社よりも優位な立場になるようないかなる変動も累積的効果をもち、最終的にはその企業が支配的になる。

（3）情報収集のコストを考慮に入れても、あるいは情報の非対称性を除いたとしても、市場が制約つきパレート非効率になることは、これまでの章で強調してきた。

オリジナル版の読者へ

本書は、1951年にコロンビア大学で博士号を取得し、コロンビア大学の最も優れた卒業生である、ケネス・J・アローの栄誉を称えるレクチャー・シリーズの第1回の講演を収録したものである。後に『社会的選択と個人的評価』として出版されたアローの論文は、経済学、哲学、そして政治学の分野に重要な貢献をもたらした。その後60年以上の間、アローは経済学、政治学、組織理論、オペレーションズ・リサーチの分野で多大な貢献を続けた。

コロンビア大学は、過去13年で6人のノーベル賞受賞者を出し、数多くの優秀な卒業生と学者を輩出した。かつての経済学教授には、コロンビア大学で10年間教鞭をとったミルトン・フリードマン、1953年から1956年まで、アイゼンハワー大統領の下で経済諮問委員会委員長を務め、1970年から1978年まで連邦準備制度理事会議長を務めたアーサー・バーンズ、アメリカの最も重要なシンクタンクのひとつで、設立当初には経済変動の理解を深めることに重点をおいた全米経済研究所の設立にバーンズと共に中心的役割を担ったウェズレイ・ミッチェル、などが名を連ねる。他にも偉大な卒業生を数多く輩出した。経済学の分野ではよく知られている人物として、ハロルド・

ホテリング、アルバート・ハート、ジョン・ベイツ・クラークが挙げられる（クラークは、40歳以下で経済学に著しい貢献をした経済学者に毎年与えられる賞の名前の由来にもなっており、アローはこの賞の5人目の受賞者だった）。

このような優れた人びとの中でも、特にケネス・アローの栄誉を称えることを決定するのに迷いはなかった。過去60年を振り返って、経済学の思考、そして経済学を超えて社会についての考え方を彼ほど変えた人物はいなかった。ある意味、我々の世代のすべての理論家とほとんどの政策決定者は、実質的にアローの弟子だったと言える（加えて、我々の学生も彼らの「孫弟子」として考えることもできる）。彼が50年前にはじめて提示した考えが我々の思考に浸透しているのである。

このようなレクチャー・シリーズは、学術誌の論文よりも広範囲にわたって問題に取り組む機会を与えてくれる。我々は、経済学、政治学そして哲学の様々な分野について活気ある議論に発展することを願って、このレクチャー・シリーズを始めた。コロンビア大学の国際問題研究所はいくつもの分野にまたがる研究をしており、アローは、複数の分野にまたがり、それぞれに深い含意を与える研究をした近年でも数少ない学者のひとりである。このレクチャー・シリーズがケネス・アローの名を冠することで、毎年アローの研究のひとつに目を向けることができるのは、この上ない喜びである。アローは非常にたくさんの分野に関して研究をしているので、このレクチャー・シリーズの範囲も広くなり、大学全体のあらゆる分野の研究者を招くことになるだろう。

レクチャー・シリーズは、我々の期待に応えるものになっている。２００8年後半に開催された最初のレクチャーは、ブルース・グリーンウォルドと共に行ったものである。技術進歩は我々が行うことにどのように関係しているかなど、成長に関する我々の理解に影響を与えたアローの貢献のひとつの側面に焦点を当てたものである。ある意味、この研究が始まりとなり、内生的成長に関する膨大な数の文献に発展し、そこではイノベーションの進歩が研究の中心的対象となっている。

第2回目のレクチャーは、アローの有名な論文を取り上げた。論文の中でアローはそれまで提示されていた疑問をより一般的な形で問うたのである――そして経済学者は、彼が提供したショッキングな回答を受け入れようと努力してきた。約200年前、フランスの数学者ニコラ・ド・コンドルセは、3つの選択肢から多数決で決めるという問題に対して民主主義では明確な答えが導かれないかもしれない、ということを示した。AとBでは過半数がAを選び、BとCでは過半数がBを選び、CとAでは過半数がCを選ぶかもしれない。妥当な選択肢の下で、アローは、投票制度の問題を提示した（例外は1人にすべての決定権を与える場合）。

この含意――この逆説的に見える状況が起こらない条件――は、2009年12月11日にコロンビア大学で開催された第2回のアロー・レクチャー・シリーズで議論された。講義は、アローの不可能性定理の理解に知的エネルギーを捧げたノーベル経済学者の、エリック・マスキンとアマルティア・センである。

2010年には、金融市場へのアローの貢献を取り上げた。講義は、当時プリンストン大学で現在はコロンビア大学のホセ・シェンクマンが行った（討論者は、コロンビア大学のパトリック・ボルトンと、サンフォード・グロスマンである）。

2011年のレクチャーは、環境分野、特に気候変動へのアローの貢献に焦点を当てた。講義はパーサ・ダスグプタ、討論者は共にコロンビア大学の、ジェフリー・ヒールとスコット・バレーだった。

2012年はMITのエイミー・フィンケルスタインで、討論者はMITの同僚であるジョナサン・グルーバーだった。フィンケルスタインは、47年前に書かれた論文で、今日までその影響が続くアローの医療経済学における先駆的研究を継続しており、さらに、これは広い範囲のモラル・ハザード理論の草分け的論文でもあった。

2013年にはまた気候変動を扱った。講義はトゥールーズ経済研究所（TSE）のクリスチャン・ゴリアで、タイトルは「Pricing the Planet's Future: The Economics of Discounting in an Uncertain World」。討論は、コロンビア大学のベルナール・サラニエとスティグリッツ、そしてアローが行った。毎回のレクチャーを刺激が多く感動的なものにしてくれたのは、アローが出席し、さらに彼の研究に触発された講義へのアローの反応を見られたことだった。

さらに、この集まりが感動的なものになったのは、発表者がそれぞれ、アローと強い知的つながりだけでなく、教え子また同僚として個人的にも近い存在だったことも一因だろう。アロー・レクチャー・シリーズでの講演を依頼して断った教授はひとりもなく、誰もが、20世紀の偉大な経済学者に敬意を表し、栄誉を称える機会がもてるように、多忙の中、苦労を惜しまずスケジュールを調整してくれた。どの講演も、栄誉を称える人物にふさわしい価値のあるものだった。

2008年11月12日に行ったこのシリーズの最初のレクチャーには、おそらく、第二次世界大戦後の数十年間の最も重要な分野と言える、成長理論という、経済学の新しい分野を作り出した2人の経済学者、ケネス・アローとロバート・ソローが招かれ、特に貴重な開催となった。この企画は、両氏にとっても、二人の重要な貢献から半世紀の間に、その問題がどう議論されてきたかに思いを巡らすよい機会になった。ハーバード大学のフィリップ・アギオンは、レクチャーへのコメントの際に、（主要な議題のひとつだった）産業政策に関する自身の見解も述べ、その論文は『The Case for Industrial

Policy』というタイトルで出版された。

　この第1回目のオリジナルのレクチャーは、ソローとアローからの提案もあり、この問題の議論を拡大して、さらに深く掘り下げた。最初のレクチャーでブルース・グリーンウォルドと私が重点をおいたことは、アローのラーニングに対する洞察が、自由貿易の美徳という近代経済学の最も根本的な教義を考え直す必要があることを示していることについて人びとの関心を向けることだった。我々は、幼稚経済保護論という考え方を提示した。ソローとアローは、市場への政府介入が望ましいことを示す我々の分析は、貿易のない閉鎖経済にも、同じように適用されると考えた。我々のレクチャーへの2人のコメントも本書に収録した。その後に行った研究とここでの報告が、2人がいかに正しかったかを示すものになっている。

　本書は、ブルース・グリーンウォルドと私によるまえがきで始まるが、我々の敬意と親愛の情と共に個人的な感謝の意を表したい。

ジョセフ・E・スティグリッツ
2014年、ニューヨークにて

縮約版の読者へ

本書が最初に出版されてから数カ月のうちに明らかな反響を感じた。世界的に偉大な経済学者であるケネス・アローの栄誉を称えるレクチャーから生まれた本書は、他の我々の一般向けの書物よりは、もっとアカデミックな読者に向けたものだった。複雑な数式も遠慮なく使用した。数式はアカデミックな経済学者の間の言語になっていたし、そのような人びとを対象にしていた。また、長い間受け入れられてきた教訓のいくつかは、それがたとえ自由貿易の美徳についてでさえ、少なくとも発展途上国に対しては再考する必要があることを、アカデミックな経済学者には納得してほしかった。過去200年の生活水準の目覚しい向上を本当にもたらしたこと、すなわちラーニング・ソサイエティの構築、についてもっと深く考えてもらいたかった。我々は、政府は何がラーニング・ソサイエティを作り出すのか、ということに重点をおくべきと考える。経済学者がこれまで推奨していた政策には、実際には阻害要因になるものもある。

過去20年の間に、我々が向かっている経済を知識経済とイノベーション経済と表現することが、標準になった。しかしそれが、企業や社会にとって何を意味するのか、もしくはさらに狭い分野で、経済政策にとって何を意味するのか、ということにはほとんど注意が向けられてこなかった。しかし、本書の議論はもっと一般的だった。ラーニング・ソサイエティの構築は、社会と技術の発展の最先端ではなく、生産可能性フロンティアの内側にいる経済にとっても、生活水準の向上に必要となる。

したがって、ヨーロッパの先進国だけでなく、発展途上国および新興国における本書の評判は励みになった。マレーシア、シンガポール、トルコ、ヨルダン、南アフリカ、またこの考えを議論する機会があった別の場所でも同様の反応を得た。政府と密接に関わっているオランダの大手シンクタンクでは、国が進む方向性の指針として、「ラーニング・エコノミーに向けて（Towards a Learning Economy）」という報告書を発表した(1)。

そこで、中核となる理論的発展、主要なメッセージ、重要な政策提言に重点をおいて、内容を短くまとめたものを作成できるかどうか、多くの編集者、読者、そして先進国や新興市場の学者たちから依頼を受けた。本書はその要望に応えたものである。本書の第一稿を書き上げてからほぼ1年の間も、結論の一部に改善を加えたり、複雑なトレードオフの一部をわかりやすくしたり、進行中の政策論議を我々の全体的フレームワークと関連させたりしながら、我々は研究を継続していた。本書の特に第11章では、こういった新しいアイデアをいくつか取り入れている。

オリジナル版の第5章と第6章は、競争とイノベーションの関係を説明し、イノベーションに関する市場の効率性を議論した。縮約版の本書では、これらの章は基本的に書き直しをしたが、そこでのメッセージは変わらない。競争とイノベーションの関係性は多岐にわたり、これまで認識されていたものよりもはるかに複雑である。それでもなお、我々はこの関係性のうち、たとえば政府の役割など、重要な要素のいくつかを特定化した。さらに、イノベーションの速度と方向性という面においては、市場が効率的であると想定する根拠はない。イノベーションの速度に影響を与える要素に関する我々の分析から得られた洞察が、イノベーション政策を形成する助けになるだろうし、そうなることが望ましい。

本書のオリジナル版では、第Ⅱ部で「ラーニング・ソサイエティの構築」の基盤となる数学的分析を発展させた。しかし、基本的考えは言葉で伝えることも可能であるため、第7章と第8章では基本的な数式の概念は別添で図を使用して説明するようにした。この分析の基礎となる正式なモデルに興味がある読者には、本書のオリジナル版と我々が引用している論文を参照されることをお勧めする。

オリジナル版には、アロー・レクチャー・シリーズに対するロバート・ソロー、ケネス・アロー、フィリップ・アギオンのコメントを載せているが、講演の後の議論の要旨と産業政策に関するアギオンのコメントは紙幅の関係でこの縮約版からは削除した。

オリジナル版の序文に入れた謝辞に加えて、本書ラーニング・ソサイエティの構築の出版準備にあたり、イーモン・カーチャーアレン、フェイラン・ジャンの助力に感謝したい。

ジョセフ・E・スティグリッツ
ブルース・C・グリーンウォルド
2015年、ニューヨークにて

注

（1）この報告書は、Wetenschappelijke Raad voor het Regeringsbeleid（WRR）によって、2013年7月に出版された。

本書刊行にあたって

ジョセフ・E・スティグリッツ
ブルース・C・グリーンウォルド

すべての世代の経済学者に与えたように我々の考え方に生涯にわたる影響を与えてきた恩師を称え、第1回ケネス・アロー・レクチャー・シリーズをコロンビア大学で開催できたことをこの上なく光栄に思う。

実際、たとえ彼の講義を受ける幸運に恵まれなかったとしても、我々の世代の誰もがある意味でケネス・アローの生徒と言えるだろう。彼の研究スタイルと広い視野が我々に影響を与えると同時に、彼の考え方が我々に影響を与えた。彼は真の科学者だ。彼は、(厚生経済学の第1基本定理である) 競争的均衡のパレート最適性について明確な証明を与え、次に前提とされている仮定がなぜ間違っているのかを説明し、その後、より現実的な仮定を取り入れたモデルを開発し、市場の効率性についてのそれまでの結論を覆した。

我々のレクチャー・シリーズでその栄誉を称えるもうひとりの恩師ロバート・ソローも、アローと同様に本書に影響を与えた一連の論文でこういった分析を行った。最初は1956年にソローが発表した論文があり、そこでは、貯蓄率の上昇は長期成長率の上昇をもたらさず、長期成長率は生産性の成長率によって決められることを示した。そして1957年には、ソローは経済成長の要因を分析し、経済成長のほとんどは、労働や資本などの生産要素の増加に関係するのではなく、生産性の向上に関係していると主張した。それまでは、経済学者は、過去200年間で生活水準が急速に向上した要因として、貯蓄と資本の蓄積に重点をおき、技術進歩の役割には着目していなかった。

1962年、ケネス・アローは、技術進歩を説明する2本の重要な論文を発表した。1本は研究開発に重点をおき（1962b）、もう1本の論文は経験によるラーニングに重点をおいたものだ（1962a）。後者の論文では、生産や投資の過程で人びとが学ぶことに気づいた。生産して投資しながら、人びとはより上達していく。船をより多く生産すれば、もっと効率的に船を製造できるようになる。生産性が向上するからである。これが、初期の論文のひとつで議論された内生的成長理論であり、そこではイノベーションのスピードはモデル内部で決定されることになる。

このアロー・レクチャー・シリーズはどれも、アローの革新的貢献のひとつを基盤にして、その上に構築することを目的としている。我々のレクチャーに関して言えば、我々は、イノベーションに関しての研究を取り上げ、特に、1962年の注目すべき論文にある、経験によるラーニングを取り上げた。この1962年の論文自体は、初期のアローの重要な論文に対する批判でもあった。240年前にはアダム・スミスが競争的市場経済の効率性について語っていた。スミスは、競争的均衡は効率的であり、自己の利益の追求が、見えざる手に導かれるように社会の厚生をもたらすと主張した。経済学者が、どのような意味でこれ（経済学者がパレート最適と表現するもの）が正しいかと、それが正しくなる条件を決定するのに、長い時間がかかった。競争的均衡がパレート効率になる条件を提供する重要な研究については、Arrow（1951b），Debreu（1952），Arrow and Debreu（1954）を参照されたい。

1951年の論文ではアローは、技術が固定されている、つまりイノベーションはないと仮定していた[1]。経験によるラーニングについてのアローの1962年の論文は、この仮定への挑戦だった。現代の経済にはイノベーションが明らかに中心にある。この論文では、R&Dに関する1962年の別の論文と同様に、アローは、知識の生産が標準的な財の生産と非常に異なる理由を説明した。

技術が内生的であるとき、市場は一般的には効率的ではない。しかしこれによって問題が発生する。効率性と社会厚生を向上させるために、政府はどのように市場に介入すべきだろうか。驚くべきことに、アローの1962年の論文から50年、この問題は断片的に（たとえば、知的財産権および特許制度についての議論などで）しか扱われてこなかった。

我々のレクチャーでは、これまでの自由貿易を推奨する理論に対して、経験によるラーニングのインプリケーションを検証した。これがいいレクチャーの議題を提供してくれ、有益な議論と興味深いコメントになった。その多くは本書の終わりに収録されている。しかし、我々のレクチャーを出版する準備をし――アロー・レクチャー・シリーズの当初から出版は計画されていた――アローとソローの結論を真摯に受け止めていくうちに、我々の主張の価値を十分理解するには短いレクチャーだけでは不十分であることがわかってきた。アローの研究は、ラーニングを促進する経済とラーニング・ソサイエティの構築の方法――そして社会の厚生を向上させるために政府が介入する方法――に関する新たな分析の道を開いてきた。

我々のレクチャーの基盤にアローのラーニングの視点を選択したことと、本書で結論づけた説明は、偶然でもなければ、計画してそうなったわけでもない。アローの研究が、必然的に出発点となり、それは、このレクチャー・シリーズに彼の名前を付けた理由とも重なる。この分野への彼の貢献は今でも非常に重要であるため、50年たった今でも、現在の研究にとっての必然的な出発点となっている。

ソローも含めて、同じ時代の他の優れた経済学者のように、アローは、最終的には、経済政策の運営を改善させることに興味をもっていた。経済学的理論を明確にすることは、それ自体価値があるが、真の価値は、政策を決定する状況にそれを適用する際に生まれる。間違った政策決定が行われるときもあるが、多くの場合改善するように決定されるからだ。アローのラーニングの観点から自由貿易の問題に取り組む上で、我々は、彼の貢献に敬意を表して、伝統的見方に挑戦するというだけではなく、特に発展途上国の生活水準向上の速度をあげる方法など、重要な政策の問題に貢献することを望んでいる。

イノベーションが内生的であるとき、市場はそれ自体では効率的ではないという事実が、今回の我々のレクチャーと本書の中心的な問いを投げかけた。その問いとは、経済効率を促進するにあたって、政策の役割はどうあるべきなのだろうか。規制のない自由市場の提唱者は、この問いに対して、イノベーションを起こす能力が市場にあるという考えを強く支持する。しかし、市場が最適なイノベーション水準と最適なイノベーションの形態を生み出すかどうかを体系的に調査した研究はほとんどない。我々のレクチャーは、特に貿易政策に応用し、このギャップを埋めることを目的としたものである。

我々がレクチャーを行った頃、自由貿易を推奨する理論の例外として長い間受け入れられていたことは、幼稚産業を保護することは妥当かもしれないという考え方だ。仮に、ある産業が保護されて成長し、規模の経済により利益を得て成長と共に強大になった場合、その産業を保護するのはいい考えだと思うだろう。自由貿易の原則への2つ目の例外は、価格操作に関係する。仮に、ある国に世界規模の大きい産業がある場合には、利益を得るために貿易の条件（国際価格）を操作できる。これらの2つの例外は関連しており、詳しく考察すると、2つ目の議論は最初の議論の限界についての我々の理解を高めてくれる。もしも、交易条件を変えなければ、保護された産業が発展する場所は関係ない。たとえば、ナイジェリアは、グローバル・マーケットで競争できるほど十分成長するまで自動車産業を保護するかもしれない。しかし、仮にその業界がイギリスで効率的に発展できるのなら、そして輸入価格が生産性向上を反映するなら、ナイジェリアの人びとは、イギリス人と同じように、イギリスの車を購入して輸入することで便益を得ることになる。

実際、交易条件の議論は常に、極めて弱い議論だった。国が交易条件を動かすことができるという議論は、アメリカでさえ実際には難しい。このため標準的理論は、貿易介入に説得力のある理由を提供できていない。それにもかかわらず、貿易制限を実施して成功している国の例は跡を絶たない。

この問題を考える上で、我々はアローの教訓を応用して従来とは異なる結果を得た。これが今回のレクチャーと本書の中心的考え方になっている。我々の分析では、このような成功は、経験によって学習した産業の内部で利益が生まれる幼稚産業保護論に基づくものではない。かわりに、貿易介入を支持する幼稚経済保護論がある。根拠は簡単だ。イノベーションが農業や手工芸部門よりも工業部門に集中している理由を説明すればいい。工業部門の方が、ラーニングがうまいだけでなく、別の分野よりも、より多くの外部性（ラーニングの便益）を生み出す。強い都市型工業部門がない経済（このような財を輸入する経済）は、その部門内でさえ、生産性の改善を促進させにくい。ラーニングがほとんどなく、イノベーションもほとんど生まれない。貿易障壁はその国の現在の比較優位に逆行するため、たとえ最初はそうすることが非効率に見えたとしても、経済がそうした産業分野の企業を発展させるために必要となる。

ここまでは、この幼稚経済論は標準的な幼稚産業論と似ているが、異なるのは以下の点である。〈幼稚経済論は〉保護された産業分野の企業は、自分たちの分野の生産性の成長率だけではなく、その分野の他の個別生産物の生産性も向上させ——そして農業および経済の別の部門にも生産性上昇が波及する、という考え方である。政策介入の真の根拠は、その保護された部門が生み出す外部性にある。

もちろん、その古典的な事例は、工業研究の原理が非常に効率的な方法で農場に適用されたアメリカの農業拡張計画である。何よりも、アメリカの農業の生産性の著しい向上に貢献した。

これが、我々がレクチャーで提案した基本的な考え方だった。これは工業分野を特定しないタイプの保護を必要とする。成功分野を選び出すことは無駄な努力に終わるという、幼稚産業論に対する昔からの批判は当てはまらない。これは、広範な関税（もしくは為替介入）を支持する考え方であり、その中で、最も優れた企業が生き残り、繁栄すると考えている。

本書の概要

最初にレクチャーを行った後、何年か経つうちに、我々の考えは新しい形に成長していった。我々がレクチャーで話したアイデアを論文にしたり、関連するトピックでの研究を続けるうちに、この内容が会議内容を記録する薄い冊子ではおさまらなくなってきた。「ラーニング・ソサイエティを構築する」という題のレクチャーが、歴史的文脈や、一般的適用例および特殊な適用例、そして政治経済的論議を必要とする本格的な理論に成長していった。そのことに気がついたことで、本書の構想が形になり始めた。その結果、本書は、中心的な知的インスピレーションは２００８年のレクチャーでの構想と同じだが、最初のレクチャーよりもはるかに広範囲にわたるものとなった。

本書の最初のいくつかの章では、我々の基本的テーマを説明する。それはソローが提唱したように、生活水準の上昇は生産性の向上、つまり、よりうまく行う方法を学習した結果であるということである。そして、生産性がラーニングの結果であり、生産性向上（ラーニング）が内生的である、ということが正しければ、政策は、経済でのラーニングを増やすことを優先的にするべきだということになる。すなわちそれは、学習能力を向上させ、学習のインセンティブを高め、そして学びの方法を学ぶラーニングを向上させること、そして、最も生産性の高い企業とその他の企業との格差を作っている知識ギャップを縮めることである。したがって、ラーニング・ソサイエティの構築が経済政策の主要な目的のひとつとなるべきである。ラーニング・ソサイエティが構築されれば、より生産性の高い経済が生まれ、生活水準は向上する。対照的に、静学的（配分的）効率性に重点をおいた政策の多くは、実際にはラーニングを阻害すること、そして、長期的な生活水準の向上につながる他の政策があることを示す。このため、我々が本書で展開する理論は、２００８年の金融危機が発生するまで25年間にわたり経済開発に関する中心的考えであったワシントン・コンセンサス政策に対する、最も説得力があり、かつ明確な批評のひとつとなるだろう。ロナルド・コースは75年前に、企業の範囲を決めるものは何か、企業内部で行われるものは何か、という問いを投げかけた。我々の理論が新しい企業理論の基礎も提供し、コースの問いに対する新しい答えとなるだろう。我々の理論はまた、静学的比較優位と動学的比較優位の両方について考える新しいアプローチも提供する。

第Ⅰ部では、我々のラーニング・ソサイエティの視点の歴史的、実証的、かつ理論的背景とその妥当性を解説する。ラーニング・ソサイエティを構築する上で重要な側面を検証する。たとえば、ラーニングのプロセスとその決定要因と、経済システムの設計や企業などの経済の構成要素などの経済構造、および政策に対する意味合いである。技術面と空間面での「知識の地域化」の重要性を説明し、「経験することで学習する」という考え方を、「学ぶことによって、学び方を学習する」という概念に広げ、なぜ、地理的に集中する大企業が（典型的には工業部門、最近では近代サービス部門）が成長の中心になってきたのかを、生産性向上スピードの速さと、別の経済部門へのスピルオーバーの多さから説明する。さらに、マクロ経済の安定性と長期的な生産性向上の関連性を説明する――実質マクロ経済の安定性が非常に重要である理由を示す新しい論拠となるだろう。

　ラーニングを決定する基本的な要因を分析することで、我々は2つの重大な問いに取り組んだ。すなわち、（企業が多くなり）より競争的となる経済では、ラーニングは減少するのか、増えるのか。イノベーションとラーニングの水準とパターンでは、市場は効率的になっているのだろうか。後者の問いを投げかけながら、競争の水準（集中度）はそれ自体が内生的であるという点に注目した――もっとも、これは政府の政策によって影響を受ける。前述のように、アローは、市場のもつ革新性を主張したシュンペーター的見方を直接的に批判はしなかったものの、市場プロセスの帰結は効率的にはならないことを、その初期の研究で示唆していた。我々の分析で明らかになったことは、複雑である。すなわち、独占に関するジョセフ・シュンペーターの考えはあまりにも楽観的だった。独占は一時的なものにすぎず、支配的企業になるための競争がイノベーションを引き出すと考えていた。我々は、シュンペーターとシュンペタリアンと呼ばれる経済学者が考えていたよりも、独占ははるかに持続的であり、支配的企業になるための競争は、イノベーションを刺激するという意味では、彼が考えていたよりもはるかに効率が悪いことを指摘した。ただし、小規模企業が多く集まる市場ではより競争的であるほど、イノベーションはより少なくなるというシュンペーターの指摘は正しかったと言えるだろう。

これらの分析から明らかになった重要なメッセージは、イノベーションを起こす経済を形成し、ラーニングを促進する上で、政府が担う重要な役割があるということである。本書の後半の章では、このために政府が行う最善の方法は何かをより詳細に検証する。

第7章と第8章では、簡単なモデルからより複雑なモデルに発展させながら、分析の重要な結論を提示する。第7章では、(農業と工業の) 2財を生産し、(貿易のない) 閉鎖経済モデルで、工業 (製造) 部門を促進する政策 (補助金など) がいかに経済成長率と社会の厚生の上昇につながるかという点を説明する。短期的 (配分上の) 歪みよりも、長期的なラーニングからの便益の方が大きくなる。最適な補助金を表す簡単な公式が導かれる。この簡単なモデルでイノベーションの速さを、競争があるときと、その工業部門が1社で独占されているときとで比較した。イノベーションは独占のときの方が高くなるが、社会厚生が高くなるかどうかは不確定であり、ラーニングの弾力性と割引率に依存することになる。

第8章ではこのモデルを開放経済に発展させ、幼稚経済保護論を構築した。工業部門はラーニング能力が大きいだけでなく、ラーニングのスピルオーバーも多いため、保護政策や産業政策でこのような分野を支援すると、より高い成長と社会的厚生がもたらされる。先進国では、保護政策を支持する議論の正当性ははるかに弱い。アメリカやヨーロッパ、日本のような経済では、アイデアやイノベーションを開発するだけの規模の大きなしっかりとしたインフラがすでに整っている。もっとも、異なる部門や異なる産業へのラーニングの外部性で政府の介入を正当化するものがあるかもしれない。

この理論から広い範囲のインプリケーションが考えられる。その例を挙げていこう。多くの国が外部に対してはある種の貿易障壁を設定しつつ、お互いに貿易を促進することが望ましくなる。競争とインセンティブが重要である。欧州連合のように、いくつもの国が集まり、広い障壁内で競争するのは非常に魅力的になる。保護されることで、「ラーニング」（工業）部門が発展する。この規模の大きさが競争の幅を大きくする（前半の我々のコメントは、保護の程度が時と共に減るべきとする理由の説明になる）。発展に成功した途上国経済での貿易政策の構造は、第二次世界大戦直後の日本やヨーロッパ、もしくはアジアの他の国に見られるように、おおむねこの形態をとっていた。特定の産業に集中して保護していたわけではない。工業全体を広範囲に保護する傾向があり、実際にはその保護の中で競争を奨励していた。

これが金融市場にどのように影響するかという問題も発生する――その答えを出すのに特に助けになるのが、アローとソローの研究である。ある国が資本を輸出するとき、その資本の所有者は、実際には海外からの資本サービスを輸入していることになる。製造業の生産財や工業製品の輸入が、その分野にともなうラーニングを生み出せないのと同じように、金融サービスの輸入は、その分野にともなう重要なラーニングを生み出せない。仮に、輸入工業製品を対象に広い障壁を設定することを強力に支持する議論があるとすれば、その議論は、海外への資本の輸出と金融サービスの輸入の制限にも同じように適用される。要するに、この理論は、なぜ資本市場と金融市場の自由化が成長率を下げることになるのかを説明する新しい論拠を提供する。同様の議論が海外への労働の輸出にも当てはまることを説明する。

本書はこのような分析から始め貿易政策と産業政策から、マクロ経済、金融、そして投資政策、知的所有権と、より広い政策議論を行う。特定の幼稚産業保護政策に対しては、保護する経済的正当性が失われた後でもその立場を維持しようとする既得権問題がある。このような幼稚産業保護政策への政治的な反対意見は、幼稚経済保護論の文脈では当てはまらない。本書ではその理由を説明していく。政治経済的関心は、産業政策や貿易政策を行うかどうかに影響を与えるべきではなく、どのような政策を行うか、そしてどのようにうまく設計できるかということを考えるべきだ、という点を示そう。あわせて、知的所有権法は、うまく設計されなければ、ラーニングを実際には阻害し、「より強い」知的所有権制度はイノベーションの速度を遅くすることを示す。

本書の後半では、ラーニング・エコノミーの構築を超えて、ラーニング・ソサイエティの構築に議論を移す。あらかじめ決められた選好をもつ合理的な個人を想定して成り立つ、標準的経済学モデルの枠を超え、好みと信条は、すくなくとも部分的には、社会で決められるという考えも含めて、近年行動経済学で発展した考察を取り入れた。たとえば、ラーニングの「考え方」を作り出す助けになる政策があるかどうかを検討する。

我々の洞察によって読者の皆さんが触発され、さらに研究を深めていくきっかけが提供できれば幸いである。我々の考えを詳細に説明する上で、大きなジレンマを抱えていた。というのも、数学は現代経済学の言語である。数学は仮定から導き出される想定上の結論を確かなものにするのに役立つ。結論の信頼性を検証するのに役立つ。たとえば、仮定を変更すると結論が大きく変わるのかどうか、などだ。しかし、同時に数学が曖昧にすることもある。たとえば、分析の複雑さが、特定の仮定が果たしている役割を隠してしまうこともある。アローとソローは我々に、簡単なモデルの価値を教えてくれた——我々は、身近な特定の問題を探求し説明するには、最も簡単で最も一般的なモデルを見つける努力をするべきである。本書の議論が、2人の恩師の教えであるこの高い水準に応えるものであることを願っている。

しかし、この分野の分析で最も簡単なものでも相対的には複雑になる。そして、その結果の頑健性を検証するには、基本的モデルを変形した複数のモデルを検証しなければならない。

本書は、我々のもうひとりの恩師で、現代成長理論の父である、ロバート・ソローの栄誉を称える機会を提供してくれた。ソローとアローは、いかに簡単なアイデアが深い影響をもたらしうるかを我々に教えてくれた。知識とラーニングの経済学からの洞察を取り入れることで、経済成長を促進するための政策設計の考え方に関する我々の視点を根本的に変えたのだ。経験によるラーニングについての、ケネス・アローの論文に触発された幼稚経済論は、経済的洞察を新しい分野に拡大したという点で、ケネス・アローと、ロバート・ソローの広い意味での伝統を継承したものであると考えている。本書が提供する洞察によって、発展途上国が、彼らの経済成長と発展を促進するための新しく効果的な政策を採用する助けになることを願っている。

注

(1) より正確には、イノベーションがあったとしても、それは外生的であり、市場参加者の行動によって影響を受けないと仮定している。

レクチャー・シリーズへの謝辞

ケネス・J・アロー・レクチャー・シリーズは、コロンビア大学のグローバル思考委員会（Committee on Global Thought）、コロンビア大学経済学部の経済研究プロジェクト（PER）、そしてコロンビア大学出版の支援とご協力を得て開催することができた。

特に、グローバル思考委員会のRobin Stephenson, Gilia Smith, Sasha de Vogel、そして、コロンビア大学出版のMyles ThompsonとBridget Flannery-McCoyには、本書の出版までの助力をいただいた。第1回目のレクチャーは、カウフマン財団からご支援いただいた。

アロー・レクチャー・シリーズ第1回への謝辞

このレクチャーの内容は、過去30年以上継続的に行ってきたBruce Greenwaldとの非常に有益な共同研究の報告であるが、その一方で、この研究テーマは、私の大学院時代にまでさかのぼる。その後50年間様々な方にお世話になってきた。まず、特に感謝したいのは、恩師である、Kenneth Arrowと

Robert Solowであり、このアイデアを最初に発表したレクチャーに参加してくれた。私の大学院生時代は、成長理論が非常に流行しており、技術進歩の速度を説明する内生的成長理論が注目の的になっていた。MITだけでなく、シカゴ大学とケンブリッジ大学でも研究の機会を得られたことは幸運だった。MITでは、Evsey DomarやPaul Samuelson、そしてFranco Modiglianiから影響を受けた。ケンブリッジ大学では、Nicholas Kaldorや、James Meade, James Mirrlees, David Champernowne, Frank Hahnの影響を受けた。宇沢弘文教授は、シカゴ大学で夏の間、この問題を議論するため、アメリカ中から我々を呼び集めた。そのメンバーには、George Akerlof, Eytan Sheshinki, Karl Shellもいた。ケンブリッジ大学では、Tony AtkinsonとPartha Dasguptaとの共同研究を始め、彼らと共に発展させたアイデアは、本書で随所に生かされている。その他、Karla Hoff, Raaj Sah, Barry Nalebuff, Carl Shapiro, Richard Arnott, Avi Braverman, Andrew Charlton, Mario Cimoli, Michael Cragg, Domenico Delli Gatti, Giovanni Dosi, Avinash Dixit, Shahe Emran, David Ellerman, Jean-Paul Fitoussi, Drew Fudenberg, Jason Furman, Mauro Gallegati, Richard Gilbert, Sandy Grossman, Geoff Heal, Thomas Hellman, Claude Henry, Arjun Javadev, Kevin Murdoch, David Newbery, Akbar Noman, Jose Antonio Ocampo, Michael Salinger, Marilou Uy, Alec Levinson, Andy Weissは、本書で議論したアイデアの共同執筆者であり、本書で展開した話題に関して示唆を与えてくれた。

その他、大勢の方々と本書で論じたトピックに関して議論を重ね、私の考えを形にする手助けをしてくれ、随所にそれが反映されている。影響を与えてくれたのは、Alice Amsden, Amar Bhide, Hans Binswanger, Ha-Joon Chang, Paul David, Bob Evenson, Gene Grossman, Peter Howitt, Mort Kamien, Justin Lin, Glen Loury, Edwin Mansfield, Richard Nelson, Takashi Omori, Edmund Phelps, Rob

Porter, Hamid Rashid, Jerome Reichman, Dani Rodrik, Paul Romer, Nancy Schwartz, Michael Spence, Robert Wade, Michael Whinston, Sidney Wintersである。

コメンテーターを務めてくれたPhilippe Aghion, Kenneth Arrow, Robert Solow, Michael Woodfordを含め、このレクチャーの参加者全員に感謝したい。

本書の出版にあたり、Julia Cunico, Kevin Findlan, Laura Morrison, Hannah Assadi、そして特に、Ava SeaveとAnya Schiffrinには感謝したい。

本書を仕上げる手助けをしてくれた、研究アシスタント・チームにも感謝したい。この原稿を準備するにあたり、Laurence Wilse-SamsonとEamon Kircher-Allenには、特にお世話になった。Sandesh Dhungana, An Li, Erin Kogan, Feiran Zhangにもお手伝いいただいた。

ジョセフ・E・スティグリッツ

【監訳者紹介】
藪下史郎（やぶした　しろう）
早稲田大学政治経済学術院名誉教授。イェール大学 Ph.D. 取得後、東京都立大学（現・首都大学東京）、横浜国立大学を経て、1991 年から早稲田大学政治経済学部教授、2014 年 3 月退職。専門は応用マクロ経済学、金融論。イェール大学大学院在籍時にジェームズ・トービン、ジョセフ・E・スティグリッツらに師事。主な著書に『金融システムと情報の理論』（東京大学出版会）、『金融論』（ミネルヴァ書房）、『スティグリッツの経済学――「見えざる手」など存在しない』（東洋経済新報社）などがある。

【訳者紹介】
岩本千晴（いわもと　ちはる）
関東学園大学経済学部経済学科専任講師。翻訳者。ボストン大学経済学修士、中央大学総合政策研究科博士後期課程修了。博士（総合政策）。
主な訳書に『ハウス・オブ・デット』（東洋経済新報社）、『議会の進化――立憲的民主統治の完成へ』（共訳、勁草書房）がある。

スティグリッツのラーニング・ソサイエティ
生産性を上昇させる社会

2017 年 9 月 14 日発行

著　者――ジョセフ・E・スティグリッツ／ブルース・C・グリーンウォルド
監訳者――藪下史郎
訳　者――岩本千晴
発行者――山縣裕一郎
発行所――東洋経済新報社
〒103-8345　東京都中央区日本橋本石町 1-2-1
電話＝東洋経済コールセンター　03(5605)7021
http://toyokeizai.net/

D T P…………アイランドコレクション
装　丁…………竹内雄二
印刷・製本……丸井工文社
編集担当………矢作知子
Printed in Japan　　ISBN 978-4-492-44444-3

著者紹介

ジョセフ・E・スティグリッツ Joseph E. Stiglitz

コロンビア大学教授。世界銀行の元チーフ・エコノミスト兼上級副総裁。クリントン政権では経済諮問委員会委員長を務めた。主な著書に、『世界に格差をバラ撒いたグローバリズムを正す』、『世界の99%を貧困にする経済』、『世界に分断と対立を撒き散らす経済の罠』、『フェアトレード——格差を生まない経済システム』(共著) などがある。2001年にノーベル経済学賞受賞。

ブルース・C・グリーンウォルド Bruce C. Greenwald

コロンビア大学ビジネススクール教授。グラハム・ドッド投資ヘイルブルンセンター長も務める。主な著書に『バリュー投資入門——バフェットを超える割安株選びの極意』(共著)、『競争戦略の謎を解く』(共著)、『新しい金融論——信用と情報の経済学』(ジョセフ・E・スティグリッツとの共著)、*Globalization: The Irrational Fear That Someone in China Will Take Your Job* (共著) などがある。

索　引

ア　行

カ　行

サ　行

タ 行

ナ　行

ハ　行

マ　行

ヤ　行

ラ　行

ワ　行

参考文献

Abernathy, William J., and Kim B. Clark. 1985. "Innovation: Mapping the Winds of Creative Destruction." *Research Policy* 14 (1): 3–22.

Acemoglu, Daron. 2010. "When Does Labor Scarcity Encourage Innovation?" *Journal of Political Economy* 118 (6): 1037–1078.

Acemoglu, Daron, and James Robinson. 2012. *Why Nations Fail*. New York: Random House. (鬼澤忍訳『国家はなぜ衰退するのか——権力・繁栄・貧困の起源（上）（下）』早川書房、2013年)

——. 2000. "Why Did the West Extend the Franchise? Democracy, Inequality and Growth in Historical Perspective." *Quarterly Journal of Economics* 115 (4): 1167–1199.

Acemoglu, Daron, Philippe Aghion, L. Bursztyn, and D. Hemous. 2009. "The Environment and Directed Technical Change." NBER Working Paper 15451. http://www.nber.org/papers/w15451.

Acemoglu, Daron, Philippe Aghion, and Fabrizio Zilibotti. 2006. "Distance to Frontier, Selection and Economic Growth." *Journal of the European Economic Association* 4 (1): 37–74.

Acemoglu, Daron, James Robinson, and Thierry Verdier. 2012. "Can't We All Be More Like Scandinavians? Asymmetric Growth and Institutions in an Interdependent World." NBER Working Paper 18441. http://www.nber.org/papers/w18441.pdf.

Africa Progress Panel. 2012. *Africa Progress Report: Jobs, Justice and Equity*. Available online: http://www.africaprogresspanel.org/publications/policy-papers/africa-progress-report-2012/.

Afridi, Farzana, Sherry Xin Li, and Yufei Ren. 2011. "Social Identity and Inequality: The Impact of China's Hukou System." Manuscript, University of Texas at Dallas. http://ideas.repec.org/p/cde/cdewps/190.html.

Aghion, Philippe. 1999. "Development Banking." *Journal of Development Economics* 58 : 83–100.

Aghion, Philippe, and Peter Howitt. 1998. *Endogenous Growth Theory*. Cambridge, Mass.: MIT Press.

——. 1992. "A Model of Growth through Creative Destruction." *Econometrica* 60 (2): 323–351.

Aghion, Philippe, Peter Howitt, and Susanne Prantl. 2013. "Patent Rights, Product Market Reforms, and Innovation." Working Paper, Harvard University.

Aghion, Philippe, Ufuk Akcigit, and Peter Howitt. 2013. "What Do We Learn from Schumpeterian Growth Theory?" NBER Working Paper 18824.

Aghion, Philippe, Nick Bloom, Richard Blundell, Rachel Griffith, and Peter Howitt. 2005. "Competition and Innovation: An Inverted U Relationship." *Quarterly Journal of Economics* 120 (2): 701–728.

Aghion, Philippe, Robin Burgess, Stephen Redding, and Fabrizio Zilibotti. 2008. "The Unequal Effects of Liberalization: Evidence from Dismantling the License Raj in India." *American Economic Review* 98 (4): 1397–1412.

Aghion, Philippe, Mathias Dewatripont, L. Du, A. Harrison, and P. Legros. 2012. Industrial Policy and Competition. Manuscript, Harvard University. http://scholar.harvard.edu/files/aghion/files/industrial_policy_and _competition.pdf.

Aghion, Philippe, David Hemous, and Enisse Kharroubi. 2009. "Cyclical Budgetary Policy, Credit Constraints, and Industry Growth." Working Paper, Harvard University. http://scholar.harvard.edu/aghion/publications/credit-constraints-cyclical-fiscal-policy-and-industry-growth.

Ahmad, Syed. 1966. "On the Theory of Induced Invention." *Economic Journal* 76 : 344–357.

Aizenman, Joshua, and Yothin Jinjarak. 2009. "Globalisation and Developing Countries: a Shrinking Tax Base?" *Journal of Development Studies* 45 (5): 653–671.

Akerlof, George. 1970. "The Market for 'Lemons': Quality Uncertainty and the Market Mechanism." *Quarterly Journal of Economics* 89 : 488–500.

Akerlof, George A., and R. E. Kranton. 2010. *Identity Economics: How Our Identity Shapes Our Work, Wages and Well-Being*. Princeton, N.J.: Princeton University Press. (山形浩生・守岡桜訳『アイデンティティ経済学』東洋経済新報社、2011年)

Akerlof, George A., and Joseph E. Stiglitz. 1969. "Capital, Wages and Structural Unemployment." *Economic Journal* 79 (314): 269–281.

Akerlof, George A., and Janet L. Yellen. 1990. "The Fair Wage-Effort Hypothesis and Unemployment." *Quarterly Journal of Economics* 105 (2): 255–283.

——. 1986. *Efficiency Wage Models of the Labor Market*. Cambridge: Cambridge University Press.

Alchian, Armen. 1963. "Reliability of Progress Curves in Airframe Production." *Econometrica* 31 : 679–693.

Alloy, Lauren B., and Lyn Y. Abramson. 1979. "Judgment of Contingency in Depressed and Nondepressed Students: Sadder but Wiser?" *Journal of Experimental Psychology: General* 108 (4): 441–485.

Aoki, Masahiko. 1970. "A Note on Marshallian Process under Increasing Returns." *Quarterly Journal of Economics* 84 (1): 100–112.

Argote, Linda, and Dennis Epple. 1990. "Learning Curves in Manufacturing." *Science* 247 : 920–924.

Argote, Linda, Sara L. Beckman, and Dennis Epple. 1990. "The Persistence and Transfer of Learning in Industrial Settings." *Management Science* 36 (2): 140–154.

Ariely, Dan. 2008. *Predictably Irrational: The Hidden Forces That Shape Our Decisions*. Rev. and expanded ed. New York: Harper Collins. (熊谷淳子訳『予想どおりに不合理――行動経済学が明かす「あなたがそれを選ぶわけ」』早川書房、2013年)

Arnott, Richard, and Joseph E. Stiglitz. 1991. "Moral Hazard and Nonmarket Institutions: Dysfunctional Crowding Out or Peer Monitoring?" *American Economic Review* 81 (1): 179–190.

——. 1985. "Labor Turnover, Wage Structure & Moral Hazard: The Inefficiency of Competitive Markets." *Journal of Labor Economics* 3 (4): 434–462. Reprinted in *Selected Works of Joseph E. Stiglitz*, vol. 2, *Information and Economic Analysis: Applications to Capital, Labor, and Product Markets*, 581–600. Oxford: Oxford University Press, 2013.

Arnott, Richard, Bruce Greenwald, and Joseph E. Stiglitz. 1994. "Information and Economic Efficiency." *Information Economics and Policy* 6 (1): 77–88.

Arnott, Richard, A. Hosios, and Joseph E. Stiglitz. 1988. "Implicit Contracts, Labor Mobility and Unemployment." *American Economic Review* 78 (5): 1046–1066.

Arrow, Kenneth J. 1965. *Aspects on the Theory of Risk-Bearing*. Helsinki: Yrjö Jahnssonin Säätiö.

——. 1962a. "The Economic Implications of Learning by Doing." *Review of Economic Studies* 29 : 155–173.

——. 1962b. "Economic Welfare and the Allocation of Resources for Invention." In *The Rate and Direction of Inventive Activity: Economic and Social Factors*, ed. R. Nelson, National Bureau of Economic Research (NBER): 609–629. Princeton, N.J.: Princeton University Press.

——. 1951a. "An Extension of the Basic Theorems of Classical Welfare Economics." In *Proceed-*

ings of the Second Berkeley Symposium on Mathematical Statistics and Probability, ed. J. Neyman, 507–532. Berkeley: University of California Press.

——. 1951b. *Social Choice and Individual Values*. New York: Wiley.（長名寛明訳『社会的選択と個人的評価』勁草書房、2013年）

Arrow, Kenneth J., and F. Debreu. 1954. "Existence of an Equilibrium for a Competitive Economy." *Econometrica* 22 : 265–290.

Arrow, Kenneth J., W. R. Cline, K-G. Maler, M. Munasinghe, R. Squitieri, and Joseph E. Stiglitz. 1996. "Intertemporal Equity, Discounting, and Economic Efficiency." In *Climate Change 1995: Economic and Social Dimensions of Climate Change*, ed. James P. Bruce, H. Lee, and Erik F. Haites, 21–51. Cambridge: Cambridge University Press.（「異時点間の公平性、割引、及び経済的効率性」IPCC第3作業部会編／天野明弘・西岡秀三監訳『地球温暖化の経済・政策学——IPCC「気候変動に関する政府間パネル」第3作業部会報告』第4章、中央法規出版、1997年）

Arvis, Jean-François. 2013. "How Many Dimensions Do We Trade In? Products Space Geometry and Latent Comparative Advantage." World Bank Policy Research Working Paper 6478. http://elibrary.worldbank.org/doi/pdf/10.1596/1813-9450-6478.

Asher, Harold. 1956. "Cost-Quantity Relationships in the Airframe Industry." Paper R-291, RAND Corp., Santa Monica.

Atkinson, Anthony B., and Joseph E. Stiglitz. 1980. *Lectures on Public Economics*. New York: McGraw-Hill.

——. 1969. "A New View of Technological Change." *Economic Journal* 79 (315): 573–578.

Autor, David H., and David Dorn. 2013. "The Growth of Low Skill Service Jobs and the Polarization of the U.S. Labor Market." *American Economic Review* 103 (5): 1553–1597.

Autor, David H., Lawrence F. Katz, and Melissa S. Kearney. 2008. "Trends in U.S. Wage Inequality: Revising the Revisionists." *Review of Economics and Statistics* 90 (2): 300–323.

——. 2006. "The Polarization of the U.S. Labor Market." *American Economic Review* 96 (2): 189–194.

Autor, David H., Frank Levy, and Richard J. Murnane. 2003. "The Skill Content of Recent Technological Change: An Empirical Investigation." *Quarterly Journal of Economics* 118 (4): 1279–1333.

Azvolinsky, Anna. 2012. "Lack of BRCA Testing Approval Creates Snag for Cancer Trials." *Nature Medicine* 18 (1310).

Baily, Martin Neil, and Robert M. Solow. 2001. "International Productivity Comparisons Built from the Firm Level." *Journal of Economic Perspectives* 15 (3): 151–172.

Baily, Martin Neil, Charles Hulten, David Campbell, Timothy Bresnahan, and Richard E. Caves. 1992. "Productivity Dynamics in Manufacturing Plants." *Brookings Papers on Economic Activity, Microeconomics*, 187–267.

Baldwin, R. 1969. "The Case Against Infant-Industry Tariff Protection." *Journal of Political Economy* 77 (3): 295–305.

Barrios, Salvador, and Eric Strobl. 2004. "Learning by Doing and Spillovers: Evidence from Firm-Level Panel Data." *Review of Industrial Organization* 25 (2): 175–203.

Barro, R. J., and X. Sala-I-Martin. 1991. "Convergence Across States and Regions." Papers 629, Yale Economic Growth Center.

Barth, Erling, B. Finseraas, and K. O. Moene. 2012. "Political Reinforcement: How Rising Inequality Curbs Manifested Welfare Generosity." University of Oslo.

Barth, Erling, Karl O. Moene, and Fredrik Willumsen. 2014. "The Scandinavian Model: An Interpretation." *Journal of Public Economics* 117 : 60–72.

Baumol, William J. 1982. "Contestable Markets: An Uprising in the Theory of Industry Structure." *American Economic Review* 72 (March): 1–15.

Baumol, William J., John C. Panzar, and Robert D. Willig. 1982. *Contestable Markets and the Theory of Industry Structure.* New York: Harcourt, Brace and Jovanovich.

Bayraktar, Nihal, and Yan Wang. 2004. "Foreign Bank Entry, Performance of Domestic Banks and Sequence of Financial Liberalization." World Bank Policy Research Working Paper Series 3416.

Beck, Thorsten, and Asli Demirgüç-Kunt. 2006. "Small and Medium-Size Enterprises: Access to Finance as a Growth Constraint." *Journal of Banking and Finance* 30 : 2931–2943.

Beck, Thorsten, Asli Demirgüç-Kunt, and Ross Levine. 2000. "A New Database on Financial Development and Structure." *World Bank Economic Review* 14 : 597–605.

Beck, Thorsten, Asli Demirgüç-Kunt, and Vojislav Maksimovic. 2008. "Financing Patterns Around the World: Are Small Firms Different?" *Journal of Financial Economics* 89 : 467–487.

Beck, Thorsten, Asli Demirgüç-Kunt, and Maria Soledad Martinez Peria. 2010. "Foreign Banks and Small and Medium Enterprises: Are They Really Estranged?" http://www.voxeu.org/index.php?q=node/4828.

Bénabou, Roland. 2008a. "Groupthink: Collective Delusions in Organizations and Markets." Manuscript, Princeton University, Princeton, N.J.

——. 2008b. "Ideology." *Journal of the European Economic Association* 6 (2–3): 321–352.

——. 1996. "Inequality and Growth." In *NBER Macroeconomics Annual 1996*, vol. 11, ed. Ben S. Bernanke and Julio J. Rotemberg, 11–92. Cambridge, Mass.: MIT Press.

Bénabou, Roland, and Jean Tirole. 2009. "Over My Dead Body: Bargaining and the Price of Dignity." In *Papers and Proceedings of the One Hundred Twenty-First Meeting of the American Economic Association, American Economic Review* 99 (2): 459–465.

——. 2006. "Incentives and Prosocial Behavior." *American Economic Review* 96 (5): 1652–1678.

——. 2003. "Intrinsic and Extrinsic Motivation." *Review of Economic Studies* 70 (3): 489–520.

——. 2002. "Self-Confidence and Personal Motivation." *Quarterly Journal of Economics* 117 : 871–915.

Berg, Andrew, and Jonathan Ostry. 2011. "Inequality and Unsustainable Growth: Two Sides of the Same Coin?" IMF Staff Discussion Note No. 11/08.

Bértola, Luis, and José Antonio Ocampo. 2012. "Learning from Latin America: Debt Crises, Debt Rescues and When and Why They Work." Institute for the Studies of the Americas Working Paper. http://americas.sas.ac.uk/sites/default/files/files/filestore-documents/events/Papers/Bertola_and_Ocampo_paper.pdf.

Besanko, David, Ulrich Doraszelski, Yaroslav Kryukov, and Mark Satterthwaite. 2010. "Learning-by-Doing, Organizational Forgetting, and Industry Dynamics." *Econometrica* 78 : 453–508.

Besley, Tim, and Torsten Persson. 2011. "The Logic of Political Violence." *Quarterly Journal of Economics* 126 (3): 1411–1445.

——. 2010. "State Capacity, Conflict and Development." *Econometrica* 78 (1): 1–34.

——. 2009. "The Origins of State Capacity: Property Rights, Taxation and Politics." *American Economic Review* 99 (4): 1218–1244.

Besley, Tim, Torsten Persson, and Daniel M. Sturm. 2010. "Political Competition, Policy and Growth: Theory and Evidence from the United States." *Review of Economic Studies* 77 (4): 1329–1352.

Bessen, James, and Michael J. Meurer. 2008. *Patent Failure: How Judges, Bureaucrats, and Lawyers Put Innovators at Risk*. Princeton, N.J.: Princeton University Press. (浜田聖司訳『破綻する特許』現代人文社、2014年)

Biais, B., and P. Woolley. 2011. "High Frequency Trading." IDEI Working Paper. http://idei.fr/doc/conf/pwri/biais_pwri_0311.pdf.

Bittlingmayer, George. 1988. "Property Rights, Progress, and the Aircraft Patent Agreement." *Journal of Law and Economics* 31 (1): 227–248.

Blitzer, C., P. Dasgupta, and Joseph E. Stiglitz. 1981. "Project Appraisal and Foreign Exchange Constraints." *Economic Journal* 91 (361): 58–74.

Boldrin, Michele, and David K. Levine. 2013. "The Case against Patents." *Journal of Economic Perspectives* 27 (1): 3–22.

Boyle, James. 2008. *The Public Domain: Enclosing the Commons of the Mind*. New Haven, Conn.: Yale University Press.

——. 2003. "The Second Enclosure Movement and the Construction of the Public Domain." *Law and Contemporary Problems* 66 (33): 33–74.

Brandt, Loren, Johannes Van Biesebroeck, and Yifan Zhang. 2012. "Creative Accounting or Creative Destruction? Firm-Level Productivity Growth in Chinese Manufacturing." *Journal of Development Economics* 97 (2): 339–351.

Braverman, A., and Joseph E. Stiglitz. 1986. "Landlords, Tenants and Technological Innovations." *Journal of Development Economics* 23 (2): 313–332.

Bruce, James P., Hoesung Lee, and Erik F. Haites, eds. 1996. *Climate Change 1995: Economic and Social Dimensions of Climate Change*. Cambridge: Cambridge University Press. (IPCC第3作業部会編／天野明弘・西岡秀三監訳『地球温暖化の経済・政策学——IPCC「気候変動に関する政府間パネル」第3作業部会報告』中央法規出版、1997年)

Bruner, J., and M. C. Potter. 1964. "Interference in Visual Recognition." *Science* 144 (3617): 424–425.

Brunt, Liam, Josh Lerner, and Tom Nicholas. 2011. "Inducement Prizes and Innovation." NHH Dept. of Economics Discussion Paper No. 25/2011. http://ssrn.com/abstract=1972290; or http://dx.doi.org/10.2139/ssrn.1972290.

Cabral, Luis, and Michael Riordan. 1994. "The Learning Curve, Market Dominance, and Predatory Pricing." *Econometrica* 62 : 1115–1140.

Cass, David., and Joseph E. Stiglitz. 1969. "The Implications of Alternative Saving and Expectations Hypotheses for Choices of Technique and Patterns of Growth." *Journal of Political Economy* 77 (4), Part 2 : 586–627.

Chang, Ha Joon. 2003. "Kicking Away the Ladder: Infant Industry Promotion in Historical Perspective." *Oxford Development Studies* 31 (1): 21–32.

——. 2002. *Kicking Away the Ladder—Development Strategy in Historical Perspective*. London: Anthem Press.(横川信治監訳『はしごを外せ——蹴落とされる発展途上国』日本評論社、2009年)

——. 2001. "Intellectual Property Rights and Economic Development: Historical Lessons and Emerging Issues." *Journal of Human Development and Capabilities* 2 (2): 287–309.

Charlton, A., and Joseph E. Stiglitz. 2013. "The Right to Trade: Rethinking the Aid for Trade

Agenda," in *Assessing Aid for Trade: Effectiveness, Current Issues and Future Directions*, ed. Mohammad A. Razzaque and Dirk Willem te Velde, 359–386, London: Commonwealth Secretariat.

Charlton, Andrew, and Joseph E. Stiglitz. 2012. "The Right to Trade: A Report for the Commonwealth Secretariat on Aid for Trade." London: Commonwealth Secretariat.

——. 2006. "Aid for Trade: A Report for the Commonwealth Secretariat." London: Commonwealth Secretariat. Published in *International Journal of Development Issues* 5 (2): 1–41; abridged version in *Swiss Review of International Economic Relations* 61 (2): 2006.

——. 2005. *Fair Trade for All*. New York: Oxford University Press.（浦田秀次郎監訳『フェアトレード――格差を生まない経済システム』日本経済新聞出版社、2007年）

Cimoli, Mario, Giovanni Dosi, Keith E. Maskus, Ruth L. Okediji, Jerome H. Reichman, and Joseph E. Stiglitz, eds. 2014. *Intellectual Property Rights: Legal and Economic Challenges for Development*. Oxford: Oxford University Press.

Cimoli, Mario, Giovanni Dosi, and Joseph E. Stiglitz, eds. 2009. *Industrial Policy and Development: The Political Economy of Capabilities Accumulation*. New York: Oxford University Press.

Clarke, George, Robert Cull, Maria Soledad Martinez Peria, and Susana M. Sanchez. 2005. "Bank Lending to Small Businesses in Latin America: Does Bank Origin Matter?" *Journal of Money, Credit and Banking* 37 (1): 83–118.

Clarkson, G., and D. DeKorte. 2006. "The Problem of Patent Thickets in Convergent Technologies." *Annals of the New York Academy of Sciences* 1093 (1): 180–200.

Coase, R. 1937. "The Nature of the Firm." *Economica* 4 (16): 386–405.（宮沢健一・後藤晃・藤垣芳文訳『企業・市場・法』所収、東洋経済新報社、1992年）

Commission on Growth and Development. 2008. "The Growth Report: Strategies for Sustained Growth and Inclusive Development." The International Bank for Reconstruction and Development/The World Bank, Washington D.C.

Compte, Oliver, and Andrew Postlewaite. 2004. "Confidence-Enhanced Performance." *American Economic Review* 94 (5): 1535–1557.

Conniff, R. 2011 "King Ludd's War: In Luddite Protests, Which Began 200 Years Ago This Month, Technology Wasn't Really the Enemy." *Smithsonian Magazine* 41 (11): 82.

Corlett, W. J., and D. C. Hague. 1953. "Complementarity and the Excess Burden of Taxation," *Review of Economic Studies* 21 : 21–30.

Council of Economic Advisers. 1995. "Supporting Research and Development to Promote Economic Growth: The Federal Government's Role." White Paper, October. http://clinton1.nara.gov/White_House/EOP/CEA/econ/html/econ-top.html.

Crouch, Tom D. 1989. *The Bishop's Boys: A Life of Wilbur and Orville Wright*. New York: Norton.

Dasgupta, Partha S. 2005. "Economics of Social Capital." *Economic Record* 81 (s1): S2–S21.

——. 2001. *Human Well-Being and the Natural Environment*. New York: Oxford University Press.（植田和弘訳『サステイナビリティの経済学――人間の福祉と自然環境』岩波書店、2007年）

——. 1993. *An Inquiry into Well-Being and Destitution*. New York: Oxford University Press.

——. 1969. "On the Concept of Optimum Population." *Review of Economic Studies* 36 (107): 295–318.

Dasgupta, Partha, and Paul David. 1994. "Toward a New Economics of Science." *Research Policy* 23 (5): 487–521.

Dasgupta, Partha S., and Geoffrey M. Heal. 1979. *Economic Theory and Exhaustible Resources.* Cambridge: Cambridge University Press.

——. 1974. "The Optimal Depletion of Exhaustible Resources." *Review of Economic Studies* 41, *Symposium on the Economics of Exhaustible Resources:* 3–28. Edinburgh, Scotland: Longman Group.

Dasgupta, Partha S., and Joseph E. Stiglitz. 2000. "Formal and Informal Institutions." In *Social Capital: A Multifaceted Perspective*, ed. P. Dasgupta and I. Serageldin, 59–68. Washington, D.C.: World Bank.

——. 1988a. "Learning by Doing, Market Structure, and Industrial and Trade Policies." *Oxford Economic Papers* 40 (2): 246–268.

——. 1988b. "Potential Competition, Actual Competition and Economic Welfare." *European Economic Review* 32 (May): 569–577.

——. 1982. "Market Structure and Resource Depletion: A Contribution to the Theory of Intertemporal Monopolistic Competition." *Journal of Economic Theory* 28 (1): 128–164.

——. 1981a. "Entry, Innovation, Exit: Toward a Dynamic Theory of Oligopolistic Industrial Structure." *European Economic Review* 15 (2): 137–158.

——. 1981b. "Market Structure and Resource Extraction Under Uncertainty." *Scandinavian Economic Journal* 83 : 318–333.

——. 1981c. "Resource Depletion Under Technological Uncertainty." *Econometrica* 49 (1): 85–104.

——. 1980a. "Industrial Structure and the Nature of Innovative Activity." *Economic Journal* 90 (358): 266–293.

——. 1980b. "Uncertainty, Market Structure and the Speed of R&D." *Bell Journal of Economics* 11 (1): 1–28.

——. 1977. "Tariffs Versus Quotas As Revenue Raising Devices Under Uncertainty." *American Economic Review* 67 (5): 975–981.

——. 1974. "Benefit-Cost Analysis and Trade Policies." *Journal of Political Economy* 82 (1): 1–33.

——. 1972. "On Optimal Taxation and Public Production." *Review of Economic Studies* 39 (1): 87–103.

——. 1971. "Differential Taxation, Public Goods, and Economic Efficiency." *Review of Economic Studies* 38 (2): 151–174.

Dasgupta, Partha S., Richard Gilbert, and Joseph E. Stiglitz. 1983. "Strategic Considerations in Invention and Innovation: The Case of Natural Resources." *Econometrica* 51 (5): 1430–1448.

——. 1982. "Invention and Innovation Under Alternative Market Structures: The Case of Natural Resources." *Review of Economic Studies* 49 (4): 567–582.

——. 1981. "Energy Resources and Research and Development." In *Erschopfbare Ressourcen*, ed. Horst Siebert, 85–108. Berlin: Duncker and Humbolt.

Dasgupta, Partha S., Geoffrey M. Heal, and Joseph E. Stiglitz. 1980. "The Taxation of Exhaustible Resources." In *Public Policy and the Tax System*, ed. G. A. Hughes and G. M. Heal, 150–172. London: George Allen and Unwin.

Dasgupta, Partha S., Geoffrey M. Heal, Joseph E. Stiglitz, Richard Gilbert, and David Newbery. 1977. *An Economic Analysis of the Conservation of Depletable Natural Resources.* Prepared for the Federal Energy Administration.

David, Paul A. 2004a. "From Keeping Nature's Secrets to the Institutionalization of Open Science." In *CODE: Collaborative Ownership and the Digital Economy*, ed. R. A. Ghosh, 85–

106. Cambridge, Mass.: MIT Press.

——. 2004b. "Understanding the Emergence of 'Open Science' Institutions: Functionalist Economics in Historical Context." *Industrial and Corporate Change* 13 : 571–589.

——. 2002. "Does the New Economy Need All the Old IPR Institutions? Digital Information Goods and Access to Knowledge for Economic Development." Presented at Wider Conference on the New Economy in Development, Helsinki.

——. 1993. "Intellectual Property Institutions and the Panda's Thumb: Patents, Copyrights, and Trade Secrets in Economic Theory and History." In *Global Dimensions of Intellectual Property Rights in Science and Technology*, ed. M. B. Wallerstein, M. E. Mogee, and R. A. Schoen, 19–62. Washington, D.C.: National Academies Press.

——. 1975. *Technical Choice Innovation and Economic Growth: Essays on American and British Experience in the Nineteenth Century*. London: Cambridge University Press.

Davis, Lee, and Jerome Davis. 2004. "How Effective Are Prizes as Incentives to Innovation? Evidence from Three 20th Century Contests." Paper presented at the DRUID Summer Conference, May 7.

Debreu, G. 1959. *The Theory of Value*. New Haven, Conn.: Yale University Press.（丸山徹訳『価値の理論』東洋経済新報社、1977年）

——. 1952. "Market Equilibrium." *Proceedings of the National Academy of Sciences* 42 (1956): 876–878.

De la Fuente, Angel, and Rafael Doménech. 2006. "Human Capital in Growth Regressions: How Much Difference Does Data Quality Make?" *Journal of the European Economic Association* 4 (1): 1–36.

De Long, J. B. 1988. "Productivity Growth, Convergence, and Welfare: Comment," *The American Economic Review* 78 (5): 1138–1154.

Delli Gatti, Domenico, Mauro Gallegati, Bruce Greenwald, Alberto Russo, and Joseph E. Stiglitz. 2013. "Sectoral Imbalances and Long Run Crises." In *The Global Macro Economy and Finance*, ed. Franklin Allen, Masahiko Aoki, Jean-Paul Fitoussi, Nobuhiro Kiyotaki, Richard Gordon, and Joseph E. Stiglitz, 61–97. IEA Conference volume no. 150-III. Houndmills, UK and New York: Palgrave.（青木昌彦・岡崎哲二・神取道宏監修『比較制度分析のフロンティア』所収、NTT出版、2016年）

——. 2012. "Mobility Constraints, Productivity Trends, and Extended Crises." *Journal of Economic Behavior & Organization* 83 (3): 375–393.

Denison, Edward F. 1962. *The Sources of Economic Growth in the United States and the Alternatives Before Us*. New York: Committee for Economic Development.

Detragiache, Enrica, Thierry Tressel, and Poonam Gupta. 2008. "Foreign Banks in Poor Countries: Theory and Evidence." *Journal of Finance* 63 (5): 2123–2160.

Diamond, P. 1967. "The Role of a Stock Market in a General Equilibrium Model with Technological Uncertainty." *American Economic Review* 57 : 753–776.

Diamond, Peter A., and James Mirrlees. 1971a. "Optimal Taxation and Public Production I: Production Efficiency." *American Economic Review* 61 : 8–27.

——. 1971b. "Optimal Taxation and Public Production II: Tax Rules." *American Economic Review* 61: 261–278.

Dick, Andrew R. 1991. "Learning by Doing and Dumping in the Semiconductor Industry." *Journal of Law and Economics* 34 (1): 133–159.

Dickey, D. A., and Fuller, W. A. 1979. "Distribution of the Estimators for Autoregressive Time Se-

ries with a Unit Root". *Journal of the American Statistical Association* 74 (366): 427–431.

Dixit, A. 2012. "Corruption: Supply-Side and Demand-Side Solutions." Text for Silver Jubilee Lecture at the Indira Gandhi Institute for Development Research.

Dixit, A., and Joseph E. Stiglitz. 1977. "Monopolistic Competition and Optimum Product Diversity." *American Economic Review* 67 (3): 297–308.

Dollar, D. 1992. "Outward-Oriented Developing Economies Really Do Grow More Rapidly: Evidence from 95 LDCs, 1976–85." *Economic Development and Cultural Change* 40 (3): 523–544.

Domar, E. D., and R. A. Musgrave. 1944. "Proportional Income Taxation and Risk-Taking." *Quarterly Journal Economics* 58: 388–422.

Dosi, Giovanni, and Joseph E. Stiglitz. 2014. "The Role of Intellectual Property Rights in the Development Process, with Some Lessons from Developed Countries: An Introduction." In *Intellectual Property Rights Legal and Economic Challenges for Development*, ed. M. Cimoli, G. Dosi, K. Maskus, R. Okediji, J. Reichman, and Joseph Stiglitz. Oxford: Oxford University Press.

Dosi, Giovanni, L. Marengo, and C. Pasquali. 2006. "How Much Should Society Fuel the Greed of Innovators? On the Relations Between Appropriability, Opportunities and Rates of Innovation." *Research Policy* 35 (8): 1110–1121.

Dosi, Giovanni, Richard Nelson, Christopher Freeman, Luc Soete, and Gerald Silverberg, eds. 1988. *Technical Change and Economic Theory*. London: Pinter.

Douglas, Mary. 1986. *How Institutions Think*. Syracuse, N.Y.: Syracuse University Press.

Dowrick, S., and D. T. Nguyen. 1989. "OECD Comparative Economic Growth 1950–85 : Catch-Up and Convergence." *American Economic Review* 79 (5): 1010–1030.

Drandakis, Emmanuel, and Edmund S. Phelps. 1966. "A Model of Induced Invention, Growth, and Distribution." *Economic Journal* 76 (December): 832–840.

Durlauf, S. N., and D. T. Quah, 1999. "The New Empirics of Economic Growth." In *Handbook of Macroeconomics*, vol. 1, ed. J. B. Taylor and M. Woodford, New York: Elsevier Science.

Dwyer, Douglas. 1998. "Technology Locks, Creative Destruction, and Nonconvergence in Productivity Levels." *Review of Economic Dynamics* 1 (2): 430–473.

Edgeworth, Francis Y. 1925. *Papers Relating to Political Economy*, vol. 3. London: Macmillan.

Elborgh-Woytek, Katrin, Jean-Jacques Hallaert, Hans P. Lankes, Azim Sadikov, and Dustin Smith. 2006. "Fiscal Implications of Multilateral Tariff Cuts." IMF Working Paper WP/06/203.

Ellerman, David, and Joseph E. Stiglitz. 2001. "Not Poles Apart: 'Whither Reform?' and 'Whence Reform?'" *Journal of Policy Reform* 4 (4): 325–338.

——. 2000. "New Bridges Across the Chasm: Macro- and Micro-Strategies for Russia and Other Transitional Economies." In *Zagreb International Review of Economics and Business* 3 (1): 41–72.

Emran, Shahe, and Joseph E. Stiglitz. 2009. "Financial Liberalization, Financial Restraint, and Entrepreneurial Development." Institute for International Economic Policy Working Paper Series, Elliott School of International Affairs, The George Washington University.

——. 2005. "On Selective Indirect Tax Reform in Developing Countries." *Journal of Public Economics*, April, 599–623.

Erten, Bilge, and José Antonio Ocampo. 2013. "Capital Account Regulations, Foreign Exchange Pressure, and Crisis Resilience." Initiative Policy Dialogue Working Paper.

Estevadeordal, Antoni, and Alan Taylor. 2008. "Is the Washington Consensus Dead? Growth,

Openness, and the Great Liberalization, 1970s–2000s." NBER Working Paper 14264.
European Commission. 2008. "Pharmaceutical Sector Inquiry: Preliminary Report." DG Competition Staff Working Paper 9.
Farrell, Joseph. 1987. "Information and the Coase Theorem." *Journal of Economic Perspectives* 1: 113–129.
——. 1986. "How Effective Is Potential Competition?" *Economics Letters* 20 : 67–70.
Farrell, Joseph, and Carl Shapiro. 2008. "How Strong Are Weak Patents?" *American Economic Review* 98 (4): 1347–1369.
——. 1988. "Dynamic Competition with Switching Costs." *RAND Journal of Economics* 19 (1): 123–137.
Fellner, William. 1961. "Two Propositions in the Theory of Induced Innovations." *Economic Journal* 71 (282): 305–308.
Field, Alexander J. 2011. *A Great Leap Forward: 1930s Depression and U.S. Economic Growth*. New Haven, Conn.: Yale University Press.
Filippettia, Andrea, and Daniele Archibugia. 2010. "Innovation in Times of Crisis: National Systems of Innovation, Structure, and Demand." *Research Policy* 40 (2): 179–192.
Fink, Carsten, and Keith E. Maskus, eds. 2005. *Intellectual Property and Development*. Oxford: Oxford University Press.
Fleisher, Belton, Haizheng Li, and Min Qiang Zhao. 2010. "Human Capital, Economic Growth, and Regional Inequality in China." *Journal of Development Economics* 92 (2): 215–231.
Florida, Richard. 2002. *The Rise of the Creative Class: And How It's Transforming Work, Leisure, Community and Everyday Life*. New York: Perseus. (井口典夫訳『クリエイティブ資本論——新たな経済階級の台頭』ダイヤモンド社、2008年)
Foster, Lucia, John C. Haltiwanger, and C. J. Krizan. 2001. "Aggregate Productivity Growth : Lessons from Microeconomic Evidence." In *New Developments in Productivity Analysis*, ed. Charles R. Hulten, Edwin R. Dean, and Michael J. Harper, 303–372. Cambridge, Mass.: National Bureau of Economic Research.
Frankel, Jeffrey A., and David Romer. 1999. "Does Trade Cause Growth?" *American Economic Review* 89 : 379–399.
Freeman, Christopher. 1995. "The National System of Innovation in Historical Perspective." *Cambridge Journal of Economics* 19 : 5–24.
——. 1987. *Technology Policy and Economic Performance: Lessons from Japan*. London, New York: Pinter. (新田光重訳『技術政策と経済パフォーマンス——日本の教訓』晃洋書房、1989年)
Friedland, Roger, and Robert R. Alford. 1991. "Bringing Society Back In: Symbols, Practices, and Institutional Contradictions." In *The New Institutionalism in Organizational Analysis*, ed. Walter W. Powell and Paul J. DiMaggio, 232–263. Chicago: University of Chicago Press.
Fryer, Roland, and Matthew O. Jackson. 2008. "A Categorical Model of Cognition and Biased Decision Making." *B. E. Journal of Theoretical Economics* 8 (1), Article 6.
Fudenberg, Drew, and Jean Tirole. 1983. "Learning-by-Doing and Market Performance." *Bell Journal* 14 (2): 522–530.
——. 1982. "Learning-by-Doing and Market Performance." CERAS D.P.8, Ecole Nationale des Ponts et Chaussees.
Fudenberg, Drew, Rirchard Gilbert, Jean Tirole, and Joseph E. Stiglitz. 1983. "Preemption, Leapfrogging and Competition in Patent Races." *European Economic Review* 22 (June): 3–32.
Furman, J., and Joseph E. Stiglitz. 1999. "Economic Consequences of Income Inequality." In *Sym-*

posium Proceedings, 1998: Income Inequality: Issues and Policy Options, 221–263. Symposium held by Federal Reserve Bank of Kansas City, Jackson Hole, Wyoming.

——. 1998. "Economic Crises: Evidence and Insights from East Asia." *Brookings Papers on Economic Activity* no. 2, 1–114. Presented at Brookings Panel on Economic Activity, Washington, D.C., September 3, 1998.

Futia, Carl A. 1980. "Schumpeterian Competition." *Quarterly Journal of Economics* 94 (4): 675–695.

Gallagher, Kevin. 2014. *Ruling Capital: Emerging Markets and the Reregulation of Cross-Border Finance*. Ithaca, New York: Cornell University Press.

Gallini, Nancy T. 2002. "The Economics of Patents: Lessons from Recent U.S. Patent Reform." *Journal of Economic Perspectives* 16 : 131–154.

Gertner, Jon. 2012. *The Idea Factory: Bell Labs and the Great Age of American Innovation*. New York: Penguin.（土方奈美訳『世界の技術を支配するベル研究所の興亡』文藝春秋、2013年）

Ghemawat, Pankaj, and A. Michael Spence. 1985. "Learning Curve Spillovers and Market Performance." *Quarterly Journal of Economics* 100 : 839–852.

Gilbert, R. 2006. "Looking for Mr. Schumpeter: Where Are We in the Competition-Innovation Debate?" In *Innovation Policy and the Economy*, vol. 6, eds. A. Jaffe, J. Lerner, and S. Stern. Cambridge, Mass: MIT Press.

Gilbert, Richard J., and David M. Newbery. 1982. "Preemptive Patenting and the Persistence of Monopoly." *American Economic Review* 72 (3): 514–526.

Goettler, R. L., and B. R. Gordon. 2014. "Competition and Product Innovation in Dynamic Oligopoly." *Quant Mark Econ* 12 : 1–42.

——. 2011. "Does AMD Spur Intel to Innovate More?" *Journal of Political Economy* 119 (6): 1141–1200.

Goldin, Claudia, and Lawrence Katz. 2008. *The Race Between Education and Technology*. Cambridge, Mass.: Harvard University Press.

Goldstone, Lawrence. 2014. *Birdmen: The Wright Brothers, Glenn Curtiss, and the Battle to Control the Skies*. New York: Ballantine Books.

Goozner, Merrill. 2010. "Ruling on BRCA Gene Patents Could Have Limited Impact." *Journal of the National Cancer Institute* 102 (11): 754–757.

Gordon, R. 2012. "Is U.S. Economic Growth Over? Faltering Innovation Confronts the Six Headwinds." NBER Working Paper 18315.

Graham, Stuart, and Saurabh Vishnubhakat. 2013. "Of Smart Phone Wars and Software Patents." *Journal of Economic Perspectives* 27 (1): 67–86.

Gramsci, Antonio. 1971. *Selections from the Prison Notebooks of Antonio Gramsci*. Ed. and trans. Quintin Hoare and Geoffrey Nowell Smith. New York: International.（底本は異なるが、松田博編訳『グラムシ「獄中ノート」著作集』（全7巻・別巻2、既刊は第7巻、第3巻）、明石書店、2011～2013年、獄中ノート翻訳委員会訳『グラムシ獄中ノート』第1巻、大月書店、1981年、など）

Grandstrand, Ove. 2005. "Innovation and Intellectual Property Rights." In *The Oxford Handbook of Innovation*, ed. I. Fagerberg, D. Mowery, and R. Nelson, 266–290. Oxford: Oxford University Press.

Greenwald, Bruce, and Judd Kahn. 2009. *Globalization: n. The Irrational Fear That Someone in China Will Take Your Job*. Hoboken, N. J.: John Wiley.

Greenwald, Bruce C., and Joseph E. Stiglitz. 2014a. "Industrial Policies, the Creation of a Learning Society, and Economic Development." In *The Industrial Policy Revolution I: The Role of*

Government Beyond Ideology, ed. Joseph E. Stiglitz and Justin Yifu Lin, 43–71. New York: Palgrave Macmillan.
——. 2014b. "Learning and Industrial Policy: Implications for Africa." In *The Industrial Policy Revolution II: Africa in the 21st Century*, ed. Joseph E. Stiglitz, Justin Yifu Lin, and Ebrahim Patel, 25–29. New York: Palgrave Macmillan.
——. 2014c. *Creating a Learning Society: A New Approach to Growth, Development, and Social progress*. New York: Columbia University Press.
——. 2010a. "A Modest Proposal for International Monetary Reform." In *Time for a Visible Hand: Lessons from the 2008 World Financial Crisis*, ed. S. Griffith-Jones, J. A. Ocampo, and Joseph E. Stiglitz, 314–344. Initiative for Policy Dialogue Series. Oxford: Oxford University Press.
——. 2010b. "Towards a New Global Reserves System." *Journal of Globalization and Development* 1 (2), Article 10. A different version of the paper, with the same title, appears in *The Future Global Reserve System: An Asian Perspective*, ed. J. D. Sachs, M. Kawai, J.-W. Lee, and W. T. Woo. Asian Development Bank.
——. 2006. "Helping Infant Economies Grow: Foundations of Trade Policies for Developing Countries." *American Economic Review: AEA Papers and Proceedings* 96 (2): 141–146.
——. 2003. *Towards a New Paradigm in Monetary Economics*. Cambridge, UK: Cambridge University Press.（内藤純一・家森信善訳『新しい金融論――信用と情報の経済学』東京大学出版会、2003年）
——. 1993. "Financial Market Imperfections and Business Cycles." *Quarterly Journal of Economics* 108 (1): 77–114. Reprinted in *Selected Works of Joseph E. Stiglitz*, vol. 1, *Information and Economic Analysis*, 617–648. Oxford: Oxford University Press, 2009.
——. 1990. "Asymmetric Information and the New Theory of the Firm: Financial Constraints and Risk Behavior." *American Economic Review* 80 (2): 160–165. Also NBER Working Paper 3359.
——. 1988. "Pareto Inefficiency of Market Economies: Search and Efficiency Wage Models." *American Economic Review* 78 (2): 351–355.
——. 1986. "Externalities in Economies with Imperfect Information and Incomplete Markets." *Quarterly Journal of Economics* 1 (2): 229–264.
Greenwald, Bruce C., Alec Levinson, and Joseph E. Stiglitz. 1993. "Capital Market Imperfections and Regional Economic Development." In *Finance and Development: Issues and Experience*, ed. Alberto Giovannini, 65–93. Cambridge: Cambridge University Press.
Greenwald, B., M. Salinger, and J. E. Stiglitz. 1990. "Imperfect Capital Markets and Productivity Growth." Paper presented at NBER Conference in Vail, Colorado, April 1990, revised March 1991 and April 1992.
Greenwald, Bruce C., Joseph E. Stiglitz, and Andrew Weiss. 1984. "Informational Imperfections in the Capital Markets and Macroeconomic Fluctuations." *American Economic Review* 74 (2): 194–199.
Greif, Avner, and David Laitin. 2007. "A Theory of Endogenous Institutional Change." *American Political Science Review* 98 (4): 633–652.
Greiner, Alfred, Jens Rubart, and Willi Semmler. 2003. "Economic Growth, Skill-Biased Technical Change and Wage Inequality: A Model and Estimations for the U.S. and Europe." New School Working Paper. http://www.newschool.edu/nssr/cem/papers/wp/labor/wineq.pdf.
Griliches, Zvi, and Dale W. Jorgenson. 1967. "The Explanation of Productivity Change." *Review of*

Economic Studies 34 (3): 249–283.
——. 1966. "Sources of Measured Productivity Change: Capital Input." *American Economic Review* 56 (2): 50–61.
Grossman, G., and E. Helpman. 1991. *Innovation and Growth in the Global Economy*. Cambridge, Mass.: MIT Press.（大住圭介訳『イノベーションと内生的経済成長——グローバル経済における理論分析』創文社、1998年）
Grossman, S., and Joseph E. Stiglitz. 1980. "On the Impossibility of Informationally Efficient Markets." *American Economic Review* 70 (3): 393–408.
——. 1976. "Information and Competitive Price Systems." *American Economic Review* 66 (2): 246–253.
Gruber, Harald. 1998. "Learning by Doing and Spillovers: Further Evidence for the Semiconductor Industry." *Review of Industrial Organization* 13 (6): 697–711.
Guzman, Martin, Jose Antonio Ocampo, and Joseph E. Stiglitz. 2014. "Real Exchange Rate Policies for Economic Development." Initiative for Policy Dialogue, Columbia University (paper prepared for South African government).
Habakkuk, H. J. 1962. *American and British Technology in the Nineteenth Century*. London: Cambridge University Press.
Hagiu, Andrei, and David B. Yoffie. 2013. "The New Patent Intermediaries: Platforms, Defensive Aggregators, and Super-Aggregators." *Journal of Economic Perspectives* 27 (1): 45–66.
Hahn, Frank. 1966. "Equilibrium Dynamics with Heterogeneous Capital Goods." *Quarterly Journal of Economics* 80 : 633–646.
Hall, Bronwyn H. 1992. "Investment and Research and Development at the Firm Level: Does the Source of Financing Matter?" Working Paper, University of California, Berkeley.
——. 1991. "Corporate Restructuring and Investment Horizons." In *Capital Choices: Changing the Way America Invests in Industry*, ed. Michael Porter. Cambridge, Mass.: Harvard University Press.
——. 1990. "The Impact of Corporate Restructuring on Industrial Research and Development." *Brookings Papers on Economic Activity* : 85–136.
Hall, Robert E., and Dale W. Jorgenson. 1967. "Tax Policy and Investment Behavior." *American Economic Review* 57 (June): 391–414.
Harberger, Arnold C. 1971. "On Measuring the Social Opportunity Cost of Labour." *International Labor Review* 103 (6): 559–579.
——. 1954. "Monopoly and Resource Allocation." *American Economic Review* 44 (Papers and Proceedings of the Sixty-sixth Annual Meeting of the American Economic Association): 7787.
Hart, Oliver. 1983. "The Market Mechanism as an Incentive Scheme." *Bell Journal of Economics*, 366–382.
Hausmann, Ricardo, and Bailey Klinger. 2007. "The Structure of the Product Space and the Evolution of Comparative Advantage." CID Working Paper no. 146. Center for International Development at Harvard University, April 2007. Available at http://www.hks.harvard.edu/var/ezp_site/storage/fckeditor/file/pdfs/centers-programs/centers/cid/publications/faculty/wp/146.pdf.
Hausmann, Ricardo, and Dani Rodrik. 2003. "Economic Development As Self-Discovery." *Journal of Development Economics* 72 (2): 603–633.
Hausmann, Ricardo, Jason Hwang, and Dani Rodrik. 2007. "What You Export Matters." *Journal*

of Economic Growth 12 (1): 1–25.

Hayek, Friedrich A. 1945. “The Use of Knowledge in Society.” *American Economic Review* 35(4): 519–530.（田中真晴・田中秀夫訳『市場・知識・自由――自由主義の経済思想』所収、ミネルヴァ書房、1986年）

Heilbroner, Robert L. 1980. *The Worldly Philosophers* 5th ed. New York: Simon and Schuster.（八木甫・浮田聡・堀岡治男・松原隆一郎・奥井智之訳『入門経済思想史　世俗の思想家たち』筑摩書房、2001年）

Helleiner, Gerald K. 1994. *Trade Policy and Industrialization in Turbulent Times*. New York: Routledge.

Heller, Michael. 2008. *The Gridlock Economy: How Too Much Ownership Wrecks Markets, Stops Innovation, and Costs Lives*. New York: Basic Books.（山形浩生・森本正史訳『グリッドロック経済――所有権が多すぎると、市場がつぶれ、イノベーションは止まり、人命が失われる』2010年《cruel.org/books/gridlock/gridlockj.pdf》）

——. 1998. “The Tragedy of the Anticommons: A Concise Introduction and Lexicon.” *Harvard Law Review* 76 (1): 6–25.

Heller, Michael A., and Rebecca S. Eisenberg. 1998. “Can Patents Deter Innovation? The Anti-Commons in Biomedical Research.” *Science* 280 : 698–701.

Hellman, Thomas, Kevin Murdock, and Joseph E. Stiglitz. 2002. “Franchise Value and the Dynamics of Financial Liberalization.” In *Designing Financial Systems in Transition Economies: Strategies for Reform in Central and Eastern Europe*, ed. Anna Meyendorff and Anjan Thakor, 111–127. Cambridge, Mass.: MIT Press.

——. 2000. “Liberalization, Moral Hazard in Banking and Prudential Regulation: Are Capital Requirements Enough?” *American Economic Review* 90 (1): 147–165. Also published in *Industrial Organization and Regulation* 3 (17), August 2000.

——. 1998. “Financial Restraint and the Market Enhancing View.” In *The Institutional Foundations of East Asian Economic Development*, ed. Y. Hayami and M. Aoki, 255–284. London: MacMillan.

——. 1997. “Financial Restraint: Toward a New Paradigm.” In *The Role of Government in East Asian Economic Development*, ed. M. Aoki, H. Kim, and M. Okuno-Fujiwara, 163–207. Oxford: Clarendon Press.

——. 1996. “Deposit Mobilisation Through Financial Restraint.” In *Financial Development and Economic Growth*, ed. N. Hermes and R. Lensink, 219–246. New York: Routledge.

Henry, Claude, and Joseph E. Stiglitz. 2010. “Intellectual Property, Dissemination of Innovation, and Sustainable Development.” *Global Policy* 1 (1): 237–251.

Hertel, G., M. Krishnan, and S. Slaughter. 2003. “Motivation in Open Source Projects: An Internet-based Survey of Contributors to the Linux Kernel.” *Research Policy* 32 (7): 1159–1177.

Hertel, Guido, Stefanie Herrmann, and Sven Niedner. 2003. “Motivation in Open Source Projects: An Internet-based Survey of Contributors to the Linux Kernel.” *Research Policy* 32 (7): 1159–1177.

Hicks, John R. 1935. “Annual Survey of Economic Theory: The Theory of Monopoly.” *Econometrica* 3 (1): 1–20.

——. 1932. *Theory of Wages*. London: Macmillan; New York: St. Martin's.（内田忠寿訳『賃金の理論』東洋経済新報社、1965年）

Hidalgo, César A., and Ricardo Hausmann. 2009. “The Building Blocks of Economic Complexity.” *Proceedings of the National Academy of Sciences of the United States of America* 106 (26):

10570-10575.
Hidalgo, César A., Bailey Klinger, Albert-László Barabási, and Ricardo Hausmann. 2007. "The Product Space Conditions the Development of Nations." *Science* 317 (5837, July): 482-487.
Hirsch, Werner. 1952. "Manufacturing Progress Functions." *Review of Economics and Statistics* 34 : 143-155.
Hirschman, Albert O. 1982. "The Rise and Decline of Development Economics." In *The Theory and Experience of Economic Development*, ed. M. Gersovitz and W. A. Lewis, 372-390. London: Allen and Unwin.
——. 1958. *The Strategy of Economic Development*. New Haven, Conn.: Yale University Press.（麻田四郎訳『経済発展の戦略』巌松堂出版、1961年）
Hoff, Karla. 1997. "Bayesian Learning in an Infant Industry Model." *Journal of International Economics* 43 (3-4): 409-436.
Hoff, Karla, and Priyanka Pandey. 2011. "Names Can Hurt You (by Cueing Your Response to Incentives): Experimental Evidence on Identity and Development." Manuscript, World Bank.
——. 2006. "Discrimination, Social Identity, and Durable Inequalities." *American Economic Review, Papers and Proceedings* 96 : 206-211.
——. 2005. "Opportunity Is Not Everything: How Belief Systems and Mistrust Shape Responses to Economic Incentives." *Economics of Transition* 13 (2), special issue, *Institutions and Economic Performance*: 445-472.
Hoff, Karla, and Arijit Sen. 2006. "The Kin System as a Poverty Trap?" In *Poverty Traps*, ed. Samuel Bowles, Steven Durlauf, and Karla Hoff, 95-115. Princeton, N.J.: Princeton University Press.
Hoff, Karla, and Joseph E. Stiglitz. 2011. "The Role of Cognitive Frames in Societal Rigidity and Change." World Bank. http://www.econ.yale.edu/seminars/develop/tdw11/hoff-110404a.pdf.
——. 2010. "Equilibrium Fictions: A Cognitive Approach to Societal Rigidity." *American Economic Review* 100 (2, May): 141-146. Extended version available as world Bank Policy Research Working Paper 5219. http://www-wds.worldbank.org/external/default/WDSContentServer/IW3P/IB/2010/02/26/000158349_20100226083837/Rendered/PDF/WPS5219.pdf.
——. 2007. "Exiting a Lawless State." *Economic Journal* 118 (531): 1474-1497.
——. 2004a. "After the Big Bang? Obstacles to the Emergence of the Rule of Law in Post-Communist Societies." *American Economic Review* 94 (3): 753-763.
——. 2004b. "The Transition Process in Post-Communist Societies: Towards a Political Economy of Property Rights." In *Toward Pro-Poor Policies: Aid, Institutions and Globalization*, ed. B. Tungodden, N. Stern, and I. Kolstad, 231-245. New York: World Bank/Oxford University Press.
——. 2001. "Modern Economic Theory and Development." In *Frontiers of Development Economics: The Future in Perspective*, ed. G. Meier and Joseph Stiglitz, 389-459. Oxford: Oxford University Press.(「現代の経済学理論と開発」関本勘次・近藤正規・国際協力研究グループ訳『開発経済学の潮流——将来の展望』シュプリンガー・フェアラーク東京、2003年）
Hollander, Samuel. 1965. *The Sources of Increased Efficiency: A Study of Du Pont Rayon Plants*. Cambridge, Mass.: MIT Press.
Holt, Jeff. 2009. "A Summary of the Primary Causes of the Housing Bubble and the Resulting Credit Crisis: A Non-Technical Paper." *Journal of Business Inquiry* 8 (1): 120-129.
Honohan, Patrick, and Joseph E. Stiglitz. 2001. "Robust Financial Restraint." In *Financial Liberalization: How Far, How Fast?* ed. G. Caprio, P. Honohan, and Joseph Stiglitz, 31-63. Cam-

bridge, UK: Cambridge University Press.

Hsieh, Chang-Tai, and Peter J. Klenow. 2009. "Misallocation and Manufacturing TFP in China and India." *Quarterly Journal of Economics* 124 (4): 1403–1448.

Huang, Kenneth G., and Fiona E. Murray. 2008. "Does Patent Strategy Shape the Long Run Supply of Public Knowledge? Evidence from Human Genetics." *Academy of Management Journal* 52 (6): 1193–1221.

Humphreys, Macartan, Jeffrey D. Sachs, and Joseph E. Stiglitz, eds. 2007. *Escaping the Resource Curse*. New York: Columbia University Press.

Im, F. G., and D. Rosenblatt. 2013. "Middle-Income Traps: A Conceptual and Empirical Survey." World Bank Policy Research Working Paper 6594.

IMF. 2012a. "Sovereigns, Banks, and Emerging Markets: Detailed Analysis and Policies." *Global Financial Stability Report*, chapter 2. http://www.imf.org/external/pubs/ft/gfsr/2012/01/pdf/c2.pdf.

——. 2012b. "The Liberalization and Management of Capital Flows: An Institutional View." Online publication of the International Monetary Fund. http://www.imf.org/external/np/pp/eng/2012/111412.pdf.

Inada, Ken-Ichi, 1963. "On a Two-Sector Model of Economic Growth: Comments and a Generalization," *Review of Economic Studies* 30 (2): 119–127.

Irwin, Douglas A., and Randall S. Kroszner. 1999. "Interests, Institutions, and Ideology in Securing Policy Change: The Republican Conversion to Trade Liberalization after Smoot-Hawley." *Journal of Law and Economics* 42 (2, October): 643–674.

Ismail, Faizel. 2007. "Mainstreaming Development in the WTO: Developing Countries in the Doha Round." Report of CUTS International, available online at http://library.fes.de/pdf-files/bueros/genf/04888.pdf.

Jaffe, Adam, and Josh Lerner. 2004. *Innovation and Its Discontents*. Princeton, N.J.: Princeton University Press.

Jaffe, Adam, Josh Lerner, and Scott Stern, eds. Annual. *Innovation Policy and the Economy*. Cambridge, Mass.: MIT Press for National Bureau of Economic Research.

Jaffee, Dwight, and Joseph E. Stiglitz. 1990. "Credit Rationing." In *Handbook of Monetary Economics*, ed. B. Friedman and F. Hahn, 837–888. Amsterdam: Elsevier Science Publishers.

Janeway, William. 2012. *Doing Capitalism in the Innovation Economy*. Cambridge, Mass.: Cambridge University Press.

Jarmin, Ron S. 1994. "Learning by Doing and Competition in the Early Rayon Industry." *RAND Journal of Economics* 25 (3): 441–454.

Jayadev, Arjun, and Joseph E. Stiglitz. 2010. "Medicine for Tomorrow: Some Alternative Proposals to Promote Socially Beneficial Research and Development in Pharmaceuticals." *Journal of Generic Medicines* 7 (3): 217–226.

——. 2009. "Two Ideas to Increase Innovation and Reduce Pharmaceutical Costs and Prices." *Health Affairs* 28 (1): w165–w168.

Johnson, Simon, and James Kwak. 2010. *13 Bankers: The Wall Street Takeover and the Next Financial Meltdown*. New York: Vintage.（村井章子訳『国家対巨大銀行——金融の肥大化による新たな危機』ダイヤモンド社、2011年）

Jourdan, P. 2014. "Towards a Resource-Based African Industrialisation Strategy." *The Industrial Policy Revolution II: Africa in the 21st Century*, ed. Joseph E. Stiglitz, Justin Yifu Lin, and Ebrahim Patel, 364–386. New York: Palgrave Macmillan.

Jovanovic, Boyan, and Saul Lach. 1989. "Entry, Exit, and Diffusion with Learning by Doing." *American Economic Review* 79 (4): 690–699.

Kahneman, Daniel. 2011. *Thinking, Fast and Slow*. New York: Farrar, Straus and Giroux.（村井章子訳『ファスト&スロー』早川書房、2014年）

Kaldor, Nicholas. 1961. "Capital Accumulation and Economic Growth." In *The Theory of Capital*, ed. F. A. Lutz and D. C. Hague, International Economic Association Conference. London: Macmillan; New York: St. Martin's.

——. 1957. "A Model of Economic Growth." *Economic Journal* 67 : 591–624.

——. 1934. "The Equilibrium of the Firm." *Economic Journal* 44 (173): 60–76.

Kaldor, Nicholas, and James A. Mirrlees. 1962. "A New Model of Economic Growth." *Review of Economic Studies* 29 (June): 174–192.

Kamien, Mort, and Nancy Schwartz. 1975. "Market Structure and Innovation: A Survey." *Journal of Economic Literature* 13 (1): 1–37.

——. 1972. "Timing of Innovation and Rivalry." *Econometrica*, 40 (1): 43–60.

Kanbur, R. 1979. "Impatience, Information, and Risk Taking in a General Equilibrium Model of Occupational Choice." *Review of Economic Studies* 46 (4): 707–718.

Kaplan, S., and J. Lerner. 2010. "It Ain't Broke: The Past, Present, and Future of Venture Capital." *Journal of Applied Corporate Finance* 22 (2): 36–47.

Karl, Terry Lynn. 1997. *The Paradox of Plenty: Oil Booms and Petro-States*. Berkeley, California: University of California Press.

Keller, Wolfgang. 2004. "International Technology Diffusion." *Journal of Economic Literature* 42: 752–782.

——. 2002. "Technology Diffusion and the World Distribution of Income: The Role of Geography, Language, and Trade." University of Texas, unpublished.

Kennedy, Charles. 1964. "Induced Bias in Innovation and the Theory of Distribution." *Economic Journal* 74 (September): 541–547.

Keynes, John Maynard. 1930. "Economic Possibilities for Our Grandchildren." In *Essays in Persuasion*, 358–373 New York: Norton, 1963.（「わが孫たちの経済的可能性」宮崎義一訳『説得論集』（ケインズ全集第9巻）所収、東洋経済新報社、1981年）

Khan, Mushtaq H. 2014. "Technology Policies and Learning with Imperfect Governance." In *The Industrial Policy Revolution II: Africa in the 21st Century*, ed. Joseph E. Stiglitz, Justin Yifu Lin, and Ebrahim Patel, 243–280. New York: Palgrave Macmillan.

——. 2012. "Governance and Growth: History, Ideology and Methods of Proof." In *Good Growth and Governance in Africa: Rethinking Development Strategies*, ed. Akbar Noman, Kwesi Botchwey, Howard Stein, and Joseph E. Stiglitz, 51–79. New York: Oxford University Press.

Kihlstrom, Richard E., and Jean Jacques Laffont. 1979. "A General Equilibrium Entrepreneurial Theory of Firm Formation Based on Risk Aversion." *Journal of Political Economy* 87 : 719–848.

Kindleberger, Charles P., and Robert Aliber. 2005. *Manias, Panics, and Crashes: A History of Financial Crises*, 5th ed. New York: Wiley Investment Classics.（高遠裕子訳『熱狂、恐慌、崩壊 金融危機の歴史』原著第6版、日本経済新聞出版社、2014年）

Klenow, Peter J., and Andrés Rodríguez-Clare. 1997. "The Neoclassical Revival in Growth Economics: Has It Gone Too Far?" In *NBER Macroeconomics Annual 1997*, vol. 12, ed. Ben S. Bernanke and Julio J. Rotemberg, 73–103. Cambridge, Mass.: MIT Press.

Knight, Frank. 1921. *Risk, Uncertainty, and Profit*. Boston: Houghton Mifflin.（奥隅栄喜訳『危険・

不確実性および利潤』（現代経済学名著選集6）文雅堂銀行研究社、1959年）
Korinek, Anton, and Luis Servén. 2010. "Undervaluation Through Foreign Reserve Accumulation: Static Losses, Dynamic Gains." World Bank Policy Research Working Paper 5250.
Kose, M. Ayhan, Eswar Prasad, Kenneth Rogoff, and Shang-Jin Wei. 2006. "Financial Globalization: A Reappraisal." IMF Working Paper WP/06/189.
Kremer, Michael. 1998. "Patent Buy-outs: A Mechanism for Encouraging Innovation." *Quarterly Journal of Economics* (November): 1137–1167.
Kremer, Michael, and H. Williams. 2010. "Incentivizing Innovation: Adding to the Tool Kit." In *Innovation Policy and the Economy*, ed. J. Lerner and S. M. Stern, 1–17. Cambridge, Mass.: MIT Press for the National Bureau of Economic Research.
Krueger, Anne O., and Baran Tuncer. 1982. "An Empirical Test of the Infant Industry Argument." *American Economic Review* 72 : 1142–1152.
Krugman, Paul. 1981. "Trade, Accumulation and Uneven Development." *Journal of Development Economics* 8 (2): 149–161.
——. 1979. "Increasing Returns, Monopolistic Competition, and International Trade." *Journal of International Economics* 9 (4): 469–479.
Leahy, Dermot, and J. Peter Neary. 1999. "Learning by Doing, Precommitment and Infant-Industry Promotion." *Review of Economic Studies* 66 (2): 447–474.
Lederman, Daniel, Ana Maria Menéndez, Guillermo Perry, and Joseph Stiglitz. 2003. "Mexican Investment After the Tequila Crisis: Basic Economics, 'Confidence' Effects or Market Imperfections?" *Journal of International Money and Finance* 22 : 131–151.
Leibenstein, Harvey. 1966. "Allocative Efficiency vs. X-Efficiency." *American Economic Review* 56 (3): 392–415.
Lemley, Mark A., and Carl Shapiro. 2007. "Patent Holdup and Royalty Stacking." *Texas Law Review* 85 (7): 2163–2173.
Lerner, Josh, and Jean Tirole. 2002. "Some Simple Economics of Open Source." *Journal of Industrial Economics* 50 (2): 197–234.
Levhari, David. 1967. "Further Implications of Learning by Doing." *Review of Economic Studies* 33 : 31–38.
——. 1966. "Extensions of Arrow's Learning by Doing." *Review of Economic Studies* 33 (2): 31–38.
Levin, Richard C. 1978. "Technical Change, Barriers to Entry, and Market Structure." *Economica* 45 (180): 347–362.
Levin, Richard C., Alvin K. Klevorick, Richard R. Nelson, and Sidney Winter. 1987. "Appropriating the Returns from Industrial R&D." *Brookings Papers on Economic Activity* (3): 783–831.
Lewis, Tracy, and Jerome H. Reichman. 2005. "Using Liability Rules to Stimulate Local Innovation in Developing Countries: Application to Traditional Knowledge." In *International Public Goods and Transfer of Technology under a Globalized Intellectual Property Regime*, ed. K. Maskus and J. Reichman, 337–366. Cambridge, Mass.: Cambridge University Press.
Lieberman, Marvin B. 1987. "The Learning Curve, Diffusion, and Competitive Strategy." *Strategic Management Journal* 8 (5): 441–452.
——. 1984. "The Learning Curve and Pricing in the Chemical Processing Industries." *RAND Journal of Economics* 15 : 213–228.
Lin, Justin Y. 2014. "From Flying Geese to Leading Dragons: New Opportunities and Strategies for Structural Transformation in Developing Countries." In *The Industrial Policy Revolution*

II: Africa in the 21st Century, ed. Joseph E. Stiglitz, Justin Yifu Lin, and Ebrahim Patel, 50–70. New York: Palgrave Macmillan.

——. 2012. *New Structural Economics: A Framework for Rethinking Development and Policy*. Washington, D.C.: World Bank.

——. 2010. "New Structural Economics: A Framework for Rethinking Development." World Bank Policy Research Working Paper 5197.

Lin, Justin Y., and Célestin Monga. 2014. "Comparative Advantage: The Silver Bullet of Industrial Policy." In *The Indistrial Policy Revolution I: The Role of Government Beyond Ideology*, ed. Joseph E. Stiglitz and Justin Yifu Lin, 19–38. New York: Palgrave Macmillan.

Lin, Justin Y., Fang Cai, and Zhou Li. 2003. *The China Miracle: Development Strategy and Economic Reform*. Sha Tin, N.T., Hong Kong: Chinese University Press for the Hong Kong Centre for Economic Research and the International Center for Economic Growth. Lin paper is in the IEA Washington volume.

Lipsey, R. G., and Kelvin Lancaster. 1956–1957. "The General Theory of Second Best." *Review of Economic Studies* 24 (1): 11–32.

List, Friedrich. 1841. *Das nationale System der politischen Oekonomie*. Stuttgart: J. G. Cotta. (正木一夫訳『政治経済学の国民的体系』勁草書房、1965年)

Loury, Glenn C. 2002. *The Anatomy of Racial Inequality*. Cambridge, Mass.: Harvard University Press.

——. 1979. "Market Structure and Innovation." *Quarterly Journal of Economics* 93 : 395–410.

Love, James. 2004. "Compensation Guidelines for Non-Voluntary Use of a Patent on Medical Technologies." Working Paper.

Love, James, and T. Hubbard. 2007. "The Big Idea: Prizes to Stimulate R&D for New Medicines." *Chicago-Kent Law Review* 1519–1554.

Lucas, Robert E. Jr. 1993. "Making a Miracle." *Econometrica* 61 (2): 251–272.

——. 1990. "Why Doesn't Capital Flow from Rich to Poor Countries?" *American Economic Review* 80 (2): 92–96.

——. 1988. "On the Mechanics of Economic Development." *Journal of Monetary Economics* 22 : 3–42.

Lundvall, Bengt-Åke, ed. 2010. *National Systems of Innovation: Toward a Theory of Innovation and Interactive Learning*. London: Anthem.

Maddison, A. 2001. *The World Economy: A Millennial Perspective*. Paris: Development Centre of the Organisation for Economic Co-operation and Development. (金森久雄監訳『経済統計で見る　世界経済2000年史』柏書房、2004年)

Malerba, Franco. 1992. "Learning by Firms and Incremental Technical Change." *Economic Journal* 102 (413): 845–859.

Malhotra, Kamal. 2003. *Making Global Trade Work for People*. London: Earthscan.

Mankiw, G., D. Romer, and D. Weil. 1992. "A Contribution to the Empirics of Economic Growth." *Quarterly Journal of Economics* 107 (2): 407–437.

Mansfield, Edwin. 1967. *Econometric Studies of Industrial Research and Technological Innovation*. New York: Norton.

Martin, Stephan. 2000. "The Theory of Contestable Markets." Working Paper, Purdue University. http://www.krannert.purdue.edu/faculty/smartin/aie2/contestbk.pdf.

Matsuyama, Kiminori. 1992. "Agricultural Productivity, Comparative Advantage, and Economic Growth." *Journal of Economic Theory* 58 (2): 317–334.

Mazzucato, Mariana. 2013. *The Entrepreneurial State: Debunking Public vs. Private Sector Myths*. London: Anthem.（大村昭人訳『企業家としての国家――イノベーション力で官は民に劣るという神話』薬事日報社、2015年）

McCall, Morgan W. Jr. 2004. "Leadership Development Through Experience." *Academy of Management Executive* 18 (3): 127–130.

Meade, James E. 1955. *Trade and Welfare*. London: Oxford University Press.

Merges, R., and R. Nelson. 1994. "On Limiting or Encouraging Rivalry in Technical Progress: The Effects of Patent Scope Decisions." *Journal of Economic Behavior and Organization* 25 : 1–24.

Merton, Robert. 1973. *The Sociology of Science: Theoretical and Empirical Investigations*. Chicago: University of Chicago Press.

Mian, Atif. 2006. "Distance Constraints: The Limits of Foreign Lending in Poor Economies." *Journal of Finance* 61 (3): 1465–1505.

Mokyr, Joel. 2009. *The Enlightened Economy: An Economic History of Britain, 1700–1850*. New Haven, Conn.: Yale University Press.

Mookherjee, Dilip, and Debraj Ray. 2003. "Persistent Inequality." *Review of Economic Studies* 70 : 369–393.

Moretti, Enrico. 2011. "Local Labor Markets." In *Handbook of Labor Economics*, ed. O. Ashenfelter and D. E. Card, 1237–1313. Amsterdam: Elsevier.

Moser, Petra. 2013. "Patents and Innovation: Evidence from Economic History." *Journal of Economic Perspectives* 27 (1): 23–44.

Mowery, David C., Richard R. Nelson, Bhaven N. Sampat, and Arvids A. Ziedonis. 2001. "The Growth of Patenting and Licensing by U.S. Universities: An Assessment of the Effects of the Bayh–Dole Act of 1980." *Research Policy* 30 (1): 99–119.

Murdock, K., and Joseph E. Stiglitz. 1993. "The Effect of Financial Repression in an Economy with Positive Real Interest Rates: Theory and Evidence." Working Paper.

Murphy, Kevin M., Andrei Shleifer, and Robert W. Vishny. 1989. "Industrialization and the Big Push." *Journal of Political Economy* 97 (5): 1003–1026.

Myrdal, Gunnar. 1968. *Asian Drama: An Inquiry into the Poverty of Nations*. New York: Twentieth Century Fund.（板垣與一監訳『アジアのドラマ（上）（下）』（縮刷版）、東洋経済新報社、1974年）

Nakamura, Masao, Sadao Sakakibara, and Roger Schroeder. 1998. "The Adoption of Just-in-Time Manufacturing Methods at US- and Japanese-Owned Plants: Some Empirical Evidence." *IEEE Transactions on Engineering Management* 45 (3): 230–240.

Nalebuff, Barry J., and Joseph E. Stiglitz. 1983a. "Information, Competition and Markets." *American Economic Review* 73 (2, May): 278–284. Reprinted in *Selected Works of Joseph E. Stiglitz*, vol. 1, *Information and Economic Analysis*, 400–408. Oxford: Oxford University Press, 2009.

――. 1983b. "Prizes and Incentives: Toward a General Theory of Compensation and Competition." *Bell Journal* 14 (1, Spring): 21–43. Reprinted in *Selected Works of Joseph E. Stiglitz*, vol. 2, *Information and Economic Analysis: Applications to Capital, Labor, and Product Markets*, 407–431. Oxford: Oxford University Press, 2013.

National Commission on the Causes of the Financial and Economic Crisis in the United States. 2011. *The Financial Crisis Inquiry Report of the Bipartisan National Commission on the Causes of the Financial and Economic Crisis in the United States*.

Nelson, Richard R. 2004. "The Challenge of Building an Effective Innovation System for Catch-up." *Oxford Development Studies* 32 (3): 365–374.

Nelson, Richard R., and Edmund S. Phelps. 1965. "Investment in Humans, Technological Diffusion and Economic Growth." Discussion Paper 189, Cowles Foundation, Yale University, New Haven, Connecticut.

Nelson, R. R., and Sidney G. Winter. 1993. "In Search of Useful Theory of Innovation." *Research Policy* 22 (2): 108.

——. 1982. *An Evolutionary Theory of Economic Change*. Cambridge: Belknap Press of Harvard University Press.（後藤晃・角南篤・田中辰雄訳『経済変動の進化理論』慶應義塾大学出版会、2007年）

——. 1977. "Forces Generating and Limiting Concentration under Schumpeterian Competition." *Bell Journal* 9 (2): 524–548.

Newbery, David, and Joseph E. Stiglitz. 1982. "The Choice of Techniques and the Optimality of Market Equilibrium with Rational Expectations." *Journal of Political Economy* 90 (2): 223–246.

Noman, Akbar, and Joseph E. Stiglitz. 2012a. "African Development Prospects and Possibilities." In *The Oxford Companion to the Economics of Africa*, ed. E. Aryeetey et al., 33–40. Oxford: Oxford University Press.

——. 2012b. "Introduction and Overview." *Good Growth and Governance for Africa: Rethinking Development Strategies*, ed. A. Noman, K. Botchwey, H. Stein, and Joseph E. Stiglitz. New York: Oxford University Press.

——. 2012c. "Strategies for African Development." In *Good Growth and Global Governance in Africa*, ed. A. Noman, K. Botchwey, H. Stein, and Joseph E. Stiglitz, 3–47. New York: Oxford University Press.

Noman, Akbar, K. Botchwey, H. Stein, and Joseph E. Stiglitz, eds. 2012. *Good Growth and Governance for Africa: Rethinking Development Strategies*. New York: Oxford University Press.

Nordhaus, William D. 1969a. "An Economic Theory of Technological Change." *American Economic Association Papers and Proceedings* 59 (May): 18–28.

——. 1969b. *Invention, Growth and Welfare: A Theoretical Treatment of Technological Change*. Cambridge, Mass.: MIT Press.

North, Douglass C. 2005. *Understanding the Process of Economic Change*. Princeton, N.J.: Princeton University Press.（瀧澤弘和・中林真幸監訳『ダグラス・ノース制度原論』東洋経済新報社、2016年）

——. 1991. "Institutions." *Journal of Economic Perspectives* 5 (1): 97–112.

——. 1971. "Institutional Change and Economic Growth." *Journal of Economic History* 31 (1): 118–125.

North, Douglass, and Robert Thomas. 1973. *The Rise of the Western World*. Cambridge: Cambridge University Press.（速水融・穐本洋哉訳『西欧世界の勃興』ミネルヴァ書房、2014年）

Nunn, Nathan, and Daniel Trefler. 2010. "The Structure of Tariffs and Long-Term Growth." *American Economic Journal: Macroeconomics* 2 (4): 158–194.

Obstfeld, Maurice, and Kenneth Rogoff. 2000. "The Six Major Puzzles in International Macroeconomics: Is There a Common Cause?" In *NBER Macroeconomics Annual 2000*, ed. B. S. Bernanke and K. Rogoff, 339–390. Cambridge, Mass.: MIT Press.

Ocampo, José Antonio, and Bilge Erten. 2014. "Capital Account Regulations: Role, Effectiveness, and the IMF's Institutional View." In *Financial Stability and Growth: Essays on Financial

Regulation and New Developmentalism, ed. Luiz Carlos Bresser-Pereira, Jan Kregel, and Leonardo Burlamaqui. Milton Park: Routledge.

Odagiri, Hiroyuki, Akira Goto, Atsushi Sunami, and Richard R. Nelson, eds. 2010. *Intellectual Property Rights, Development, and Catch Up: An International Comparative Study*. Oxford: Oxford University Press.

OECD. 2011. *OECD Factbook*. Data available online via Google Public Data explorer, http://www.google.com/publicdata/directory.

——. 2009. "Policy Responses to the Economic Crisis: Investing in Innovation for Long-Term Growth." June. Report published online at http://www.oecd.org/science/inno/42983414.pdf.

Ohlin, B. 1933. *Interregional and International Trade*. Cambridge, Mass.: Harvard University Press.（木村保重訳『改訳　貿易理論──域際および国際貿易』晃洋書房、1980年）

Ostry, J. D., A. Berg, and C. G. Tsangarides. 2014. "Redistribution, Inequality and Growth." IMF Discussion Paper.

Patel, Pari, and K. Pavitt. 1994. "The Nature and Economic Importance of National Innovation Systems." *STI Review* 14.

Pecchi, Lorenzo, and Gustavo Piga, eds. 2008. *Revisiting Keynes: Economic Possibilities for Our Grandchildren*. Cambridge, Mass.: MIT Press.

Perleman, Michael. 2002. *Steal This Idea: Intellectual Property and the Corporate Confiscation of Creativity*. New York: Palgrave.

Phelps, Edmund S. 2013. *Mass Flourishing: How Grassroots Innovation Created Jobs, Challenge, and Change*. Princeton, N.J.: Princeton University Press.（小坂恵理訳『なぜ近代は繁栄したのか──草の根が生み出すイノベーション』みすず書房、2016年）

Phillips, P. C. B., and P. Perron. 1988. "Testing for a Unit Root in Time Series Regression." *Biometrika* 75 (2): 335-346.

Pietronero, Luciano, Matthieu Cristelli, and Andrea Tacchella. 2013. "New Metrics for Economic Complexity: Measuring the Intangible Growth Potential of Countries." Paper presented at the Plenary Conference of the Institute for New Economic Thinking, Hong Kong, April 4-7.

Piketty, Thomas. 2014. *Capital in the Twenty-First Century*. Cambridge, Mass.: Harvard University Press.（山形浩生・守岡桜・森本正史訳『21世紀の資本』みすず書房、2014年）

——.1995. "Social Mobility and Redistributive Politics." *Quarterly Journal of Economics* 110 : 551-583.

Piketty, T., Emmanuel Saez, and Stefanie Stantcheva. 2011. "Taxing the 1% : Why the Top Tax Rate Could Be Over 80%." *Vox,* December 8.

Pollack, Andrew. 2011. "Ruling Upholds Gene Patent in Cancer Test." *New York Times*, July 29. http://www.nytimes.com/2011/07/30/business/gen-patent-in-cancer-test-upheld-by-appeals-panel.html.

Porter, Michael E. 1990. *The Competitive Advantage of Nations*. New York: Free Press (Republished with a new introduction, 1998).（土岐坤・中辻萬治・小野寺武夫・戸成富美子訳『国の競争優位（上）（下）』ダイヤモンド社、1992年）

Prasad, Eswar, Kenneth Rogoff, Shang-Jin Wei, and M. Ayhan Kose. 2003. "The Effects of Financial Globalization on Developing Countries: Some Empirical Evidence." IMF Occasional Paper no. 220.

Rabin, Matthew, and Joel L. Schrag. 1999. "First Impressions Matter: A Model of Confirmatory Bias." *Quarterly Journal of Economics* (February): 37-82.

Radner, Roy, and Joseph E. Stiglitz. 1984. "A Nonconcavity in the Value of Information." In *Bayes-*

ian Models in Economic Theory, ed. Marcel Boyer and Richard Kihlstrom, 33–52. Amsterdam: Elsevier Science Publications. Reprinted in *Selected Works of Joseph E. Stiglitz*, vol. 1, *Information and Economic Analysis*, 537–554. Oxford: Oxford University Press, 2009.

Rajan, Raghuram, and Luigi Zingales. 1998. "Financial Dependence and Growth." *American Economic Review* 88 : 559–586.

Rashid, Hamid. 2012. "Foreign Banks, Competition for Deposits and Terms and Availability of Credit in Developing Countries." Working Paper.

——. 2011. "Credit to Private Sector, Interest Spread and Volatility in CreditFlows: Do Bank Ownership and Deposits Matter?" DESA Working Paper No. 105, ST/ESA/2011/DWP/105. http://www.un.org/esa/desa/papers/2011/wp105_2011.pdf.

Reinganum, Jennifer F. 1982a. "A Dynamic Game of R&D: Patent Protection and Competitive Behavior." *Econometrica* 50 (3): 671–688.

——. 1982b. "Patent Races with a Sequence of Innovations." Working Paper, Cal Tech.

——. 1981. "Dynamic Games of Innovation." *Journal of Economic Theory* 25 (1): 21–41.

Rodriguez, Francisco, and Dani Rodrik. 2001. "Trade Policy and Economic Growth: A Skeptic's Guide to the Cross-National Evidence." In *NBER Macroeconomics Annual 2000*, vol. 15, ed. Ben S. Bernanke and Kenneth Rogoff, 261–338. Cambridge, Mass.: MIT Press.

Rodrik, Dani. 2013. "Unconditional Convergence in Manufacturing." *Quarterly Journal of Economics* 128 (1): 165–204.

——. 2010. "Diagnostics Before Prescription." *Journal of Economic Perspectives* 24 (3, Summer): 33–44.

——. 2001. "The Global Governance of Trade: As If Development Really Mattered." Background Paper for the Trade and Sustainable Human Development Project, United Nations Development Programme, New York.

Rodrik, Dani, and Arvind Subramanian. 2005. "From Hindu Growth to Productivity Surge: The Mystery of the Indian Growth Transition." IMF Staff Papers 52, no. 2.

Romer, Paul. 1994. "The Origins of Endogenous Growth." *Journal of Economic Perspectives* 8 (1): 3–22.

——. 1990. "Endogenous Technological Change." *Journal of Political Economy* 98 : S71–S102.

——. 1986. "Increasing Returns and Long-Run Growth." *Journal of Political Economy* 94 (5, October): 1002–1037.

Rothschild, Michael, and Joseph E. Stiglitz. 1976. "Equilibrium in Competitive Insurance Markets: An Essay on the Economics of Imperfect Information." *Quarterly Journal of Economics* 90 (4, November): 629–649.

Ruttan, Vernon W., and Yujiro Hayami. 1984. "Toward a Theory of Induced Institutional Innovation." *Journal of Development Studies* 20 (4): 203–223.

Sachs, Jeffrey D., and Andrew Warner. 1995. "Economic Reform and the Process of Global Integration." *Brookings Papers on Economic Activity*, Economic Studies Program, The Brookings Institution, vol. 26 (1, 25th A): 1–118.

Sah, Raj Kumar, and Joseph E. Stiglitz. 1991. "The Quality of Managers in Centralized Versus Decentralized Organizations." *Quarterly Journal of Economics* 106 (1, February): 289–325.

——. 1989a. "Sources of Technological Divergence Between Developed and Less Developed Countries." In *Debt, Stabilization and Development: Essays in Memory of Carlos Diaz-Alejandro*, ed. G. Calvo, 423–446. Oxford: Basil Blackwell.

——. 1989b. "Technological Learning, Social Learning and Technological Change." In *The Bal-*

ance Between Industry and Agriculture in Economic Development, ed. S. Chakravarty, 285–298. London: Macmillan.

——. 1988a. "Committees, Hierarchies and Polyarchies." *Economic Journal* 98 (391, June): 451–470.

——. 1988b. "Qualitative Properties of Profit-Maximizing *K*-out-of-*N* Systems Subject to Two Kinds of Failure." *IEEE Transactions on Reliability* 37 (5, December): 515–520.

——. 1987a. "The Invariance of Market Innovation to the Number of Firms." *RAND Journal of Economics* 18 (1, Spring): 98–108.

——. 1987b. "Price Scissors and the Structure of the Economy." *Quarterly Journal of Economics* 102 : 109–134.

——. 1986. "The Architecture of Economic Systems: Hierarchies and Polyarchies." *American Economic Review* 76 (4, September): 716–727.

——. 1985. "Human Fallibility and Economic Organization." *American Economic Review* 75 (2, May): 292–296. Reprinted in *Selected Works of Joseph E. Stiglitz*, vol. 1, *Information and Economic Analysis*, 409–416. Oxford: Oxford University Press, 2009.

Salter, W. E. G. 1966. *Productivity and Technical Change*, 2nd ed. Cambridge: Cambridge University Press.（黒澤一清訳『生産性と技術進歩』好学社、1969年．W. G. RedawayのAddendum 付き）

Samuelson, Paul A. 1965. "A Theory of Induced Innovation along Kennedy-Weizsacker Lines." *Review of Economics and Statistics* 33 : 133–146.

——. 1954. "The Pure Theory of Public Expenditure." *Review of Economics and Statistics* 36 : 387–389.

——. 1948. "International Trade and the Equalisation of Factor Prices." *Economic Journal* 58 (230, June): 163–184.

——. 1938. "Welfare Economics and International Trade." *American Economic Review* 28 : 261–266.

Sappington, David, and Joseph E. Stiglitz. 1987. "Information and Regulation." In *Public Regulation*, ed. E. Bailey, 3–43. London: MIT Press.

Scherer, Frederic M. 1970. *Industrial Market Structure and Economic Performance*, Chicago: Rand McNally.

——. 1967. "Market Structure and the Employment of Scientists and Engineers." *American Economic Review*: 524–531.

Schmookler, Jacob. 1962. "Economic Sources of Innovative Activity." *Journal of Economic History* 22 : 1–20.

Schumpeter, Joseph A. 1951 [1934]. "Depressions: Can We Learn from Past Experience?" In *Essays of J. A. Schumpeter*, ed. R. V. Clemence, 108–117. Cambridge, Mass.: Addison-Wesley.

——. 1943. *Capitalism, Socialism and Democracy*. New York: Harper.（中山伊知郎・東畑精一訳『資本主義・社会主義・民主主義』東洋経済新報社、1995年）

——. 1912. *Theorie der Wirtschaflichen Entwicklung*. Leipzig: Duncker and Humbolt. Translated in 1934 as *The Theory of Economic Development: An Inquiry into Profits, Capital, Credit, Interest and the Business Cycle*.（塩野谷祐一・中山伊知郎・東畑精一訳『経済発展の理論』岩波文庫、1977年）

Schwoon, Malte. 2008. "Learning by Doing, Learning Spillovers and the Diffusion of Fuel Cell Vehicles." *Simulation Modelling Practice and Theory* 16 (9): 1463–1476.

Scitovsky, Tibor. 1986. *Human Desire and Economic Satisfaction: Essays on the Frontiers of*

Economics. New York: New York University Press.
Scotchmer, Suzanne. 2004. *Innovation and Incentives*. Cambridge, Mass.: MIT Press.（青木玲子・安藤至大訳『知財創出――イノベーションとインセンティブ』日本評論社、2008年）
Serra, Narcís, and Joseph E. Stiglitz, eds. 2008. *The Washington Consensus Reconsidered: Towards a New Global Governance*. New York: Oxford University Press.
Shapiro, Carl. 2010. "Injunctions, Hold-Up, and Patent Royalties." *American Law and Economics Review* 12 (2): 280–313.
――. 2007. "Patent Reform: Aligning Reward and Contribution." NBER Working Paper 13141. http://papers.nber.org/papers/w13141.
――. 2001. "Navigating the Patent Thicket: Cross Licenses, Patent Pools, and Standard Setting." In *Innovation Policy and the Economy*, ed. Adam Jaffe, Josh Lerner, and Scott Stern, 119–150. Cambridge, Mass.: MIT Press.
Shapiro, Carl, and Joseph E. Stiglitz. 1984. "Equilibrium Unemployment as a Worker Discipline Device." *American Economic Review* 74 (3): 433–444.
Shell, Karl. 1966. "Toward a Theory of Inventive Activity and Capital Accumulation." *American Economic Association Papers and Proceedings* 56 : 62–68.
――, ed. 1967. *Essays on the Theory of Optimal Economic Growth*. Cambridge, Mass.: MIT Press.
Shell, Karl, and Joseph E. Stiglitz. 1967. "Allocation of Investment in a Dynamic Economy." *Quarterly Journal of Economics* 81 (November): 592–609.
Sheshinski, E. 1967a. "Optimal Accumulation with Learning by Doing." In *Essays on the Theory of Optimal Economic Growth*, ed. Karl Shell, 31–52. Cambridge, Mass.: MIT Press.
――. 1967b. "Tests of the Learning-by-Doing Hypothesis." *Review of Economics and Statistics* 49 : 568–578.
Shierholz, Heidi, Lawrence Mishel, and John Schmitt. 2013. "Don't Blame the Robots: Assessing the Job Polarization Explanation of Growing Wage Inequality." *Economic Policy Institute*, November 19.
Simon, Herbert A. 1991. "Organizations and Markets." *Journal of Economic Perspectives* 5 (2): 25–44.
Skeath, Susan. 1997. *Learning from "Learning by Doing": Lessons for Economic Growth*. Palo Alto, Calif.: Stanford University Press.
――. 1995. "A Role for Trade Policy? Markets with Informational Barriers to Entry." *International Trade Journal* 9 (2): 247–271.
――. 1993. "Strategic Product Choice and Equilibrium Traps for Less Developed Countries." *Journal of International Trade and Economic Development* 2 (1): 1–26.
――. 1988. "Learning, Price Effects and Income Growth." Working Paper, Princeton University, Princeton, N.J.
Smith, Adam. 1776. *An Inquiry into the Nature and Causes of the Wealth of Nations* (1 ed.). London: W. Strahan.（山岡洋一訳『国富論――国の豊かさの本質と原因についての研究（上）（下）』日本経済新聞出版社、2007年）
Smith, Pamela, Nils B. Jostmann, Adam D. Galinsky, and Wilco W. van Dijk. 2008. "Lacking Power Impairs Executive Functions." *Psychological Science* 19 (5): 441–447.
Solow, Robert M. 1970. *Growth Theory: An Exposition*. Oxford: Oxford University Press.（福岡正夫訳『成長理論』第2版、岩波書店、2000年）
――. 1962a. "Substitution and Fixed Proportions in the Theory of Capital." *Review of Economic*

Studies 24 (June): 207–218.
——. 1962b. "Technical Progress, Capital Formation, and Economic Growth." In *Papers and Proceedings of the Seventy-Fourth Annual Meeting of the American Economic Association, American Economic Review* 52 (2): 76–86.
——. 1960. "Investment and Technical Progress." In *Mathematical Methods in the Social Sciences, 1959 : Proceedings of the First Stanford Symposium*, ed. K. J. Arrow, S. Karlin, and P. Suppes, 89–104. Stanford, Calif.: Stanford University Press.
——. 1957. "Technical Change and the Aggregate Production Function." *Review of Economics and Statistics* 39 (3): 312–320.
——. 1956. "A Contribution to the Theory of Economic Growth." *Quarterly Journal of Economics* 70 : 65–94.
Solow, Robert M., J. Tobin, M. E. Yarri, and C. C. von Weizacker. 1966. "Neo-Classical Growth with Fixed Factor Proportions." *Review of Economic Studies* 33 (April): 79–116.
Spence, A. Michael. 1983. "Contestable Markets and the Theory of Industry Structure: A Review Article." *Journal of Economic Literature* 21 (3, September): 981–990.
——. 1981. "The Learning Curve and Competition." *Bell Journal of Economics* 12 (1): 49–70.
——. 1973. "Job Market Signaling." *Quarterly Journal of Economics* 87 (3): 355–374.
Steele, Claude M. 2010. *Whistling Vivaldi and Other Clues to How Stereotypes Affect Us*. New York: Norton.
Stiglitz, Joseph E. 2014a. "Intellectual Property Rights, the Pool of Knowledge, and Innovation." NBER Working Paper 20014.
——. 2014b. "Creative Destruction." Working Paper, Columbia University.
——. 2014c. "Competition and Innovation." Working Paper, Columbia University.
——. 2014d. "Unemployment and Innovation." NBER Working Paper 20670.
——. 2014e. "Leaders and Followers: Perspectives on the Nordic Model and the Economics of Innovation." NBER Working Paper 20493. Revised version forthcoming in 2015 in *Journal of Public Economics*.
——. 2014f. "Tapping the Brakes: Are Less Active Markets Safer and Better for the Economy?" Paper prepared for presentation at Atlanta Federal Reserve Conference, April 15, 2014.
——. 2013a. "Institutional Design for China's Innovation System: Implications for Intellectual Property Rights." In *Law and Economic Development with Chinese Characteristics: Institutions for the 21st Century*, ed. D. Kennedy and Joseph E. Stiglitz. New York: Oxford University Press.
——. 2013b. "Intellectual Property Rights, the Pool of Knowledge, and Innovation." Working Paper, Columbia University.
——. 2012a. "Contagion, Liberalization, and the Optimal Structure of Globalization." *Journal of Globalization and Development* 1 (2), article 2, 45 pages.
——. 2012b. *The Price of Inequality: How Today's Divided Society Endangers Our Future*. New York: Norton. (楡井浩一・峯村利哉訳『世界の99%を貧困にする経済』徳間書店、2012年)
——. 2012c. "Rebuttal Testimony of Dr. Joseph Stiglitz on Behalf of Respondents Responding to Direct Testimony of Dr. Stern." In the Matter of Certain Microprocessors, Components Thereof, and Products Containing Same, United States International Trade Commission, Investigation no. 337-TA-781.
——. 2012d. "Direct Testimony of Joseph E. Stiglitz on Behalf of Respondents." In the Matter of Certain Microprocessors, Components Thereof, and Products Containing Same, United States

International Trade Commission, Investigation no. 337-TA-781.
——. 2011. "Macroeconomic Fluctuations, Inequality, and Human Development." *Journal of Human Development and Capabilities* 13 (1): 31–58.
——. 2010a. "Evolutionary Theory and the Current Economic Crisis." Presented at the American Economic Association annual meeting, January 2010. http://www2.gsb.columbia.edu/faculty/jstiglitz/download/papers/2010_Evolutionary_Theory.pdf.
——. 2010b. *Freefall: America, Free Markets, and the Sinking of the World Economy.* New York: Norton.（楡井浩一・峯村利哉訳『フリーフォール——グローバル経済はどこまで落ちるのか』徳間書店、2010年）
——. 2010c. Introduction to *Capitalism, Socialism and Democracy* by Joseph A. Schumpeter, ix–xiv. London: Rutledge.
——. 2010d. "Learning, Growth, and Development: A Lecture in Honor of Sir Partha Dasgupta." Presented at the World Bank's Annual Bank Conference on Development Economics 2010: Development Challenges in a Post-Crisis World. Published in French as "Apprentissage, croissance et développement: conférence en l'honneur de Sir Partha Dasgupta." in *Revue D'Économie du Développement,* no. 4, December 2011: 19–86.
——. 2010e. "Risk and Global Economic Architecture: Why Full Financial Integration May Be Undesirable." *American Economic Review* 100 (2, May): 388–392.
——. 2010f. "A Social Democratic Agenda for a More Dynamic Indian Economy: Creating an Innovative and Learning Society." The 2010 Jawaharlal Nehru Memorial Lecture, New Delhi, November 18, available at http://www2.gsb.columbia.edu/faculty/jstiglitz/download/speeches/2010.11.18.Social. Democratic.Agenda.India.pdf.
——. 2010g. "Development-Oriented Tax Policy." In *Taxation in Developing Countries,* ed. R. H. Gordon, 11–36. New York: Columbia University Press.
——. 2009. "Information and Economic Analysis." In *Selected Works of Joseph E. Stiglitz,* vol. 1, *Information and Economic Analysis,* 29–52. Oxford: Oxford University Press.
——. 2008a. "Capital Market Liberalization, Globalization, and the IMF." In *Capital Market Liberalization and Development,* ed. Joseph E. Stiglitz and J. A. Ocampo, 76–100. New York: Oxford University Press (Earlier version published as "Capital-Market Liberalization, Globalization and the IMF." *Oxford Review of Economic Policy* 20 [1, Spring 2004]: 57–71).
——. 2008b. "The Economic Foundations of Intellectual Property." *Duke Law Journal* 57 (6, April): 1693–1724. Sixth annual Frey Lecture in Intellectual Property, Duke University, February 16, 2007.
——. 2008c. "Is There a Post-Washington Consensus Consensus?" In *The Washington Consensus Reconsidered: Towards a New Global Governance,* ed. Narcis Serra and Joseph E. Stiglitz, 41–56. New York: Oxford University Press.
——. 2008d. "Toward a General Theory of Consumerism: Reflections on Keynes' *Economic Possibilities for Our Grandchildren.*" In *Revisiting Keynes: Economic Possibilities for Our Grandchildren,* ed. G. Piga and L. Pecchi, 41–87. Cambridge, Mass.: MIT Press.
——. 2008e. "Regulating Multinational Corporations: Towards Principles of Cross-Border Legal Frameworks in a Globalized World Balancing Rights with Responsibilities." *American University International Law Review* 23 (3): 451–558. Grotius Lecture presented at the 101st Annual Meeting of the American Society for International Law, Washington, D.C., March 28, 2007.
——. 2006a. *Making Globalization Work.* New York: Norton.（楡井浩一訳『世界に格差をバラ撒い

たグローバリズムを正す』 徳間書店、2006年)
——. 2006b. "Samuelson and the Factor Bias of Technological Change." In *Samuelsonian Economics and the Twenty-First Century*, ed. M. Szenberg, L. Ramrattan, and A. Gottesman, 235–251. New York: Oxford University Press.
——. 2004. "Towards a Pro-Development and Balanced Intellectual Property Regime." Keynote address presented at the Ministerial Conference on Intellectual Property for Least Developed Countries, World Intellectual Property Organization (WIPO), Seoul, October 25.
——. 2003. *Roaring Nineties*. New York: Norton. (鈴木主税訳『人間が幸福になる経済とは何か——世界が90年代の失敗から学んだこと』 徳間書店、2003年)
——. 2002a. *Globalization and Its Discontents*. New York: Norton. (鈴木主税訳『世界を不幸にしたグローバリズムの正体』 徳間書店、2002年)
——. 2002b. "Information and the Change in the Paradigm in Economics." Abbreviated version of Nobel lecture. *American Economic Review* 92 (3, June): 460–501.
——. 2001a. "Democratic Development as the Fruits of Labor." In *The Rebel Within*, ed. Ha-Joon Chang, 279–315. London: Wimbledon Publishing (Originally the keynote address at the Industrial Relations Research Association, Boston, January 2000). Shortened version: *Perspectives on Work* 4 (1): 31–38.
——. 2001b. "Participation and Development: Perspectives from the Comprehensive Development Paradigm." In *Democracy, Market Economics & Development: An Asian Perspective*, ed. Farrukh Iqbal and Jong-Il You, 49–72. Washington, D.C.: World Bank. Also in *The Rebel Within*, ed. Ha-Joon Chang, 220–249. London: Wimbledon.
——. 2001c. "Challenges in the Analysis of the Role of Institutions in Economic Development." In *Villa Borsig Workshop Series 2000 : The Institutional Foundations of a Market Economy*, ed. Gudrun Kochendorfer-Lucius and Boris Pleskovic, 15–28. German Foundation for International Development (DSE).
——. 2000a. "Capital Market Liberalization, Economic Growth, and Instability." In *World Development* 28 (6): 1075–1086.
——. 2000b. "Formal and Informal Institutions." In *Social Capital: A Multifaceted Perspective*, ed. P. Dasgupta and I. Serageldin, 59–68. Washington, D.C.: World Bank.
——. 2000c. "Whither Reform? Ten Years of Transition." In *Annual World Bank Conference on Development Economics*, ed. B. Pleskovic and Joseph E. Stiglitz, 27–56. Washington, D.C.: World Bank.
——. 1999a. "Knowledge as a Global Public Good." In *Global Public Goods: International Cooperation in the 21st Century*, ed. Inge Kaul, Isabelle Grunberg, and Marc A. Stern, United Nations Development Programme, 308–325. New York: Oxford University Press.
——. 1999b. "Knowledge for Development: Economic Science, Economic Policy, and Economic Advice." In *Annual World Bank Conference on Development Economics*, ed. B. Pleskovic and Joseph Stiglitz, 9–58. Washington, D.C.: World Bank.
——. 1999c. "More Instruments and Broader Goals: Moving Toward the PostWashington Consensus." In *Development Issues in the 21st Century*, ed. G. Kochendorfer-Lucius and B. Pleskovic, 11–39. Berlin: German Foundation for International Development. Also in *The Rebel Within*, ed. Ha-Joon Chang, 17–56. London: Wimbledon, 2001. Also in *WIDER Perspectives on Global Development*, ed. United Nations University—World Institute for Development Economics Research, 16–48. Houndmills, UK: Palgrave MacMillan, 2005 (Originally presented as the 1998 WIDER Annual Lecture, Helsinki, January 1998; also keynote address at Villa

Borsig Winter Workshop, February 1998).
——. 1999d. "Taxation, Public Policy and the Dynamics of Unemployment." *International Tax and Public Finance* 6 : 239–262 (Paper presented to the Institute of International Finance, Cordoba, Argentina, August 24, 1998).
——. 1998a. "An Agenda for Development in the Twenty-First Century." In *Annual World Bank Conference on Development Economics 1997*, ed. Joseph E. Stiglitz and B. Pleskovic, 17–31. Washington, D.C.: World Bank.
——. 1998b. "Pareto Efficient Taxation and Expenditure Policies, With Applications to the Taxation of Capital, Public Investment, and Externalities." Presented at conference in honor of Agnar Sandmo, Bergen, January.
——. 1998c. "Towards a New Paradigm for Development: Strategies, Policies and Processes." Ninth Raul Prebisch Lecture delivered at the Palais des Nations, Geneva, October 19, UNCTAD. Published as chapter 2 in *The Rebel Within*, ed. Ha-Joon Chang, 57–93. London: Wimbledon Publishing, 2001.
——. 1996. "Some Lessons from the East Asian Miracle." *World Bank Research Observer* 11 (2, August): 151–177.
——. 1995a. "Social Absorption Capability and Innovation." In *Social Capability and Long-Term Economic Growth*, ed. Bon Ho Koo and D. H. Perkins, 48–81. New York: St. Martin's.
——. 1995b. "The Theory of International Public Goods and the Architecture of International Organizations." Background Paper no. 7, Third Meeting, High Level Group on Development Strategy and Management of the Market Economy, United Nations University—World Institute for Development Economics Research, Helsinki, Finland, July 8–10.
——. 1994a. "Economic Growth Revisited." *Industrial and Corporate Change* 3 (1): 65–110.
——. 1994b. "Endogenous Growth and Cycles." In *Innovation in Technology, Industries, and Institutions: Studies in Schumpeterian Perspective*, ed. Y. Shionoya and M. Perlman, 121–156. Ann Arbor: University of Michigan Press.
——. 1994c. *Whither Socialism?* Cambridge, Mass.: MIT Press.
——. 1992. "Banks Versus Markets as Mechanisms for Allocating and Coordinating Investment." In *The Economics of Cooperation: East Asian Development and the Case for Pro-Market Intervention*, ed. J. A. Roumasset and S. Barr, 15–38. Boulder, Colo.: Westview (Presented at Investment Coordination in the Pacific Century: Lessons from Theory and Practice Conference, University of Hawaii, January 1990). Reprinted in *Selected Works of Joseph E. Stiglitz*, vol. 2, *Information and Economic Analysis: Applications to Capital, Labor, and Product Markets*, 258–272. Oxford: Oxford University Press, 2013.
——. 1990. "Comments: Some Retrospective Views on Growth Theory." In *Growth, Productivity, Unemployment: Essays to Celebrate Bob Solow's Birthday*, ed. Peter Diamond. Cambridge, Mass.: MIT Press.
——. 1989. "Monopolistic Competition and the Capital Market." In *The Economics of Imperfect Competition and Employment: Joan Robinson and Beyond*, ed. G. Feiwel, 485–507. New York: New York University Press; also published in *The Monopolistic Competition Revolution in Retrospect*, ed. S. Brakman and B. Heijdra, 49–67. Cambridge, UK: Cambridge University Press, 2004.
——. 1988. Economic Organization, Information, and Development." In *Handbook of Development Economics*, ed. H. Chenery and T. N. Srinivasan, 185–201. Amsterdam: Elsevier Science.

——. 1987a. "Learning to Learn, Localized Learning and Technological Progress." In *Economic Policy and Technological Performance*, ed. P. Dasgupta and P. Stoneman, 125–153. Cambridge, UK: Cambridge University Press.
——. 1987b. "On the Microeconomics of Technical Progress." In *Technology Generation in Latin American Manufacturing Industries*, ed. Jorge M. Katz, 56–77. London: Macmillan (Originally presented to IDB-CEPAL Meetings, Buenos Aires, November 1978).
——. 1987c. "Technological Change, Sunk Costs, and Competition." *Brookings Papers on Economic Activity* 3 : 883–947.
——. 1986a. "Theory of Competition, Incentives and Risk." In *New Developments in the Analysis of Market Structure*, ed. Joseph E. Stiglitz and F. Mathewson, 399–449. Cambridge, Mass.: MIT Press.
——. 1986b. "Toward a More General Theory of Monopolistic Competition." In *Prices, Competition, & Equilibrium*, ed. M. Peston and R. Quandt, 22–69. Oxford: Philip Allan/Barnes & Noble Books.
——. 1982a. "The Inefficiency of the Stock Market Equilibrium." *Review of Economic Studies* 49 (2, April): 241–261.
——. 1982b. "Ownership, Control and Efficient Markets: Some Paradoxes in the Theory of Capital Markets." In *Economic Regulation: Essays in Honor of James R. Nelson*, ed. Kenneth D. Boyer and William G. Shepherd, 311–341. Michigan State University Press. Reprinted in *Selected Works of Joseph E. Stiglitz*, vol. 2, *Information and Economic Analysis: Applications to Capital, Labor, and Product Markets*, 99–114. Oxford: Oxford University Press, 2013.
——. 1982c. "Information and Capital Markets." In *Financial Economics: Essays in Honor of Paul Cootner*, ed. William F. Sharpe and Cathryn Cootner, 118–158. New Jersey: Prentice Hall. Also NBER Working Paper 678. Reprinted in *Selected Works of Joseph E. Stiglitz*, vol. 2, *Information and Economic Analysis: Applications to Capital, Labor, and Product Markets*, 55–84. Oxford: Oxford University Press, 2013.
——. 1981. "Potential Competition May Reduce Welfare." *American Economic Review* 71 (2, May): 184–189.
——. 1977. "Monopoly, Non-Linear Pricing and Imperfect Information: The Insurance Market." *Review of Economic Studies* 44 (3, October): 407–430.
——. 1975a. "Information and Economic Analysis." In *Current Economic Problems: Proceedings of the Association of University Teachers of Economics, Manchester, 1974*, ed. J. M. Parkin and A. R. Nobay, 27–52. Cambridge, UK: Cambridge University Press.
——. 1975b. "The Theory of Screening, Education and the Distribution of Income." *American Economic Review* 65 (3, June): 283–300. Reprinted in *Selected Works of Joseph E. Stiglitz*, vol. 1, *Information and Economic Analysis*, 99–121. Oxford: Oxford University Press, 2009.
——. 1974a. "Theories of Discrimination and Economic Policy." In *Patterns of Racial Discrimination*, ed. G. von Furstenberg et al., 5–26. Lexington, Mass.: D. C. Heath/Lexington.
——. 1974b. "Alternative Theories of Wage Determination and Unemployment in L.D.C.'s: The Labor Turnover Model," *Quarterly Journal of Economics* 88 (2): 194–227. Subsequently published in *Development Economics*, 1, ed. D. Lal, 288–321. Elgar, 1992. Reprinted in *Selected Works of Joseph E. Stiglitz*, vol. 2, *Information and Economic Analysis: Applications to Capital, Labor, and Product Markets*, 461–487. Oxford: Oxford University Press, 2013.
——. 1972. "On the Optimality of the Stock Market Allocation of Investment." *Quarterly Journal of Economics* 86 (1, February): 25–60 (Presented to the Far Eastern Meetings of the Econo-

metric Society, June 1970, Tokyo, Japan).
——. 1969. "The Effects of Income, Wealth and Capital Gains Taxation on Risk-Taking." *Quarterly Journal of Economics* 83 (2): 263–283.
——. 1967. "A Two-Sector, Two Class Model of Economic Growth." *Review of Economic Studies* 34 (April): 227–238.
Stiglitz, Joseph E., and José Antonio Ocampo, eds. 2008. *Capital Market Liberalization and Development*. New York: Oxford University Press.
Stiglitz, Joseph E., and M. Uy. 1996. "Financial Markets, Public Policy, and the East Asian Miracle." *World Bank Research Observer* 11 (2, August): 249–276.
Stiglitz, Joseph E., and Hirofumi Uzawa, eds. 1969. *Readings in the Modern Theory of Economic Growth*. Cambridge, Mass.: MIT Press.
Stiglitz, Joseph E., and Scott J. Wallsten. 1999. "Public-Private Technology Partnerships: Promises and Pitfalls." *American Behavioral Scientist* 43 (1, September): 52–74. Also published in *Public-Private Policy Partnerships*, ed. P. Rosenau, 37–59. Cambridge, Mass.: MIT Press, 2000.
Stiglitz, Joseph E., and Andrew Weiss. 1981. "Credit Rationing in Markets with Imperfect Information." *American Economic Review* 71 (3, June): 393–410.
Stiglitz, Joseph E., José Antonio Ocampo, Shari Spiegel, Ricardo Ffrench-Davis, and Deepak Nayyar, eds. 2006. *Stability with Growth: Macroeconomics, Liberalization, and Development*. The Initiative for Policy Dialogue Series. Oxford: Oxford University Press.
Stiglitz, Joseph E., Amartya Sen, and Jean-Paul Fitoussi. 2010. *Mismeasuring Our Lives: Why GDP Doesn't Add Up*. New York: New Press. 2008 report available at http://www.stiglitz-sen-fitoussi.fr/en/index.htm.(福島清彦訳『暮らしの質を測る——経済成長率を超える幸福度指標の提案』金融財政事情研究会、2012年)
Stokey, Nancy. 1986. "Dynamics of Industry Wide Learning." In *Economic Equilibrium Analysis: Essays in Honor of Kenneth Arrow*, vol. II., ed. W. P. Heller, R. M. Starr, and David Starrett. Cambridge University Press.
Stolper, Wolfgang F., and Paul A. Samuelson. 1941. "Protection and Real Wages." *Review of Economic Studies* 9 (1): 58–73.
Sunstein, Cass. 2001. *Republic.com*. Princeton, N.J.: Princeton University Press.
Sutch, R. 2010. "The Unexpected Long-Run Impact of the Minimum Wage: An Educational Cascade." In *Economic Evolution and Revolution in Historical Time*, ed. P. W. Rhode, J. L. Rosenbloom, and D. Weiman, 387–418. Palo Alto, Calif.: Stanford University Press.
Sutton, John. 1991. *Sunk Costs and Market Structure: Price Competition, Advertising, and the Evolution of Concentration*. Cambridge, Mass.: MIT Press.
Thaler, Richard H., and Cass R. Sunstein. 2008. *Nudge: Improving Decisions About Health, Wealth, and Happiness*. New York: Penguin.(遠藤真美訳『実践　行動経済学』日経BP社、2009年)
t'Hoen, Ellen F. M. 2003. "TRIPS, Pharmaceutical Patents and Access to Essential Medicines: Seattle, Doha and Beyond." In *Economics of AIDS and Access to HIV/AIDS Care in Developing Countries: Issues and Challenges*, ed. J. P. Moatti, B. Coriat, Y. Souteyrand, et al., 39–67. Paris: ANRS.
Thompson, Peter. 2010. "Learning by Doing." In *Handbook of the Economics of Innovation*, vol. 1, ed. Bronwyn H. Hall and Nathan Rosenberg, 429–476. Amsterdam: North-Holland.
Topalova, Petia. 2010. "Factor Immobility and Regional Impacts of Trade Liberalization: Evidence

on Poverty from India." *American Economic Journal: Applied Economics* 2 (4): 1–41.
United Nations Development Programme (UNDP). 2003. *Making Global Trade Work for People.* See Malhotra.
Uzawa, Hirofumi. 1968. "The Penrose Effect and Optimum Growth." *Economic Studies Quarterly* 19 : 1–14.
——. 1965. "Optimum Technical Change in an Aggregate Model of Economic Growth." *International Economic Review* 6 (1): 18–31.
Varian, Hal. 2011. "Federalism Offers Opportunities for Casual Experimentation." *Economist* April 27. http://www.economist.com/node/21256696.
Violante, Giovanni. No date. "Skill-Based Technical Change." Working Paper, New York University. http://www.econ.nyu.edu/user/violante/Books/sbtc_january16.pdf.
Vives, X. 2008. "Innovation and Competitive Pressure." *Journal of Industrial Economics* 56 (3): 419–469.
Wacziarg, Romain. 2001. "Measuring the Dynamic Gains from Trade." *World Bank Economic Review* 15 : 393–429.
Wacziarg, Romain, and Karen Horn Welch. 2003. "Trade Liberalization and Growth: New Evidence." NBER Working Paper 10152.
Walters, Carl J., and C. S. Holling. 1990. "Large-Scale Management Experiments and Learning by Doing." *Ecology* 71 (6): 2060–2068.
Weber, Steven. 2005. *The Success of Open Source.* Cambridge, Mass.: Harvard University Press.
Weinberg, Bruce A. 2006. "A Model of Overconfidence." Manuscript, Ohio State University.
Wessel, Maxwell. 2012. "Big Companies Can't Innovate Halfway." Blog of the *Harvard Business Review,* October 4. http://blogs.hbr.org/cs/2012/10/big_companies_cant_innovate_halfway.html.
Williams, Heidi L. 2013. "Intellectual Property Rights and Innovation: Evidence from the Human Genome." *Journal of Political Economy* 121 (1): 1–27.
Williamson, John. 2008. "A Short History of the Washington Consensus." In *The Washington Consensus Reconsidered: Towards a New Global Governance,* ed. Narcis Serra and Joseph E. Stiglitz, 41–56. New York: Oxford University Press.
——. 1993. "Democracy and the 'Washington Consensus.'" *World Development* 21 (8, August): 1329–1336. http://www.sciencedirect.com/science/article/pii/0305750X9390046C.
——. 1990. "What Washington Means by Policy Reform." In *Latin American Adjustments: How Much Has Happened?* ed. J. Williamson. Washington, D.C.: Institute for International Economics.
Winter, Sidney G. 1993. "Patents and Welfare." *Industrial and Corporate Change* 2 (2): 211–231.
World Bank. 2015. *World Development Report 2015: Mind, Society, and Behavior.* New York: World Bank and Oxford University Press.（田村勝省訳『世界開発報告2015――心・社会・行動』一灯舎、2015年）
——. 2005. *World Development Report 2005: A Better Investment Climate for Everyone.* New York: World Bank and Oxford University Press.（田村勝省訳『世界開発報告2005――投資環境の改善』シュプリンガー・フェアラーク東京、2005年）
——. 2001. *World Development Report 2000–2001: Attacking Poverty.* New York: World Bank and Oxford University Press.（西川潤監訳／五十嵐友子訳『世界開発報告2000/2001――貧困との闘い』シュプリンガー・フェアラーク東京、2002年）
——. 1999. *World Development Report 1998–99: Knowledge for Development.* New York: Ox-

ford University Press.（海外経済協力基金開発問題研究会訳『世界開発報告1998/99――開発における知識と情報』東洋経済新報社、1999年）
――. 1993. *The East Asian Miracle: Economic Growth and Public Policy*. World Bank Policy Research Report. Oxford: Oxford University Press.（白鳥正喜・海外経済協力基金開発問題研究会訳『東アジアの奇跡――経済成長と政府の役割』東洋経済新報社、1994年）
Wright, G. 1986. *Old South, New South: Revolutions in the Southern Economy Since the Civil War*. New York: Basic Books.
Yeyati, Eduardo Levy, and Alejandro Micco. 2007. "Concentration and Foreign Penetration in Latin American Banking Sectors: Impact on Competition and Risk." *Journal of Banking & Finance* 31 (6, June): 1633–1647.
Young, Alwyn. 2003. "Gold into Base Metals: Productivity Growth in the People's Republic of China During the Reform Period." *Journal of Political Economy* 111 (6): 1220–1261.
――. 1993. "Invention and Bounded Learning by Doing." *Journal of Political Economy* 101: 443–472.
――. 1991. "Learning by Doing and the Dynamic Effects of International Trade." *Quarterly Journal of Economics* 106 : 369–406.
Zhu, X. 2012. "Understanding China's Growth: Past, Present, and Future." *Journal of Economic Perspectives* 26 (4, Fall): 103–124.
Zimmerman, M. B. 1982. "Learning Effects and the Commercialization of New Energy Technologies: The Case of Nuclear Power." *Bell Journal of Economics* 13 : 297–310.